21世纪经济管理新形态教材

营销学系列

数字营销与精准投放

郑磊　陈章旺◎主编

清華大學出版社
北京

图书在版编目（CIP）数据

数字营销与精准投放 / 郑磊, 陈章旺主编. -- 北京 : 清华大学出版社, 2024. 8. -- (21 世纪经济管理新形态教材). -- ISBN 978-7-302-66933-3

Ⅰ. F713.365.2

中国国家版本馆 CIP 数据核字第 2024X4R238 号

责任编辑：陆浥晨
封面设计：李召霞
责任校对：宋玉莲
责任印制：宋　林
出版发行：清华大学出版社
网　　址：https://www.tup.com.cn，https://www.wqxuetang.com
地　　址：北京清华大学学研大厦 A 座　　邮　　编：100084
社 总 机：010-83470000　　邮　　购：010-62786544
投稿与读者服务：010-62776969，c-service@tup.tsinghua.edu.cn
质 量 反 馈：010-62772015，zhiliang@tup.tsinghua.edu.cn
课 件 下 载：https://www.tup.com.cn，010-83470332
印 装 者：涿州汇美亿浓印刷有限公司
经　　销：全国新华书店
开　　本：185mm×260mm　　**印　张**：17.25　　**字　　数**：382 千字
版　　次：2024 年 8 月第 1 版　　**印　　次**：2024 年 8 月第 1 次印刷
定　　价：55.00 元

产品编号：100112-01

序

在数字经济时代，数智化转型已经成为众多企业共同的行动。很多企业都试图通过全面数字化和全面智能化来改造现有价值链和商业模式，以数智驱动提升效率，与客户共赢。数智化转型包括研发、制造、员工管理、内部办公协同、营销等各个方面，其中营销的数智化是实现用户直达、生态共创、多方共赢的关键。在这样的背景下，数字营销已经成为当代营销理论与实践最热门、最重要的内容。与此相应，高校工商管理及相关学科中都纷纷开设以数字营销为主题的系列课程。

紧跟时代步伐，福州大学营销团队的陈章旺教授携三位青年学者廖雪华博士、郑磊博士、郑宇婷博士推出数字营销系列丛书，包括《数字营销与商业智能》《数字营销与精准投放》和《数字营销与电商运营》，完整呈现数字营销相关的理论、技术、工具、方法与应用实例，为数字营销的学习者和实践者提供了很好的指南。

数字营销需要将数字技术融入业务发展，以数字化支撑业务模式创新，实现业务数字化、数据业务化，通过数据与算法使企业由经验决策转变为智能决策，使广告投放由“广而告之”向“精准告之”发展，构建消费者全渠道触达、精准互动和关系深化的数字化营销平台。本丛书关注了数字营销的三个重要方面——商业智能决策、广告精准投放、全渠道电商运营，可以帮助读者掌握数字营销的全貌和关键环节。《数字营销与商业智能》围绕商业智能数据化和协同化等特征，论述商业智能技术特征及其对企业数字营销、商业决策、商业模式及商业业态的影响。《数字营销与精准投放》融合了数智时代下的营销策略与数据智能，为读者呈现数字营销与精准投放的理论体系，以及对当前和未来数字营销趋势的洞察和更新。《数字营销与电商运营》从宏观角度讨论了数字营销环境下的电商运营战略、组织构建和人才培养，从微观角度切入电商运营数字化推广、营销流量效果分析，帮助电商降低运营成本、提升受众触达速度，开展精细化用户运营。

本丛书具有科学性、先进性、实用性的特点，读者通过本丛书能够了解最新的数字营销趋势、新兴技术和最佳实践。本丛书可以作为普通高等院校市场营销、工商管理、数据管理和应用、大数据分析等专业的教材，也可供从事大数据市场分析工作、市场营销工作、市场运营与管理工作的读者参考使用。

陈章旺教授是全国知名的营销学者，福州大学市场营销学科带头人，兼任教育部高校工商管理类专业教学指导委员会委员，获得“中国十大最受欢迎的营销学教授”的称号。三位青年学者廖雪华博士、郑磊博士、郑宇婷博士分别获得中山大学管理学博士、北京大学心理学博士和华中科技大学管理学博士学位，是在教学和科研方面都有成就的青年才俊。他们以研究和教学实践为基础，通力合作、精心打造的数字营销系列丛书是精品之作，值得推荐。

彭泗清

2024 年 7 月

前言

著名广告大师约翰·沃纳梅克说过：我知道我的广告费有一半浪费了，但遗憾的是，我不知道是哪一半被浪费了。随着大数据时代的到来，广告投放逐渐从“广而告之”向“窄而告之”发展，即精准投放。数智时代“精准”的前提是大数据挖掘，这就是写作本书的初衷之一。

本书融合了数智时代下的营销策略与数据智能，为读者呈现了一个完整的数字营销与精准投放的理论体系。全书可以划分为五个部分：第一部分概述数字营销和精准投放，涵盖数字营销的各个关键要素和概念，帮助读者逐步地建立起数字营销下精准投放的核心原理和运作机制的整体认知；第二部分阐述数字时代的消费者行为，涉及数字化行为、数据管理与分析、用户模型搭建等；第三部分聚焦市场需求，包括市场选择、环境调研、需求分析等；第四部分明确目标市场和市场需求，通过刻画消费者画像、调整战略实现数字传播、产品传播、品牌传播；第五部分关注运营管理，通过客户关系管理和线上社群运营，实现精准触达效果。本书融合理论与实践，通过案例分析和实际操作指南将理论融入实际数据分析和投放策略，让知识更生动，并更具实践指导性。无论对初学者还是有经验的专业人士，本书都有助于他们理解数字营销下精准投放的本质。读者可以从中学习数字营销策略、市场营销技巧和创新思维，保持对行业发展的敏感度，实现“精准”增长。

本书受福州大学教材建设基金资助出版，衷心感谢福州大学对本书出版的支持。感谢清华大学出版社出版社领导和编校团队对本书的支持与帮助。在本书编写过程中，下列同学参与了资料收集和编写工作，在此一并感谢：王灵诺、余银强、蔡锦程、赵妍、李林倩、吴舒倩、阮振伟、王正昇、吴雨欣。

鉴于作者水平有限，本书肯定会存在一些不足和不当之处，在此诚恳希望读者朋友不吝指正！

郑　磊　陈章旺

2024 年 7 月 17 日

目录

第 1 章

概　论

1.1　什么是精准投放

1.1.1　精准投放的概念

美国学者杰夫·萨宾（Jeff Zabin）指出，精准投放就是“在适当的时间，借助适当的渠道，将适当的信息推送给用户，以实现影响用户消费行为的目的，最终实现营销目标”。随着 20 世纪 90 年代计算机科学和人工智能（artificial intelligence，AI）的快速发展，精准化推荐成为一个重要的发展方向。精准投放根据了解到的用户需求和兴趣等的信息，为用户提供相应的信息或服务，增加用户的满意度与良好体验感。与传统投放方式相比，精准投放注重用户的个体差异，从用户的兴趣点入手，捕捉用户的个性需求，进而为用户提供更加匹配的服务（图 1-1）。例如，抖音通过分析用户的个人信息、点赞或收藏视频的类型，了解到某用户经常浏览育儿、做饭等视频，因此会有针对性地在进餐时间前为该用户投放更多烹饪教程，而在饭后时间呈现更多家庭相关的视频，增加其对软件的喜好与依赖度。

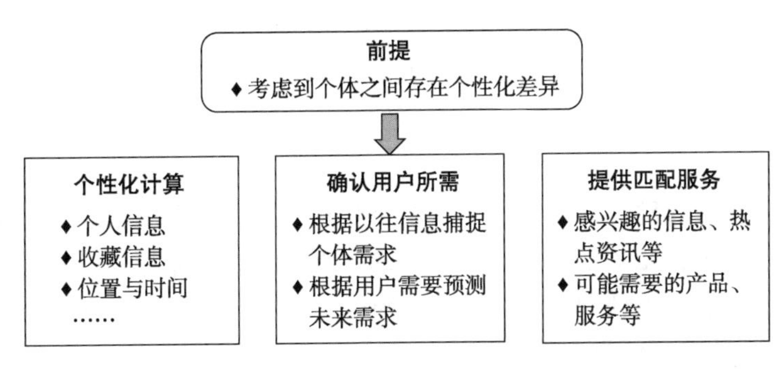

图 1-1　精准投放结构

国外对精准投放的研究开展得比较早。Gross man 和 Shapiro（1984）认为广告信息增强了产品与消费者之间的有效匹配，提高了产品的需求弹性。当商家以精准投放的方式定向投放信息时，商家就能有效降低广告成本。Chatterjee（2003）等人研究表明，广告精确化、个性化程度越高，投放效果越显著。我国精准投放的发展相对较晚，早期精准投放以消费者的需求为中心，以“效率优先，兼顾成本”为原则，将广告信息通过合适的渠道传达给有需求的受众。随着时代发展，人们越来越重视精准投放，通过消费心理和行为对不同的用户进行划分，实现个性化投放和高回报的营销沟通。鞠宏磊

（2015）等人认为，精准投放就是根据消费者的个性化特征及需求，推送高度相关的商业信息进行传播交流。倪宁和金韶（2014）表示，要想实现精准投放，必须对目标受众进行准确定位，对消费需求进行深度挖掘，对投放过程进行准确控制。

综合来看：从用户角度，精准投放满足了个体需求，使用户产生更好的使用感受；从企业角度，精准投放能帮助企业与用户建立更加密切的关系，增加用户对企业产品或服务的依赖与满意度。

传统投放追求“广而告之”，力图通过各种媒体或传播方式实现更大范围的信息到达。在这种投放方式下，受众是一个模糊的整体，企业只进行了信息的产出与投放，而并不了解用户的需求与意向以及在接触相关信息后的心理，这导致部分投放并未达到想要的结果，许多投放是无效的并浪费了大量的资源。正如广告大师约翰·沃纳梅克所说：“我知道自己有一半的广告费被浪费了，但还不知道是哪一半。”传统投放模糊了用户需求，模糊了受众群体。而随着网络媒体技术的日新月异以及大众需求的变化，广告投放已然从传统的“广而告之”演变为如今更为精准的“窄而告之”。如果说在传统信息投放时期，产品与消费者之间存在难以逾越的信息差，那么精准投放作为新时期的投放方式，解决了信息投放缺乏准确性、个性化的问题，借助最新的数据技术，采用精准的投放机制，为产品和目标消费者建立了一条通道。在数字化不断的变革过程中，在互联网技术不断升级的支撑下，精准投放根据企业与用户的需求不断在时代浪潮中实现着新发展。精准投放下的营销方式以用户为中心，通过技术支撑、庞大的用户数据，对用户的行为以及相关信息进行跟踪与深入分析，进而有针对性地进行信息投放，在投放效率与精确度上都实现了飞跃。此外，精准投放还打破了传统投放的固有形式，如电视广告、报纸广告、传单等，投放形式更加多样化，实现了将重心从“广”向“精准”的转移，致力于让更多的用户接收到更适合自己的、更个性化的信息内容。

当前我们正处于全媒体时代，舆论生态、媒体格局、传播方式都发生了深刻变化（刘建华，李文竹，2021）。随着媒体技术的演进，传统的广告方式已经无法满足时代发展和个体需要，基于网络技术的精准投放才是公司营销的未来之路，才能实现更精准的说服（徐海亮，2007）。精准投放与传统广告方式相比定位更加精确，在满足客户需求方面更有优势。当企业从自己利益的角度出发进行投放时，更追求信息投放的“精确性”，即广告信息与用户不再是传统的“一对多”的线性关系，而是以“一对一”的关系，通过大量定制化的信息吸引住目标用户，最大限度实现营销目的。精准投放在日常生活中非常常见。比如，某用户想要在京东购入一部电子产品，在京东的相关软件进行搜索后，再打开淘宝、小红书等其他软件时，产品推荐页面就显示该用户刚刚搜索过的产品或产品的相关信息。

1.1.2 精准投放的特点与应用

1. 精准投放的特点

企业与用户的共同需要推动着精准投放的发展。随着互联网以及移动设备的普及率逐渐提高，人们拥有了更加多样化的获取信息或服务的渠道，更加渴望在繁杂的信息时代更快获取自己需要的产品或服务，浏览自己感兴趣的信息。在这种需求基础上，企业加速了精准投放的发展。在互联网技术的支撑下，精准投放结合海量的数据统计，捕捉用户需求的个体差异，针对用户的需求、兴趣推送更加个性化、定制化、富有创意的信息。用户对于企业来说不再是模糊的，而是带有大量信息的对象，企业通过用户画像，精准定位用户的需求，将信息与用户相匹配，满足用户的需求，增强用户的体验感。参与精准投放的主体增多，市场规模也随之变大，相应的技术也更加完善和成熟，精准投放不断进行着优化，展现着自己独特的优势和特点（图 1-2）。

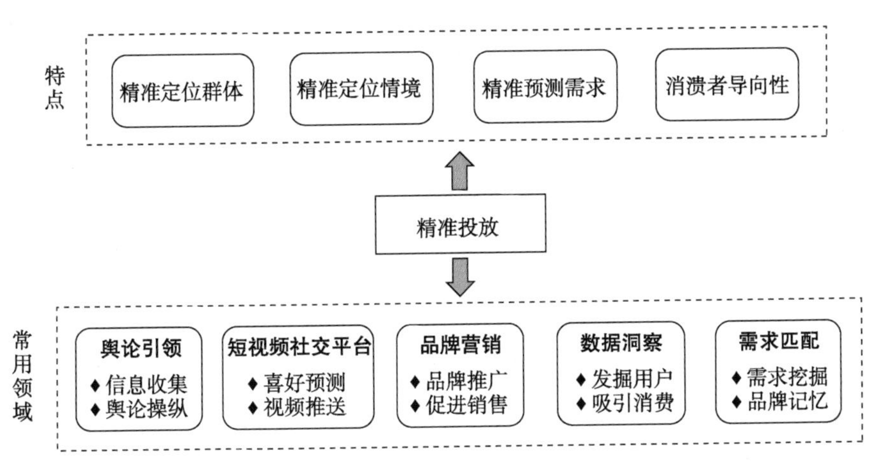

图 1-2 精准投放的特点和应用领域

1）精准定位消费者群体

精准投放能够精准定位消费者群体，这种“精准”表现为准确地选择目标受众，有针对性地设计投放的信息。精准投放通常是借助于大数据技术，通过深入剖析用户过去的信息数据，构建消费者画像。目标消费者的行为轨迹会被完整地记录，通过进一步对此数据的发掘和关联分析，准确定位目标人群，最终准确捕捉潜在消费群体。因此，企业通过大数据分析不仅能够准确识别出某一类消费群体，还可以从浏览记录、收藏夹产品、购买记录、评论推荐中获知该消费群体对哪些产品具有偏好，具有什么样的消费习惯。

精准投放摆脱了以往传统投放笼统、模糊的缺点，实现了对目标群体的精准捕捉，从海量的用户数据中找到有需求的用户，实现“找对人”（倪宁，金韶，2014）。以抖音2022 第一季度用户数据分析为例，抖音活跃用户信息进行用户中，18～23 岁、24～30 岁和 31～40 岁用户占比最高，分别占比 22%、49%和 21%，平均年龄在 25～30 岁左右；在视频分类方面，教育、美食、旅游、搞笑和娱乐类视频占据兴趣排行前五，其中，教育和美食占比最高；且女性用户略多于男性用户。根据以上数据，可以直接或者间接地了解抖音面向的群体：年龄为 25～30 岁，女性占比较高，喜欢在 13 点和 18 点后发布美食类别的内容视频，据此抖音可以大致掌握自己的潜在用户群体。

2）精准定位消费情境

精准投放可以准确地分析出消费者群体在一定时期内的特定消费情境，包括消费时间、消费地点、消费影响、消费最初的目的、消费时的情绪等。消费情境是指消费者在消费行为发生过程中所处的环境因素，是消费需求到消费行动最终实现的纽带。目标消费者地理位置信息可以通过移动设备定位服务获取；其特定的消费偏好可以从目标消费者收藏和购买记录的分析中得出；其人际关系则可以通过目标消费者在社交网站上和他人的互动来获知；目标消费者的购买目的可以通过对其检索中的常用关键词来了解；甚至可以通过目标消费者的评论和转发内容来获知他们所关注或者喜欢的话题。通过多维度关联分析能更进一步准确判断出他们的消费情境。例如，是男性“上班族，热爱健身，注重健康饮食”，还是女性“追星族，喜欢看娱乐新闻，关注美容”。通过对目标消费者的准确定位及其消费情境分析，企业能及时在合适情境按需推送相关信息，将信息投放变得更加有效率、有针对性：“找到合适的人选”“找准时机”“找准位置”（倪宁，金韶，2014）。

3）精准预测消费者需求

世界零售业巨头沃尔玛为了更好地实现产品销售，对众多消费者的购物行为进行了分析。结果发现，男客户选购婴儿尿片时往往会顺便购买几瓶啤酒犒劳一下自己。因此，沃尔玛试图引入一种把啤酒与尿布放在一起进行宣传促销的方法，这个简单举措竟让尿布和啤酒销量都大大增加。精准投放另一个特点是对用户需求的精准把握。精准投放依据“行为轨迹”，对消费者的消费需求进行分析，进一步判断其相关的需求及兴趣，对消费者行为进行预测，有针对性地为其投放所需要、所关注的信息，从而使用户主动进行深度关注，促进广告投放效率的提升。

电商网站经常通过发掘与预测消费需求来进行广告推荐。例如，亚马逊（Amazon）的推荐营销系统销售转换率高达60%。大至首页宣传，小至各类商品展示，从点击某商品细节，到加入购物车，再到最后下订单付款为止，亚马逊网站都会对具体用户进行商品推荐，并深度融合在线购买全过程各环节。例如，中学学生与朝九晚五上班族登录亚马逊所见到的东西通常都不一样，中学生的亚马逊首页涉及文具、教辅书籍等，而上班族看到的是电子产品、文件包等与办公相关的产品。除去网站首页，亚马逊还会为消费者提供形式不同的推荐页面，如“最畅销商品”“浏览此商品的顾客也同时浏览”“最新商品推荐”等，所有的这些推送都基于用户自己以往的行为轨迹而定制生成。此外，亚马逊开发出一套完善的邮件营销系统，根据用户曾经的浏览和购买行为，将最能满足用户消费需求，并能够带来最大购买率的商品目录和打折信息发送给用户，以吸引用户进入网站进行消费。亚马逊在大数据“关联分析”的基础上，抓住一切机会，致力于“转化率最大化”与“购买机会最大化”的实现，发掘并预测用户的消费需求，持续促进效果转化。

4）具有消费者导向性

精准投放是在企业与用户的共同需求下推动产生，始终以企业面向的用户群体的需求为目标导向，吸引更多的有需求的人进行消费。企业通过精准投放与用户进行交流互动，客户给予的反馈又提供大量的需求信息给企业，帮助企业完成产品或服务升级，从而提高用户的满意度。精准投放所具有的高效、迅捷不仅为企业带来一定的效益，还为用户提供更加有效率的使用感受。许多社交软件，如小红书等，通过精准投放为用户呈现更感兴趣的帖子，帮助用户获得更多感兴趣、有用的信息，也增强了用户在使用软件时的愉悦度。

2. 精准投放的应用

随着互联网的普及与大数据技术的支持，精准投放带来巨大的经济效益与社会效益，推动其应用在越来越多的领域之中。

1）短视频社交平台

在日常生活中，各种短视频社交平台已经广泛使用精准投放。当我们点赞了一个美食视频时，就会发现随后也会刷到相似题材的视频，这就是精准投放在短视频社交平台的应用。精准投放以深入的用户画像为基础，有针对性地展开营销。以抖音为例，根据《2022 年抖音大数据报告》的调查结果，抖音 25～30 岁的用户占比最高，达到了 29.13%。30 岁以下的用户占到 54.79%，而 41 岁以上的用户占比仅为 5.8%。广东、江苏和山东的用户数量占据全国前三，一二线城市的用户居多，合计超过 60%的抖音用户分布在一二线城市，三线及以下城市用户也在迅速扩张。在视频主题的划分上，教育、美食、旅游、搞笑及娱乐等类型的视频在兴趣排行中占据前五的位置。

精准投放结合大数据分析技术充分利用用户的已有信息，如产品偏好、行为习惯等，将目标群体划分为带有不同标签的群体，在特定时间、特定情境下为相关用户投放符合标签特征的产品、信息或短视频。这种方式可以实现更高效率、更高精确性的“点对点”精准推送。大数据分析技术让精确计算、用户需求预测都成为可能，根据需求和兴趣向用户推荐“量身定制”的短视频，节省了消费者寻找信息的时间成本，提高了用户对软件的满意度与兴趣，降低了用户的抵触心理。

2）品牌营销

精准投放应用于各种产业时，可以有效带动产品的销量与企业口碑。以汽车行业为例，2013 年 10 月别克全新君威成熟车型改款在中国上市，在国内消费者熟悉老款君威的情况下，通常不会轻易做出改变去购买新款。在这样的背景之下，别克公司与“淘宝”合作推出“让你一再心动”的广告标语，通过大范围的推广实现了试驾、销售数量的大幅增加。活动过程共分为两个阶段。第一阶段为品牌推广阶段：在淘宝的首页位置呈现有趣的定制化广告，吸引用户点击进入别克全新君威的活动页。当消费者初次点击全新君威活动的网站并进入时，系统会自动化分析其对君威车辆的收藏信息，通过对心动时间、收藏数量、具体类型等信息的加工与组合，以动画形式来呈现用户心动过程，通过这些方式赋予每个用户一个好玩的头衔。第二阶段为销售导向阶段：以淘宝大数据和数字信号处理（digital signal processing，DSP）技术为基础，识别目标用户并准确地与目标用户进行交流，最后招募试驾。

在整个活动过程中，许多地方都体现着精准投放的应用。在活动最初的定制化广告是借助大数据分析技术，为每一位用户制定与姓名有关的特色广告，实现一对一的匹配。别克公司为每一位客户设计的别具一格的昵称也建立在分析淘宝用户收藏夹相关数据的基础之上。随后，依靠大数据与 DSP 技术，对潜在的消费者需求进行捕捉，精准投放相应的定制化广告，将参与用户从感兴趣转移到购买状态。

别克公司的整个销售过程都关注了目标消费者的个人与行为信息数据，准确把握消费者的需求与兴趣，采用一系列精彩的具有创意的方式来抓住客户的眼球，实现精准定位与个性化营销。这不仅满足了客户对产品的需要，也满足了客户的情感需要，加深了客户对君威的品牌记忆，挖掘出了更多的潜在购买者。持续两周的活动使君威网站访问量达到令人惊讶的300多万次，远远超过了最初的目标。

3）数据洞察

从2006年开始，我国网上零售额持续超高速增长，根据《2023年中国品牌电商服务行业研究报告》，2022年我国网络零售额为137 853亿元。与此同时，仅2022年上半年国内网络零售用户规模达8.8亿人，同比增长7.3%。人们通过电商平台浏览、点击、收藏或者购买物品时，都会留下海量的用户消费行为信息，这些都为用户消费行为分析与预测提供了可靠的数据依据。企业要想在竞争激烈的市场环境中生存，就必须通过数据洞察用户需求，改善商品或服务质量，提高用户忠诚度；同时深入分析卖家的需求，满足卖家的利益。电商平台要想真正实现互利，就必须通过对客户的购物行为、喜好、收藏、浏览记录等信息进行深入分析，了解用户的真实需求，利用精准投放提高用户对平台的满意度和依赖度，吸引更多的商家入驻，从而实现良性循环。

电商平台作为营销产业链的重要一环，带动着精准投放在电商领域的应用，淘宝、京东等大型综合性电商平台都发展出系统完善的广告投放体系。电商平台不断创新着新的广告投放方式，以搜索引擎广告、直播广告、展示广告、内容广告等为载体，以多样化形式服务于有广告投放需求的公司与商户。个人定制化的广告推送提高了用户的购买效率及使用体验，有效发掘潜在客户，多次广告展示帮助消费者增加品牌记忆以提高商家收入，商家收入增多又反之会增加在平台的投放费用，为平台自身运营也带来了极大的利益。淘宝作为用户最多、知名度最广的电商平台之一，广告投放渠道种类繁多，主要以竞价类、定价类等形式对商家、商户进行广告投放。淘宝自2013年就提出一种“千人千面”的搜索排名算法，依靠其大数据与云计算能力，给店铺、买家、产品分别贴上“标签”，通过大数据等技术给消费者推送相应的标签匹配的商家与产品，即从具体的细分类目中找到消费者的需求与兴趣需要，在推荐页面为消费者提供个性化的产品展示，实现每个消费者在进入淘宝推荐页面后看到的商品都是自己感兴趣或需要的产品，帮助企业与商家锁定真正的目标消费者，同时也提升消费者的体验感，实现消费者、商家、平台三方利益共赢。

4）需求匹配

传统投放方式忽略地点、人口类型与流动规律的差异，不仅达不到预期的宣传效果，还白白浪费了大量的资源。精准投放为广告主和企业带来了更有价值、效率更高的宣传效果，实现点对点精准覆盖目标用户。为了将广告投放给相匹配的消费者群体，许多企业会提前进行调研，结合具体区域、具体时间等流动人员特征，有针对性地投放相应的广告。例如，在写字楼等公司、企业密集地带，流动人员主要是上班族、商业从业者等，这些群体更关注企业信息、求职信息等，在上班或下班时间将广告投放在该类从业者密集的地段，能够最快、最精准抓住人们的需要，将投放利益最大化。因此，在这些重要地段，广告以企业信息查询（如天眼查和企查查）、求职广告（如58同城、猎聘）等。居民区也是广告经常投放的重要区域之一，住在居民区的人们开始进入家庭生活，这个时候，人更会想到吃、休息和家庭问题。所以，住宅小区广告类型多以饭店、儿童用品、食品和教育为主。

1.2 精准投放的前世今生

1.2.1 精准投放的过去

精准投放最早可以追溯到我国古代商人的经营策略。在古代社会，为了赚取高额利润，古代商人通常采用“与时逐息”的经营策略，指依据市场信息调查来了解市场需求，适时调整经营方式，如经营时间与地点。受到当时技术发展的限制，古代商人难以做到精准定位目标人群，但对市场需求的定位已初具雏形。行商在确定选择什么样的经营地点、贩运什么样的货物前，必须先对本地物价、运输条件、民俗风情等方面做全面了解。虽然当时还未出现各种广告宣传，但古代商人已初步探索到了精准投放的一个“关键”，即精确把握需求以获取利益。

当代社会，传统广告受到技术和环境的限制，只能通过全方位、多方面的营销宣传试图达到让更多的用户了解投放内容。但广告发展的最终方向是以“窄”为特点，“窄”意味着高效率、低浪费。精准投放的正式起步依托于互联网以及相关技术的产生、发展。2003 年，谷歌（Google）公司推出的关键词广告投放系统凭借常用的搜索关键词来为用户推送广告，不仅大大提高了谷歌广告的点击率，还成功成为公司的主要收入来源。Lekakos 等人在 2004 年综合考虑用户的生活方式以及对电视节目的偏好，有针对性地在数字电视上发布相关广告，该方法利用一些容易获得的用户数据来提高用户分类的准确性；2005 年，Kim 等人进一步提出利用电视观众个人资料信息，如年龄、性别、职业、家庭情况等，基于归一化和内积法构建出用户特征，创造性地实现了电视广告的精准投放；紧接着，Lim 等人对不同个体特征的电视观众群体进行分类，深入分析不同类型群体的节目偏好与观看时长，再次验证预测结果的有效性，实现了更为精确的目标广告投放；2010 年，Kodialam 等人在此基础上又丰富了精准投放的方式，他们认为要提高投放广告的针对性就必须重视对用户兴趣的分析，要先借助原有广告拍卖模型进行广告的筛选，随后根据竞争收入最大化调度广告的投放与分配，在不同的时间槽为用户匹配不同的广告。

这些案例都展示了精准投放的初步形式，但直到 2008 年大数据技术产生后，精准投放才逐渐发展成熟。如今，定向投放广告逐渐成为网络广告发展的主流方向之一。美国互动广告局（Interactive Advertising Bureau，IAB）通过数据收集指出，2013 年美国的互联网广告总收入达到 428 亿美元。巨大的利润增幅以及成功的实践都为其他企业提供了可借鉴的模板，之后电商平台亚马逊、eBay 等，社交平台 Twitter、Snapchat 等纷纷投入开发其精准投放业务。国内的互联网公司，如百度、腾讯、阿里巴巴等，也纷纷涉足网络广告精准投放领域。随着网络购物行业的蓬勃发展和移动智能终端的普及，越来越多的企业和广告主开始关注精准投放业务。除电子商务、社交平台及其他互联网企业之外，品友互动、易传媒等专业 DSP 广告技术企业也介入了精准广告投放业务，参与主体越来越多。但在这一时期，精准投放手段仍然较为单一化，主要是基于用户地理位置信息进行投放。以基于位置的服务（location-based service，LBS）广告为例，LBS以地点为主要参考信息，基于用户所处地理位置进行周边服务推送的广告投放形式。目标用户地理位置信息依靠全球定位系统获取，判断分析目前用户的使用情境，最后给特定用户推送个性化的商品信息，这也是移动互联网时代最初发展起来的投放模式之一。美国社交签到应用网站 Foursquare 于 2009 年 3 月正式上线，鼓励使用该应用的用户共享位置信息，这种社交签到功能在短短一年多的时间里就吸引了 300 万用户注册参与。Foursquare 对海量用户“签到”进行了数据挖掘，判断、预测用户各自所处的消费情境，然后将相关的商品信息个性化地推荐给特定用户，成为运用大数据实现精准投放的行业开拓者。

仅仅定位用户的位置信息并不能实现完全的精准投放。各大企业和广告主为了进一步提高投放的精准化，不再单纯依赖用户的位置信息，而是着眼于将位置信息与其他数据相结合，深入地处理用户的相关数据。企业分析互联网使用过程中的行为轨迹来定位潜在目标，满足用户对投放信息的产品与心理需求。但是，这一阶段的精准投放仍然受到一定的限制，无法最大限度地发挥其优势。仍以 LBS 广告为例，LBS 广告的投放是以用户“签到”数据为基础的，这种数据来源意味着投放受到使用的用户数量、用户使用频率等因素的影响，而这些因素企业无法直接进行控制。易观国际调研数据显示：2011年，从用户使用 LBS 的频率来看，有过半的用户只是偶尔使用 LBS 应用程序，LBS 使用的活跃度有待提高。由于让用户进行签到缺乏一定的激励机制，以及人们逐渐提高了安全意识，即分享地理位置信息可能存在一定的安全问题，用户使用“签到”服务、主动分享位置信息的积极性并不高。当企业难以获得足够的地理位置数据量，且无法维持一个长期的跟踪更新状态，容易导致对用户的判断出现偏差进而出现投放失误的现象。在精准投放的发展初期，仍存在着许多亟待解决的现实问题，这种问题的存在更刺激企业和广告主积极寻找更有利于解决问题的新技术及新投放方式。

1.2.2 精准投放的现在

精准投放作为具有众多优势的投放方式始终是企业和广告主关注的重点领域，在各方的努力以及技术发展的支持下，精准投放如今又步入了一个新的阶段。2011 年后，互联网巨头谷歌、亚马逊、推特，以及国内的百度、腾讯、阿里巴巴等都不断参与到网络广告精准投放中来。在精准投放发展的成熟时期。精准投放不再仅仅根据区域定位来进行投放，而是考虑到了更加广阔的用户数据。例如，根据兴趣特征、消费情境来定位目标群体。如今的网站系统可以在获取用户同意的基础上进行行为轨迹的跟踪，包括个体的浏览记录、购买消费、搜索记录等。通过行为轨迹跟踪以及偏好挖掘，企业能够判断出用户的个性特征，预测用户的需求及兴趣，进而有目的、有根据地进行投放。经过十几年的发展，如今的精准投放展现出了独特的发展趋势。

1. 参与主体不断增多

互联网巨头推动着精准投放的发展。这些企业率先利用大数据技术，建立海量的用户数据库，对用户数据进行分析进而精准投放满足用户需要的广告。以这几个公司为例，搜索引擎公司（如谷歌、雅虎等）关注用户的搜索关键词等检索信息，将相匹配的广告呈现在搜索结果网页；在电子商务领域，亚马逊、易贝等电商平台根据用户的消费行为和收藏记录向用户个性化推荐商品信息；社交平台（如脸书、推特）则着眼于用户的社交数据，预测用户可能感兴趣的主题与信息，向用户投放相对应的广告。这些不同领域的知名企业引领着世界的精准投放发展，为其他国家提供了经验与可效仿的案例。2012年，推特对“广告推”和“推广账户”两款产品进行优化，通过对用户发帖内容、社交关系、喜爱与收藏的主题等来推断用户的个人兴趣偏好，实现根据用户的兴趣爱好进行广告投放。

我国的腾讯、新浪等社交网络公司，也依据国外的先进经验为自己的用户制定了复杂的兴趣标签体系，根据兴趣类型对用户进行划分，然后有针对性地对各小众群体进行个性化广告推荐。以新浪旗下的微博为例，当用户刚刚注册进入微博界面时，微博就会提供许多标签选项让用户进行选择，随后相应地为带有不同标签的个体推送相应的账号及资讯。除此之外，一批专业广告企业、数据处理公司也看到了精准投放的发展前景，通过为各种需要的企业提供精准投放业务服务来获得利润，共同推动着更多的参与主体加入。

2. 市场规模快速扩大

近几年，随着消费者的需求逐步趋向于精神层面，国内外的广告行业都逐步展开新的投放模式，企业对广告的投放也开始关注面向用户的心理诉求，致力于打造个性化广告投放效果，市场规模快速扩大。

从全球范围来看，欧美国家最早进行大数据等技术的革新，并将此技术应用于广告的精准投放。从2010年开始，美国程序化广告的市场规模始终保持着两位数的增加。此外，亚太地区的软件购买广告人数逐步提高，市场规模的增长速度也越来越高。网络广告的精准投放活动依靠显著的投放效果，吸引了更多的广告主，特别是中小企业广告主的喜爱，市场规模迅速扩大。2012—2018年，美国网络广告规模呈逐年增长趋势，2013年美国网络广告收入达428亿美元，首次超越传统广告投放收入；2018年，美国网络广告市场达到1074亿美元，比上年增长18.81%。脸书与Alphabet（谷歌母公司）依靠其备受支持的社交平台与搜索引擎，分别成为网络广告营销行业的领跑者。

国内精准投放的力度也越来越大。艾瑞咨询的数据表明，2019年中国网络广告市场的规模为6273亿元，比2018年同期增长了27.6%，2020年的市场规模有望接近8000亿元。中国网络广告的发展也已经进入正轨，网络广告依靠其所具有的庞大受众信息、创意性的丰富形式，抢占着越来越多的总体市场广告份额。如今，互联网潜能不断地得到开发，企业和广告主也对精准投放提出了越来越高的要求。在市场规模上的进一步发展与扩大中，更准确地进行广告投放至关重要，这将促进精准投放的进一步发展。

3. 投放系统逐渐完善

精准投放的发展借助于大数据等技术不断成熟，已经成为各行各业开展营销策略的主要方式之一。现阶段，精准投放的方式呈现多元化的趋势，并得到进一步的完善。从最初以地理位置为关键信息进行精准投放，到开始关注用户的兴趣与喜好，再到根据用户行为指标进行投放，精准投放不断优化着投放方式。在极大的需求之下，一些企业纷纷搭建起独立的投放平台。

2014年以来，大批互联网巨头、数据服务机构、广告公司等相继推出精准投放业务，构建了自主广告投放平台与体系。国外主要搭建起一些广告交易平台（如DoubleClick、Right Media），以Turn、Triggit为代表的需求方平台及其他数据管理平台。国内则发展起来阿里妈妈、秒针系统等广告交易平台，如品友互动、悠易互通这样的需求方平台，亿玛、传漾科技等媒体方平台，易传媒、Admaster等之类的数据管理平台。这些平台通过共同合作实现精准投放。当一个用户点击并进入了某个网络页面，供应方平台在数据管理平台的帮助下，可以看到用户的浏览痕迹、消费能力和检索关键词，随后向广告交易平台提交以上消息，请求匹配和用户的喜好、购买能力相对应的产品与服务，然后通过广告交易平台向需求方平台发布消息，能满足用户消费需求的广告主以竞价形式购买广告位，最终报价最高者将占据消费者的网络页面。众多投放平台的搭建完成，为各企业和广告主的精准投放提供了更快捷的途径，助推了精准投放的新发展。程序化广告的市场份额依靠大数据、实时竞价和定向投放等技术实现了快速提升。

4. 内容更加个性化且具有创意性

精准投放更强调信息的个性化与创意性，打破传统广告呆板、模式化的设计形式，不再通过循环播放的方式来巩固记忆，而是希望通过“定制化”的投放方式吸引用户的兴趣，引起用户的主动关注。为了抓住人们的眼球，精准投放采取更加故事化、场景化的讲述方式，试图通过奇妙有特点的呈现来加深用户对产品、信息的印象。传统投放需要花费大量的时间、资源来争取多地点、长时间的宣传方式，有时为了达到营销目的还需要花费高额资金来聘请有流量的明星进行代言。而精准投放逐渐摒弃这一缺点，将宣传、投放的关键着眼于“量身定制”这一特色，创新性地打造内容个性化、形式多样化的广告，不需要统一、固定的广告短语，不需要形形色色的偶像、明星，而是通过生动有趣的故事和情景引起用户的关注。

5. 价格低廉且效果实时反馈

精准投放具有比传统投放更低的价格。首先，由于存在大量不同类型的精准投放平台，企业与广告主可以灵活地选择、调整适合自己品牌特点的投放方式。其次，因为精准投放面向的就是对产品、信息感兴趣的潜在目标群体，他们已经具有一定的产品需求，因此不再需要将大多数经费投到邀请知名代言人上，而可以将更多的资源倾斜于产品本身。最后，传统投放强调投放范围要大、覆盖时间要长，这种单次决策难以获得及时的效果反馈，因此很难进行客观量化的效果评估；而如今的精准投放可以利用大数据技术对用户的后续行为进行追踪分析，例如投放后页面的访问、点击等互动次数，用户后续的购买行为和喜爱程度。这能帮助企业及时了解投放效果，进而提高下一次的信息投放准确性，实现实时调整广告策略，减少无效广告的投放，保持最佳的传播效果。

1.2.3 精准投放的未来

随着精准投放成为各大企业、广告主在进行投放时的首要选择，越来越多的企业增加了对精准投放的投资，希望能够率先实现精准投放的新突破以增加在行业中的竞争力。精准投放目前虽已进入成熟阶段，但仍有巨大的发展前景。未来在弥补现有缺陷的基础上，精准投放有望焕发新的光彩（图 1-3）。

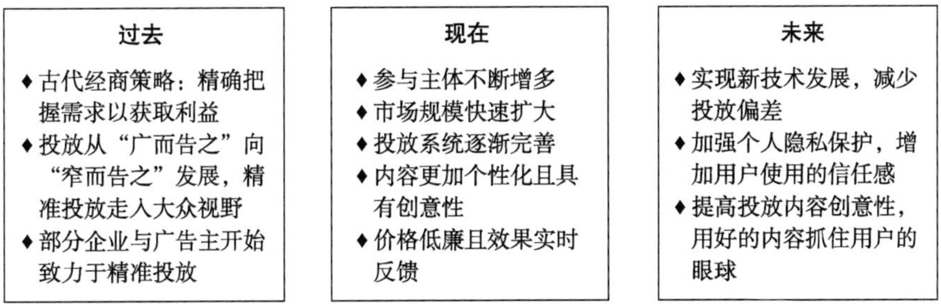

过去

- 古代经商策略：精确把握需求以获取利益
- 投放从“广而告之”向“窄而告之”发展，精准投放走入大众视野
- 部分企业与广告主开始致力于精准投放

现在

- 参与主体不断增多
- 市场规模快速扩大
- 投放系统逐渐完善
- 内容更加个性化且具有创意性
- 价格低廉且效果实时反馈

未来

- 实现新技术发展，减少投放偏差
- 加强个人隐私保护，增加用户使用的信任感
- 提高投放内容创意性，用好的内容抓住用户的眼球

图 1-3　精准投放的过去、现在和未来

1. 实现新技术发展

回顾精准投放的发展历史，技术基础占据着不可替代的核心位置。想要实现精准投放的新发展，必须着眼于新的技术研发。一方面，研发可以有效提高信息定向投放精度的新技术。目前的精准投放虽与传统投放相比有了明显的进步，但有时仍会出现一定的投放偏差。每条信息只有投放给合适的用户才会由骚扰信息转变为有用的信息，因此提高投放精度仍然很重要。另一方面，2022 年蔡佳伟提出可将消费者的真实决策路径视为精准投放的完善方向，促进投放范围的扩大。例如，通过发布链路广告、跨屏推送等手段，用户可以在不同的终端平台上完成从收到消息到消费行为形成的一键操作。精准投放今后可采取“精准消除”的大数据使用新方式，增加互动与顾客选择。采用“精准消除”的方式不仅提高了用户面临信息投放的选择与机会，也能够逐步打消用户对精准投放的抵触心理（刘芳，2021）。技术的新发展不仅能够满足用户与企业的需要，也将有助于完善精准投放领域的产业链并营造良性、和谐、共赢的产业环境。

2. 加强个人隐私保护

随着互联网和大数据技术的发展，精准投放的精准度不断提高，但精准投放始终是基于对用户个人数据的分析来实现的，是各平台、企业对用户私人信息分析得到的结果。这种投放方式符合现阶段的企业、广告主、平台的利益需要，也给用户带来了便利，但也存在隐私泄露的风险。2018 年 8 月 29 日，中国消费者协会发布《App 个人信息泄露情况调查报告》称，一些手机 App 出现对个人信息过度收集的问题。在很多应用软件中，调取海量权限已经成了一种常见现象。同年 11 月 28 日，中消协对 10 类共 100 款 App 进行综合评测后发布《100 款 App 个人信息收集与隐私政策测评报告》。报告详细提到，90%以上应用软件所列权限都有过度采集用户个人信息的现象。在各种数据安全问题爆发后，隐私问题已经越来越受到用户的关注，用户对企业、应用软件的信任度大大降低。要想进一步实现精准投放的新发展，就要维护用户的隐私安全，把握好“度”的问题。

当前精准投放中出现的隐私问题，也给了商家、广告主、各类投放平台一个警示，即应强化个人隐私数据保护，规制数据造假、窃取与贩卖等行为。《中华人民共和国个人信息保护法》（简称《个人信息保护法》）中提到，部分个人信息属于不可流转交易类别，企业在分析个人信息进行精准投放时，要严格遵循《个人信息保护法》，坚决不能盗窃、贩卖以及过度跟踪用户隐私信息，提高社会责任感，规范精准投放过程中的信息分析行为，坚决维护消费者的利益（蔡佳伟，2022）。

3. 提高投放内容创意性

目前的精准投放确实实现了一定的内容优化，但还是具有一定程序化、批量化的特点。程序化创意就是利用大数据技术手段，在深入研究消费者数据和消费行为信息的基础上对广告创意元素和数据进行模式化，根据模板、流程来排列组合各种元素，最终形成广告信息。广告生产程序化确实简化了广告生产过程，缩短了广告生产时间，但也降低了广告创意内容该有的审美意趣，难以满足用户的审美需求，进而可能让用户对精准投放产生负面情绪。因此，各企业应了解“好的内容是制胜的关键”，再强大的技术支持也无法弥补内容贫乏带来的用户流失问题。在精准投放的未来发展中，企业与平台应当关注到内容的重要性，不断创新信息呈现方式，增强信息投放的创意性与个性化，抓住人们的眼球，满足用户的审美需求（刘芳，2021）。

1.3 案　　例

21 世纪初，国内经济发展向好，手机作为新型通信产品虽面临广大的市场，但也面对着巨大的产业竞争与挑战。在此关头，如何找准目标群体实现产品销售推广成为厦新公司关注的重点。

2001 年 12 月，厦新公司发布全新的手机产品准备投入市场进行销售。此时，许多企业在已经提前步入手机市场，占据了一定的优势地位；除此之外，许多国外品牌靠着强大的经济实力面向广大市场进行广告投放。而厦新作为新企业，预算并不宽裕，如何结合媒体进行组合投放是其首先面对的一个严峻考验。基于此，时任厦新品牌管理部副经理汤晓鸿指出，只有找准目标消费市场进行精准投放才是制胜之道。在 21 世纪初，电视投放是主要的投放方式，国内有着数百家电视台 2000 多个频道，有近 4 亿台电视机和 12 亿观众，在这么大量的数据之下，厦新如何才能在这激烈的市场竞争中占据一席之地呢？厦新决定选择精准投放广告的方式打开一条成功之路。厦新从一开始就抓住了自己的定位，明确自己瞄准的是全国性的市场，市场对准国内就要求企业投放需要具有全局性的观念。厦新和广告公司反复比较判断，结合收视列表、地区生产总值（gross regional product，GRP）等数据的分析得出结论：虽然电视台数目不断增加，但地方电视台始终无法撼动中央电视台的龙头地位，因此厦新将央视作为投放首选；在时段方面的选择上，厦新坚持选择最贵、但是千人成本最低的黄金招标段位。厦新致力于用最小的投入换取最好的投放结果，因此在投放过程中坚持对各种数据的分析与比较。结果证明厦新的选择是正确的，厦新手机在经过一年多的努力后在大众心中初步树立了一定的品牌形象，销售额不断攀升，从无人知晓到国产手机的前三名，精准投放为厦新的成功立下了汗马功劳。通过在央视的投放，厦新手机的知名度在短短时间内迅速提高，将“梦幻魅力，舍我其谁”的理念有效地传递给了消费者，得到了广大消费者的支持与喜爱。同时，厦新推出的“A8 手机-下午茶改色”篇在“首届 CCTV-AD 盛典”活动中，高票成为唯一一个获奖的手机广告。

厦新的精准投放之路并没有结束。到 2002 年下半年，更多企业盯准了手机市场这块香饽饽，国内各手机厂商的投入加大，更多的品牌加入到黄金段位的投放上来，甚至出现了同一招标时段居然有 5～6 个手机品牌同时在进行投放，这意味着厦新的投放策略必须适时地进行调整。厦新产品经过在央视一年多大范围的投放后，已经获得一定的知名度和认可度，厦新公司越来越明确接下来要做的就是区域市场的精耕细作。厦新将广告投放从央视转移到地方台，通过在广州、上海及其他地方电视媒体的投放，切实保障了厦新在区域市场的良好品牌形象；通过采取赞助上海中远足球队，切实缩短了厦新品牌与本地消费者的联系；与一些在地方台引起强烈反响的栏目合作，厦新产品广告获得良好收视点。

厦新企业在手机市场激烈的竞争环境下开辟出了一条新道路，实现了手机销量、知名度、产品熟悉度的节节攀升。精准投放作为一种以用户需求为中心的投放方式，帮助企业找准目标群体，帮助用户找准合适产品，在提高投放的效率与效果的基础上，实现了企业与用户的双赢。

1.4　本章小结及习题

1.4.1　本章小结

（1）精准投放采取个性精准化推荐技术，根据了解到的用户的信息需求和兴趣等，为客户提供相应的信息或服务，从而防止目标群体被迫接收一些没有价值的信息内容，增加用户的满意度与良好体验感。

（2）精准投放比起传统投放方式，注重用户之间存在兴趣偏好、需求的个体差异，并在此基础上进行个性化计算，从用户的兴趣点入手，捕捉用户自己可能都没有察觉到的个性需求，进而为客户提供更加匹配的服务。

（3）精准投放下的营销方式以用户为中心，在投放效率与精确度上都实现了飞跃，通过技术支撑、庞大的用户数据，对用户的行为以及相关信息进行跟踪与深入分析进而有针对性地进行信息投放。

（4）精准投放在不断进行着优化，具有独特的优势和特点：①精准定位消费者群体；②精准定位消费情境；③精准预测消费者需求；④具有消费者导向性。

（5）随着互联网的普及与大数据技术的发展，精准投放得到越来越多企业、广告主等的青睐，精准投放所带来的经济效益与社会效益都促使着这种新型信息投放方式应用在越来越多的领域之中：①舆论引领；②短视频社交平台；③品牌营销；④数据洞察；⑤需求匹配。

（6）经过十几年的发展，如今的精准投放展现出了独特的发展趋势：①参与主体不断增多；②市场规模快速扩大；③投放系统逐渐完善；④内容更加个性化且具有创意性；⑤价格低廉且效果实时反馈。

（7）精准投放目前虽已进入成熟阶段，但其仍有巨大的发展前景，未来可以在弥补现有缺陷的基础上，从如下方面入手使精准投放焕发新的光彩：①实现新技术发展；②加强个人隐私保护；③提高投放内容创意性。

1.4.2 习题

（1）请简要阐述什么是精准投放。
（2）请简要阐述精准投放的特点。
（3）请结合自己的生活实际，举例说明精准投放在日常生活中的应用。
（4）请简要叙述精准投放的发展历程。
（5）精准投放的未来应该如何发展？请说明你的想法及原因。

[1] CHATTERJEE P, HOFFMAN D L, NOVAK T P. Modeling the clickstream: implications for web-based advertising efforts[J]. Marketing Science, 2003, 22(4): 520-541.

[2] GROSSMAN G M, SHAPIRO C. Informative advertising with differentiated products[R]. The Review of Economic Studies, 1984, 51(1): 63-81.

[3] KIM M, KANG S, KIM M, et al. Target advertisement service using TV viewers' profile inference[R]. Pacific Rim Conference on Multimedia, 2005.

[4] KODIALAM M S, LAKSHMAN T V, MUKHERJEE S, et al. Online scheduling of targeted advertisements for IPTV[J]. 2010 Proceedings IEEE INFOCOM, 2011(6): 1825-1834.

[5] LEKAKOS G, GIAGLIS G M. A lifestyle-based approach for delivering personalized advertisements in digital interactive television[J]. Journal of Computer-Mediated Communication, 2006, 9(2): 10-12.

[6] LIM J, KIM M, LEE B, et al. A target advertisement system based on TV viewer’s profile reasoning[J]. Multimedia Tools and Applications, 2006(36): 11-35.

[7] 蔡佳伟. 网络媒体技术进化视角下广告精准投放的内涵演变、发展逻辑与突破策略[J]. 新媒体研究，2022(7): 35-38.

[8] 胡贤清. 社交媒体利用大数据分析实现精准投放应用探讨[J]. 数字通信世界，2017(7)：156.

[9] 李科，党延忠. 出租车新运营模式下的 led 广告精准投放策略[J]. 中国管理科学，2020，28(10)：220-230.

[10] 刘建华，李文竹. 新时代我国新闻出版业的理论创新与战略选择[J]. 出版科学，2021(2)：14-22.

[11] 鞠宏磊，黄琦翔，王宇婷. 大数据精准广告的产业重构效应研究[J]. 新闻与传播研究，2015(8)：98-106.

[12] 张岚，聂艳梅，陈宇恒. 基于 AIDMA 模型的社区电梯广告传播效果研究[J]. 科技传播，2022(24)：92-95.

[13] 周傲英，周敏奇，宫学庆. 计算广告：以数据为核心的 Web 综合应用[J]. 计算机学报，2011(10)：1805-1819.

自学自测  扫描此码

第 2 章

数字营销中的精准投放

2.1 数字营销概述

2.1.1 数字营销的概念

20 世纪 90 年代初，随着数字技术的不断发展与进步，用户逐渐从网站内容的浏览者转变为内容的制造者与参与者；再到个人偏好与浏览数据成为各大企业和广告主争夺的商业价值，形成大数据精准营销模式；如今已在不断地成长壮大中形成基于商业生态圈的生态圈营销，将消费者需求作为营销起点，不断激发商业发展（鲍磊 等，2022）。

在数字营销的发展过程中，越来越多的学者关注到这一领域，对于数字营销的定义，不同的学者众说纷纭。数字营销研究所对数字营销的定义是通过数字技术创建一个有针对性、可度量的集成沟通渠道，以留住客户并建立更深入的关系为目标的营销方法；它通过利用数字技术手段不断促进客户与企业间互动和全面参与，从而实现共同目标。数字营销并不仅仅局限于一种技术，更是一种思维方式，即客户在品牌引领下积极参与，创造和发展自身的内容，进行个性化产品设计与生产。Kannan 和 Li（2017）认为，数字营销是一种技术驱动的过程，旨在与客户和合作伙伴一起创造、传达和维护价值，从而实现所有利益相关者的共赢。

数字营销虽然采用了新的技术手段，但它本质上仍然是营销的一部分，代表了现代营销理论在数字时代的发展和变革。它借助互联网技术或活动，通过数字媒介、互联网技术，通过网络化的方式，通过计算机自动的符号处理，将不同形式的信息进行概括化处理，与客户群体进行交流沟通。数字化互动已成为数字营销不可或缺的核心组成部分（图 2-1）。

1. 实现生产、创意、传播、销售的一体化

数字营销是一种基于数字传播渠道的营销实践，旨在通过数字化的方式推广产品或服务，与消费者进行交流、互动。它具有及时性、交互性、个性化和节约成本的特点，是现代营销的重要手段。在这个过程中，数字营销本质上打破了传统营销方式壁垒，设计先行，在进行传播之前，已经明确了广告设计的内容与形式；传播仅仅是将广告中的内容展示出去；而销售过程与传播过程也是分离的，传播仅仅关注于信息的推广，而不会考虑营销环节是否达成目标。数字营销却是通过收集、分析客户数据，制定个性化广告推荐，通过客户喜爱的方式进行传播，并及时收集用户反馈信息，进行产品改良升级，大大降低试错成本，节约人力、物力与财力。数字营销打破时空壁垒，实现创意、传播、

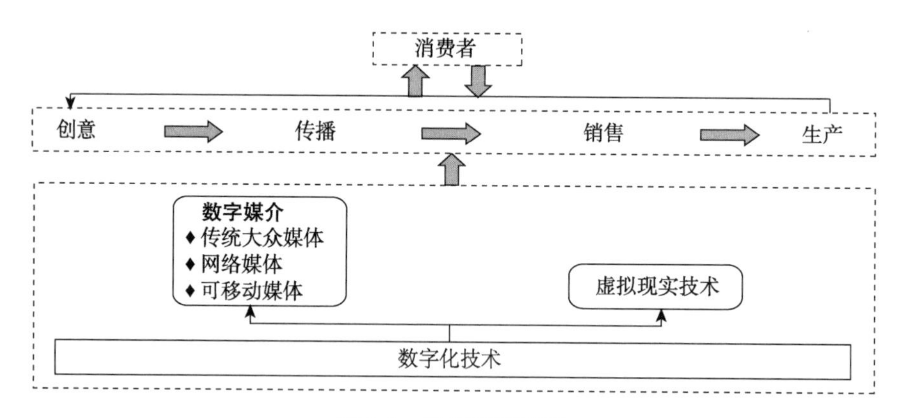

图 2-1 数字营销概述

销售、生产的一体化（姚曦，秦雪冰，2013）。2020 年，尽管深受疫情的影响，优衣库却在中国仍保持着持续扩张的趋势，正是其极具特色的营销模式发挥了作用。优衣库在新产品开发阶段，通过对前期产品购买情况进行数据分析，结合当地流行趋势和消费者的需求、生活形态以及相关素材等多种信息来源，进行产品的更新升级，在更好地满足了消费者的同时，节约了企业的制作成本和试错成本。

2. 由数字化技术驱动

数字营销过去利用如电视等传统大众媒体进行传播。“扭一扭，舔一舔，泡一泡”的奥利奥经典广告深入人心，简单的广告语常常在各大电视节目中高频出现，吸引了众多客户，也获得了许多回头客。乐事公司洞察消费者的情绪，重新定义“家人”，以“有家就有乐事”切合前几年新春之际国民不便归家的现状，赢得消费者的心。不同的广告品牌针对其受众群体，在不同的电视频道进行传播。但由于网络媒体的发展，越来越多的人更倾向于选择网络媒体作为娱乐媒介，尤其是作为消费主力军的年轻人。因此不少品牌选择转移营销“阵地”。

随着科技的发展，越来越多的企业借助基于互联网技术与数字技术的网络媒体工具，通过手机、笔记本电脑、平板电脑等可移动媒介进行营销。当下，移动广告已经逐渐成为主流，数字营销从业者紧密关注该营销领域，纷纷与各大手机 App、微信小程序等运营商合作，通过加强广告投入、优惠活动、增强与现实生活的联系等手段提高营销效果。在淘宝、京东、美团、拼多多等专门用来购物的 App 中，根据用户的喜好与购物行为呈现相应的广告已经成为各大品牌进行营销的主流方式；各大品牌也与爱奇艺、腾讯视频等视频网站、App 进行合作，在视频播放时插播相应的产品广告，有些品牌会巧妙地与视频中的人物衣着、使用产品结合起来，推出“明星同款”，并提供购买链接，进行营销。

3. 虚拟现实与虚拟体验

随着数字化技术的迅猛发展，虚拟现实逐渐走入了人们的视野，渗透进人们的生活。人们借助虚拟现实技术（virtual reality，VR）在高度发展的数字化生活中进行实践，在这里人们可以打破时空限制，利用虚拟身份在数字化的世界中进行沟通、交流，体验和现实中类似的生活，甚至是那些人们在日常生活中难以触及的场景（Shaik，2018）。

数字营销正是基于这种虚拟实践并作用于客户的虚拟体验的营销。网络化方式使得消费者无须线下接触实际产品即可完成消费，传统购物体验中的观赏、聆听、触摸、试用等体验方式在数字营销中不再适用。因此，数字营销不能仅仅依赖图片加文字的形式进行营销，还要为消费者提供虚拟体验的环境与途径，使得消费者借助 3D 建模技术构建的换装场景，根据自己的个性特点打造专属于自己的形象设计。个性化的虚拟体验让消费者更直观地感受到产品与自身需求之间的契合，从而树立对产品的好感和信任感，进而影响其购买行为和购买决策，提升消费者的购买体验和满意度。如今 VR 等技术的推广，为企业解决消费者沉浸式体验真实产品或服务问题提供了路径。虽然 VR 技术可以帮助消费者感受产品的属性和价值，但由于技术和资金等方面的限制，这种方式仍处于试验阶段，能够真正做到平民化、普及化仍需一定的时间。优衣库在现有的条件下通过线上、线下相结合的方式很好地利用了数字化的方式进行营销。在线下，优衣库借助数字化技术推出门店智能买手，主动与客户进行一对一互动，将成交转化率提高至 15%以上。与此同时，优衣库在线上也安排了智能买手，通过语音帮助消费者进行产品介绍、店铺信息、模特搭配信息以及商品材质和价格；接着化身为数字化搭配师，当消费者录入自己的人体特征信息后，构建属于用户自身的 3D 形象，消费者可以挑选自己喜欢的服饰，在线上查看搭配情况，节约了大量时间和精力。

4. 精准媒体与精准营销

随着科技的发展，营销过程越来越注重精准投放。通过数智化营销，挖掘用户画像，发现数字覆盖与用户联系，建立持续交易的基础，实现交易与收益，这成为企业营销的重要目标。

挖掘用户画像是指通过大数据跟踪和描述用户的行为，形成更清晰、更准确的用户画像。一家电器制造公司希望在新产品发布会上吸引更多的粉丝，该公司使用了客户关系管理（customer relationship management，CRM）数据，以及客户服务和销售数据。通过分析数据，综合评定老用户的忠诚度，找到最有可能参加活动的粉丝。这种方法成功地为这家电器公司带来了超过一半的粉丝，同时只花费了以往 40%的成本。

发现数字覆盖与用户联系是指基于用户识别和画像，使用数字技术手段接触和联系用户。世界最大的在线影片租赁服务商 Netflix，根据用户之前在网站上的行为，如每一次点击、播放、暂停、观看时间、观影类型、对观看影片的评价等一系列事件，推断用户的喜好，通过数据分析来预测他们接下来可能会看什么样的影片，并根据预测进行大数据计算为其推荐影片。

建立持续交易的基础是指通过与用户的深入互动，将接触的用户转化为客户资源。令人耳熟能详的瑞幸咖啡自 2017 年第一家店开业，到如今实现单店盈利，复购人数呈指数增长，正是因为其与用户建立了深入的联系，将所能触及的用户最大化转化成客户资源。首先，瑞幸咖啡通过公众号、小程序、App 以及线下台卡、海报、易拉宝等方式进行引流，以优惠福利为诱饵，吸引用户添加企业微信，引导用户进群获取福利，下单后还会赠送其他优惠券，以增加复购；其次，通过自己创建的“福利官”不定期向客户推送分享裂变小程序，邀请新人即可获得优惠券，通过“以老带新”增加客户群体；再次，瑞幸咖啡基于门店对用户进行细分，实现差异化运营，针对不同的用户发放最适合他们的优惠券及优惠套餐服务。最后，为了不断提升消费者的复购能力，瑞幸还推出了一系列活动，如月卡、15 天内下单 3 次解锁三八折饮品券、勋章等活动，同时在 App、小程序上定时提醒用户进行持续消费。

实现交易和收益是指通过社群、品牌粉丝，将数字化数据转化为利润。姚曦和秦雪冰（2013）将所谓数字营销定义为：数字技术是营销活动的核心，通过数字化手段调动企业资源实现产品或服务的价值提升。这种数字化营销注重协调和统一物流、资金流和信息流，通过数字网络传输来达到客户满意和企业盈利的双赢效果。

2.1.2 数字营销的特点

1. 集成性

数字营销实现了从商品信息、交易到售后服务、用户反馈，迭代升级的系统。通过前台与后台的紧密联系与集合，能够快速响应客户的个性化需求，成为一种全方位、整体化的营销渠道。此外，通过互联网，企业能够设计规划不同的传播营销活动，从而避免因传播的不一致性而对消费者产生误导和消极影响。与此同时，数字营销的优势在于将产品信息说明、促销手段、客户意见调查反馈、客户服务等多种营销活动整合在一起，以实现营销的一体化效果。这些活动可以通过文字、声音、影像等多种形式进行展示，轻松迅速地更新实时资料。消费者可以在网上多次、重复查询所需的产品信息，以满足其个性化需求。

2. 个性化服务

数字营销最大的优势在于它能够利用大数据分析出客户需求，进行针对性营销和个性化服务。它借助互联网技术与客户进行互动，形成用户识别、创建个性化推荐、用户参与、回馈用户的良性循环，实现公司盈利、客户满意的“双赢”成效。各大 App 通过分析用户的浏览界面、使用时间、使用频率等信息，从而构建用户画像。然后，跟踪每位客户的销售习惯和偏好，按照客户需求，推测客户需要与喜欢的产品。最后，有针对性地推送相关广告，并提供个性化的产品或服务。淘宝从用户的消费需求出发，精准有效地为其推送与消费意图相关的产品或服务信息，目前已经形成比较成熟完整的精细化内容布局，通过搜索关键词，以及对商品性能、商铺信息等内容进行精准识别和分析，实现了对用户兴趣和需求的精准匹配，从而确保淘宝 App 能够快速为用户推荐相关的商品和内容，提升其购物效率和满意度，为商家带来更多的流量和销售机会。

数字营销可以给消费者留有足够的时间与空间去全面了解产品信息，将多家商铺进行对比，并且使消费者能够接受一对一的个性化服务，避免受到营销人员、场景、时间等外界因素的干扰。与传统消费相比，数字营销更大的优势在于可以提供 24 小时服务，客户完全可以根据自己的时间购买产品，仅需滑动界面、点击链接，即可得到自己想要的产品，甚至可以根据自己的喜好与客服进行沟通交流，进行个性化产品设计与购买。与此同时，数字营销使得营销人员在设计多媒体广告时，可以明确标出静音、暂停、停止和关闭的按钮，为用户提供最舒适的使用体验。

3. 打破时空限制

互联网平台使客户可以方便地获取大量的产品信息，包括各种规格、技术指标、保修信息、使用方法等，同时为客户提供了不间断的问题解答服务。则借助互联网平台的无限优势，数字营销在线提供丰富的产品展示和销售渠道，为客户提供更加灵活、方便的购物体验和自主选择权。用户可以足不出户在手机或计算机等媒介中轻轻点击，即可选择需要的产品。通过设置好固定的时间和地址，足不出户等待送货上门服务，这极大地满足了人们不想或无法出门购物需求。当人们不想或无法出门购买药物与日常用品时，仅需要在美团 App 中选择自己需要的物品，填写送达地址与时间，就可以在家中静待物品送达。

4. 成本优势

数字营销从宣传、营销、售后到生产，这些环节都很大程度地节约了成本。首先，与传统营销发送纸质广告或者在公共场所树立大型广告牌相比，数字营销仅需在网上发布一条信息，网络上的所有人都可以自主查阅，不仅拓宽了销售范围和群体，还极大地减少了传统营销中进行广告传播所耗费的人力、物力和财力。其次，营销环节转移到线上，客户在网络上即可获得产品或服务的信息，企业也可以借助人工智能自动回复一些客户询问的高频问题，大大减少了人工成本。再次，数字营销的售后环节也可以打破时空限制，不仅减少了客户时间与精力的浪费，也提高了企业的效率。最后，企业可以通过广告浏览数据、用户反馈明确对此类产品感兴趣的客户及其需求，然后依此进行产品改良升级，节约用户调查成本；还可以针对客户订购情况预估产品数量从而调整库存量，降低库存费用，避免很大程度的浪费，有效节约成本。

2.2　数字时代的精准营销

2.2.1　什么是精准营销

飞速发展的互联网时代，我们可收集、获取的信息呈指数式爆炸性增长，庞大的数据信息于我们而言，既是机遇又是挑战。在纷繁错杂的数据中准确、快速地获取有用的信息，这将在极大程度上改变营销的方式。基于网络的精准营销逐渐产生，并日益壮大、迅速发展。

网络广告营销的初期已经实现了企业与用户之间的交互，企业不仅可以通过广告吸引消费者的购买，消费者也可以对产品或服务提出自己的反馈意见。然而，当消费者的需求越来越高，越来越追求个性化发展，企业更需要花最小的成本覆盖更贴近自己市场、更愿意选择自己的产品或服务的客户。因此，网络广告营销就不能单单停留在企业与消费者简单的交互之中，企业既需要能够为消费者提供全方位的综合化服务，又需要能够在消费者个性化的需求中进行深度挖掘，针对用户偏好提供聚合服务。

精准营销（precision marketing）是一个相对概念，也是一个持续不断优化升级的动态过程。随着大数据时代的到来与发展，它表现出强大的生命力。精准营销是指在合适的时间，通过合适的手段与媒介，向特定的客户发送针对性信息，从而对购买决策产生影响，促进企业营销目标的达成。莱斯特·伟门（Lester Wunderman）在他的著作《直打正着：直复营销之父伟门的创想之旅》中提出了以企业客户为中心的精准营销概念：借助各种渠道收集用户数据，建立客户资料库，并针对数据进行科学有效的分析，找准潜在客户，依据客户特征制定个性化营销方案，并尽可能追踪客户资料。国内的学者也对“精准营销”这一概念提出了自己的看法。伍青生等人认为“精准营销”是经典营销策略的扩展和升级，注重寻找潜在客户、个性化沟通、信息传播以及提供增值服务等方面的技巧和方法，使用定性分析与定量分析方法，对市场各类消费者进行系统性分析，从而实现与目标市场中不同的消费群体的高效沟通（伍青生 等，2006）。精准营销有助于巩固客户的忠诚度、不断开发新的用户资源、开拓新市场，并形成新的商业营销模式（胡保坤，2015）。结合上述学者的观点，精准营销的含义体现在3个层面（图2-2）。

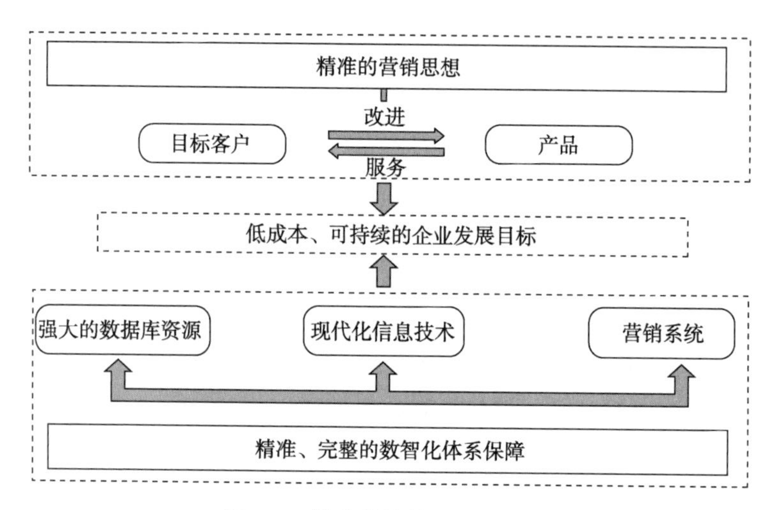

图2-2 精准营销的三层面含义

1. 树立“精准”的营销思想

精准营销的核心是“精准”，即精细、精密而准确无误，同时可以测量。精准营销要分别从服务、架构、安全与研发四个方面破除传统营销的弊端，实现个性化、特色化、多样化，以及不断更新迭代以适应日新月异的市场变化。

目标客户的“精准”是精准营销的首要特点。如何准确地判断受众群体，如何为不同类型的群体提供针对性服务，这是企业首先要建立的思想；而精准营销可以巧妙地避开中间复杂的环节，直接与客户进行“对话”，借助各种现代化信息技术手段与用户直接沟通，有效地减少了信息传播的失真，从而更好地了解与掌握用户的需求与期待，在最大程度上实现了“一对一”的营销。

产品的“精准”也是精准营销的重要环节，即根据不同的用户需求，个性化定制相应的产品或服务，最大限度地满足消费者的需求。沟通渠道与策略的“精准”更是精准营销的必要手段，通过大数据分析消费者的关注习惯及使用偏好，判断并运用其喜欢的营销方式进行个性化页面定制，在深入了解用户的行为和喜好之后，在用户喜欢的时间里，以用户喜欢的方式呈现出来。

回报的“精确”是精准营销的最终结果。在精准营销中，营销活动的效果被直观地呈现出来，这使得企业可以清晰地认识到自身产品的优势与不足，有利于企业有针对性地提升产品性能，满足市场需求。网易云音乐根据听众的听歌喜好和使用习惯自动聚合相关信息，许多用户甚至表示它的个性化推荐比自己亲密的人还要懂自己，是市场公认的精准推荐。正是因为网易云音乐利用了产品后台的大数据分析功能，通过网易云音乐中点赞、播放、收藏、下载、评论等功能，推算用户的音乐品位，建立与之品位相同的用户群体，并把这些用户喜欢的音乐推送给他；日常播放音乐的时间、没有听完就切换歌曲、等待歌曲自动播放这些行为也会被后台附上不同的权重进行计算，用来预测用户的性格和不喜欢的歌曲，改变推送的歌单和方式。

2. 精准、完整的体系保障和数智化媒介作为支撑

传统的数据库主要用来存储、处理和管理结构化数据，但结构化数据会使得企业只能局限于数据集中的特定细节，而无法对整个数据进行数量、种类和速度上的处理。传统营销中需要耗费人力、物力、财力，不断地询问客户的需求，根据客户的回答从而进行推销，这样的方式缺乏效率与精准度，也无法衡量营销活动的具体效果究竟如何，低效而具有强制性的传统硬广告将逐渐被时代淘汰。市场经济逐步发展完善至今，任何一个企业如果缺乏现代化的营销策略与手段，将无法在竞争日益激烈的市场中占有一席之地。因此，想要实现精准营销，必须依托强大的数据库资源，运用现代化信息技术手段及营销系统，将互联网中的信息高度聚合起来，准确测量消费者的消费行为。然后，选择合适的媒介，将准确的信息有针对性地传达给特定的消费群体，有效解决传统营销中针对性不强、信息传递不准确等问题。与此同时，精准营销可以更好地突破时空限制，加强用户与企业的充分沟通，减少市场的信息不对称性，增加更直接且透明度高的接触，并对营销活动的效果进行量化衡量（刘征宇，2007）。

问答类平台与电子商务平台是实现精准营销的有效途径。企业可以借助问答类平台，如百度、小红书、知乎等，在解答网友提出相关问题的同时，为推销自己的产品或服务提供渠道，至少可以进行“一对一”的精准营销。当其他用户提出相似的问题时，就可以通过搜索引擎直达企业的精准营销界面，口口相传为企业赢得良好口碑。专业的电子商务平台，如天猫商城、淘宝、京东等网站，能够为企业提供免费的二级、三级域名以及个性化定制的网页模板，极大地减少了企业建设网站的时间，也为企业提供了展示与销售产品的广阔舞台。

3. 达成低成本、可持续的企业发展目标

两点之间，直线的距离最短，精准营销抓住了这个要义，采取了最短的直线距离，加强了沟通的效果。精准营销既使得客户的满足成本大大降低，有效地缩短了营销渠道，最大限度地减少了流转环节；又不需要占用繁华却又昂贵的商业地段，进一步减少了店铺租金、大量庞杂的人工服务成本及其他开销，严格控制了营销的成本，使得利润达到最大化。与此同时，精准营销由传统营销模式中的企业对用户的单向推销转向双向交流的经营模式，通过数据的存储、整理、分析与挖掘，进而实现了客户与企业的实时交互，在互动的过程中及时改变服务模式，为用户提供更加优质便捷的服务体验，不断提升原

有客户的满意度、开发新客户、发现潜在客户、挽留流失客户，提升营销效果的成功率，进一步减少成本，实现可持续发展。

恒丰银行在面对行业内部竞争日益激烈的当下，打破传统的上门营销、电话营销，甚至是扫街式营销等需要耗费大量人力、物力、财力的方式，有效挖掘银行内部拥有的充足的客户基本信息和交易数据，建立起精准营销系统。通过深入探查客户行为、需求及偏好，持续地发掘潜在客户，实现长期有效的营销策略。同时，在不断地学习和更新中，大大缩减了数据分析和精准营销模型上线的周期，节约了成本。

2.2.2 数字化营销

数字时代的变革给人们的生活带来了翻天覆地的变化，数字信息技术被广泛应用于人们生活的各个角落，影响与改变着人们的生产生活方式。人们生活中大多数信息都可以通过数字化的形式被存储起来。例如：一张张旅行美景照、一首首喜欢的歌曲、随手记录生活的小视频等都可以存入我们的设备乃至云端之中；数字时代的到来也使得现金成为一串串存储在手机中的虚拟数字。我们正是在数据的接收、理解、传递与变化中，不断塑造着更好、更便捷的生活方式，发现并建立新的秩序。越来越多的企业、品牌乘着“数字时代”的浪潮，将“数据”作为营销的核心，建立起符合企业和品牌特质的数据系统，收集数据的同时也制造和影响着数据。

在数字时代的背景下，数字信息技术极大地促成了信息的整合，促进了信息数据的高效利用，增强了更大的经济主体之间的合作。对于企业而言，必须牢牢把握数字时代带来的发展契机，解决传统营销的弊端，明晰营销工作的转型重点，获得更好的发展前景。企业需要将不同平台的日常营销数据进行集中处理、分析，并在此基础上对自身产品进行市场定位，深入了解客户需求和偏好，建立用户画像，精准提供对应的商品或服务。正是海量的数据才能够使得企业的分析越来越精准，不断提升用户的体验感，实现精准营销的不断优化。数字时代的发展为精准营销提供了技术保障，信息技术的不断发展则使得营销决策可量化并趋于理性，促进了营销发展目标可追踪、可衡量、可优化。企业可以通过数据和分析，有效地整合用户的特征信息，将收集到的客户浏览记录、消费信息、搜索记录，无论是文字、音频、图片还是视频等信息整合起来，分析并解释此类现象及其发生原因，进而预测消费者偏好及其未来购买产品或服务的趋势，从而形成消费—数据—营销—效果—消费的完美营销闭环（Zhu & Gao，2019）。

精准营销在大数据背景下基于数据库营销和数据挖掘技术日益发展起来，这属于一种新的营销模式，企业可以根据数据分析的结果做出有针对性的战略调整。数字技术的不断发展与更新迭代，极大地便捷了信息收集的渠道与途径，很大程度地拓展了信息的基础，减少了信息收集的成本，提升了信息产品的价值；科技发展中建立的模型也可以用来评估营销效果，为企业每个阶段的发展提供明晰直观的量化指标，便于企业根据这些指标优化升级营销方式。因此，借助大数据技术数字化用户信息，通过收集用户不断触发的信息，更新用户画像，针对用户的变化，生成相应的营销方式，真正实现动态性的精准营销（Zhao & Ma，2017）。

在数字时代的背景下，精准营销也迎来了新变局，为用户带来了更加便捷且具有个性化的用户体验（Gu, 2022）。企业和平台可以统计分析用户的浏览时间，当达到一定的标准后提供一对一的交流沟通服务，帮助用户详细介绍产品，根据用户需求提供相应的服务。在征得用户的同意后，企业可以根据用户需求借助微信、微博、邮箱等网络社交媒体平台，与用户建立长期的社交联系，通过客户自述、关注内容等大数据信息，发现用户对产品的需求变化，及时为客户送上需求链接，将客户的需求转化为实际的购买行为。例如，通卡数字科技（简称通卡数科）是国内领先的数字权益服务商。它将先进的数字化技术与行业应用相结合，持续精进与创新，为企业客户发展提供先进动力。为了引领企业数字化转型，通卡数科以数字场景技术为起点，提供一站式数字权益商品服务，核心在于"全业务支撑"和"场景化驱动"，最终打造一体化全链式数字化解决方案。通过整合多种营销形式，通卡数科采用基于数据化的精准营销策略，实现形式灵活、应用场景广泛的营销模式，包括码券兑换、H5 游戏、短视频、软文推广等，满足企业多样化的营销需求，帮助企业高效精准地触达目标用户。该平台以用户需求为中心，构建高黏性场景服务，使企业的营销策略与用户需求无缝对接。

数字营销通过销售引导策略，将潜在客户转化为实际客户，提供精准的产品信息和定制化的销售方案，以实现精准营销。首先，企业可以借助当前用户使用频繁的微博、抖音、小红书、知乎等平台，以推文、短视频等线上形式为广大客户提供交流互动的平台，使得客户之间能够相互分享购买经验，更加充分全面地了解产品信息，增强用户黏性与回购率，提高满意度和认可度。用户的交流也是互相"种草"的过程，他们的宣传更具有真实性和可靠性，有利于形成良好的口碑。企业则可以借助互联网平台对客户开展问卷调查，了解客户对品牌的真实感受和需求、想法与建议，根据这些反馈企业可以及时了解到产品的不足，及时对产品进行改良升级。其次，企业可以利用互联网平台的互动性功能，让用户拥有发声和话语权，使客户成为品牌宣传的有效传播媒介，从而最大限度地利用口碑传播优势，扩大品牌宣传范围，增强品牌影响力。最后，在互联网平台上进行产品促销是提高品牌知名度和认可度的有效方式，通过有效地利用在线营销策略，企业可以扩大品牌的影响力，吸引更多的潜在客户，并提高客户对品牌的忠诚度，进而实现数字营销的目标。

然而，随着数字时代的到来，数据量呈指数式上升的趋势也使得企业面临着许多挑战，数据的大幅度增加也意味着数据存储和检索响应时间的增加，使得快速而精准地获取数据、高效地得到我们想要的数据结果的成本也大大增加。如何解决这个问题，如何精准却又能够降低成本地优化可用数据，则需要我们优化数据分析的方法，针对不同的数据采用不同的分析方法，利用动态而多样的算法，发挥实干精神，做出有价值的营销决策。

2.3　精准投放在数字营销中的应用

2.3.1　挖掘市场需求

1. 调查和分析用户需求

在数字营销的大背景下，我们可以利用各种线上市场调研工具，如在线调查、数据分析等，来挖掘市场需求。通过这些工具，企业可以更精准地了解消费者的需求和偏好，以便更好地定位目标市场，提高销售额。通过市场调研和用户反馈，了解用户的需求和痛点，从而更好地针对用户的需求制定广告策略（图 2-3）。例如，通过在线调查、焦点小组讨论等方式，了解用户对产品的看法、需求和期望，从而更好地满足用户的需求。例如，许多用户并不愿意花费时间和精力认真填写品牌方给出的市场调研问卷，而大众点评网巧妙地将调查用户需求这一任务隐藏在通过点评赚取特权的方式中。大众点评网的会员获取方式不同于其他 App 通过金钱购买的方式，而是通过发表评论与建议获取的，其中的橙 V 会员可以称得上是大众点评网中等级最高的会员，成为这种会员的用户必须注册满三个月，并且发表四篇 100 字以上的评论，获得橙 V 会员后可以享有霸王餐特权（免费品尝商家推出的套餐），拥有专属的美食优惠、境外吃喝玩乐等特权。而且，这样的会员并不是一次获得即可一劳永逸的，必须每个月维持四条点评，才可以每月都获得这样的优惠。

2. 监测和分析用户行为

抖音作为全球最受欢迎的短视频平台之一，以其独特的算法和广大的用户群体为许多品牌和公司提供了挖掘市场需求的途径。抖音可以根据用户提供的注册信息，如设备身份识别码（international mobile equipment identity），以及用户在抖音上观看的视频类型、喜欢的内容类型和留言评论等信息，生成用户画像。这既包括用户操作和使用偏好，如搜索、关注、点赞、收藏和浏览行为信息；又包括用户提供的信息，如发布、评论和反馈等。另外，如果用户明确同意，抖音还可以收集用户的地理位置信息。在这些数据的基础上，企业可以利用抖音实时发布在广告交易平台的用户信息，更好地了解自身产品所对应的用户群体需求和偏好，为用户提供更加贴合个性化需求的产品或服务。与此同时，各大品牌可以将自己产品或服务的广告在抖音平台中进行投放。当用户在看到广告后，用户的需求内容和数据再次被更新，从而得到更具有现实意义的实时动态市场需求。例如，"有道精品课"有效借助抖音中捕捉用户搜索关键词与关注的功能，当发现当前用户在寻找学习方法、解决学习困惑，或是想要解决孩子的学习问题时，就会及时为这类用户推送"有道精品课"的部分讲解内容。当用户在这些讲解内容中获取相应的知识，并且在得到消费者的认可后，会在视频下方提供产品链接，引导用户点击链接，跳转到旗下 App，进行更多的产品选购。这类广告通过了解用户当下的行为喜好，并结合已经形成的用户画像，精准定位用户需求，达到很好的效果。

3. 实时更新用户数据和需求

在大数据时代的背景下，科技的发展使得获取用户的实时数据变得轻而易举，大众逐渐接受了各大公司与品牌对用户隐私信息的收集，并在平台的指引下授权自己的位置信息，这为基于位置投放的广告提供了广阔的天地。银泰百货开元西旺店就很好地利用了可以实时获取用户地理位置信息这一大便利，借助其他线上平台收集到的用户地理位置信息，投放基于区域位置定向的信息流广告，在当地开展地毯式营销，向位置处于该地附近的用户推送"周年庆典打折活动"，获得了超高的点击率，为商场带来了丰富的客源和巨大的收益。

每个产品都具有独特的属性，它们需要在不同的时间点进行广告发布，因此在投放广告时，品牌和企业需要综合产品生命周期、同类产品市场竞争状况、用户浏览时间等内外因素进行多方面考虑。大数据技术为我们实现这种考量提供了解决路径，品牌和企业可以通过各大线上平台收集目标客户的使用高峰期。例如，每天晚上的 18:00—19:00，这是上班族们下班休息或者通勤的路上的时间，大部分用户会选择浏览自己喜欢的内容进行放松休闲，这时，针对这一群体的广告就会被推送到用户的界面，供用户进行选择。当然，人们的使用高峰期是会随着社会热点事件、节假日、个人工作性质不断进行变化的，因此，品牌和企业更需要掌握用户实时的浏览动态，不断优化预测模型，探索用户使用规律，更准确地预测未来使用高峰期。此外，用户浏览商品的种类也会随着社会环境、个人特性的变化而不断变化，品牌和企业在精准投放的过程中需要通过实时跟踪用户的浏览记录，掌握用户的喜好，明晰市场需求的变化动向。

2.3.2 锁定目标群体

1. 明确产品与定位群体

各大线上平台在新用户注册时会要求用户对自己的性别、喜好、使用软件的目的等个性化内容进行选择，同时会让用户对自己的登录方式进行选择，如通过微信、QQ 或者是手机号，在便利了服务的同时，进一步通过第三方平台获得了更全面的用户信息，以便更好地进行用户画像。橘朵乘着“国货风”的浪潮出现在各大社交平台。在产品定位初期，橘朵借助互联网大数据分析发现，当前市场对眼影需求量巨大，但市场竞争亦十分激烈：香奈儿、迪奥、汤姆福特等奢侈品牌一直以来深受追捧；完美日记、Hedone 等新锐产品也将眼影这一品类定位为首选。橘朵想要突出重围，在彩妆行业占领一席之地，就必须精准目标用户群、把握产品定位，另辟蹊径。橘朵敏锐挖掘到当下市场的需求，发现大多用户在日常化妆时只会使用一个眼影盘中的几种单色，而剩下的眼影就会造成浪费，尤其对于收入较低却又追求新鲜时尚的“学生党”而言。橘朵跳出以往多样化彩妆的定势，平价单色眼影横空出世，极大解决了这些群体困扰。这样不仅解决了资金紧缺的难题，还为这些富有创意、敢于挑战的年轻人提供了自由创作的空间，可以随心所欲地购买自己喜欢的色彩搭配出自己的理想组合。因此，橘朵将目标用户群体锁定在有化妆需求、收入不高却对品质有着高追求的年轻消费群体中，基于此明确品牌定位，为自己打上了“国货”“物美价廉”“大牌平替”“为色彩而生”的标签。

2. 群体细分和定向投放

数字时代，品牌与企业获取数据和信息的途径更加广泛，企业不仅可以收集自己平台收集到的用户数据（第一方数据），还可以获取投放广告平台的用户数据（第二方数据），甚至可以获得其他来源的用户数据（第三方数据），这些数据的结合可以更准确地构建用户的大数据画像。而广告主也可以利用这些用户画像精准定位，投放广告。例如，橘朵借助小红书、微信、微博、抖音等平台进行广告投放，通过这些平台收集用户相关信息，寻找与自身产品定位相吻合的用户，将自己的广告精准投放在这些群体之中。其中，小红书中聚集了大量的年轻人和彩妆爱好者，因此橘朵将广告投放推广主要集中在小红书的彩妆类别中，确定主要推广人群为年轻女性，获得了持续不断的热度和一致好评，包括众多素人分享的内容，在提升消费者信任的同时，降低了推广成本。抖音与淘宝网和京东商城共享数据资源达成合作，因此，橘朵可以获取在抖音中用户的信息，进一步了解该用户在淘宝网或者京东商城中的消费者形象，能够反映他们的消费偏好、购买力、浏览记录、商品兴趣等。取得消费者消费的第一手资料，极大地帮助橘朵快速精准定位目标客户群体，有针对性地对特定用户进行精准投放。

2.3.3 制定营销策略

1. 营销投放渠道

在制定营销策略时，精准投放在帮助企业更准确地了解目标受众的同时，还可以帮企业找到最适合的营销渠道，借助数字平台提高营销效果和投资回报率（return on investment，ROI）。品牌和企业在投放广告的过程中首先根据目标受众的特征和行为习惯，选择合适的媒体进行投放。例如：线上教育机构可以选择搜索引擎进行广告投放，当学生在网络中寻求学习方法时，适时推出与之配套的网络课程资源，能极大满足了消费者的需求，提高点击率与关注度；唯品会与爱奇艺合作，巧妙地将产品融入视频播放中，用户在看视频的过程中可以看到生成的“明星同款”链接，点击进行购买。

王老吉在进行广告投放的过程中巧妙地借助当时热门平台，通过大众喜闻乐见的形式进行。在190周年庆典期间，王老吉于新年伊始发起了一项名为“开启美好吉祥年”的挑战赛。王老吉在投放广告的过程中借助抖音短视频平台进行传播，拥有全国乃至全球范围的用户人群，受众面广；又能够集热门歌曲、当红明星、当下热点等因素为一体。王老吉通过视频、直播等形式增加互动性，极大地抓住了当代人们的心理诉求，增加趣味性，更容易引起消费者的兴趣，提高广告的参与度和全民性，普及性更广。与此同时，王老吉借助抖音平台系统，通过一系列算法精确目标人群，把握特定群体，精准定位到如今消费主要群体——追求新奇、乐于尝试，又富有创造力的当代年轻人中，强势推出有趣、好玩又兼具明星效应的广告。每当用户打开抖音界面时，屏幕上都会强势推出声画结合的王老吉广告，全屏视频呈现3秒，画面中融入品牌的动态贴纸，随后进入王老吉主页。在参与挑战的过程中，用户需要使用带有王老吉品牌的贴纸参与活动，当点赞数达到Top10即可获得价值1000元的新年礼包。用户通过主动参与视频制作的形式，不仅激发了其积极性，使其内在精神也得到了满足。当他们把精心制作又富有创意的活动视频发布在平台上时，又吸引了一大批其他用户驻足围观。随着活动视频被更多人浏览观看、点赞、评论与转发，增加了品牌曝光度的同时，用户的体验感也得到极大的满足。人们在参与活动过后会以一种更加愉悦、包容的心态看待王老吉的产品，进而加大购买力度。在挑战赛期间，王老吉获得了67.5亿次的播放量，超过了48万人积极参加此次活动。通过有趣的广告和创新的活动形式，王老吉不仅提高了广告的参与度和全民性，还提升了产品的知名度，实现了巨大的品牌传播效力。

2. 广告触达形式

数字营销大背景下，广告投放的形式越来越多样化，包括在浏览器中搜索关键词触发广告，借助知乎、小红书、微博进行的社交化广告，在短视频中穿插广告、为广告赋予价值和意义。不同的品牌和企业只有选择适合自己的广告形式，才能在广告宣传中找到属于自己的天地。

在“双减”政策的影响下，新东方的教育培训之路一时失势，作为曾经教育行业的领军集团，其线下教育做得如火如荼，不断扩张板块成为中国之最。“双减”后市值却在短短半年期间蒸发 2000 亿元。俞敏洪带领团队快速转型，乘着数字营销的东风，将目光投向直播赛道，在不断的探索与变革之中，找到了“生存之道”。整整 6 个月的时间，“东方甄选”终于实现了从 0 到 100 万粉丝的突破，而从 200 万到 1000 万的迅猛提升只花了短短 6 天。身处数字时代，直播带货的模式已经成为各大品牌、企业的必然选择方式。“教育授课”和“直播带货”这两项看起来风马牛不相及的活动，在俞敏洪的视角下却具备着相同的底层逻辑。“东方甄选”巧妙地将自身优势与直播带货超强互动的特点结合起来，开创了“双语直播带货”的全新品类，带货的同时不经意间普及英语和文化知识，使得观看直播的用户在能购买到品质优良的产品之余，还能免费学习到各类知识。在知识付费的大背景下，在直播间免费学习金牌讲师的英语课程，消费者的获得感得到极大满足，深感物超所值。与此同时，主播的选择也是直播大获成功的制胜法宝，“励志”“幽默”“接地气”“上通天文，下晓地理”“中关村周杰伦”……这一系列贴在董宇辉身上的标签，精准对应广大消费群体的喜好。“中英双语 + 文化知识补给+真诚优质讲解”让东方甄选成为直播界的一股清流，也成为其他品牌和企业很难复制的核心竞争力。2022 年 6—11 月，东方甄选直播带货营收 20.8 亿元，同比增长 262.7%。

3. 持续优化迭代

企业通过精准投放不断监测广告投放效果，根据数据分析结果进行调整和优化，以提高广告效果。小红书会实时整合平台内的数据，在每个月为每一类行业提供月报。以 2022 年 3 月母婴行业为例，小红书给出了细分类目竞争概况的可视化图，发现一些需求量小但竞争很激烈的品类，如孕妇洗护用品、待产包等，已经成为竞争红海；而针对婴幼儿的营养品、服饰，需求量大，投放品牌却少，处于竞争蓝海。企业可以根据小红书给出的分析数据，迅速捕捉到竞争蓝海，对自身的产品定位做出判断，并且及时做出调整。与此同时，小红书为品牌与企业的广告投放提供了投放效果可视化呈现方式，当广告主在小红书中投放的广告发布后，互动指标就会实时展示在投放大盘中，其中包括点击率、点赞、收藏、评论、关注及互动成本。广告主可以利用这些数据，对广告投放的效果一目了然。如果发现点击率很高、互动成本很低，评论中时常出现如何购买的询问，说明广告投放效果很不错，可以继续；但如果发现点击率较低、互动成本较高，则说明这一广告投放出现了问题，需要及时进行调整。

精准投放在数字营销中的应用如图 2-3 所示。

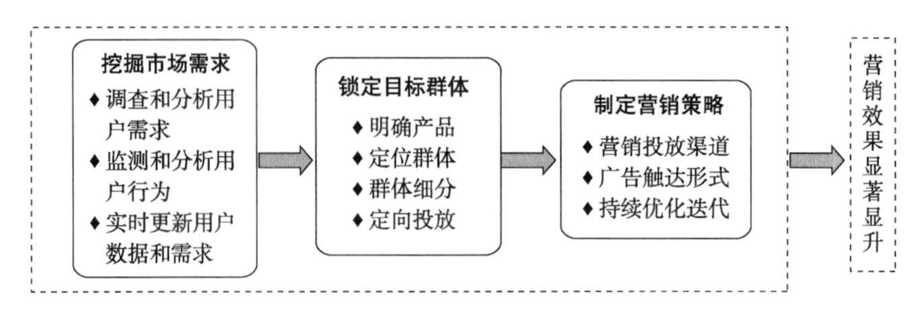

图 2-3　精准投放在数字营销中的应用

2.4 案　　例

“唯品会，一家专门做特卖的网站!”这一广告语早已深入消费者的心中，唯品会也成为许多年轻女性闲暇时刻浏览购物的必逛平台。2022 年第一季度报告，唯品会实现净收入 252 亿元，连续 38 个季度实现盈利，超级 VIP 活跃用户数量同比增长 37%。唯品会获得这样优异的成绩，与其借助数字营销的大背景，实现广告的精准投放有很大的关系。

唯品会通过大数据分析发现，当前越来越多的消费者想要追求更高的生活品质，但又希望可以通过较少的资金购买到更优质的产品。唯品会紧抓消费者这一需求，通过供应链和买手制措施，开创了中国“名牌折扣＋限时抢购＋正品保障”的创新电商模式。将拥有较高收入、追求高品质生活的 18～40 岁的女性作为主要目标群体，并在产品售卖的过程中，不断对目标群体进行细化。例如：唯品会主要针对中高端职场白领、公务员、教师、医生等群体展开投放；这几大类群体喜欢进行健身、网购、美容、居家生活等活动。唯品会主要提供美容美妆、服装鞋包、母婴用品、首饰珠宝等几大类产品，目标群体主要分布在北上广等一线城市。

唯品会利用这些目标群体的特征，借助各大平台的用户画像精准投放广告。以借助微信营销为例，唯品会首先通过大数据对微信中的各类账号进行细分，主要以具有影响力和公信力的社会化媒体为主，我们称其为“微信大号”；其次通过数据分析了解这些账号中的粉丝属性，包括粉丝基本信息、兴趣特征标签、互动标签以及文章的转发、评论、点赞数量等；最后根据不同的产品类别的用户特点与这些微信大号进行匹配，当账号的粉丝属性与唯品会下该类别产品受众属性的匹配度高达 75%时，将其视为合适的投放途径。之后，唯品会不断追踪被投放在这些账号中的用户关注情况及产品销售情况，及时对投放策略做出调整。成为各大热播剧的赞助商也是唯品会的一大营销手段，尤其是与女性主题相关的热门影视剧成为唯品会的主要选择对象，《欢乐颂》《二十不惑》《三十而已》《乘风破浪的姐姐》这些极具话题性的女性群像剧为唯品会的精准定位目标客户提供了便利，在各大综艺与影视剧中破圈层传播，吸引消费者驻足。“上唯品会搜×××同款”利用明星效应，获得了众多女性消费者的追捧，营销效果显著。

唯品会在电商行业竞争日益激烈的今天仍能够保持持续盈利的态势，与其借助专业的大数据技术，采用高度精准的定向策略和人工智能算法对用户进行细分和定位，精准投放广告，与客户建立良好的互动关系是密不可分的。在未来的发展中，唯品会仍需要不断探索创新数字营销方式，精准把握消费者的需求，解决市场痛点，才能保持竞争优势，实现可持续发展，为消费者带来更好的购物体验，在行业中占据更加重要的地位。

2.5　本章小结及习题

2.5.1　本章小结

（1）数字营销主要由挖掘用户画像、发现数字覆盖与用户联系、建立持续交易的基础、实现交易和收益四个过程组成。

（2）综合各学者观点将数字营销的定义概括为以下四点：①由数字化技术驱动；②基于虚拟实践并作用于客户的虚拟体验；③实现创意、传播、销售、生产的一体化；④精准营销数智化。

（3）数字营销的特点为：集成性、个性化服务、打破时空限制、成本优势。

（4）精准营销（precision marketing）是一个相对概念，也是一个持续不断优化升级的动态过程。

（5）精准营销的核心是“精准”，即精细、精密而准确无误，同时是可以测量的。

（6）综合各学者观点精准营销的含义体现在三个层面：①树立“精准”的营销思想；②需要精准、完整的体系保障和数智化媒介作为支撑；③达成低成本可持续的企业发展目标。

（7）精准营销是在相关的数据基础上进行的，企业能够将不同平台的日常营销数据进行集中处理、分析，并在此基础上对自身产品进行市场定位，深入了解客户需求和偏好，建立用户画像，精准提供对应的商品和服务。

（8）数字时代的发展为精准营销提供了技术保障，信息技术的不断发展则使得营销决策可量化并趋于理性，促进了营销发展目标可追踪、可衡量、可优化。

（9）数字时代下的精准营销助力营销路径形成消费—数据—营销—效果—消费的完美营销闭环。

（10）在数字营销的大背景下，企业需要通过调查和分析用户需求、监测和分析用户行为以及实时更新用户数据和需求来挖掘市场需求，从而进行精准投放。

（11）品牌和企业在精准投放之初首先要明确产品和定位群体，接着细分群体，根据用户画像定向投放，进而锁定目标群体。

（12）在进行精准投放时必须制定正确的营销策略，选择合适的营销投放渠道、采用合适的广告形式，并不断优化投放效果。

2.5.2　习题

（1）数字营销的定义是什么？

（2）数字营销的特点有哪些？请举例说明。

（3）请简述什么是精准营销。

（4）如何理解“树立‘精准’的营销思想”？

（5）请论述数字时代下的精准营销发生了哪些变化。

（6）请结合本章所学内容，举出生活中的案例说明“精准投放在数字营销中的应用”。

[1] KANNAN P K, LI H. Digital marketing: a framework, review and research agenda[J]. International Journal of Research in Marketing, 2017, 34(1): 22-45.

[2] GU J J. Research on precision marketing strategy and personalized recommendation method based on big data drive[J]. Wireless Communications and Mobile Computing, 2022.

[3] ZABIN J, BREBACH G, KOTLER G. Precision marketing: the new rules for attracting, retaining and leveraging profitable customers[M]. John Wiley & Sons lnc, 2004

[4] STRAUSS J, FROST R. Education P.E-marketing: Pearson New International Edition[M]. Essex: Pearson Schweiz Ag, 2013.

[5] SHAIK J P, MOYEENUDIN H M, SAHAYADHAS A, et al. Digital marketing in hotel industry[J]. International Journal of Engineering & Technology, 2018, 7: 288-290.

[6] YANG X, LI H, NI L, et al. Application of artificial intelligence in precision marketing[J]. Journal of Organizational and End User Computing, 2021, 33(4): 209-219.

[7] ZAHAY D. Digital marketing management: a handbook for the current (or future) CEO[M]. New York: Business Expert Press, 2015.

[8] ZHU G A, GAO X. Precision retail marketing strategy based on digital marketing model[J]. International Journal of Business and Management, 2019, 7: 33-37.

[9] ZHAO S, MA J. Research on precision marketing data source system based on big data[J]. International journal of advanced media and communication, 2017, 7(2): 93-100.

[10] 鲍磊，江梓毓，奚凯悦. 数字营销的发展：从1.0时代到4.0时代的进化[J]. 山东纺织经济，2022(2): 19-22.

[11] 胡保坤. App营销实战：枪战移动互联网第一入口[M]. 人民邮电出版社，2015.

[12] 伍青生，余颖，郑兴山. 精准营销的思想和方法[J]. 市场营销导刊，2006(5)：39-42.

[13] 王正沛，李国鑫. 消费体验视角下新零售演化发展逻辑研究[J]. 管理学报，2019(3)：333-342.

[14] 姚曦，秦雪冰. 技术与生存：数字营销的本质[J]. 新闻大学，2013(6)：58-63，33.

自学自测

扫描此码

第 3 章

数字化的行为

3.1 消费者数据来源

3.1.1 数据收集

在将目光投向数字化的消费者行为数据前，我们首先需要了解传统的市场调研方法：主要包括**观察法**、**调查法**和**实验法**。这可以帮助我们回答一些逻辑上的问题：我们到底需要什么样的数据，以及如何获取我们需要的数据。

1. 观察法

观察法是指通过观察相关人员、行为和情景来收集原始数据。调研人员可以通过观察消费者的行为来探寻一些无法从询问消费者当中获得的信息。人种学研究就是其中的方法之一，该调研方法在自然状态下观察消费者并与他们互动。观察者可能是训练有素的人类学家、心理学家，或者是公司的调研人员和经理。假设一个厨房用品企业希望通过人种学研究来为它们的产品优化提供新的视角，那么它们可以真实地走进厨房，观察使用者如何使用设备：使用多大分量的食材，家庭成员如何在厨房中进行互动，如何在不同的厨具之间切换以及其他一些使用上的细节。

2. 调查法

调查法是收集数据最常用的方法，最适用于收集描述性数据，可以帮助企业了解人们的认知、态度、偏好或购买行为。其主要优点在于其灵活性，可以在许多不同情况下获得不同的信息。但获得的数据质量无法保证：被调查者有时可能出于隐私、时间等原因而拒绝回答一些问题，抑或是出于表现自己或者帮助调查者的原因，给出不准确的答案。此外，调查法往往受时间限制，无法得出有效的因果结论：相同时间所获得的信息无法为结论提供因果效力。因此，调查法往往只用于描述性数据的收集，无法提供对产品的深入洞察意见。

3. 实验法

实验法选择配对的实验组和控制组，从而考察组间被试的反应差异。实验法适用于收集反映因果关系的信息，因此被广泛应用于市场营销和消费者行为领域的研究中。其劣势在于，完美的实验条件是很难达到的。首先，在实验过程中，许多无关的影响因素是无法排除的，因此实验效果中往往混杂着非实验因素的影响结果；其次，实验对象和实验环境的选择往往有一定的限制，因此结果很难具有充分的代表性，其结论也带有一定的特殊性，其应用范围往往是很有限的；最后，实验法对调查者的能力要求比较高，花费的时间也往往比较长。

上述这些市场调研信息可以通过邮件、电话、个人访谈及网络等方式获得,其中网上营销调研是目前广泛使用的一种适用于定量调研的方式。企业可以通过发布问卷、发送电子邮件等方式邀请消费者回答。一些在线的问卷平台也支持网上的实验设计，方便调研人员观察不同的价格、标题和产品属性对营销措施的影响。

网上营销调研的速度快，成本低。主流的问卷平台，如国内的问卷星、见数（Credamo），国外的 Mturk 等平台，拥有庞大的用户群体，这使得收集 2000 人左右的样本只需要花费一个晚上的时间就可以完成。同时，这一方式能够更准确地寻找到目标人群。虽然增加人群的限制条件需要给平台支付额外的人均费用，但相较于传统的调研方式，借助调研平台的网上营销调研免去了企业自行寻找目标群体的成本，也很好地避免了选择到错误的目标调研群体或是没有完全覆盖目标调研群体的风险。

3.1.2 在线数据

企业的在线数据通常通过与消费者的交互获得，这些数据可以来自在平台上广告的推送、自有网站或 App、事件监测（埋点）和小程序端等渠道。对于企业来说，这部分数据易于获取，也反映了消费者与品牌或产品的直接接触。下面将根据不同的数据来源对企业的在线数据进行介绍。

首先我们来关注来自广告推送的消费者行为数据。如今，我们时常会收到许多类型的广告推送：想象这样一个情景，假设你从床上醒来，打开手机想要看看今天的天气。此时天气软件的首页就向你推送了某雨伞品牌官网的购买界面，你饶有兴趣，点击并跳转到了这一界面。此时，你的观看广告和点击链接行为就通过广告推送被记录了。由此获得的数据体量巨大，如果企业能进一步获得具体的个人信息，那么这类数据的价值将不容小觑。但在现实中，推送平台或应用出于保护自身的利益以及遵守隐私协议等原因，并不会提供具体到个人的信息，因此来自广告推送的消费者行为数据的价值受到限制。

在这方面，从自有网站上获取的消费者行为数据就优于来自广告推送的消费者行为数据。企业可以通过客户端脚本检测（针对网页）和软件开发工具包（针对应用）等方法，记录下需要检测的页面上每次访问的相关数据，如访问时间、访问来源、停留时间等。

这类数据的获取技术成熟，在使用权上不存在争议，因此应用也更加方便。同时，这类数据相较于广告推送的观看或点击，更加接近“购买行为”，因此有着更高的价值。具体来说，这些数据所面对的访问网站或使用应用的消费者，他们本身对产品是有一定的兴趣，因此其价值也就更高。比如，一个点击链接进入毛巾商品购买界面的消费者，显然会比在其他平台被动观看毛巾广告的消费者更有可能购买这一产品。

然而，这些数据的获取方法存在一定局限性：出于技术层面的原因，对于网站端数据，客户端脚本检测方法所获得的数据不够准确，也无法记录消费者在网页上进行的更加复杂的交互，如点击播放视频、调整商品选项等；对于应用端的数据，类似方法的在技术上的实现难度也较高。

事件监测（埋点）就能够很好地帮助企业完善来自网站和应用上的消费者行为数据。事件监测（埋点）在基础的监测程序上关注特定的用户行为或事件，并在其发生时进行处理和记录。对于网站来说，事件监测（埋点）关注的事件就是在某一网页上发生的交互，如点击播放商品展示视频。

事件监测（埋点）方式能够适应企业获取复杂程度更高的交互数据的需求，有着更广泛的适用性。目前一些监测工具已经实现了操作更加简便的可视化埋点以及抓取所有交互的无埋点（全埋点）功能，大大方便了企业进行事件监测的操作。

随着社交媒体的兴起，从社交媒体（如微信）提供的公众号、小程序中获取消费者行为数据也成为一种常见的方式。公众号与小程序可以被视作是一种特殊的网站，企业可以使用一些监测脚本，如腾讯公司官方提供的腾讯移动分析（Mobile Tencent Analytics，MTA），从中获取消费者行为数据。同样，从这一渠道获取的数据可以使用事件监测（埋点）方式进行完善，但在具体的技术层面有着些许差异。

3.1.3 购买第三方数据

从自有渠道获取的消费者行为数据固然便利，但海量的第三方数据蕴含的商业价值不容忽视。事实上，今天的企业常常会为使用外部数据投入大量的资金，第三方数据可以通过一些来自社交媒体、电商平台、广告行业、政府部门以及专门的数据交易平台来进行交易。

不同渠道提供的行为数据有着不同的优势和不同的获取手段。社交平台（如微博）的海量用户意味着高水平数据的用户多样性，能够在进行市场调研时覆盖更为广泛的受众群体，收集到更具代表性的数据。电商平台渠道则意味着与具体业务的密切关联。比如，阿里旗下生意参谋网站（https://sycm.taobao.com）就能够为店家提供页面浏览量（page view，PV）、支付金额、浏览来源、访客位置等实时信息，帮助电商商家进行实时监控与调整。广告行业往往积累了许多关于广告投放效果与用户交互的数据，因此其提供的数据能够提供有关于广告效果评估、投入估算等方面的有价值的信息。最为特殊的是政府来源的第三方数据，该类型的数据往往能够涵盖广阔的领域。比如，国家统计局城市社会经济调查司主办的《中国城市统计年鉴》反映了从 1985 年开始，全国 656 个建制城市的城市分布情况、人口、劳动力及土地资源、综合经济、工业、交通运输、邮电通信、贸易、外经、固定资产投资、教育等方面的数据。如此广泛的覆盖范围和类别决定了政府来源的数据的高价值，但前提是应用者必须掌握一定的利用手段，能够筛选出其中有效的信息。政府来源的数据可以被广泛地利用于各个与营销相关领域，如果需要使用类似的政府数据，使用者可以通过向国家统计局提出申请，或直接通过官方渠道购买获得。

但随着互联网用户隐私保护概念的强化，第三方数据的**精细程度正在降低**。很多第三方数据服务商现在提供的是“打包”过的数据，即反映人群中个体拥有某一共同属性概率的数据。比如，在 1000 人的数据中发现有 800 人有可乐的消费记录，那么“打包”

处理后的人群数据就会这样报告：这一人群中有 80%的个体有可能消费可乐。这样的数据能够较好地规避隐私安全方面的担忧，其质量也可以通过第三方的数据机构来进行验证。

此外，企业只能应用这些数据，却无法“持有”这些数据，也无法保证数据的使用效果。比如，一个经营矿泉水业务的企业购买了某一区域 1000 个被第三方标记为“矿泉水”消费者的数据，并通过该平台的推送系统向这 1000 名消费者发布了该企业的矿泉水广告。整个过程中，企业并不“持有”这些数据，自然无法保证这 1000 名消费者中，到底有多少人真正是企业的目标客户，这样的推广质量显然是无法得到保障的。因此在第三方数据的购买上，企业更多地愿意选择大体量第三方数据供应者，如腾讯、阿里巴巴等。

3.2 消费行为数据类型

3.2.1 常见数据类型

提起我们生活中常见的营销相关数据，我们首先可能想到的就是交易中产生的销售记录、发票、运费等数据来源提供的数据，如销售量、交易时间和交易来源等。此类拥有高度统一格式且能够被轻松整合的数据叫作**结构化数据**。结构化数据在营销实践中被广泛应用，它不仅可以是与销售相关的日期、产品、客户信息，也可以是来自外部的其他可能相关的信息，如前文提到的国家发布的空气质量数据等公开数据。

企业、研究者已经使用结构化数据指导了很多成功的营销实践。例如，企业的营销人员可以通过电商平台的程序，提取其在线专卖店某项产品销售记录中的用户收货地址，制作出该产品的在不同区域的销售分布图，进而制定更有区域针对性的营销方案。

结构化数据一个显而易见的优势是便利性。一方面，结构化数据有很高的拓展性。结构化数据的相关技术已经十分成熟，企业有着多样的手段对其进行处理，不仅可以通过外部数据来进行辅助的分析，也可以轻松地将其应用到机器学习等新兴的分析工具上。另一方面，结构化数据的使用成本更低，更受中小型企业的青睐。结构化数据将数字、符号、名称等信息使用统一的结构（如电子表格）表示，这使得在收集过程中，企业通过较低的人力、技术成本就可以收集到大量的结构化数据并投入使用。

高度统一的形式也带来了结构化数据的一个劣势：其商业价值的可挖掘程度有限。结构化数据的形式决定了它在内容的复杂程度上是有限的，一个 1000 人的结构化数据表格的大小甚至不会超过 500 KB。有限的信息量决定了其相对固定的用途。例如，单纯的季度销售量数据只能反映用户在一段时间内的购买行为，而无法从中得知用户具体的心理过程，也就无法得知真正影响顾客决策的产品、环境和促销等方面的因素。与内容更加复杂、全面，用途更加多样化的非结构化数据相比，相同体量的结构化数据在商业上应用价值的可挖掘性不高。此外，结构化数据也并不总是有效。现实中，消费者的行为受很多因素影响，我们很难从简单的数据中得出有效的预测模型。这使得很多营销人员在使用统计方法对内容上有限的结构化数据进行解读的过程中，不可避免地会产生一些有局限的结论。事实上，很多企业在使用结构化数据的分析结果时，得出的正确结论并不能很好地指导具体的实践。正因如此，企业和研究者现在越来越关注包含更多细节、更加全面的非结构化数据。

非结构化数据就是除了结构化数据之外的所有数据。非结构化数据的形式可能并不符合大多数人对于数据的直观想象：它的形式不定，它可以是文本，也可以是非文本。例如，用户在社交媒体上发布的产品相关的文字、图片，甚至是视频，这些形式各异的信息都属于非结构化数据。

非结构化数据蕴含着可以挖掘的大量有价值的信息，营销人员可以使用非结构化数据中的细节更好地了解消费者，制定有效的营销策略。但形式不统一的非结构化数据往往需要通过一定的处理方式转化，才能应用到营销实践中。这意味着非结构化数据相较于结构化数据并不容易使用。不过随着人工智能技术在非结构化数据使用上的日益成熟，这一差距越来越小。目前也涌现出了许多能够帮助企业处理非结构化数据的在线平台，如之前提及的见数等平台。接下来，我们将对几种不同的非结构化数据进行介绍。

3.2.2 文本数据

文本数据是一种典型的非结构化数据，其内容可以是字母、汉字、非数值的数字及其他符号。常见的文本数据包括电商平台上的用户评论、社交平台上的用户生成内容（如微博、朋友圈等）、第三方平台上的产品评价（如小红书的产品分享等）或共同协作内容（如维基百科，百度百科等）。

文本数据的优势在于它包含了大量潜在的有价值信息，这是因为消费者和潜在客户产生的相关文本内容往往反映了他们对品牌、产品的态度以及其他一些可能与用户进行决策时心理过程有关的信息。通过对这些数据进行定量、定性的分析，企业可以对比消费者评价与企业期望的差距，从而对营销方案做出针对性调整。现在大量的企业正在投入大量资金使用舆情监测工具来完成实时的舆情监测，这一点也从侧面反映了在实践中企业对于文本数据的重视。虽然文本数据潜力巨大，但是它的使用有一定的技术要求：文本数据长度不统一，形式不相似，营销人员需要在实践中使用文本挖掘技术。在营销领域，常见的文本挖掘主要使用词频转化、文本向量化的方法，而向量化后的文本数据可以进一步使用自然语言处理（natural language processing，NLP）等人工智能方法处理。

词频转化通常是通过对特定文本中某个词或词组的频率计数进行的。这种方法可以将非结构化的文本数据压缩并结构化，也就是将原本定性的文本数据转化为定量的词频数。在此类分析过程中，我们需要事先将文本在结构上分解出对象（产品、服务或活动等）和观点部分，并使用词库对观点部分的内容进行处理。以观点挖掘为例：对消费者的产品评价这样的文本数据进行的文本挖掘，可以通过统计文本中代表正面评价（好用、实惠等）和负面评价（劣质、不值等）的词语出现的总数，得出一个数值化的消费者总体态度。通过这样的方法，不仅可以推断消费者的情绪（情感）、态度，还可以通过特定词库就他们的人格特质展开分析。

对于词频转化来说，一个成熟的词库必不可少。在相对比较成熟的领域（如情感分析），我们可以很容易地在网络上找到共享的优质词库，或是直接通过在线的专业分析平台使用它们自己构建的词库。但当我们对文本数据的分析聚焦在某个不是那么热门的领域时，我们可能就需要自己构建词库。此外，反讽句子在近几年的热点事件中越来越常见，因此在对热点进行内容分析时，我们可以考虑辅助使用反讽词语的词库。比如，“呵呵”“卧龙凤雏”等表达在文本中可能不再代表原有的积极意义，反而可能是“阴阳怪气”，可能会对分析的结果产生很大的不利影响。近年来已经有许多研究利用国外社交媒体平台上带有反讽标签（如#irony、#sarcasm）的文本来构建反讽表达的词库，也有少量的中文研究构建了此类型的词库，我们在词频转化过程中可以考虑将这些词库纳入分析过程。

文本向量化方法是另外一种文本挖掘的方法，它将文本数据组织成一个文档特征矩阵，矩阵中的每一行代表一个文档，每一列代表一个选定的特征词。文本向量化方法尤其适合大规模的文本数据，因为这样的处理格式化了文本数据，方便了之后适合处理大量文本数据的人工智能方法的使用。

文本数据被越来越广泛地使用，其中一个热点就是人工智能文本分析处理技术：自然语言处理。自然语言处理是人工智能领域中的一个焦点技术。这一技术聚焦于使用自然语言进行人机沟通。自然语言处理技术使对大量文本数据进行智能化的处理成为可能。市场营销中的自然语言处理模型应用在 10 年前就已经出现，但大多数研究和实践都是最近才开始的。自然语言处理模型的应用涵盖了四个主要的实质性领域：P2P 平台，社交媒体，在线的消费者评论、企业公告和广告，网站和搜索结果。自然语言处理模型可以应用的文本类型广泛，如新产品公告、社交媒体聊天、产品评论、客户反馈、网页内容、客服互动等文字内容都有着对应现成的模型。对于不同类型的文本数据，自然语言处理技术可以提供不同的分析功能。比如，针对一家饭馆的在某平台上的在线点评，可以通过自然语言处理技术分析不同用户的评论内容中所包含的情绪及情绪效价，从而进一步为针对在线口碑问题的解决方案提供建议。针对自然语言处理技术的介绍我们将在第 4 章中进行更详细的论述。

文本数据的应用过程一般包括数据预处理、文本信息提取、选择常用的文本分析指标。在任何数据分析之前，都要先将文本数据预先“清洗”处理，进而产生类似 excel 表的干净的数据。常用的工具有 R 语言和 Python 语言，两种编程语言都有一套易用的数据预处理包。

随着技术的发展，文本数据的挖掘深度正在不断地提高。在个体层面上，情感和满意度是过去最常用的测量变量，最近几年不断有研究拓展可以从文本数据预测的变量，如从文本数据中提取的语言的真实性和情绪性，甚至也有更加复杂、高级的心理学测量变量，如性格类型和建构水平。相信将来一定会有越来越多潜在的可以借鉴应用到消费者相关文本数据分析的变量。

3.2.3 视频流数据

视频流数据在市场营销领域近几年的一个热门应用是基于增强现实（augmented

reality，AR）的营销。增强现实技术是一种将计算机生成的信息投射到现实的技术，这一技术的前提就是视频流技术所带来的低延迟视频数据传输。而增强现实营销是指将增强现实体验与其他媒体渠道整合，从而创造品牌与消费者价值，实现营销目标的一种营销策略。

增强现实技术可以为消费者提供独特的身临其境的数字体验，使品牌进行更具有互动性的营销实践并获得更加贴近消费者实际生活的设计洞见。例如，在 2020 年 10 月，相机企业 Snap 在伦敦的卡尔纳比（Carnaby）街揭幕了“城市画家”活动。利用增强现实工具，用户可以在街道的商店上方虚拟地“喷涂油漆”，并使用用户预先创建的壁画对其进行装饰。Snap 公司希望通过绘制主要地标来创建一个共享的虚拟世界，带给消费者崭新的使用体验。在一段宣传视频中，该公司解释说，通过“使用各种数据源、360 度图像和社区快照——我们能够建立实体世界的数字表示形式”。这一活动也为疫情期间的旅游业带来了新的灵感。随着增强现实技术的发展，毫无疑问，将会有更多的品牌参与其中。

3.2.4　互联网行为数据

请想象自己正在浏览淘宝网，选购自己心仪的衣物：首先，你会进行商品的搜索；然后选中了一项符合你要求的商品，并点开商品详情页进行浏览；你在详情页放大了商品缩略图，阅读了商品详情页中的原材料信息；最后你决定将这一商品加入购物车或选择立即购买。整个过程都会被企业记录，形成互联网行为数据，用来指导企业未来的营销实践。互联网行为数据就是能够广泛反映用户在互联网所进行行为的数据，与之相对的概念是用户数据（用户标签及个体信息）和业务数据（如购买记录）。具体的概念框架如图 3-1 所示。

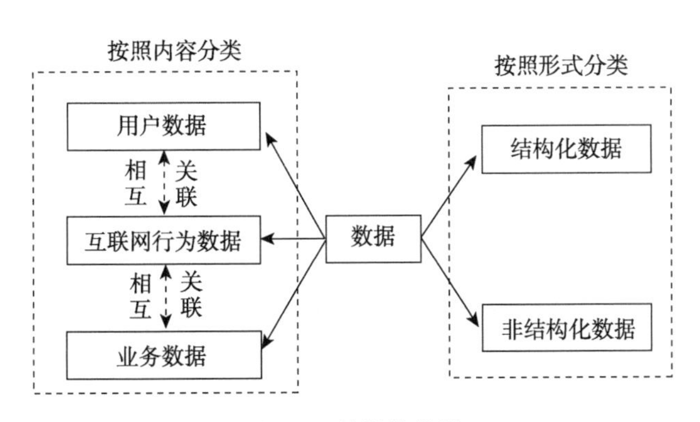

图 3-1　数据的分类

互联网行为数据主要反映四个方面的信息：访问频率（页面的访问次数、用户的访问频繁程度和深度等）、行为转化率（有多少用户加入购物车、形成订单或完成付款）、用户的访问时长以及用户的访问质量（有多少用户短暂浏览后就退出）。表 3-1 就是一份来自阿里云的互联网行为数据其中的一部分及其概述，表 3-2 为行为与商品时间数据。

表 3-1 阿里云的互联网行为数据

列名称	说明
用户 ID	integer
商品 ID	integer
商品类目 ID	integer
行为类型	string，枚举类型。其中 pv 等价于点击商品页面，buy 等价于商品购买，cart 等价于将商品加入购物车，fav 等价于收藏商品
时间戳	行为发生的时间戳

表 3-2 行为与商品时间数据

时间戳	商品 ID	商品类目 ID	行为类型	用户 ID
12308	4961876	2837163	pv	1512057220
12308	4271826	1449177	fav	1512057285
12308	4291446	1609467	buy	1512116585
12308	2428637	1464116	pv	1512116614
12308	4291446	1609467	pv	1512116655

互联网行为数据连通用户数据和业务数据，构成了完整的事件过程，这为企业的营销实践提供了更多广阔、深入的洞见。对于设计团队来说，互联网行为数据可以帮助他们提升用户体验、优化界面与功能；对于运营团队来说，互联网行为数据可以帮助他们更加精准地投放文案、活动、广告；对于公司来说，互联网行为数据可以帮助它们更深入地了解业务，以更快地对市场反应做出应对。常用的互联网行为数据分析方法包括事件分析、分布分析、留存分析、漏斗分析及路径分析。关于这几种分析方法，我们将在第 5 章中详细展开，论述从数据中提炼消费者行为的逻辑。

针对互联网行为数据的利用，有许多公司已经有了相当成功的实践。eBay 于 2016 年成立了大数据分析平台，对海量的消费者行为数据进行分类，并改进了其网页设计的流程。具体来说，eBay 的设计流程从由设计师主导变为由行为数据主导。基于此努力，eBay 不仅极大地优化了自身的业务过程，吸引了海量的新用户，也实现了可观的利润增长。

3.3 大数据存储

3.3.1 数据规模

按照国际商业机器公司（International Business Machines，IBM）与甲骨文（Oracle）公司对大数据的定义，大数据的基本特征可以用五个 V 来总结（volume、variety、velocity、value 和 veracity），即体量大、多样化、速度快、价值密度低、真实性。体量大意味着需要处理海量、低密度的非结构化数据。在实际应用中，大数据的数据量通常高达数十太字节（terabyte，TB），甚至数百拍字节（petabytes，PB）。多样化指的则是众多形式的数据类型，如文本数据、图片数据、音频数据甚至是视频流数据。速度快意味着大数据的接收与处理几乎都是实时或零延迟运行。截至 2022 年，中国网民数量已超 10 亿，每周网络时长将近 30 小时，如此庞大的日常活跃用户数量将会在极短时间内产生大量的数据。价值密度低和真实性在某种程度上是互通的：大数据虽然蕴含着巨大的商业价值，却是建立在合理的发掘方法以及可靠的信息来源上的。一方面，时长为 10 分钟、大小为几百兆的视频文件，可能具有价值的部分仅仅只有几秒——如此低密度的有价值信息显然需要一定的工具来帮助挖掘；另一方面，现在存在着许多网络水军或是机器人团队生成的数据，这些数据往往并不能反映客观的用户行为，甚至会污染已有的数据库。这些性质共同挑战了传统的数据存储方式。

面对来自全世界不同领域、不同形式的大数据的爆炸式增长，除了海量的数据规模，数据本身异构型、应用所要求的高时效性的需求不仅仅意味着存储容量的压力，还给系统的存储性能、数据管理乃至大数据的应用等方面都带来了严峻的挑战。举一个交通领域的例子，北京市交通领域的工作者一直致力于提升交通智能化水平，为市民提供更加安全、高效、舒适的出行服务。为了实现这一目标，北京市交通运行智能化分析平台采用了全新的数据库技术来存储数据。该平台的数据来源非常丰富，既包括传统的交通工具，如公交、轨道交通、出租车等，又包括新兴的共享出行方式，如网约车、共享单车等。这些数据从不同的角度反映了交通出行的状况，为交通智能化分析提供了有力的支持。此外，部分数据还源于问卷调查和地理信息系统，如车辆每天产生的出行轨迹，交通卡的记录，手机的 GPS 定位轨迹，出租车运营公里数，每个停车场的电子停车收费系统数据，定期上门调查所在地家庭，等等。这些数据不仅在体量和速度上都达到了大数据的规模，也涵盖了文本、音频、图片、视频、模拟信号等不同的类型。

3.3.2　SQL 本地数据仓库

20 世纪 70 年代，如今最为人所熟知的关系数据模型的概念被提出，由此奠定了关系型数据库的基础。关系数据模型由多个二维表以及表之间的逻辑关系组成：想象一所大学正在创建一个关系型数据库，以对自己学校的教学数据进行存储和管理，那么这个模型可能会包含教师信息表、课程信息表、教师课程表，并将各个表通过其中某一共有列的元素相互关联——如教师信息表和教师课程表中共有的教师工号，课程信息表和教师课程表中共有的课程编号。随之出现的结构化查询语言（structured query language，SQL）技术，里程碑式地实现了关系数据模型在计算机上的实际应用。SQL 技术是一种应用于关系型数据库的标准计算机语言，它可以帮助用户对目标数据进行定义、处理、查询。

SQL 技术有着一些显著的优势。首先，SQL 通过形式上极其标准的二维表以及表链接规范了数据库中所有的数据。在处理结构化数据时（如教学信息数据），显然 SQL 是最为高效的方式。其次，SQL 对用户来说是相当友好的一门语言。它的逻辑与现实逻辑几乎一致，基本不需要编码，使用和维护都极其方便，并且已经存在许多成功的实践可供参考。最后，运用 SQL 技术构建的本地数据仓库在安全性能上也会高于本节后面将提及的其他几种新型数据存储方式。

进入大数据时代，曾经风靡一时的 SQL 技术在面对海量的数据时往往捉襟见肘。如前文所述，无论是网页还是应用，现如今的数据体量绝非几十年前可比。如果依然使用硬盘读写这些数据，存储、管理动辄数百 PB 的数据是不可能的任务，不同二维表之间复杂的逻辑关系也会导致其读写速度的严重下滑，并且 SQL 的横向（几种数据）、纵向（多少数据）拓展也是一项十分艰巨的挑战。SQL 数据库纵向的拓展只能通过提升现有服务器或直接更换更加高性能（内存、CPU 等）的服务器才能实现，这样的升级会消耗大量的人力、物力和财力。更糟糕的是，这种拓展往往吃力不讨好——硬件的更新换代与技术的需求都在快速地发生，与之赛跑显然并不是明智之举。而横向的拓展所耗费的精力也同样巨大且是一个无底洞：完美的、包容一切所需的数据框架在这个信息爆炸的时代是只能存在于理论上，而拓展过程中所需开发人员的人力成本却是实打实的。大数据时代数据的多样性，对于 SQL 技术而言也是难以突破的一个瓶颈。二维表结构相当于早期简单且结构化的数据，但对于本章之前提及的非结构化数据，以关系数据模型为基础的 SQL 技术就束手无策了。这也是 Web 2.0 时代传统 SQL 本地数据仓库没落的原因之一。

需求在一定程度上能够促进技术的发展，在面对存储、管理海量数据的需求时，NoSQL（not only SQL）技术脱颖而出。NoSQL 是所有的不同于传统关系型数据库的数据库管理系统。常见的 NoSQL 应用有 MongoDB、Redis、CouchDB 等，虽然有所差异，但这些 NoSQL 应用基本都通过牺牲固定的数据结构，换来了许多适应数据新特性的功能。一是卓越的读写性能：由于无需解析 SQL 层，读写操作的速度大大提升。二是在数据库拓展方面的便利：NoSQL 技术允许用户轻易地链接不同类型的数据库，也可以被安置在不同的服务器（分布式系统）上。这使得数据库的横向与纵向拓展都具备着相当程度的敏捷性。

尽管 NoSQL 技术更加适应当下的环境，但今天我们仍然在某些领域大量使用着 SQL 技术。因为 SQL 技术有着其不可替代的特性：稳定、安全、便利。对于数据横向、纵向规模增长速度相对稳定的行业，SQL 在拓展方面的缺陷是可以接受的；SQL 不需联网，在本地的使用也不用考虑分布式系统带来的安全隐患，因此在安全方面具备着压倒性的优势；SQL 易于操作，不需要具备过硬的计算机知识即可建立相关的数据库。符合这 3 个需求的行业往往依旧选择传统的 SQL 技术构建数据库，一个典型的例子就是银行业：相对稳定的业务（横向规模），可以预测的用户增长速度（纵向规模），高度的安全需要以及简单可行的操作。

3.3.3 第三方云存储

分布式系统能够带来众多节点之间的通信成本上升，在不同的服务器之间存储数据会对安全性和保密性造成可观的威胁。随之出现的云计算技术为今天的大数据技术领域带来了深远的影响。

云存储是一种云计算模型，该模型可以通过云计算服务提供商将数据和文件存储在互联网上，而用户可以通过公共网络或专用网络连接访问这些数据和文件。提供商安全地存储、管理并维护存储服务器、基础设施和网络，以确保用户在需要时能够以几乎无限的规模和弹性容量访问数据。

一般的云存储的类型分别为对象存储、文件存储和块存储。虽然不同的云计算服务提供商对于其提供的云存储类型有着不同的称呼与描述，但在定义上是类似的。对象存储允许用户在不使用文件系统的情况下远程存储和检索对象存储中的非结构化数据。存储项在云中只是一个抽象“对象”，这意味着应用开发人员可以保持尽可能高的灵活性，在云中拥有一个基本上不限量的自由格式的数据存储，同时只需按存储量和传输量付费。高自由度的对象存储技术主要应用在非结构化数据的存储（如针对网站的备份记录）。而文件存储为在云服务器上运行的操作系统进行文件共享，然后操作系统再将该文件提供给虚拟机中运行的应用。这意味着，应用迁移到云端后仍可继续使用一直在使用的文件存储，并且用户可以根据需求增长进行扩容。文件存储形式是在生活中相当常见的一种云存储类型，许多企业的文件共享就属于此类。块存储类似于文件存储，区别在于其更佳的性能以及更高的相关硬件要求。块存储的一个主要应用就是联机事务处理（online transaction processing，OLTP）系统。该技术可以被视作是云端版的关系型或非关系型数据库，主要被应用于电子商务系统、银行、证券等行业。

云存储的优势首先在于其在扩大了数据存储能力的同时，规避了高昂的基础设施相关成本（有时这些成本也同时是本可避免的浪费，如分布式系统中可能存在的资源重复设置）。由于云存储具备弹性，企业在使用超出部分时可通过额外的付费来进行拓展，这使企业从如何预配置存储的艰难抉择中解放出来。同时不再需要花费时间与精力购买、维护基础设施，极大地减少了相应成本。其次，云存储技术极大地方便了对于数据的管理。成熟的云计算服务提供商往往提供用户友好型的使用界面，企业可以轻松地获取、操纵并分析这些数据。最后，云存储技术能够在一定程度上保证业务连续性：云计算服务提供商们拥有的数据中心往往具备更强的安全性并提供实时的检测，从而保证用户能从意外的操作或应用程序故障中恢复原有的数据库。

3.4　数据库管理

3.4.1　数据表

数据表的概念我们在介绍 SQL 技术时曾经提及过：数据表由行（row）和列（column）组成，是一个二维的网格结构，每一列都是一个字段。字段由字段名称和字段的数据类型以及一些约束条件组成，表中至少要有一列，可以有多行或 0 行，表名要唯一。

从更严格的层面来说，基于 SQL 的数据表往往包括如下元素：**实体**，客观存在并可相互区别的事物（可被看作数据表自身）；**属性**，包含属性名称和属性类别（可被看作表格中的一列）；**主键**，一类特殊的属性，用于界定表中记录的独特性，每一个体的主键都是独一无二的（如我们的身份证号）；**外键**，不同实体之间对于实体的引用，用于识别实体之间的联系，即不同数据表中通过某一共有列形成的联系，外键可以是不唯一的；**关系**，由外键确定的不同实体之间的相互连接；**基数**，实体与实体之间的关系中，某一个体可能重复出现的次数。按照基数的不同，实体之间的关系可以是一对一、一对多或多对多的。

下面将以具体的例子来进行说明。以某大学课程数据库为例，数据库中包含着下列的 3 张表：教师信息表（表 3-3）、课程信息表（表 3-4）、教师课程表（表 3-5）。对应上文的定义：实体即为每一张表格；属性即为表格中的列，如课程信息表中的授课地点；主键即为每张表中 ID 性质的部分，如教师信息表中的教师工号；外键则是不同表之间可以连接的部分，如教师信息表和教师课程表中共有的教师工号一栏，课程信息表和教师课程表中共有的课程编号一栏；不同表之间通过共有列可以连接起来形成关系，其中教师信息表与教师课程表通过教师工号所建立的关系就是一对一的，而教师信息表与课程信息表所建立起的关系就是一对多的。

表 3-3 教师信息表

教师信息表	
教师工号	所属学院
J01	经济与管理学院
F02	法学院
S03	数学与统计学院

表 3-4 课程信息表

课程信息表		
课程编号	授课教师工号	授课地点
210720154	J01	A 教学楼
210720155	J01	B 教学楼
210720156	F02	A 教学楼
210720157	S03	A 教学楼
210720158	S03	B 教学楼
210720159	S03	C 教学楼

表 3-5 教师课程表

教师课程表		
教师 ID	所授课程	授课时间
J01	210720154，210720155	周二、周五
F02	210720156	周一、周四
S03	210720157，210720158，210720159	周一、周二、周五

基于数据表的管理方法在处理结构化数据时有着一些显著的优势。一方面，数据表在标准化方面拥有着巨大的优势；另一方面，基于 SQL 的数据表管理的逻辑是基于现实业务的逻辑的，可以比较直接地展现整个业务流程。但严格的表格结构显然不适用于多样的数据形式。

3.4.2　Hive 数据仓库

在介绍 Hive 数据仓库之前，我们先明确数据仓库的概念。数据仓库不同于数据库：数据仓库本身不生产任何数据而是从数据库或文件系统中拿数据并保存，数据仓库本身也不消费任何数据——数据分析的结果不是给自身使用而是用于驱动现实世界的决策。更加直接地说，设计数据仓库的目的不是**捕获数据**而是**分析数据**。举个例子，客户在银行的每笔交易都会写入数据库，可以理解成用数据库记账。数据仓库是分析系统的数据平台，它从事务系统中获得数据，通过分析、决策交易额、存款等维度来决定需要增加自动柜员机（automated teller machine，ATM）的地理位置。

通过数据表，我们可以清晰地整理业务流程中产生的数据，形成数据库并从中提取有价值的、能够指导实践的信息。那么，为什么我们需要一个专门用于分析的数据仓库呢？我们确实可以在基于 SQL 的数据库中直接对数据进行分析，但这么做一方面很容易对本地数据库或分布式系统造成极大的负荷，对原始数据的存储产生威胁；另一方面，数据库的数据往往是会更新的（周期为 1 周到 1 个月不等），因此无法对历史的数据进行管理和分析。由此数据仓库就诞生了。

数据仓库往往是分层的，其中的数据来自不同的数据源（如自己的服务器、第三方购买、抓取等）。数据自下而上流入数据仓库后，供上层使用。分层的一个目的在于通过大量的预处理（如筛选）来提升效率，因此数据仓库会存在大量的冗余数据。另一个目的是简化数据清洗过程：通过分层，可以将原来一步的工作分解成多个步骤，相当于将一个复杂的工作分解成多个简单的工作。这一操作使得每一层的逻辑都相对简单，出现问题时，局部调试对应步骤即可。不同公司数据仓库的分层形式不同。由于数据仓库不产生数据，也不消费数据，所以很自然地将数据仓库按照输入、存储、输出分为 3 层：操作数据存储层（operation data store，ODS）又叫源数据层、临时数据层，主要负责临时存放从数据源中提取的数据，作为数据仓库的输入；数据仓库层（data warehouse，DW）主要负责对 ODS 层提供的数据进行加工与整合；数据应用层（data application，DA）则面向业务为数据分析定制的数据。

Hive 就是一个在操作层面运用 SQL 语句，然后在应用内转换为另一种功能更多样、更复杂的代码（MapReduce）并执行的数据仓库。Hive 起源于 Facebook，它在官方网站上将自己定义为一个分布式的、具有容错性的数据仓库系统，为用户提供大规模分析的平台，并且允许 SQL 语句方便地读取、写入和管理分布式系统中的 PB 量级数据。这里需要特别注意，Hive 是一种数据仓库而非单纯的数据库。基于 Hive 的数据仓库管理的优点在于其在编程上的简易与较高的容量：一方面 Hive 的操作全部采用 SQL 语法，对于技术人员来说更容易上手，也更容易根据需求做出相应的分析；另一方面，在数据存储上，它能够存储很大的数据集，并且对数据完整性和格式的要求不严格。Hive 的主要缺点在于它的高延迟。Hive 操作默认基于 MapRreduce 引擎，而 MapReduce 引擎与其他的引擎相比，其特点就是慢、延迟高、不适合交互式查询。而 Hive 因为底层要转换成 MapRreduce，所以也有着高延迟的缺点。

3.4.3 访问权限

数据权限是指对系统用户进行数据资源可见性的控制，只有符合条件的用户才能看到该条件下对应的数据资源。比如，一个跨国企业的大中华区的销售人员是不能看见其他海外分区的客户信息的。设置数据权限的意义在于保护数据安全以及方便管理。如果一家企业的运营后台将所有可以查到的客户信息不加筛选都给到公司的每一个成员，并赋予他们修改、增删的权利，那么任何一个不慎的错误操作都可能会给企业造成巨大损失甚至法律风险。

设置数据相关的权限是进行数据管理中的一个重要环节，而梳理权限结构就是设计权限体系的第一步。数据的权限可以细分为数据查看权限、数据修改权限、数据读取权限等，对应到系统设计中有页面权限、菜单权限、按钮权限等。数据工作者需要根据实际情况梳理数据权限的结构。接下来的一步是思考怎么把权限分配给数据使用者。在数据的使用者较少的情况下，我们自然可以直接分配权限。但是随着用户数量的增长，每一个用户都需要单独地去分配权限，非常浪费数据库管理人员的时间和精力，并且用户和权限杂乱的对应关系会给后期带来巨大的维护成本。常见的权限管理模型包括自主访问控制（discretionary access control，DAC）、强制访问控制（mandatory access control，MAC）、基于角色访问控制（role-based access control，RBAC）和基于属性访问控制（attribute-based access control，ABAC）。

在使用 DAC 模型时，系统允许文件或资源的所有者自行决定谁可以访问它们。这种模型基于主体—客体—权限（subject-object-permission）模型，其中主体可以是用户或进程，客体可以是文件、文件夹或其他资源，权限则指主体可以对客体执行的操作。在 DAC 模型中，每个资源都有一个所有者，所有者可以授权其他用户或组访问资源，并指定所授予的权限。这种设计最常见的应用就是文件系统的权限设计，只有拥有权限的用户才可以对文件进行操作（读取、写入和修改等）。在 MAC 模型的设计中，每一个对象都有一些权限标识，每个用户同样也会有一些权限标识，而用户能否对该对象进行操作取决于双方权限标识的关系，这个关系的判断通常是由系统硬性限制的。比如，在特工相关的影视作品中我们经常能看到特工在查询机密文件时，屏幕提示“无法访问，需要一级安全许可”。这个例子中，文件上就有“一级安全许可”的权限标识，而用户并不具有。MAC 模型非常适合安全需求极度高的机构，但对于类似商业服务系统，则因为不够灵活而不能适用。

RBAC 模型可以解决权限系统中对应关系复杂的问题并设计出更贴合实际的数据权限系统。虽然现实中我们经常遇到这种用户和权限关系复杂的情况，但其实很多用户所需要的权限其实是一致或有部分重叠的，因此我们可以借助第三方媒介，把需要相同的权限都分配给这个媒介，然后用户和媒介关联起来，用户就拥有了媒介的权限了。这就是经典的 RBAC 模型，其中媒介就是我们通常所说的角色。有了角色之后就可以把权限分配给角色，需要相同权限的用户和角色对应起来即可。角色与权限的联系也是自由的。经典的 RBAC 模型中角色起到了桥梁的作用，连接了用户和权限：可以是一对多，也可以是多对一，这样用户就拥有了多个角色的多个权限。同时因为有角色作为媒介，大大降低了错综复杂的交互关系。比如，一家有上万人的公司，角色可能只需要几百个就足够管理好所有权限了。例如，假设现在我们以老师和学生作为角色，以班级为单位建立了一个关于教学的数据库，那么我们就可以向班上的所有学生分配“学生”这一角色，向语文老师、数学老师、英语老师们分配“老师”这一角色，然后定义“学生”角色的权限为只能查看教学数据，定义“老师”角色的权限为查看、修改数据。

不同于常见的将用户通过某种方式关联到权限的方式，ABAC 根据主体（如用户）、客体（如资源）和环境（如时间和地点）的属性来控制访问。在 ABAC 模型中，访问策略规则基于多个属性组合，这些属性包括主体属性、客体属性、环境属性和操作属性。该模型具备着很强的灵活性：可以根据实际需要进行配置和管理，并且可以定义复杂的策略规则来控制访问，灵活地调整和修改这些规则以适应变化的需求。ABAC 模型的缺点，也是其没有被广泛推广的原因，主要是其在技术上和管理上的复杂性。但随着企业的业务流程关联越来越紧密，营销实践越来越复杂，将来 ABAC 有可能取代 RBAC 成为主流的权限管理模型。

在构建了权限管理模型之后，我们需要将其转化为数据库或数据仓库中实实在在存在的限制。无论是基于 SQL 的数据库还是基于 Hive 的数据仓库，都具备较为简单易操作的权限设置功能，数据工作者可以根据已搭建的数据权限管理模型去细化权限系统。

3.4.4　数据生命周期

数据生命周期是一个相当宏观的概念：从创建和初始存储，到使用于业务和日常维护，到最终过时被删除，是某个集合的数据从产生或获取到销毁的过程，其长度由数据自身的价值所决定。从整个数据生命周期的视角出发来管理数据是十分有必要的。随着数据爆发式的增长，越来越多的企业认识到数据的重要性，把数据当作一种珍贵的资产。但其实数据并不等价于企业的数据资产——数据必须也只有以合理、易用、安全和易于理解的方式组织起来，能为业务注入有效的价值，才能成为企业的数据资产。所以数据变成数据资产的前提是包含数据标准管理、数据质量管理、数据安全管理和持续产生数据价值管理在内的从数据产生到销毁的数据全生命周期管理体系。

数据全生命周期管理体系下，数据生命周期的每个阶段都由一组策略管理，目的是在生命周期的每个阶段最大限度地发挥数据的价值。具体的步骤如图 3-2 所示。

第一阶段是数据创建。在此阶段，企业主要需要关注数据的质量。新的数据生命周期始于数据收集，但数据来源过于丰富，如 Web 和移动应用、物联网设备、表单、调研等。虽然数据可能是通过各种不同的方式生成的，但并非所有可用数据对企业的成功都是必不可少的。而冗余的数据会带来额外的存储和管理成本。因此，必须始终根据数据质量及其与企业的相关性，评估是否需要纳入、整合新数据。具体来说，在这一阶段，企业需要解决从何处收集信息、收集何种信息、如何收集信息以及数据库或数据仓库的初步建立等问题，同时需要特别注意日渐瞩目的个人信息保护问题。

第二阶段是数据存储。数据所采用的结构可能各不相同，这会对企业使用的数据存储类型产生影响。结构化数据一般使用关系型数据库，而非结构化数据（如文本、图片、

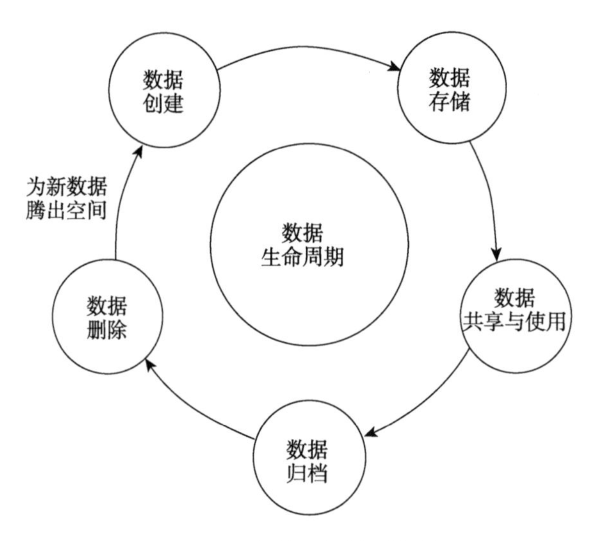

图 3-2 数据生命周期管理

音频和视频）通常使用 NoSQL（即非关系型）数据库。确定适用于数据集的存储类型后，就可以评估基础架构是否存在安全漏洞，以及是否可对数据进行各种不同类型的处理，如数据加密和数据转换，以保护企业免受恶意行为实施者的威胁。这一步骤还可确保敏感数据遵守隐私和政府政策的要求，帮助企业避免违反此类法规而导致的巨额罚款或可能导致的相关诉讼。数据存储还聚焦于数据冗余。任何存储的数据都应该有一份副本作为备份，以防出现数据删除或数据损坏等情况，并在网络安全问题日趋严重的今天防止对数据的意外更改以及包括恶意软件攻击在内的蓄意破坏。

第三阶段是数据共享与使用。在此阶段，企业需要定义数据的使用者及数据的用途。确定数据可用后，就可以进行一系列分析，包括基本的探索性数据分析、数据可视化以及更高级的数据挖掘和机器学习方法。所有这些方法都在业务决策以及与各利益相关者的沟通中发挥重要作用。此外，数据使用并不一定限于使用内部。例如，外部服务提供商可出于营销分析和广告等目的使用数据。内部使用包括日常业务流程和工作流程，如仪表板和演示等。

第四阶段是数据归档。经过一段时间的使用后，一些数据对于具体的业务可能不再有用。但是企业必须保留不经常访问的组织数据的副本，以用于满足可能的诉讼和调查要求。如果需要，可将归档的数据恢复到活动的生产环境中。在这一阶段，企业应该明确定义何时归档数据、归档到何处以及归档多长时间，并确定数据经历归档过程以确保冗余。

第五阶段也是最后一个阶段，是数据删除。在数据生命周期的最终阶段，数据被从记录中清除并安全销毁。企业将删除不再需要的数据，以便为新的仍具有价值的数据腾出更多存储空间。在此阶段，当数据超过要求的保留期或不再对组织具有有意义的用途时，将被从归档中删除。

数据生命周期管理具有几个重要的优点，包括流程改进、控制成本、数据易用性、合规与治理。首先，数据在推动组织的战略计划方面发挥着至关重要的作用。数据生命周期管理能够在数据的整个生命周期中保证其质量，从而帮助改进流程和提高效率。出色的数据生命周期管理战略可确保供用户使用的数据准确而可靠，帮助企业最大程度发挥数据的价值。其次，数据生命周期管理流程在数据生命周期的每个阶段实现其价值。一旦数据对生产环境不再有用，组织可利用一系列解决方案以降低成本，包括数据备份、复制和归档。例如，可将数据转移到本地、云或网络连接存储中低成本的存储位置。再次，借助数据生命周期管理战略，数据工作者可以制定策略和规程，确保以一致的方式标记所有元数据，以便在需要时提高数据的可访问性。建立可执行的治理策略，确保数据在其保留期内一直发挥价值。清洁有用的数据的可用性有助于提高企业流程的敏捷性和效率。最后是合规与治理方面。每个行业领域都有自身的数据保留规则，因此强有力的数据生命周期管理战略可以帮助企业保持合规合法。此外，数据生命周期管理使企业能够以更高的效率和安全性来处理数据，同时确保遵守有关个人数据和组织记录的数据隐私法律。

对于企业来说，数据生命周期管理并不是某一部门独立能够完成的任务，它涉及了本章几乎所有的内容，是一项需要整个组织上下通力协作才能完成的工作。数据生命周期管理对应的组织架构可以分为决策层、管理层和最终的执行层，营销业务只不过是执行层中的一小部分。因此在数据全生命周期管理体系下，我们不能孤立地看待营销业务，而应该以系统的视角来展开具体的实践。

3.5　案　　例

长安汽车是中国知名汽车制造企业，中国汽车品牌行业领跑者之一。长安汽车从 2001 年开始信息化建设，在 2010 年开始进入数字化转型阶段，在 2019 年开始进入数字化重塑阶段，完成了传统制造业在大数据时代的华丽转型。

2000 年是长安汽车信息化建设的一个分水岭。因为业务战略的转变，长安汽车此前建立的分布在各部门、各领域的信息系统已经无法满足新的业务发展的需要。为了长远发展，长安汽车随后成立了专门的信息公司，开始全面推进信息化建设。长安汽车通过统一平台、统一数据、统一运营的数字化管理手段，将数据治理的成果应用于生产实践，实现基础管理标准化、业务数据财务化、经营成果指标化。长安汽车数字化转型的另一个成果是整合了企业数据，建立起了企业自己的大数据平台。长安汽车整合企业内部核心业务系统，通过融合互联网数据、统一客户数据并集成产品数据，构建了集数据管理、分析、应用于一体的“长安-数据驱动管理”（Chang An-data drive management，CA-DDM）大数据平台（以下简称“大数据平台”），服务公司经营，以实现“现状可见、问题可查、风险可辨、未来可测”，促进数据的全面、真实、透明、共享。

大数据平台的总注册用户人数达 7200 余人，月均访问量近 30 万人次，广泛应用于 12 个领域，推动了 60 多项管理制度的改善。这一大数据平台的功能在于：首先，完善数据门户，随时随地获取可信任的数据，实现平台的数据化、系统化、透明化管理，面向全员开放，及时掌握各领域及各部门的大数据运营状态，以及共同建立和持续改善数据文化氛围；其次，构建数据分析工作台，让业务人员可在线进行数据分析，效益提升了 40%；最后，建立数据实验室，研究数据分析模型等，将销售预测、客户洞察、市场洞察等核心模型投入业务应用中。

在完善、全面、系统的数据管理框架下，长安汽车在营销领域突破了传统业务模式，促进了业务创新。例如：深度解析制造过程，提高了生产效率；实现了多维用户画像，开展用户个性化服务；发现潜在人群和需求，实现精准营销，深入挖掘了潜在的客户资源。长安汽车的数字化转型在建立总体数据管理体系，打通不同业务方面为营销实践者树立了良好的表率，也为传统制造业在大数据时代的转型提供了深刻洞见。

3.6 本章小结及习题

3.6.1 本章小结

（1）消费者数据的来源可以是企业自行调研、在线数据和购买或申请的来自第三方的数据。

（2）企业获取消费者数据的传统方法包括观察法、调查法和实验法。随着网上问卷平台的兴起，企业越来越多地选择网上营销调研的方式。

（3）企业的在线数据获取渠道包括可以来自在其他平台或 App 上广告的推送，自有的网站或应用，事件监测（埋点）和公众号或小程序端等。

（4）数据可以被分类为结构化数据和非结构化数据，但最终都需要被转化为用于分析、能够提升业务的行为数据。

（5）非结构化数据包含文本数据、视频流数据等形式不定的数据，往往具备着更高的价值。

（6）大数据的五个基本特征包括体量大、多样化、速度快、价值密度低、真实性（volume、variety、velocity、value、veracity）。

（7）NoSQL 及分布式系统不仅在面对海量且多样的数据时更加游刃有余，而且具备更高的敏捷性。

（8）企业应该从整个数据生命周期的角度对数据进行管理，并通过数据库或者数据仓库实现，其中一个重要的要素是数据权限。

（9）设置数据相关权限是数据管理的关键一步。管理者可以根据需求选择 DAC、MAC、RBAC 和 ABAC 其中的一种。

（10）数据生命周期管理是一种理念，着眼于数据从产生到消亡的历程，从整个组织出发，高屋建瓴地对数据进行系统的管理。其优势在于流程改进、控制成本、数据易用性、合规与治理。

3.6.2 习题

马自达汽车物流公司负责马自达汽车和零部件在欧洲的分销，其传统的仓库管理系统缺乏运输管理模块，使马自达公司无法了解实时的产品发货情况，也无法对承运人预订、发票和账单等数据进行有效的管理。这使得马自达公司无法确保按时交货，不仅危及客户满意度，还可能使竞争对手从马自达手中夺走市场份额。随着汽车行业从“以产品为中心”到“以客户为中心”，马自达公司希望对其旗下的汽车物流业务进行数字化的改造，改善用户体验，并更多地将资源从日常事务转移到客户服务上。

问题：

（1）马自达汽车物流公司需要建立的运输管理模块主要产生什么类型的数据？

（2）马自达汽车物流公司需要的数据存储和管理技术是哪一种？

（3）从数据生命周期的视角出发，马自达汽车物流公司在各个数据生命阶段的策略应该是什么样的？

[1] CHARLESWORTH A. Digital marketing: a practical approach[M]. Abingdon: Routledge, 2014.

[2] WIRTH N. Hello marketing, what can artificial intelligence help you with?[J]. International Journal of Market Research, 2018, 60(5): 435-438.

[3] VENKATESAN R, LECINSKI J. The AI marketing canvas: a five-stage road map to implementing artificial intelligence in marketing[M]. Palo Alto: Stanford University Press, 2021.

[4] 曾凡涛，熊元斌. 试论数据挖掘技术在旅游营销中的应用[J]. 旅游科学，2002(4): 13-16.

[5] 惠琳. 大数据时代本土零售业精确营销探讨：基于数据挖掘的角度[J]. 商业时代，2014(4)：58-59.

[6] 贾建民，杨扬，钟宇豪. 大数据营销的“时空关” [J]. 营销科学学报，2021，1(1)：97-113.

[7] 万红玲. 大数据时代下的精准营销[J]. 新闻传播，2014(1)：71-71.

[8] 张俊杰，杨利. 基于大数据视角的营销组合理论变革与创新[J]. 商业经济研究，2015(6)：54-55.

第 4 章

数据分析和建模

4.1 如何描述数据

4.1.1 数据提取

饭店的厨房里往往设置着一个名为打荷的岗位，这个岗位的工作人员负责原材料的清洗、切制并分类，然后把预制之后的原材料传递给炉灶厨师来进行进一步的加工。与之类似的，数据在进入正式的数据分析环节之前，需要数据工作者对这些数据进行预处理与描述性的统计分析，再传递到下一个环节，决定使用何种方法进行分析。

数据预处理包括对数据进行清理、集成、转换和规约以完成对数据的提取工作（图 4-1）。

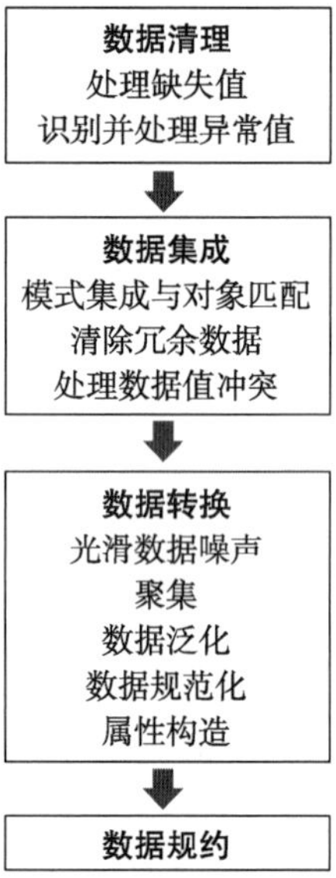

数据清理 处理缺失值 识别并处理异常值
⬇
数据集成 模式集成与对象匹配 清除冗余数据 处理数据值冲突
⬇
数据转换 光滑数据噪声 聚集 数据泛化 数据规范化 属性构造
⬇
数据规约

图 4-1　数据的提取

1. 数据清理

数据的清理工作主要从两个方面展开：缺失值的处理以及异常值的识别与处理。在实际中，数据往往存在着一定程度的缺失值。根据缺失值产生原因，可以将缺失值分为随机缺失、完全随机缺失和非随机缺失。随机缺失意味着数据缺失的概率与缺失的数据本身无关，而仅与部分已观测到的数据有关。举个例子，电商平台对用户对某一广告的浏览时长进行了记录，但由于地区的网络波动，导致了某一区域的个体的浏览时长未被记录，此时这一缺失值就是典型的随机缺失。完全随机缺失意味着数据的缺失是完全随机的，不依赖于其他任何变量，不影响样本的无偏性。非随机缺失意味着数据的缺失与自身的取值有关。分为两种情况：缺失值取决于其假设值（例如，大体重人群通常不希望在调查中透露他们的体重，因为这是一件比较难以启齿的事）；或者，缺失值取决于其他变量值（例如，一些企业高层人员通常不想透露他们的收入，所以这里收入变量缺失值受工作类型变量的影响）。

造成缺失值的具体原因其实更加多样化：存储硬件的故障，数据收集过程本身的不合理性（比如，要求未婚者填写配偶姓名，要求未成年人填写的纳税状况等），分析与决策系统的实时性能要求高。

如果对缺失值的处理不当，那么整个数据分析过程的价值将大打折扣。不仅影响数据分析过程的顺利展开，也可能使得企业忽略有价值的信息，并降低分析结果的可靠程度。

对缺失值的处理方法可以大致分为三类：删除、插补和不处理。第一种方法，也是最简单的方法，是将存在遗漏的行或列直接删除，但有时可能造成数据分析结果出现较大偏差，特别是当缺失值的分布存在某种规律时。

实际中应用较为广泛的第二种缺失值处理方法是对缺失值进行插补。当数据体量不大，数据工作者对数据又足够了解时，手动填写几乎不可能。但在实际工作中，面对动辄 GB、TB 体量的数据，手动填写的难度无疑等同于愚公移山。因此数据工作者们设计出了几类常见的数据插补方式，如特殊值填充、统计量填充、插值法填充、模型填充等。特殊值填充指的是直接以某一特殊的属性或只对缺失值进行填充，如“–999”“Unknown”，此类方法可能会导致一定的统计偏差，因此使用较少。

统计量填充针对的是缺失率较低且对结果影响不大的情景。如果存在数据缺失的变量是数值型的，那么使用样本的均值（其他所有对象的取值的平均数）填充就是可行的；但如果该变量并非数值型且没有顺序关系（例如，让消费者选择他们偏好的汽车，并将汽车按照能源类型分为汽油、柴油、油电混合、纯电动、插电式混合动力和增程式），则可以使用众数进行插补；如果数据是偏态的，则可以考虑使用中位数进行填充。还有一种插补方法是分类的填充法，这一方法是使用与该对象具有相同属性值的对象作为数据集求统计量（平均数、众数或中位数），然后再进行填充。例如，一家企业希望调查消费者对自己新推出的轻食产品的偏好，鉴于男性和女性对于轻食的偏好程度可能不同，那么此时的缺失值就可以按照不同性别分组的均值来进行填充。

常用的插值法填充包括热卡填充法（hot deck imputation）、K 最近距离邻法（K-means clustering）和多重插补（multiple imputation，MI）等。热卡填充法是一种基于样本相似性的插补方法，其基于已有的数据集中与缺失数据相似的样本进行数据插补。K 最近距离邻法就在热卡填充法的基础上，给出了定义“相似”程度的具体度量手段并使用加权平均进行估计。

模型填充的插补方法使用回归、贝叶斯、随机森林、决策树等模型对缺失数据进行预测，其中最为常用的是回归模型填充。回归方程充填法选择若干能预测缺失值的自变量，通过建立回归方程估算缺失值。该方法能尽可能地利用原始数据集中的信息。具体的步骤如下：首先确定填充缺失值的变量（列）；然后拆分原始数据集，根据需要填充缺失值的变量，把原始数据集拆分为两个子集；接下来辨析并检验相关变量的相关性，即根据经验分析判定与填充缺失值的变量相关的属性列有哪些，并使用统计分析工具验证所选择的属性（列）之间的相关性；接下来进行建模并预测；最后合并还原数据集来进行下一步的分析。

应对缺失值的第三种方法是对缺失值直接不处理，而是在使用人工智能以及其他技术手段进行分析时直接调整。最主流的方法包括贝叶斯网络和人工神经网络等。这里需要注意，不处理缺失值直接进行数据分析的前提是足够了解模型。

数据清理的工作除了需要重视缺失值的处理，还需要对异常值进行识别和处理。异常值指的是样本中的一些明显偏离其余样本的数值。在数据科学领域，异常值的检验与处理有着非常大的重要性：异常值会导致分布偏斜，从而可能严重影响数据集的均值和标准差，导致错误的统计结果，并使得大多数机器学习算法的运行出现错误。

常用的异常值检测方法包括直接判断法、标准差法（Z-score 法）和箱线图（四分位距，interquartile range，IQR）法。直接判断法借助对数据来源领域的了解来直接判断异常值。举个例子，在调查某县农民群体的可支配收入时，发现有一些样本的值大于10 万元（2022 年全国农民人均可支配收入为 20133 元），这些样本就可以被定义为异常值，他们可能自身就不属于目标群体，或者有着一些非常规的收入，这与调研中关注的内容无关。这一方法可以借助散点图来进行更加直观的筛选。第二种方法是标准差法。标准差是统计学的一个基本概念，反映了所有样本值相较于均值的离散程度。当数据大体上呈正态分布时，我们一般取均值之上三个标准差为上限，均值之下三个标准差为下限构成常规值的区间，超过这一区间的值就可以被认为是异常值。这是因为正态分布决定了越接近均值的样本越有可能出现：68.27%的值在均值的 ±1 标准差范围内，95.45%的值在均值的 ±2 标准差范围内，99.73%的值在均值的 ±3 标准差范围内。Z-score 法与标准差法的原理相同，只不过 Z-score =（样本值 − 均值）/标准差，并规定 $-3<Z<3$ 之内为常规值区间，之外为异常值区间。箱线图的原理类似于中位数：在统计学中，IQR 描述了从最低到最高排序的中间 50%的数据。首先，将数据从最低到最高排序；然后将数据分成 4 个相等的部分，并指定 Q1、Q2、Q3 为第一四分位数、第二四分位数和第三四分位数，而 IQR 是 Q3 和 Q1 之间的差，代表着中间 50%的样本；接着我们定义 Q1 - 1.5 × IQR 为常规值的下限，Q3 + 1.5 × IQR 为常规值的上限，因此，小于 Q1 − 1.5 × IQR 和大于 Q3 + 1.5 × IQR 的值就会被判定为异常值。

对异常值的处理思路与对缺失值的处理思路是类似的，分为三种：删除、校正或保留。删除异常值需要建立在异常值数量不多、影响不大或是异常值本身明显不合理的基础上。例如，测量一个成年男性的身高，显然 18 厘米的记录是一个有意或无意的填写错误值，那么这一记录就可以被删除。

对异常值进行校正是比较常见的做法，尤其是当数据体量较大时。校正的方法主要有两类：一类与使用统计量处理缺失值的思路类似，即使用平均数、众数或中位数的值替代异常值；另一类方法是对非正态分布的数据进行转换，如对数变换或是 Box-Cox 变换，这一类方法广泛使用于各类非正态发布的数据。与经济学有关的变量常常会先进行对数化再投入分析，这是因为与经济学相关的变量往往都是右偏态分布的。例如，居民收入就是典型的右偏态分布：虽然大多数人的年收入为 10 万～20 万元，但不排除有些人一年能够赚数百万元、千万元，甚至更多。如果根据这样的数据集绘制柱状图，我们将能够明显观察到分布向右倾斜。通过对数变换，我们能够“消除”异常值并允许我们将偏态分布的数据转化为正态分布的数据。Box-Cox 变换的原理是类似的，它是一种常用的统计方法，用于处理数据的偏度异常和异方差问题。该方法可以通过对数据进行幂变换，使得数据符合正态分布和同方差性的假设，从而更适合应用统计学方法进行分析和建模。

2. 数据集成

数据集成阶段，数据工作者需要合并多个通过多个渠道而来的数据集。数据集成的主要问题来自三个方面：模式集成和对象匹配涉及的实体识别问题；冗余问题；数据值冲突的检测与处理问题。

首先是模式集成和对象匹配涉及的实体识别问题。在数据集成中，不同数据源可能具有不同的数据格式和迥异的命名方式。因此，当合并这些数据时，必须将它们转换为一致的格式，以便于数据的处理和分析，这一过程就是模式集成。而实体识别问题是指在数据集成过程中，如何识别来自不同数据源的等价实体，并将它们匹配到同一实体中，这是数据集成的核心问题之一。例如，在营销领域中，一个公司可能有多个渠道来收集客户信息，如电子邮件、社交媒体和电话。这些信息可能涉及不同的客户属性，如姓名、地址和电话号码。在进行数据集成时，需要将这些不同来源的数据整合到一起，但由于每个渠道的数据格式可能不同，因此需要通过实体识别来识别来自不同数据源的等价实体，并将它们匹配到同一实体中。常用的方法是通过姓名、地址或电话号码等信息来识别相同的客户，以确保数据的一致性和完整性。在这一过程中，元数据，即描述数据的数据，可以帮助识别和比较不同数据源中的属性和实体，减少实体识别错误和其他数据集成问题的风险。

其次是冗余问题。冗余数据可能会导致分析结果不准确、计算量过大和资源浪费。因此，在数据集成过程中检测和处理冗余数据非常重要。在数据集成中，冗余可以分为两种类型：全冗余和部分冗余。全冗余是指数据完全重复的情况，而部分冗余是指只有部分数据重复的情况。全冗余可以通过直接删除重复的数据来处理，但是处理部分冗余数据可能更加困难。我们可以使用相关系数（相关系数针对的是连续型数据，离散型数据则可以使用卡方分析）来检测冗余数据。皮尔逊系数是一种常用的相关系数，它测量了两个变量之间的线性相关程度。如果两个变量高度相关，则其中一个变量的值可以用另一个变量的值来预测，因此，这些变量可能包含相同的信息，从而导致冗余数据。举一个例子，假设一个公司有两个数据源，一个是销售数据，另一个是客户数据。销售数据包含产品销售数量和销售金额，而客户数据包含客户姓名、地址和购买记录。为了将这两个数据源集成到一个数据仓库中，需要找到一个共同的属性，以便将它们匹配在一起。在这种情况下，可以使用客户姓名和地址作为匹配属性。但是，在匹配后，可能会发现销售数据中的销售数量和销售金额与客户数据中的购买记录存在冗余，因为这些数据之间可能存在高度线性相关性。在这种情况下，可以使用相关系数来检测冗余数据，并从数据仓库中删除其中一部分数据，以确保数据仓库中的数据是准确的和一致的。

最后是数据值冲突的检测与处理问题。在数据集成过程中，可能会出现多个数据源中相同实体但数据值不同的情况，这就是数据值冲突。数据值冲突的检测与处理是数据集成过程中的一个重要环节，如果不及时处理，就会影响到数据质量和分析结果的准确性。在处理数据值冲突时，可以采用以下方法：首先是数据清洗，即在进行数据集成之前，对原始数据进行清洗，去除重复数据和不一致数据；其次是数据匹配，即通过实体识别和模式集成来识别数据源中相同的实体，并将它们合并成一个实体；再次是数据融合，即对于数据值不一致的情况，可以进行数据融合，将不同数据源的数据进行加权平均或者取最大或最小值等方式来获得一致的数据值；最后是数据验证，即在数据集成完成后，需要对集成后的数据进行验证，检测是否存在数据值冲突，并进行类似的处理。

数据值冲突的检测与处理非常重要，以客户信息的数据集成为例，现在许多品牌会与不同的电商平台同时合作，在不同的渠道获得客户信息，因此可能会出现同一客户的信息存在不一致的情况，如客户姓名、联系方式、所属区域等，这就需要进行数据值冲突的检测与处理，以保证客户信息的准确性和一致性。

3. 数据转换

集成之后的一个步骤是**转换**：将数据转换或统一成适合于数据分析的形式。转换步骤主要涉及光滑、聚集、数据泛化、数据规范化和属性构造。

光滑（smoothing）是指将数据中的噪声平滑化，以便更好地发现规律和趋势。光滑化可以使用平滑滤波器或其他数据平滑技术，如滑动平均或指数平滑。在数据挖掘中，光滑化常用于时间序列分析或信号处理。光滑可以应用于销售预测。假设某公司想要预测下一个季度的销售额，但是历史销售数据中包含了一些因为其他偶然因素（如重大公共事件）出现的波动，这些异常值可能会影响预测结果。通过对历史销售数据进行光滑处理，可以将异常值光滑化，从而更准确地预测未来的销售额。

聚集（aggregation）是指将原始数据按照某种方式聚合或压缩，以便更好地分析和理解数据。聚集可以基于时间、空间或其他因素进行。例如，将每日销售数据按照月份聚合，可以得到每个月的总销售额。聚集可以应用于市场细分。假设一家公司想要将市场分成不同的细分市场，以便更好地了解不同细分市场的需求和行为。通过将原始数据按照不同的细分市场进行聚合，可以得到每个市场的平均销售额、顾客数量、购买周期等信息，从而更好地理解每个市场的特点。

数据泛化（generalization）是指将数据中的详细信息转换为更一般化的形式，用高层概念替换底层或“原始”数据，以便更好地进行比较和分析。数据泛化的目的之一是保护个人的数据隐私。例如，对客户的电话号码、所属区域等私人信息进行泛化处理，使用自生成的客户 ID 进行替换，以便在不暴露客户个人身份信息的情况下进行数据分析。数据泛化可以应用于客户分析。假设一家公司想要分析客户购买习惯，但是由于数据隐私保护，无法直接使用客户的个人身份信息，那么公司可以对客户的购买行为进行泛化（例如，将购买金额按照一定的范围进行分类，可以得到类似每月收入这样更一般化的客户特征），从而进行更准确的客户分析。

数据规范化是指将数据转换为标准格式或标准单位。在数据挖掘中，由于不同数据集之间可能存在着不同的度量单位或者数据取值范围不同等类似的问题，因此需要对数据进行规范化处理，以便于进行数据分析和挖掘。一个常见的例子是对顾客的年龄数据进行规范化处理。不同数据源之间可能会使用不同的计算方式来记录顾客的年龄。例如，有的记录年龄是出生日期，而有的记录的是年龄段。在这种情况下，就需要对数据进行规范化处理。例如，将出生日期转换为年龄，或者将年龄段统一转换为具体的年龄范围。这样可以避免在后续的数据分析和挖掘过程中出现数据格式不同导致的错误或者误解。

属性构造（或特征构造）是指对原始数据进行加工、计算等处理，从中提取出新的属性或特征，以便于更好地描述数据的特征或者更好地支持数据挖掘算法的使用。例如，可以对顾客的购买记录进行分析，计算出其消费频次、购买时间、购买地点等属性，从而更好地了解顾客的消费习惯。

4. *数据规约*

在完成数据的转换之后，一般都需要进行数据预处理的最后一个步骤：**数据规约**。数据规约是指在数据挖掘任务中减少原始数据量的过程，以获得更加紧凑的数据表示，同时保留数据的有效信息。数据规约有助于避免过拟合问题和降低计算复杂度，具有相当的重要性。数据规约的主要方法包括维度规约和数值规约。维度规约是指减少数据的属性或维度。比如，通过删除冗余属性、合并相关属性或者主成分分析（principal component analysis，PCA）等方法将多个相关属性合并成一个主成分。数值规约是指减少数据中实例的数量，常用的方法包括随机抽样、分层抽样和聚类抽样等。在营销领域中，数据规约也有很广泛的应用。例如，某电商公司想要了解其客户的购买习惯，需要分析海量的用户数据，这样的分析往往需要投入大量的人力和物力。而数据规约可以减少数据量，提高计算效率。在此过程中，电商公司可以使用数值规约来随机抽取一部分客户数据进行分析，或者使用聚类抽样来选择一部分代表性客户数据进行分析。而对于维度规约，电商公司可以对数据进行初步分析，删除一些无关属性或者将多个相关属性合并成一个主成分，以便更好地理解和预测客户的购买习惯。

4.1.2　正确描述数据

描述性统计分析是一种描述数据集中个别变量和整体分布情况的方法，它是数据分析的重要基础。描述性统计分析包括了多种统计量，如中心趋势度量、离散程度度量、分布形态度量等。通过这些统计量，我们可以更好地了解数据的基本特征，从而更好地进行数据分析和决策。

描述性统计分析的作用主要有以下几点。第一，总结数据。描述性统计分析可以将大量的数据转化为更具可读性和可理解性的指标和图表，从而更好地总结和呈现数据。第二，检查数据质量。描述性统计分析可以帮助我们发现数据中存在的问题，如缺失值、异常值、冗余数据等。第三，发现数据规律。描述性统计分析可以帮助我们了解数据的基本规律和趋势，如数据的中心趋势、离散程度、数据分布情况等。第四，在营销的实践中，描述性统计分析常常被用于了解消费者的基本特征和行为习惯，以及市场的基本情况和趋势。例如，在市场调研过程中，我们可以通过描述性统计分析，对消费者的年龄、性别、职业等基本特征进行统计，并了解他们的消费行为和购买偏好，从而更好地制定营销策略。

描述性统计分析常用的统计量主要可以分为三类：中心趋势度量、离散程度度量和分布形态度量。

中心趋势度量用来描述数据的集中程度，包括平均数、中位数和众数等。平均数即算术平均数，是所有数据之和除以数据个数，如顾客的消费水平或者市场的平均价格。中位数是将数据按大小顺序排列后处于中间位置的数值，如中位的消费水平或收入水平的中等值。众数是出现次数最多的数值，如最受欢迎的商品或服务。

离散程度度量用来描述数据的分散程度，包括范围、方差和标准差等。范围是数据的最大值与最小值之间的差，如销售额或者利润的差异。方差是各数据与平均数之差的平方值的平均数，如销售额或者利润的波动性。标准差是方差的算术平方根，表示数据偏离平均数的程度。

分布形态度量用来描述数据的分布形态，包括偏度和峰度等。偏度是描述分布对称性或偏斜程度的统计量，正偏斜表示右侧尾部较长，负偏斜表示左侧尾部较长，如消费者或市场需求分布的偏斜程度。比如，消费某一商品的顾客收入更多地分布在平均收入水平之上的区间。峰度是描述分布峰态或尖锐程度的统计量，正峰态表示分布较为尖锐，负峰态表示分布较为平坦，如消费者或市场需求分布的尖锐程度。

4.2 一切都是相关

4.2.1 相关分析概述

相关分析是一种用于研究两个或两个以上变量之间关系的统计分析方法，其主要是探究变量之间是否存在某种联系或关联，以及这种关系的强度和方向。相关分析常用于研究两个数量变量之间的关系，如身高和体重、收入和教育程度、广告投放和销售额等。

相关分析的由来可以追溯到 18 世纪初期，由英国天文学家卡尔·皮尔逊（Karl Pearson）提出。他在研究天文数据时，发现不同星座之间的星星数量有一定的相关关系，于是他开始将这种方法应用到社会科学和经济学等领域的数据研究中。皮尔逊通过对大量数据的分析，发现了两个变量之间的相关系数，即通过数值来反映两个变量之间的关系强度和方向。后来，相关分析成为统计学领域的基础分析方法之一。

4.2.2 相关分析的类型

相关分析可以按照分析对象上的差异分为简单相关分析、偏相关分析和典型相关分析。

1. 简单相关分析

简单相关分析是指通过计算两个变量之间的相关系数来衡量它们之间的线性关系程度的方法。常用的三种相关系数包括：皮尔逊相关系数、斯皮尔曼等级相关系数和肯德尔相关性系数。皮尔逊相关系数是最常见的相关系数，用于衡量两个连续变量之间的线性相关性。它的取值范围为[－1，1]，其中 1 表示完全正相关，－1 表示完全负相关，0 表示不相关。一个经典的应用就是实践中经常使用皮尔逊相关系数来衡量广告费用与销售额之间的关系。斯皮尔曼等级相关系数用于衡量两个变量之间的单调相关性，即它们的关系是否按照某个模式单调地变化。与皮尔逊相关系数相比，它对异常值更加稳健。肯德尔相关性系数是用于度量两个变量之间的相关程度的一种非参数统计方法。它基于两个变量之间的等级关系，而不是实际的数值大小。肯德尔相关性系数一般应用于变量的测量值是顺序或等级数据而非连续的数值数据的情境。

2. 偏相关分析

偏相关分析是另一种类型的相关分析，这一方法考虑了相关分析中第三方变量的影响。在现实生活中，两个变量之间的相关关系往往会受到其他变量的影响，从而使得相关系数很难真实地反映两个变量之间的线性相关程度。偏相关最早是由皮尔逊于 1896 年提出的。皮尔逊在分析数据时注意到两个变量之间的相关性可能被第三方变量的影响掩盖，因此他提出了偏相关系数，以便消除第三方变量的影响，更准确地衡量两个变量之间的关系。

在实际的情形中，较之简单相关分析，我们可能会更多地采用偏相关分析。举个例子，假设一家日用品公司希望考察产品包装上的环保标识能否促进消费者的购买，而消费者的购买行为其实还受到其他许多变量的影响，如性别、年龄等，甚至那些我们并不关注的变量也会影响这两者之间的相关。例如，消费者的社会经济地位可能调节环保标识对消费者购买意愿的作用。偏相关可以帮助我们更准确地来回答这个问题，因为偏相关仍然是在计算两个变量的相关系数。偏相关与上面提到的相关分析区别在于，计算“偏相关系数”时可以再引入其他的变量，这些变量我们称之为“控制变量”。

3. 典型相关分析

典型相关分析是一种多元统计方法。与前两种相关分析不同，典型相关分析用于研究两组变量之间的关系。它是对传统相关分析的扩展，可用于分析多个自变量与多个因变量之间的关系。典型相关分析是通过线性变换将自变量和因变量转换为新的综合变量，使得新变量之间的相关性最大化，从而识别出不同变量之间的潜在关联性。在营销实践中，典型相关分析可以用于分析产品或服务要素与后端结果（如顾客满意度和购买行为）之间的关系。例如，一个餐厅可以使用典型相关分析来确定哪些因素会影响顾客的满意度和购买行为，如服务质量、食品质量、价格、灯光、音乐等。然后，通过这些因素的线性组合来预测顾客满意度和购买行为。这些信息可以帮助餐厅优化服务和经营策略，提高客户满意度和销售额。

4.2.3　相关分析的应用

在实践中，相关分析可以帮助企业更好地了解顾客的需求和行为，并且基于这些数据进行精准的市场推广。具体来说，基于相关分析，企业可以对客户群体进行划分，绘制更完整的用户画像，从而进行更精准的产品推荐。那么，在营销实践中使用相关分析时需要注意哪些要点？接下来就将从建立正确的假设、选择合适的相关系数以及统计显著性检验三个角度来回答。

首先，**建立正确的假设**。建立正确的假设需要满足以下三个方面的要求。第一是确定研究问题。在使用相关分析之前，需要明确研究问题，以便能够对相关性进行有意义的解释。第二是选择合适的变量。在使用相关分析之前，我们需要选择合适的变量。变量的选择应该基于研究问题和相关的领域知识。例如，某家餐厅想要检验自己新的柔和主题灯光系统是否会影响消费者对于素食的偏好，那么餐厅就可以选择环境照明的亮度作为自变量，素食的选择率作为因变量，进行进一步分析。第三是要明确假设。假设是研究问题的关键部分，可以帮助我们确定相关性的方向。假设之前的研究发现，较为昏暗的灯光能够提升人们的心理安全感，减少人们在公共场所被关注的感觉，进而做出更加享乐性质的消费，那么我们就可以假设柔和主题的灯光系统会减少人们对于素食的选择。

其次，**选择合适的相关系数**。不同类型的数据和分析目的需要使用不同的相关系数，否则会导致分析结果的不准确甚至错误。以下是一些常见的相关系数及其适用情况。皮尔逊相关系数是最常用的相关系数之一，适用于测量两个连续变量之间的线性关系。在营销实践中，可以使用皮尔逊相关系数来探索两个连续变量之间的线性相关性，如销售额和广告费用之间的关系。斯皮尔曼等级相关系数适用于测量两个变量之间的单调相关性，无需考虑线性关系。它将数据转换为等级或顺序，并计算等级之间的相关性。比如，在营销实践中，可以使用斯皮尔曼等级相关系数来探索顾客对产品的评价（好、中、差）与其购买量之间的关系。肯德尔相关性系数在实际应用中常用于对排名数据的分析，如对消费者最喜爱产品进行排名，对不同广告渠道的效果进行排名等。肯德尔相关性系数也可以用于分析两个分类变量之间的相关性，如对性别和购买意愿之间的相关性进行分析。

最后，在使用相关分析时，除计算相关系数以外，我们还需要进行**统计显著性检验**，以确定所得结果是否具有实际意义。统计显著性检验是一种判断数据样本之间关系是否随机出现的方法，它能够帮助我们判断样本之间是否存在实际上显著的差异，从而可以更加准确地评估相关性的可信度。在进行统计显著性检验时，我们需要确定一个置信水平，通常为 95%、99%、99.9%。然后根据所选置信水平和样本大小，查找相应的临界值。如果计算得到的值超过了临界值，则可以拒绝零假设，即认为所得结果是具有统计显著性的。在营销实践中，统计显著性检验可以帮助我们确定市场策略是否有效。例如，我们可以使用相关分析来确定广告投放与销售额之间的关系，然后进行统计显著性检验，以判断这种关系是否具有实际意义。此外，统计显著性检验也可以用于对比不同市场策略的效果。例如，我们可以比较两种不同的促销策略对销售额的影响，并使用统计显著性检验来确定哪种策略更为有效。需注意，统计显著性检验并不能说明相关性的因果关系，在进行相关分析和统计显著性检验时，需要结合实际情况和领域知识，以避免出现虚假或误导性的结论。

4.3　回归模型告诉你更多

4.3.1　回归分析概述

回归分析是一种基本的统计分析方法，用于研究两个或多个变量之间的关系。它的主要目的是探究一个或多个自变量和一个因变量之间的关系，即自变量对因变量的影响。回归分析最早由 19 世纪末的英国统计学家弗朗西斯·高尔顿（Francis Galton）提出，他通过对遗传学的研究发现了人类身高的遗传规律，从而建立了回归分析的基本原理。

回归分析的主要目的是基于自变量的值和它们与因变量之间的关系建立一个模型来预测因变量的值。基于这一关系的类型，回归分析可以分为线性回归和非线性回归两种。线性回归指的是因变量和自变量之间存在线性关系的回归分析。例如，预测一个人的收入和他的年龄、教育水平、职业等因素之间的关系。非线性回归则指的是因变量和自变量之间存在非线性关系的回归分析。例如，预测一个人的身体质量指数（body mass index，BMI）和他的饮食、运动、睡眠等因素之间的关系。

4.3.2　回归分析的类型

回归分析是一种历史悠久、相当成熟的分析方法，当下回归分析已经根据实际需求发展出了许多适应不同情境的应用类型。本小节就将对回归分析的常见类型展开介绍。

1. 线性回归分析

线性回归是最常用的回归分析类型之一，它用于研究两个变量之间的线性关系。在线性回归中，我们希望找到一条直线，来最好地拟合观察到的数据点。这条直线可以被表示为

$$y = b_0 + b_1 \times x$$

其中，y 是因变量；x 是自变量；b_0 和 b_1 是回归系数，表示直线的截距和斜率。

线性回归分析可以设置多个自变量从而形成多元线性回归。多元线性回归可以帮助我们确定多个自变量对一个因变量的影响，以及它们之间的相互作用，在实际中更为常用。假设我们想知道某家快餐店的顾客对其新推出的产品的满意度，我们就可以使用多元线性回归模型来估计顾客对产品满意度的影响因素。我们将顾客的性别、年龄、收入、产品价格和推广活动作为自变量，顾客的满意度作为因变量，然后拟合一个最佳拟合模型来分析这些变量之间的关系。这个模型可以帮助企业了解客户的需求和偏好，以便更好地满足客户的需求，提高客户满意度。

2. 多项式回归分析

现实世界中许多事物之间的关联其实并不总是线性的。例如，税率和国家总税收之间的关系就是一条曲线，此时我们一般就要应用到**多项式回归分析**对这些非线性的关系进行建模。多项式回归将一个自变量与一个因变量之间的关系建模为一个高阶多项式方程。在营销实践中，多项式回归通常用于分析市场营销数据中的非线性关系。例如，广告投入与销售额之间的关系，这种关系就经常是非线性的，适当的广告投入能够增进产品曝光度，但过多的广告可能会使广告的标记作用递减，甚至引起消费者的反感。

3. logistic 回归分析

营销实践中我们经常需要对消费者行为进行分析（例如，消费者是否会点击广告窗口，是否会查看商品详情，是否会确认付款等），探讨什么样的因素导致了行为结果。针对分类数据的因变量需要使用 **logistic 回归分析**，这是一种用于建立一个自变量与一个二元因变量之间关系的统计分析方法。它的原理是基于 logit 函数来描述自变量与因变量之间的概率关系，这一函数将自变量映射到 0 和 1 之间的概率值。logistic 回归还

可以拓展到多分类和有序分类因变量的情形中，如消费者在产品不同颜色之间的选择，消费者对于产品或服务的低中高评价等。

4. 多水平模型

多水平模型是回归分析为了应对具有层次结构的数据而被提出的。例如，某跨国公司希望考察其环保宣传的数量对旗下产品的消费者感知的品牌绿色程度的影响，并进行了跨区域的调研，那么该公司可能发现不仅不同国家和地区消费者感知的品牌绿色程度的初始值不同（截距不同），环保宣传数量与绿色程度感知之间的线性关系在不同国家和地区的消费者之间也存在不同，如图 4-2 所示。

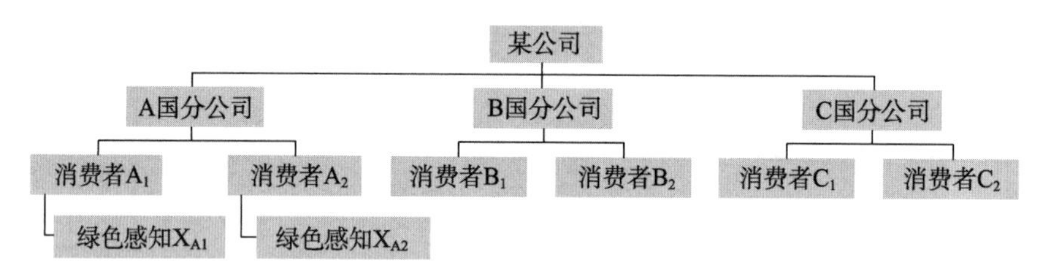

图 4-2　某跨国公司的调研结果

此时如果采用传统回归分析，那么将不能体现这些显著的地区差异。此时就需要数据工作者构建一个多水平模型，将不同层次的变量纳入一个统一的回归模型。

5. 岭回归和 LASSO 回归

岭回归和 **LASSO 回归**针对是多个自变量之间存在高相关的情况。自变量高导致传统回归模型难以准确地估计每个自变量的效应，导致回归系数的估计不稳定，甚至与变量之间的实际关系相反。岭回归和 LASSO 回归通过正则化项来减小回归系数的大小，可以降低多重共线性的影响，使得回归系数更加稳定。不同的是：岭回归使用 L2 正则化，可以缩小但不将某些系数置为 0；而 LASSO 回归使用 L1 正则化，可以将某些系数压缩到 0，因此 LASSO 回归在特征选择方面更加有效。在实践中，我们可以使用方差膨胀因子（variance inflation factor，VIF）检测多重共线性：它通过计算每个自变量的 VIF 值来检测自变量之间的相关性。

6. 纵向数据的回归分析

用于处理纵向数据回归的模型目前也正在不断地发展，目前主流的三种模型包括**交叉滞后模型**、**潜变量增长模型**和**潜变量差分模型**。交叉滞后模型（cross-lagged model）是一种用于探索两个或多个变量之间因果关系的方法。它通过交叉滞后分析，即将一个变量的过去值和另一个变量的当前值同时考虑，来推断它们之间的因果关系。潜变量增长模型（latent growth model）是一种用于建模个体发展轨迹的方法，该模型假设一个潜在变量（latent variable）能够解释一组连续观测的变量，并通过拟合这个潜在变量在时间上的增长来预测未来的观测结果。潜变量差分模型（latent difference score model）是一种用于研究变量之间差异的方法。该模型通过比较同一组个体在不同时间点的观测结果，计算它们之间的差异，并用潜在变量来解释这些差异。

使用回归分析的目的是从数据中解析现实世界的规律，应该因地制宜地选择最能反映现实的回归分析方法，而非一味地追求模型的技术含量。在这里我们提供了一个选择框架（图 4-3）供大家参考。

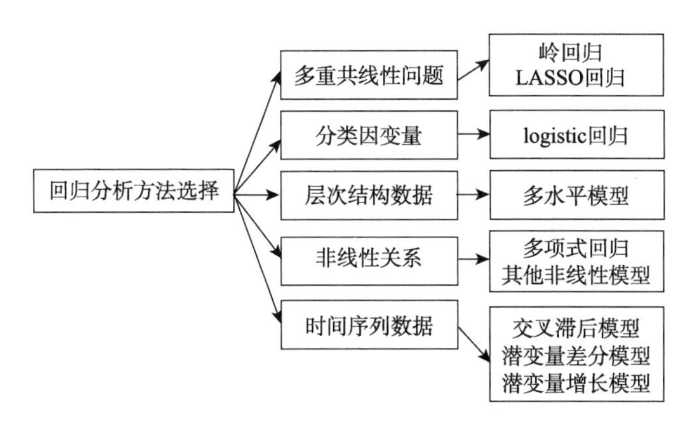

图 4-3　回归分析方法选择

4.3.3　回归分析的应用

回归分析在市场营销中可以用来探索变量之间的关系，从而预测、解释销售和市场行为。以下是一些回归分析在市场营销中常见的应用。

（1）市场规模预测。通过回归分析，可以将市场规模与各种市场因素之间的关系建模，以预测市场的总体规模。

（2）产品定价分析。回归分析可以将产品价格与竞争对手的价格、产品特征等因素建模，以确定最佳价格。

（3）广告效果分析。回归分析可以将广告投入和广告效果之间的关系建模，以预测广告的效果并确定最佳广告策略。

（4）品牌价值分析。回归分析可以将品牌价值与市场份额、广告支出和其他因素之间的关系建模，以评估品牌价值并制定品牌策略。例如，一个电子商务网站可以使用回归分析来预测销售额。它可以建立一个回归模型，将销售额与各种市场因素（如广告支出、流量、顾客评价等因素）建模，以预测销售额的变化。其中，销售额是因变量广告支出、流量和顾客评价等因素是自变量。

4.4　最前沿的分析方法：机器学习

4.4.1　机器学习概述

机器学习是人工智能领域的重要分支，旨在设计和开发算法，使计算机可以从数据中自动学习和改进。这种方法通过使用统计和算法模型来构建模式，并在这些模式中进行预测和决策，从而实现自主学习和改进的过程。

1. 自动化机器学习

自动化机器学习（automated machine learning，AutoML）是一种利用机器学习技术来自动完成机器学习过程中的各个环节的技术，包括数据预处理、特征工程、模型选择和调参等。它可以帮助普通用户在不需要深入了解机器学习细节的情况下，使用机器学习算法来解决问题，从而加速和简化机器学习的应用。自动化机器学习的原理是基于元学习（meta-learning）和优化算法，通过对大量的机器学习算法和模型进行自动搜索和选择，找到最适合特定问题的机器学习算法和模型，并进行自动化调整参数和超参数，使得机器学习模型的效果更加优秀。

2. 大规模分布式机器学习

大规模分布式机器学习是一种利用多台计算机集群对海量数据进行处理和学习的机器学习方法。这种方法主要应用于需要处理大规模数据集的任务。在大规模分布式机器学习中，数据被分割成多个部分，并在多个计算节点上进行并行处理。每个计算节点使用相同的机器学习算法和参数，但是处理不同的数据集。每个节点计算完成后，它们的计算结果被合并到一个全局模型中，该模型代表了整个数据集的特征和规律。大规模分布式机器学习大大缩短了计算时间，还可以利用分布式存储系统对数据进行高效的存储和访问，进一步提高计算效率。

3. 云机器学习

云机器学习是一种基于云计算平台的机器学习服务，这一技术允许用户无需拥有自己的硬件和软件环境，而是直接在云上运行机器学习算法和模型。云机器学习平台通常提供了一系列机器学习工具、库和应用程序接口，用户可以利用这些工具进行数据预处理、模型训练、模型优化和预测等任务。

4. 个性化机器学习

个性化机器学习是一种基于人工智能和机器学习技术与市场营销领域知识构建而成的机器学习技术。它可以通过分析用户的行为、偏好、历史记录、社交媒体信息等数据，为用户提供更加个性化的服务和体验。机器学习算法可以根据这些数据来自动发现用户的个性化需求和兴趣，并预测用户可能感兴趣的产品或服务。当今，许多电商平台都使用了个性化机器学习来为用户推荐商品，以提高购买转化率和用户满意度。举个例子，如果某电商平台的用户经常浏览运动鞋或跑步鞋，那么平台可以推荐其他品牌或同款式的运动鞋或跑步鞋。或者如果用户经常购买某一品牌或款式的鞋子，平台可以向用户推荐该品牌或款式的其他鞋子或配件，以提高用户的购买转化率和满意度。

正如国际机器学习大会（International Conference on Machine Learning，ICML）的创始人汤姆·来切尔（Tom Mitchell）曾经说的：Anything can be learned.（万物皆可学）随着计算机技术的不断发展，机器学习正在不断地拓展应用的边界。我们正处在一个人工智能与人的关系发生剧烈变革的时代，无论哪个领域的实践者或研究者，都有必要多少了解一些机器学习之类的人工智能技术。

4.4.2　机器学习的类型

1. 监督学习

监督学习是一种典型的机器学习方法，它基于已有的标记数据，通过学习输入特征和相应的标记之间的关系，来预测新的未标记数据的标记。举个例子，我们希望通过消费者的性别、年龄、社会经济地位、设备类型来预测广告点击率，这时就需要依据一个已有的数据集（广告链接的历史访问记录）使用机器学习来进行预测。如果数据集不仅包括所有的自变量，也包括该因变量（即消费者是否点击广告的结果），这样的学习算法就是监督学习。其原理是通过训练数据集构建一个函数，将输入映射到输出。

2. 无监督学习

与监督学习不同，**无监督学习**使用的训练数据集中没有标记（因变量）。无监督学习技术主要用于探索数据的结构和关系。在无监督学习中，我们让计算机通过数据本身来发现规律和模式，使用的技术包括聚类、降维、异常检测和关联规则挖掘。

3. 半监督学习

半监督学习是介于监督学习和无监督学习之间的一种方法，它利用已知的数据集和未标记的数据集来进行训练。具体来说，半监督学习利用少量的标记数据来指导模型的学习，同时结合大量的未标记数据来进一步提高模型的泛化能力，其目的是利用未标记数据中的潜在信息来提高模型的性能，从而使模型的预测结果更加准确。

4. 强化学习

强化学习技术旨在让计算机代理与环境交互并学习如何做出最佳决策。其原理基于奖励和惩罚机制，即在环境中执行某个动作后，代理会获得一个奖励或惩罚信号，以指示它的行为是否正确，这一算法的最终目标是通过最大化累积奖励来学习最优策略。强化学习的优点在于它可以在没有标记的数据或显式指导的情况下自主学习，适用于许多现实世界的问题，如控制、游戏、机器人等。另外，强化学习的最优策略在复杂环境下往往更加有效，具有更强的泛化能力。

5. 迁移学习

迁移学习允许将一个模型在一个任务中训练的知识转移到另一个任务中，以提高该任务的性能。其原理是通过从源任务中学习到的知识和经验加速目标任务的学习和提高目标任务的性能。不同于监督学习，迁移学习是通过将已经学习到的知识和经验迁移到一个不同的但相关的任务中（监督学习的训练数据集和测试数据集本质上还是属于同一个集合），从而提高模型的性能。迁移学习的优点包括可以节省训练时间和数据成本，还可以提高目标任务的精度和泛化能力。

6. 多任务学习

多任务学习可以同时学习和优化多个相关的任务，从而提高模型的性能。与迁移学习不同，多任务学习涉及在一个模型中同时解决多个相关任务。与单一任务学习相比，多任务学习可以充分利用任务之间的相似性和关联性，从而在多个任务之间共享模型的特征和参数，提高模型的泛化能力和训练效率。

7. 深度学习

深度学习是一种模仿人脑神经网络的工作方式，通过多层次的神经网络来处理大规模的非结构化数据和复杂的数据（如图像、音频、文本等）的机器学习算法。它的原理是通过反向传播算法，让神经网络自动地从大量的数据中学习特征，从而实现对新数据的分类、识别和预测等任务。

总的来说，机器学习的类型非常多，每种类型都有自己的优点和适用范围，并且在不同的场景下有不同的应用。在了解各种类型机器学习方法的基础上，我们可以更加正确地选择合适的类型以提高最终模型的效率和准确性。

4.4.3 机器学习的应用

目前，机器学习已经广泛应用于自然语言处理、计算机视觉、语音识别、推荐系统、自动驾驶、金融、医疗等众多领域，成为人工智能技术发展的关键驱动力之一。下面介绍机器学习在市场营销领域较为常见的几种应用：自然语言处理、计算机视觉、语音识别和推荐系统。

1. 自然语言处理

自然语言处理是一种涉及人工智能、计算机科学和语言学的交叉学科的技术。它旨在使计算机能够理解和处理人类自然语言，能更好地与人类进行交互，并能够自动化地执行一系列自然语言任务，如文本分类、情感分析、机器翻译等。自然语言处理的基本原理是将文本转换成计算机可以理解的形式，通常使用的方法是将文本分解成词语，对每个词语进行词性标注和语法分析，然后将其转换成数学模型，最终通过算法进行计算。自然语言处理涉及的一些关键技术包括自然语言理解、自然语言生成、机器学习、神经网络等。

2. 计算机视觉技术

计算机视觉技术可以让计算机“看到”和理解图像和视频，涉及图像处理、模式识别、机器学习和人工智能等多个学科。这项技术的主要原理是通过算法将图像和视频数据转换成数字化的信息，然后通过模式识别、特征提取、分类等技术分析和理解这些信息。

3. 语音识别

语音识别是一种当下十分热门且应用广泛的机器学习技术。它利用计算机程序自动识别人类语音，并将其转换成计算机可读的形式，如文本、命令、控制信号等。简而言之，它是一种能够将人类语音转换为计算机指令的技术。

4. 推荐系统

推荐系统是一种利用机器学习、数据挖掘等技术，根据用户的历史行为、兴趣和偏好，为用户推荐个性化的信息、产品或服务的算法系统。推荐系统应用广泛，涵盖了电商、社交网络、音乐、电影、新闻等各个领域。

4.5 案　例

《纽约时报》成立于 1851 年，在新闻报道、评论、分析和深度报道等方面都享有盛誉。《纽约时报》的创始人是亨利·雷蒙德和乔治·琼斯，他们致力于提供全面、客观和及时的新闻报道。随着数字化到来，现代读者需要的新闻形式和内容与过去不同，他们更喜欢个性化推荐、交互式报道和可视化图表等形式，而这些形式需要数字化技术的支持。对此，《纽约时报》展开声势浩大的数字化转型。其中相当重要的一部分就是对读者产生的数据进行分析挖掘：《纽约时报》采用了大数据分析技术来了解读者的阅读行为和兴趣，以更好地提供个性化的新闻和广告内容。具体的手段包括网站分析工具、用户调查、个性化推荐系统、社交媒体分析、数据可视化工具等。

在经历了大刀阔斧的改革与新技术的引进后，《纽约时报》的数字化转型取得了相当成功的结果。自 2011 年以来，该公司的数字订阅用户增长了近 10 倍，2020 年已经超过了 700 万。这种模式转变的成功使得《纽约时报》可以不再依赖于广告收入，从而保持了其独立性和质量。此外，《纽约时报》在数字化内容上不断创新，推出了各种数字化产品和服务，如移动应用程序、邮件通信、视频和播客等。这些数字化产品和服务吸引了更多的读者，使得《纽约时报》在数字领域的影响力和声誉得到了提升。

总结：通过统计学方法与机器学习技术，《纽约时报》从自己的海量读者产生的数据中获取了精确的用户画像，也获得了对读者行为的深刻洞察，为自己在大数据时代的华丽转型提供了有力的支持。

4.6 本章小结及习题

4.6.1 本章小结

（1）在进行数据分析之前，我们需要对数据进行预处理，预处理的步骤可以分为数据清洗、数据集成、数据转换和数据规约。

（2）数据清洗的工作包括处理数据中的缺失值和异常值。处理方式包括删除、用统计量替代以及选择更不受缺失值或异常值影响的模型。

（3）在进行正式的数据分析前，我们还需要对数据进行描述性统计分析以检查数据质量，初步发现数据规律。

（4）描述性统计分析常用的统计量包括：中心趋势度量（平均数、中位数和众数等）、离散程度度量（范围、方差和标准差等）、分布形态度量（偏度和峰度等）。

（5）对消费者行为数据进行分析的传统方法包括相关分析和回归分析。

（6）相关分析可以分为简单相关分析、偏相关分析和典型相关分析。在实践中应用相关分析时需要注意建立正确的假设、选择合适的相关系数以及统计显著性检验。

（7）机器学习技术旨在设计和开发算法，使计算机可以从数据中自动学习和改进。

（8）常见的机器学习分类包括监督学习、无监督学习、半监督学习、迁移学习、强化学习、多任务学习和深度学习。应用者可以根据需要与实际情况选择。

4.6.2 习题

某连锁餐厅品牌想要调查消费者的用餐习惯以及对新菜谱的评价，它们希望通过分析其历史销售和评价数据来确定哪些因素会产生影响。为此，它们收集了过去 12 个月的销售数据和一些相关变量，并希望通过回归分析和机器学习来建立一个评价预测模型。

数据集包含以下变量。

（1）销售额（单位：美元）：单日的总销售额。

（2）平均消费金额（单位：美元）：每位顾客的平均消费金额。

（3）顾客数量（单位：人次）：单日来店消费的总人次。

（4）平均气温（单位：华氏度）：当日的平均气温。

（5）是否是节假日（0/1）：本周是否有重要节假日。

（6）对新菜谱的评价：在用餐过后由服务员收集的顾客评价分数和部分文字评价（如果顾客愿意配合提供）。

该餐厅还建有会员信息数据库，内含会员的年龄、性别和会员渠道等信息。

问题：

（1）构建用户画像和消费者评价预测模型分别运用到了哪些统计方法？

（2）如果在调研过程中，该品牌发现节假日因素对于不同地区的顾客评价的效应不同，请问此时调研者应该构建什么类型的回归模型？

（3）最终收集的对新菜谱的评价数量约有 10000 条，此时应该使用什么技术对这些文本数据进行分析？

（4）如果调研者希望针对不同地区商铺构建的模型之间能够互相借鉴，请问此时应该选择什么类型的机器学习方法？

[1] ANDREWS R L, CURRIM I S. Retention of latent segments in regression-based marketing models[J]. International Journal of Research in Marketing, 2003, 20(4): 315-321.

[2] MAHAJAN V, JAIN A K, Bergier M. Parameter estimation in marketing models in the presence of multicollinearity: an application of ridge regression[J]. Journal of Marketing Research, 1977, 14(4): 586-591.

[3] STECKEL J H, VANHONACKER W R. Cross-validating regression models in marketing research[J]. Marketing Science, 1993, 12(4): 415-427.

[4] 何清, 李宁, 罗文娟, 等. 大数据下的机器学习算法综述[J]. 模式识别与人工智能, 2014, 27(4): 327-336.

[5] 王晓光. 微博客用户行为特征与关系特征实证分析: 以“新浪微博”为例[J]. 图书情报工作, 2010, 54(14): 66.

[6] 谢春枝. 数字图书馆中网络营销的应用分析[J]. 图书情报工作, 2002, 46(9): 97.

[7] 杨剑锋, 乔佩蕊, 李永梅, 等. 机器学习分类问题及算法研究综述[J]. 统计与决策, 2019, 35(6): 36-40.

第 5 章

发掘行为背后的逻辑

5.1 复盘消费行为轨迹

5.1.1 提炼消费者需求

消费者需求是消费者在一定场景下产生的解决某一问题或满足某一欲望的需要。提取消费者需求可以帮助企业更加精准地满足消费者需要,创新产品服务,优化营销策略,建立品牌形象。在本节中我们将介绍 4 种可以应用于提炼消费者需求的分析方法：分布分析、留存分析、漏斗分析、路径分析。

1. 分布分析

分布分析关注用户行为的分布规律或是不同维度（如不同点击来源或不同地理区域）的消费者分布。分布分析的一个显然的应用场景就是运营策略的支持：通过计算用户分布规律，企业可以得到关于用户平均利润的结果，从而优化运营过程。分布分析能够帮助企业探索用户的分布规律，快速识别核心用户群体，让资源配置有的放矢，为企业的产品定位和市场营销策略制定提供参考。一家旅游公司如果想要提炼其顾客的旅游需求，那么它可以通过分布分析的方法来查看不同目的地的客流量及销售额，查看不同旅游路线的预订情况，查看哪些人群选择了这些路线。接着通过分析这些数据得出哪些旅游路线是火爆的，哪些是冷门的，它们各具有哪些特点，各被哪里的游客喜爱，从而进一步开发出更符合不同顾客需求的旅游产品，提高客户满意度和销售额。

2. 留存分析

留存分析考察进行初始行为的用户中，有多少人会进行后续行为，是衡量产品对用户价值高低的重要方法。顾客留存对于企业来说具有非常重要的意义，顾客使用该企业生产的产品的时间越长，给该企业带来的利润就越多。留存分析可以帮助企业检查产品设计是否满足顾客需求。比如，当今火热的游戏行业便经常利用留存分析来了解用户的游戏习惯和游戏体验，通过分析用户的留存率，游戏公司可以确定哪些游戏模式或是关卡最受欢迎。例如，Sidekick——一家做强化 Email 功能的 SaaS 公司，这家公司在 2014 年 12 月的第一周、第二周和第三周通过留存分析发现了顾客的留存曲线持续下降，于是该公司通过检索数据和后续分析找到了留存率下降的原因，原来是由于顾客无法很快地发现他们的产品价值，于是该公司采用了合适的指导语引导顾客正确使用他们的产品，从而将顾客留存率成功提到了 20%以上。

3. 漏斗分析

漏斗分析与留存分析类似，是对多个行为进行分析，并且这些行为不仅有先后次序之分，而且是一个完整的复杂事件，对漏斗的每个行为（不局限于开始和结束）都给予关注。一般来说，漏斗分析需要先预设好漏斗步骤和窗口期，对核心事件的转化行为进行衡量。例如，对于购买商品这一目标行为，漏斗分析的过程包括：商品的搜索，商品列表页的阅读，商品详情页的进入，加入购物车以及最后的付款行为。每个过程对应的人数都在逐步减少，最后形成一个漏斗形状（图 5-1）。

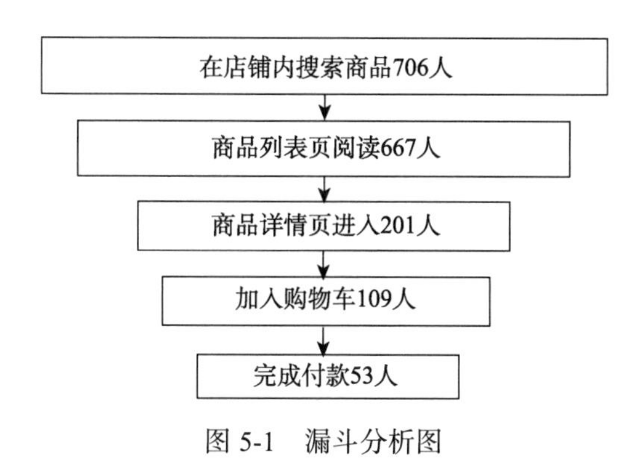

图 5-1　漏斗分析图

漏斗分析可以发现薄弱环节并借此优化营销过程，或是通过比较不同过程漏斗分析的结果，进行借鉴和改善；还可以通过不同属性的用户群体漏斗比较，来了解转化率最高的用户群体。它可以广泛应用于流量监控、产品目标转化等日常数据运营工作中，称之为转化漏斗；也可以用于产品、服务销售，称之为销售漏斗。假设有一个电商平台希望了解用户在购物过程中的流失情况，依此来优化购物体验，那么可以按照以下步骤进行漏斗分析：①根据购买流程，确定漏斗的各个阶段；②收集数据，计算转化率；③分析转化率，找出异常转化率出现的原因；④进行分析和实验，优化产品或服务；⑤监控调整效果，不断完善策略。

4. 路径分析

路径分析是在漏斗分析的基础上，观测从开始行为到目标行为的所有路径。针对单条给定路径的路径分析与漏斗分析无异，但消费者往往会以不同路径最终达成目标行为，假设目标行为是品牌中洗发水产品的购买，消费者可能通过搜索→浏览→选购的过程达到目标行为，也可能在浏览过程中跳转到了该品牌牙膏产品的界面，最终凑单购买了这两样商品。路径分析可以帮助企业了解客户流失发生的主要阶段，也能体现不同渠道用户的行为差异并进一步对消费者群体进行详细的区分。假设有一个电子商务网站想要了解用户在网站上浏览商品和购买商品的路径，那么就可以采用路径分析的方法，具体流程框架如图 5-2 所示。首先是收集用户的行为数据。比如，用户在页面上点击了哪些链接或按钮等。接下来可以使用路径分析工具来分析这些数据，找出用户在网站上活动的典型路径。例如：①用户访问首页；②用户浏览商品页面；③用户选择一个商品；④用户查看商品详细信息；⑤用户将商品添加到购物车；⑥用户进入结账页面……如果发现大量用户在商品详情页退出了网站，这则代表着可能需要优化商品详情页，突出添加购物车标识或是增加产品介绍的吸引力等。

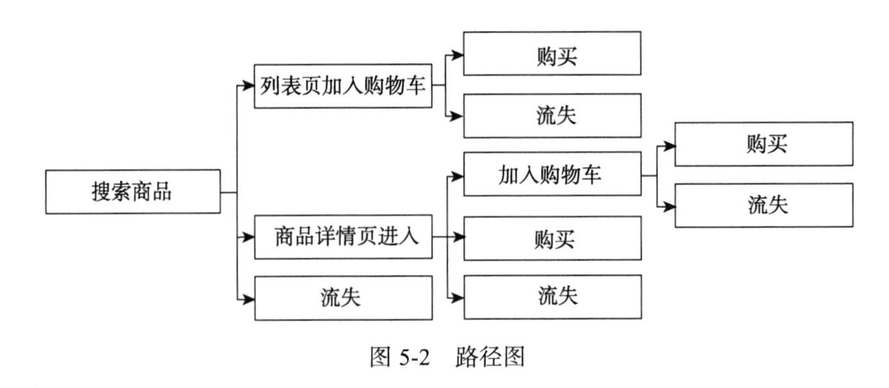

图 5-2 路径图

综上所述，我们介绍了四种提炼消费者需求的分析方法，企业可以根据已有的数据，针对目标用户，提取其主要的需求，从而优化产品或服务，提高市场竞争力。

5.1.2 检测消费行为

我们曾在第 3 章介绍过如何通过事件检测，即埋点方式收集数据，本小节我们将讨论基于网络检测消费行为的方法。消费行为是一种涉及寻找、选择、购买、使用、评价和处理产品或服务的过程活动，旨在满足消费者的需求。该过程包括消费者的主观心理活动和客观物质活动两个方面。检测消费行为的方法可以是使用网站分析工具、基于 Cookie 的追踪、社交媒体监测、电子邮件监测等，下面分别举例进行说明。

1. 网站分析工具

当前市面上存在许多网站分析工具都可以帮助企业更好地了解消费者的在线消费行为，包括 Google Analytics、百度统计、CNZZ 等。通过网站分析工具，企业收集并分析访客的来源渠道、搜索关键词、访问路径、停留时间等信息，从而了解访客的来源和行为，进一步探索用户的兴趣和行为特征。同样，企业也可以通过该工具来分析用户的访问来源、设备型号、操作系统等，从而制定相应的移动端策略。此外，企业还可以收集分析页面加载速度、跳出率等指标的信息来了解网站的性能和用户体验，提高转化率和用户满意度。例如，当企业发现许多访客在某个页面停留的时间很短，那么就可以考虑是否该页面的设计缺乏吸引力，导致访客不愿意浏览，因此企业应当优化改良该页面的内容与设计来吸引消费者，提高用户体验。

2. 基于 Cookie 的追踪

Cookie 是一种文本文件，存储在用户的浏览器中，可以记录用户的访问时间、访问页面、搜索关键词等信息。企业可以在网站上设置 Cookie，以便在用户访问网站时收集和存储用户的行为数据。通过分析 Cookie 数据，企业可以了解用户的行为路径、转化率、留存率等指标，了解用户需求和行为特征，从而提高企业的营销效果和用户满意度。电商网站利用 Cookie 技术追踪用户的购物行为，如记录用户的浏览历史、购买记录和收藏商品等信息，据此了解用户的购物偏好和需求，推荐更符合用户兴趣的商品，就此设计了“猜你喜欢”和“首页推荐”等界面。Cookie 固然好，但是企业在使用 Cookie

技术时需要遵守相关的法律法规和隐私政策，保护用户的个人信息和隐私权。

3. 社交媒体监测

当前全球社交媒体平台的活跃度非常高，每小时网民在这些平台上产生约 15 亿条留言，每月分享的内容达到约 300 亿条。这些信息包括网民的评论、观点、视频、播客和图片等，涵盖了各个领域的内容。这些海量的数据不仅反映了市场的真实情况，也为企业提供了竞争对手的情报。通过分析这些数据，企业可以了解用户的消费行为和需求。例如：广告公司可以通过监测用户在社交媒体平台上的关注、点赞和分享等行为，了解用户的广告偏好和需求；金融公司可以通过监测用户在社交媒体平台上的讨论和评论等行为，了解用户的理财偏好和需求。然而，用社交媒体进行监测的工作并不局限于将其作为一个倾听消息的工具，我们还可以通过以下五个方法将社交媒体监测提升到一个新的水平：①将线上批评负面转变为品牌正面评价；②在社交媒体上增加品牌的曝光度；③实施社会销售，在有关产品的问题下介绍自己的品牌；④在社交媒体上建立自己的行业领导者地位，展示“专业性”；⑤与有影响力的人进行互动。

4. 电子邮件监测

电子邮件监测（email direct marketing），即通过发送电子邮件的方式向目标用户传递信息的一种营销手段。对于那些在独立站上销售商品的卖家来说，电子邮件是与国外买家建立联系的重要媒介。邮件营销是提升销量的重要手段，因为电子邮件的打开率是实现销量的前提和基础。只有当买家打开邮件、阅读邮件并有所行动时，才有可能实现销售和营收的增长。因此，通过精心设计和优化邮件内容、标题和发送时间等方面来提高邮件的打开率和效果是非常重要的。具体来讲可以对以下几个因素进行监测：邮件打开率监测、邮件点击率监测、邮件退订率监测、邮件投递率监测、邮件转化率监测。例如，可以使用像 Pixel Tracking 等技术来监测邮件打开率。Pixel Tracking 是将一个像素的透明图像嵌入到邮件中，当用户打开邮件时，像素将从远程服务器加载并报告邮件被打开的时间和地点。当企业发现邮件打开率很低时，就应当考虑优化邮件名或是改变邮件投递时间等。

综上所述，我们介绍了四种基于网络检测消费行为的方法，企业可以据此更好地了解市场和消费者，提高产品和服务的竞争力和市场占有率。

5.1.3　划分消费群体

任何一个企业都无法满足整个市场的所有需求。企业应该分辨出自身能够服务的最优用户，集中主要精力为他们提供最精准的产品和最优质的服务。通过划分消费群体，企业可以更深入地了解不同群体的需求和偏好，优化市场定位，提高营销效率，增强企业竞争力。通常消费者细分主要通过地理、人口、行为、心理等要素进行。

1. 地理细分

地理细分即把不同的市场分为不同的地理区域，如国家、地区、城市农村等。以餐饮行业为例，通过地理细分发现，不同地区的消费者口味偏好和消费习惯有所不同。例如，南方地区的消费者更喜欢辣味和海鲜，而北方地区的消费者更喜欢清淡口味和面食。

不同地区的消费者消费行为也有所不同。例如，城市地区的消费者更喜欢品牌和高端餐饮，而农村地区的消费者更注重价格和实惠。不同地区的消费者对餐饮场所的偏好也有所不同。例如，城市地区的消费者更喜欢时尚、多元化的餐饮场所，而乡村地区的消费者更喜欢传统、家庭式的餐饮场所。因此，餐饮企业可以根据不同地区的消费者口味偏好和消费习惯来调整菜品配方和口味，根据不同地区的消费者消费行为来调整菜品价格和营销策略，根据不同地区的消费者餐饮场所偏好来选择合适的餐饮场所位置和装修风格。

2. 人口细分

人口细分即主要通过以下五个变量将市场划分不同的群体，它们分别是年龄和生命周期、性别、生活阶段、收入、时代。这些数据可以来自企业自己的数据库或者第三方的数据平台。使用这些数据我们可以进行细致的消费者划分。

（1）根据年龄划分消费者，不同年龄段有着不同的要求。比如，婴幼儿产品，该类产品主要是针对 0～3 岁的婴幼儿，如奶粉、尿不湿、儿童玩具等。这个年龄段的消费者主要由父母或照顾者代表进行购买，因此产品特点需要符合需求，如安全、实用、易清洁等。

（2）根据性别划分消费者。男性和女性具有不同的行为方式。比如，女人更喜欢“逛”街，而男人购物的目的性很强，通常是买完就走。据此海澜之家写出“一年逛两次海澜之家，每次总有新发现”广告语，将海澜之家定位成“男人的衣柜”。

（3）根据生活阶段划分消费者。比如，早期职场消费者，这个生活阶段的消费者通常是 25～35 岁的年轻人，他们刚刚进入职场，对自己的形象和职业发展有一定的追求。因此，他们的消费需求主要集中在职业装、办公用品、电子产品、健身房、旅游等方面。

（4）根据收入划分消费者。根据收入细分消费人群是比较常用的方法。高收入消费者的消费需求主要集中在奢侈品、高级餐饮、高档住宅、高端旅游等方面，他们更注重品牌、品质和服务的高端化和个性化。

（5）根据时代划分消费者。“代沟”也存在于消费上，“60 后”“80 后”“00 后”在行为特征和消费习惯上有很大区别。例如“00 后”消费者成长于移动互联网时代，他们更注重数字化、时尚、个性化、社交等方面，并且更加注重多元文化和全球化视野；而“80 后”消费者成长于信息化时代，他们更注重品牌、科技、娱乐、文化等方面，并且更加注重个人价值和成就感。

3. 行为细分

消费者可以根据他们对产品的理解、态度、使用情况以及反馈被划分成不同的群体，如忠诚度消费者、品位消费者、便利消费者，等等。

忠诚度消费者通常是对某个品牌或产品非常忠诚的消费者，他们经常购买同一品牌或产品，并且会推荐给亲友。由于其忠诚度较高，他们更注重品牌的声誉和口碑，并且更容易接受品牌的营销推广。

品位消费者通常是注重品质和品位的消费者，他们会在购买前仔细考虑品牌的历史、文化、设计等因素，并且会选择高端的产品。由于其注重品质和品位，他们更注重品牌的形象和文化内涵。

便利消费者则是注重购物便利和效率的消费者，他们喜欢在线购物、送货上门、快递等服务，并且会选择快速方便的购物方式。由于其注重购物便利，他们更注重电商平台的用户体验和售后服务。

具体在营销实践中，消费者的行为数据可以帮助企业了解他们的兴趣、偏好和行为习惯。例如，企业可以使用消费者的购买历史、浏览历史、搜索历史等信息来推断他们的兴趣和偏好。假设你是一家卖健康食品的在线商店，你可以根据消费者的购买历史和浏览历史来识别那些关心健康并可能对有机、素食等食品感兴趣的消费者。然后，你可以使用这些信息来针对他们推出相关的产品，并使用他们可能感兴趣的内容进行营销。

4. 心理细分

可以根据消费者生活方式、个性特点和价值观划分为不同的人群，他们通常会表现出巨大的心理特征差异，进而影响其消费行为，如自我实现型消费者、安全保障型消费者、情感体验型消费者等。自我实现型消费者通常是注重自我实现和成长的消费者，他们喜欢购买能够提高自身智力、技能、知识等方面的产品，并且会选择具有挑战性和成就感的消费体验。安全保障型消费者则喜欢购买能够提供安全感和保障感的产品，并且会选择稳定可靠的购物渠道和品牌。他们更注重品牌的信誉和品质保证。情感体验型消费者喜欢购买能够提供情感体验和享受感的产品，并且会选择舒适、高品质的消费体验。心理细分所依据的数据主要来自消费者的言行和行为数据。

5.2　阐释消费者行为

5.2.1　访谈消费者

消费者访谈是营销管理获取消费行为信息的一个常用方法。通过与消费者的接触进行研究性交谈，由访谈者通过询问来引导访谈对象回答，营销人员能够获取消费者重视的主观问题，以此了解访谈对象的行为或态度，最终达到访谈目的。访谈法的优点在于：可以根据需要向不同消费行为类型的消费者了解不同行为类型的理由，可以根据访谈对象的反应，对访谈问题做调整，即灵活性；可以通过访谈者的积极引导，使访谈对象消除顾虑与不安，作周密思考后再回答访谈问题，可以适当地控制访谈环境，避免其他因素的干扰，即准确性；还可以通过访谈者抓住引导和追问的机会与访谈对象探讨较为复杂的问题，可获取更深层次的原因信息，可以观察访谈对象的动作、表情等非言语行为，即深入性。可见，对消费者进行访谈是运用有目的、有计划、有方法的口头交谈方式向消费者了解行为原因的重要方法之一。

访谈作为一种重要的研究方法，需要进行周密的策划和准备以确保访谈过程的顺利进行和数据的准确性。具体操作中，我们应该如何对消费者进行充分的访谈呢？大体的步骤如下。

首先，提出访谈问题并确定访谈对象，也就是需要明确希望在访谈中从谁的身上得到些什么，需要根据产品定位或市场细分以及消费者行为轨迹，选择合适的消费者群体作为访谈对象。比如，企业想聚焦于存在消费中国品牌行为的美国消费者，得到他们关于中国品牌的一些看法。基于此，调研人员需要依据消费者行为确定访谈的主要内容以及具体实施的过程，具体可能包括对访谈对象的基本信息的收集内容，访谈者对访谈控制程度的设定，访谈对象数量、访谈途径、提问的措辞等，确定对访谈对象所做回答的记录方法等。

其次，编制访谈提纲。先确定访谈的基本框架和具体问题，再编制访谈提纲。比如，可以针对品牌知名度、产品外观、品牌个性、品牌价值、品牌服务等不同的维度把问题具体化，并且尽量能够直入消费行为根源。

最后，开展正式访谈。访谈开始之前访谈者要注意访谈环境的设置，访谈过程中需要注意倾听，也需要注意记录访谈对象的反馈和行为数据，并适时追问，访谈结束之后要马上记录访谈内容。

访谈结束后，还需要整理访谈资料，分析访谈结果，得出最终的访谈结论。例如，可以通过量化方法以便进一步运用统计方法或机器学习方法对数据进行处理和分析，并根据研究目标和问题提出有价值的见解和建议。

5.2.2 咨询专家

阐释消费者行为的另一个渠道是咨询专家。在这里，咨询行业专家来阐释消费者行为，不仅仅需要营销领域的专家，也需要产品相关的各个领域，如机械工程、美术设计等多方面的专家。企业需要通过携手不同领域的专家共同打造符合消费者行为轨迹专业化战略。

在护肤品品牌方面，一个众所周知的咨询专家成功案例是百雀羚的转型。这是一个国民老字号品牌，从 2004 年开始，百雀羚与麦肯锡（McKinsey & Company）等咨询管理公司合作，其中麦肯锡公司是世界级领先的全球管理咨询公司，由美国芝加哥大学商学院教授詹姆斯·麦肯锡（James O’McKinsey）于 1926 年在美国创建。百雀羚在咨询管理公司的帮助下共同围绕新的市场定位，进行了品牌重塑、产品创新、渠道拓展等一系列措施，成功实现了国货转型。百雀羚在咨询管理公司的协助下，历经多年，其全年销售额从 2012 年的 18 亿元增长到 2017 年的 177 亿元，增幅高达 10 倍。在 2018 年的“双十一”狂欢购物节当天，不到 30 分钟，百雀羚的销量就已经破亿，连续四年“双十一”国货第一，也是第一个破亿的美妆品牌旗舰店。百雀羚成为国内护肤品市场占有率最高的国货品牌。

那么，咨询业内专家能够成功的原因是什么呢？关键因素在于业内专家不仅具有扎实的理论素养、丰富的实践经验、独特深刻的见解，还具有在面对不同企业品牌营销方面的相关问题时，能够提出专业的解决方案，并能落实到行动之中，为企业解决实际的品牌发展问题、品牌定位问题，实现营销破局的能力。

企业可以充分利用咨询专家的巨大优势，让业内专家调动大量理论知识，厘清应对策略内在逻辑，充分发挥其智慧作用，从理论与实践结合的方法论角度对品牌营销提出了明确的指导意见。

5.2.3　线上测试

通过线上测试来解释消费者行为是一种常用的市场研究方法，凭借线上测试可以快速、低成本、大规模地收集数据，也可以利用互联网的特性进行更多样化和创新的测试设计。

那么应该如何借助网络对消费者行为进行测试呢？接下来所列举的测试渠道可以为营销领域的研究者和实践者提供一定的思路。

1. 广告测试

企业可以借助“数字投放”的**广告测试**来验证自己对于消费者行为的理解。广告测试是一种评估广告效果的方法，应用场景非常广泛。它可以用于评估广告的制作质量，确定广告的投放策略，估算广告对目标市场的影响力等。广告测试可以通过不同的方法进行，如实验室测试、在线测试、问卷调查等。在传统的实验室测试中，研究人员会邀请一些符合条件的受试者来观看广告，并通过各种测量工具来评估他们对广告的反应。在线测试则更注重收集大量的数据，研究人员会通过广告投放平台来观察广告的播放情况。通过向客户或受众分发问卷来收集其反馈意见。

广告测试的优点在于，它可以帮助广告制作者更好地了解受众的需求和反应，验证并加深对于消费者行为的理解，从而进行广告制作和投放的优化。此外，广告测试可以帮助企业确定广告投放的策略和预算，并提前估算广告对目标市场的影响力，从而更好地规划营销活动和预测销售业绩。

2. 活动测试

营销实践者可以借助**活动测试**来提供对于消费者行为的见解。不同的测试活动可以为企业提供重要的信息和数据，有助于企业更好地了解消费者的行为、态度和需求。这样的活动可以是如下几种。

（1）试用活动。企业可以通过试用活动来了解消费者对其产品或服务的实际使用情况。通过让消费者试用产品或服务，企业可以了解消费者使用产品或服务的频率、用途、满意度等方面的情况。

（2）社交媒体营销。通过社交媒体营销，企业可以了解消费者的社交互动、喜好、评论和反馈等从而进一步获得关于消费者行为的洞见。

（3）促销活动。企业可以通过促销活动了解消费者的行为和反应。通过促销活动，企业可以了解消费者对营销策略的反应，如参与程度、购买数量、消费频率等。

3. 在线的行为实验

一些在线的 PaaS 调研平台（如见数）现在也提供**在线的行为实验**，这一渠道能够帮助企业更加深入地了解消费者行为。这些平台一般提供行为实验、脑电测试和眼动测试等服务，帮助企业通过科学的测试方法来了解消费者的认知、情感和行为，从而更好地满足消费者的需求。以下举几个应用的例子。

（1）通过行为实验，企业可以测量和分析消费者在购物、使用产品或参与活动时的行为和反应。例如，企业可以使用行为实验来测试消费者对产品价格的反应、对不同包装的偏好，对不同产品类别标识（环保标识、热量标识等）的关注程度或是对广告信息的处理速度等。这些测试结果可以帮助企业更好地了解消费者的需求和偏好，并制定更加精准的营销策略。

（2）通过脑电测试，企业可以了解消费者对品牌、广告或产品的认知和情感反应。脑电测试可以测量消费者大脑中的神经活动，以了解他们对不同刺激的反应。例如，企业可以使用脑电测试来测量消费者对品牌的情感反应、对某一宣传要素产生的生理唤醒程度，或者对产品的注意力和兴趣等。这些测试结果可以帮助企业更好地了解消费者的情感和认知，从而更好地设计和优化营销策略。

（3）通过眼动测试，企业可以了解消费者在观察网站、广告或产品时的注意力和反应。眼动测试可以测量消费者的眼球运动和注视点，以了解他们在观察不同元素时的注意力和兴趣。例如，企业可以使用眼动测试来测试消费者对网站页面布局的反应、对广告视觉元素的注意力，或者对产品包装的偏好等。这些测试结果可以帮助企业更好地了解消费者的注意力和兴趣，从而更好地设计和优化营销策略。

5.3 搭建用户模型

5.3.1 构建完整消费者模型

作为营销领域的实践者或研究者，我们一定希望消费者行为是可以解释并可以预测的。在大数据时代，我们可以借由海量的数据和正确的消费者模型来预测消费者的行为（有时构建这些模型甚至不要求我们了解消费者的底层心理机制）。因此，构建一个准确的、完整的消费者模型是很有必要的。

构建一个消费者模型的过程可以分为三步：确定用户画像，识别关键特征和验证消费者模型。

1. 确定用户画像

构建消费者模型的第一步是**确定用户画像**。用户画像是指对特定目标用户的详细描述，包括他们的基本信息、兴趣、行为和需求等方面的细节。用户画像的作用是帮助企业更好地了解自己的目标用户，更准确地把握用户需求和行为特征，从而更好地制定市场营销策略和产品设计方案，提高市场竞争力。例如，日用品品牌松下为其主要用户群体设置的画像包括以下内容。

基本信息：年龄层主要在 30 岁及以上，以家庭主妇和白领为主。

兴趣：关注家居生活，注重健康和环保，喜欢高品质的生活方式。

行为：倾向于购买高品质的电器和家居用品，注重产品的耐用性和可靠性。

需求：期望产品能够满足家庭日常生活的各种需求，包括健康、环保、安全等方面的需求。

通过深入学习用户画像，松下可以更成熟地发掘用户需求和行为特征，从而制定更符合用户需求的产品设计和市场营销策略，提高产品的市场竞争力。

确定用户画像的步骤可以归纳为如下几步。第一步，收集用户基本信息。确定用户的基本属性，如性别、年龄、地域、职业等。这些信息可以通过调查问卷、社交媒体、购买历史等多种途径获得。第二步，确定用户需求和偏好。第三步，分析用户行为。第四步，制定用户分类标准：根据用户属性、需求、行为等信息，将用户进行分类。第五步，更新用户画像。用户画像需要根据用户数据的变化而不断更新，以保持其准确性和实用性。

2. 识别关键特征

构建消费者模型的第二步是**识别关键特征**。关键特征是指在用户数据中具有重要意义和影响的特征。这些特征通常与用户行为和偏好相关，并可以帮助数据工作者对用户进行分类和分析，为数字化营销策略提供有用的参考。识别关键特征通常需要借助数据分析技术，如聚类分析、因子分析、决策树等机器学习算法。我们可以使用这些算法对用户数据进行处理和筛选，以筛选出具有较高权重的特征，从而得出最终的关键特征列表。

针对在线的购买行为，常用的关键特征包括如下几种。

（1）浏览量。浏览量是指用户访问电商网站的次数。通过对浏览量的分析，可以了解用户对网站的关注程度，从而进行网站优化和个性化推荐，提高用户满意度和转化率。

（2）点击率。点击率是指用户在网站上的点击次数与访问次数的比例。通过对点击率的分析，可以了解用户对不同产品的兴趣，从而进行商品和内容优化，提高用户转化率。

（3）加购率。加购率是指用户将商品添加到购物车中的比例。通过对加购率的分析，可以了解用户对不同商品的偏好和需求，从而进行个性化推荐和价格优化，提高用户的购买意愿和转化率。

（4）转化率。转化率是指用户最终完成购买的比例。通过对转化率的分析，可以了解用户购买意愿和购买行为，从而进行流程优化和营销策略调整，提高用户转化率。

（5）客单价。客单价是指每个订单的平均消费额。通过对客单价的分析，可以了解用户的消费习惯和需求，从而进行产品和价格优化，提高用户满意度和销售额。

以上几个指标可以为营销人员选择关键特征提供有力的参考，帮助他们更好地了解用户需求和行为，并制定有效的营销策略。当然，在实际营销过程中，需要根据具体情况和实际需求进行灵活调整，以达到最佳效果。

3. 验证消费者模型

构建消费者模型的第三步，也是最后一步是**验证消费者模型**。从前两步当中我们虽然可以获得初步的消费者模型，但是还需要进一步验证。验证消费者模型的方法包括如下几种。

（1）A/B 测试。通过对两个或多个版本的营销策略进行对比测试，以验证哪种策略更能吸引用户，并根据测试结果对用户模型进行优化。

（2）用户调研。通过在线调查、用户访谈等方式，直接了解用户的需求和反馈，以验证用户模型的准确性和实用性，并根据用户反馈对用户模型进行优化。

（3）反馈分析。通过分析用户留下的反馈信息，如评论、评分等，了解用户的需求和反馈，以验证用户模型的准确性和实用性，并根据用户反馈对用户模型进行优化。

（4）模型评估。通过对用户模型的预测准确率、精度、召回率等指标进行评估，以验证用户模型的准确性和实用性，并根据评估结果对用户模型进行优化。

在最后，我们强调在构建消费者模型过程中不容忽视的一点：**保护用户隐私**。消费者的一些个人信息有时是非常敏感的，泄露个人信息会给消费者带来财务损失和不良影响，甚至会对消费者的生命安全造成影响。此外，近年来数据安全相关的法律法规已经逐步完善。2021 年生效的《中华人民共和国个人信息保护法》明确了个人信息的保护范围、个人信息处理规则、个人信息安全保护等方面的规定。同年生效的《中华人民共和国数据安全法》也明确了对于涉及国家安全、公共利益、基本人权、法律法规等方面的数据应当进行保护的规定。这些法律的颁布与生效意味着，保护用户隐私成为法律上的硬性要求，不合规范的隐私管理可能将会给企业带来海量的诉讼和赔偿。

5.3.2 建立需求—反馈—完善系统

消费者模型的构建帮助企业了解了消费者的需求，对于这些需求，企业应该有针对性地设计出需求—反馈—完善系统，以便不断地优化和改进产品和服务，满足消费者的需求和期望，从而获得更好的市场竞争力和用户口碑。

建立需求—反馈—完善系统应该具备如下的阶段。

首先是**收集需求信息**。企业应该通过各种渠道收集消费者的需求信息，包括社交媒体、在线调查、客户服务、用户评论等。这些需求信息可以帮助企业了解消费者的需求，从而优化产品和服务。电商平台的用户评论区就是典型的例子。评论区允许消费者对其购买的产品进行评价，而这些评价和反馈可以帮助企业了解消费者对产品的满意度、产品的优缺点以及消费者的需求和期望。

其次是**分析需求信息**。企业需要对收集到的需求信息进行分析和分类，以便更好地理解消费者的需求和问题，并在产品和服务方面做出改进。例如，某品牌旅游公司收到了消费者的反馈，称其网站预订流程烦琐、不易操作。这时，企业可以将这些反馈信息分类为“网站预订流程问题”，并进一步分析原因。通过对网站预订流程的分析，企业可能会发现消费者在预订过程中需要填写过多的信息，或者预订流程步骤过于烦琐，需要优化网站的设计和流程。通过这样的分析和分类，企业可以更好地了解消费者的需求和问题，并做出相应的改进，提升消费者的体验和满意度。

然后是**设计和实现改进措施**。基于分析和分类的需求信息，企业应该设计和实施相应的改进措施，以满足消费者的需求并改进产品和服务。这一过程可能涉及生产线改造、产品设计修改、服务流程优化等方面，因此实施改进方案需要系统并充分地考虑资源投入和时间成本等因素。具体的步骤如下：第一是确定改进措施。根据需求信息，确定需要改进的产品或服务方面。例如，如果消费者反馈某个产品的功能不够强大，那么改进措施可能是添加更多功能。第二是确定可行性。对于每个改进措施，数据工作者需要进行可行性分析，以确定该措施是否实际可行。可行性分析包括技术可行性、经济可行性和市场可行性等方面。例如，如果改进措施需要使用高成本的技术或需要大量的研发资源，那么经济可行性可能会受到限制。第三是制订具体的改进计划。确定可行性之后，需要制订实施改进措施的具体计划，包括时间表、资源需求和责任分配等方面。例如，计划可能包括研发团队的人员安排、预算和时间表等。第四是实施改进措施。按照制定的计划实施改进措施，包括开发新产品、优化现有产品、提升服务水平等方面。例如，如果改进措施是添加新的功能，那么开发团队需要进行相应的研发工作，测试团队需要对新功能进行测试。

最后是**测试改进的效果**。这一阶段与构建消费者模型的最后一步类似。企业应该对改进措施进行测试，以确保改进效果符合预期并能够得到消费者的认可。具体来说，测试阶段应该包括如下步骤。第一步，设计测试方案，即根据改进措施的具体内容和目标，设计相应的测试方案。测试方案应该包括测试指标、测试时间、测试范围、测试样本等要素。第二步，收集测试数据，即根据测试方案，收集相应的测试数据。测试数据可以包括用户行为数据、用户满意度调查数据、用户需求数据等。第三步，分析测试数据，即对收集到的测试数据进行分析，以确定改进措施的实际效果。分析可以采用数据可视化、统计分析等方法，从不同角度探究改进措施的优缺点。第四步，评估测试结果，即根据分析结果，评估改进措施的实际效果，包括对消费者需求的满足程度、市场反应、经济效益等方面的评估。第五步，调整和优化改进措施，即根据评估结果，调整和优化改进措施，以进一步提高产品和服务的质量和顾客对其的满意度。

5.3.3　重视日常运营

在形成了整体的需求—反馈—完善系统后，营销工作者并非一劳永逸：对于消费者模型和后续系统的日常运营也是十分重要的。这是因为现实世界总是在变化的，每天都会有新的事件与热点，客户也是在流动的，这些变化的因素显然会影响消费者的行为。举个例子，在“3・15”晚会曝光了某品牌土坑酸菜的严重质量问题后，腌制类食品的食品安全显然会引起更多消费者关注，此时大多数消费者普遍能够接受的产品单价也许就会提升（因为消费者可能认为高价=质量安全）。再举个例子，某烘焙食品品牌在破圈与某知名网络游戏进行联动时，其消费者群体产生了相当大的变化。类似的变化都会使得原有的消费者模型变得不那么准确，因此数据工作者需要实时地对模型进行优化，保证需求—反馈—完善系统的顺利运转。

用户模型的日常运营中很重要的一点就是**保持与消费者的顺畅沟通**。如果企业不能够保证不断地与消费者沟通，收集有价值的信息，那么可能会使用户模型过时或是无法及时洞察到客户的需求，应有的反馈和完善更无从谈起。企业可以通过以下方法来保证与消费者的高质量沟通。第一是在社交媒体上的互动：企业可以通过社交媒体平台账号与消费者进行互动，如回复消费者的留言和评论，提供有价值的信息和帮助消费者解决问题。第二是对大众用户的定期调研：企业可以定期进行调研，了解消费者对产品和服务的满意度、需求和期望，从而及时调整用户模型和改进产品和服务。第三是可用性强的客户服务：企业应该提供 24 小时的客户服务渠道，如电话、邮件、在线人工智能等，帮助消费者解决问题和提供反馈。第四是针对“专业”用户的体验性测试：企业可以邀请消费者参加新产品的测试，收集消费者的反馈和意见，从而优化产品和服务。

利用第三方数据也能帮助企业更新用户画像，完善用户模型。营销人员可以通过与第三方数据服务提供商合作，获取更多的数据源，如社交媒体、地理位置信息等，从而更新用户画像。具体的操作过程包括如下几步。第一步确定需要的用户画像数据：企业需要确定需要哪些数据来更新用户画像。这些数据可能包括用户的地理位置、兴趣爱好、消费行为、社交媒体活动等。第二步是确定数据来源：企业需要确定哪些第三方数据提供商可以提供所需的数据。在这一步企业可以联系并使用专业的数据提供商平台，如 Dun & Bradstreet、Acxiom、Experian 等。第三步是获取和整合数据：企业需要从第三方数据提供商那里获取所需的数据，并将其整合到自己的用户画像数据中。这一步可能涉及对数据进行清洗、过滤和转换等操作。第四步就是更新用户画像：一旦数据整合完成，企业就可以使用这些数据来更新用户画像。更新后的用户画像可以帮助企业更好地了解用户，以便更好地满足用户需求和提供更有针对性的营销服务。例如，假设一家汽车制造商希望了解消费者的购车偏好，以便更好地制定产品和市场策略。那么该制造商就可以使用第三方数据提供商的服务，从社交媒体和在线销售渠道获取消费者的购车偏好和行为数据，并通过分析这些数据实时调整用户画像和产品设计。

日常运营中的另一个重点是通过监测用户行为来进行实时的用户模型改进。监测用户在实际营销活动中的反应和行为，如点击率、转化率、复购率等，这不仅可以验证用户模型的准确性和实用性，也允许营销实践者根据监测结果对用户模型进行优化。监测用户行为的工具有如下几种。首先是网站分析工具：它是一种用于分析和监测网站流量的工具，如 Google Analytics、百度统计等。通过网站分析工具，可以实时监测用户的访问行为，如用户在网站上的访问路径、停留时间、页面浏览量等。通过这些数据，可以了解用户的兴趣爱好、偏好和需求，进而更新用户画像。其次行为分析工具：它是一种用于分析用户行为的工具，如 Mixpanel、Kissmetrics 等。通过行为分析工具，可以实时监测用户的行为数据，如点击次数、购买记录、使用时间等。最后是用户反馈工具：它是一种用于收集用户反馈的工具，如 SurveyMonkey、Typeform 等。通过用户反馈工具，营销实践者可以定期收集用户的新需求和意见，了解用户的需求和期望。

用好社交媒体监测工具和舆情监测工具能辅助企业及时地更新用户模型。营销实践者需要使用社交媒体监测工具来辅助监测用户行为。社交媒体监测工具主要用于监测和分析社交媒体上的用户反应和意见，包括对品牌、产品、服务等的评价和评论，以及用户对相关话题的讨论和分享等。代表性的社交媒体监测工具有 Hootsuite、Buffer 等，针对中文社区的有新浪微博数据中心等，这些工具可以帮助企业了解用户对其品牌和产品的态度和看法，及时发现并解决问题，也可以通过社交媒体上的广告和营销活动来增加品牌曝光和知名度。

与社交媒体监测工具不同，舆情监测工具主要用于监测和分析社会舆论和相关新闻事件，包括媒体报道、网络讨论、公众评论等，以及对品牌、企业、政府等的评价和反馈。这些工具可以帮助企业及时了解和回应舆情事件，维护品牌声誉和形象，进行公共关系和危机管理。此外，舆情监测工具可以帮助企业实时监测和分析不同渠道用户的反映和意见，从而了解用户的偏好和需求，进而更新用户画像。以下是如何使用舆情监测工具来更新用户画像的一些方法。首先是监测关键词：通过设定关键词来监测大众对企业或产品的反应和意见，了解用户对企业或产品的态度和看法。这些关键词可以是品牌名称、产品名称、行业关键词等。其次是分析情感倾向：舆情监测工具可以分析用户的情感倾向，了解用户对企业或产品的情感态度，包括积极、中性和消极。最后是发现用户需求：舆情监测工具可以发现用户的需求和期望。

5.4　数 据 陷 阱

5.4.1　统计错误

虽然在第 4 章我们介绍了如何在不同的统计方法中进行选择，从而得出最准确、最贴近实际的分析结果。但这是建立在良好的预处理、随机抽样、没有处理误差以及数据工作者的客观分析的基础上的。本小节我们将就最常见的几种统计错误展开介绍。

1. 抽样误差

抽样误差是指样本选择不当而导致样本统计结果不能准确反映总体的真实情况。在市场调研和市场细分等领域，抽样误差是常见的问题。当样本数量不足或者样本选择不足以代表总体特征时，就会出现抽样误差。抽样误差可能导致市场定位错误，进而影响企业的营销决策。在市场细分时，如果仅仅基于一定的人群特征选取样本，而忽略了其他可能的因素，就可能导致样本不足以代表总体的真实情况，出现抽样误差。比如，在选取潜在客户进行市场调研时，如果只选取了某一特定区域的居民，而忽略了其他地区的客户，就可能导致市场定位出现偏差。在实践中，为了避免抽样误差，通常需要通过增加样本数量、扩大样本选择范围等措施来减少偏差。

2. 测量偏差

测量偏差也是一种实践中常见的统计误差。测量偏差是指在测量数据的过程中，由测量工具的限制、被调查对象的主观因素、调查人员的主观因素等因素引起的误差。常见的测量偏差包括记忆偏差、主观偏差、语言偏差等。其中，共同方法偏差就是一种典型的测量偏差。共同方法偏差是指在多个变量间测量时，使用了相同的调查方法或者同一时间测量，导致多个变量间出现相关性。这种相关性并不是实际存在的，而是测量方法的误差导致的。共同方法偏差的存在可能导致统计结果偏差，进而影响营销实践。

3. 数据处理误差

数据处理误差往往源于数据预处理的过程中出现的错误，并可能导致统计结果的偏差。数据处理误差可能发生在以下几个方面。

（1）数据输入错误，即在数据输入的过程中，可能会出现人工输入错误或输入数据格式不正确的情况，如数字键盘输入错误、输入日期格式不统一等。

（2）数据清理错误，即在进行数据清理的过程中，可能会出现错误的数据删除或保留、重复数据计入统计结果等情况，这些错误可能导致统计结果的偏差。

（3）数据转换错误，即在将数据从一个格式转换到另一个格式时，可能会出现数据转换错误的情况。例如，在将某些数据转换为百分比时出现计算错误等。

（4）分析方法错误，即在进行数据分析时，可能会选择错误的分析方法。例如，使用错误的统计模型或算法，从而导致分析结果出现偏差。

4. 选择性偏差

最后是最难发现的统计错误之一：**选择性偏差**。选择性偏差是指在进行统计分析时，样本的选择方式存在偏差，无法实现适当的随机化，从而导致所得样本不代表所要分析的总体群体，因此产生偏差。为了避免选择性偏差对研究结果的影响，需要尽可能随机选择样本，避免选择性地进行样本选取，同时应该注意样本的覆盖面和样本数量，以尽可能代表所要分析的总体群体。此外，多样本验证和交叉验证可以帮助进一步减少选择性偏差的影响。

5.4.2 虚假相关

上一小节我们介绍了一些不当的操纵可能造成的统计错误，但有时即使我们的数据收集、预处理和分析阶段都没有出现问题，得出的结果也不一定与现实相符，这是因为变量之间可能存在着一些我们没有发现的模式，从而导致了虚假的相关。

1. 混淆变量

虚假相关可能是由**混淆变量**引起的。混淆变量是指在研究中可能会影响因变量和自变量之间关系的第三方变量。当研究者未能考虑到混淆变量对因变量和自变量之间关系的影响时，可能会导致虚假相关的出现。例如，一个研究发现每天喝咖啡的人似乎更有可能患心脏病。然而，这种关系可能是混淆变量的存在而导致的。比如，喝咖啡的人可能也更喜欢吸烟、喝酒、吃高脂肪食物等，这些因素都与心脏病有关。因此，喝咖啡和心脏病之间的关系可能只是表面现象，实际上并不存在真正的因果关系。举个例子，假设一个营销团队发现，他们在某个地区的广告费用的增加似乎与销售额的提升呈正相关关系。然而，实际上可能存在一个混淆变量，如当地的经济环境或竞争状况，这些因素可能同时影响了广告费用和销售额的变化，如图 5-3 所示。因此，营销团队可能会错误地将广告费用与销售额之间的虚假相关关系视为因果关系，或是高估了广告投入增加的效应，从而制定不切实际的营销策略。

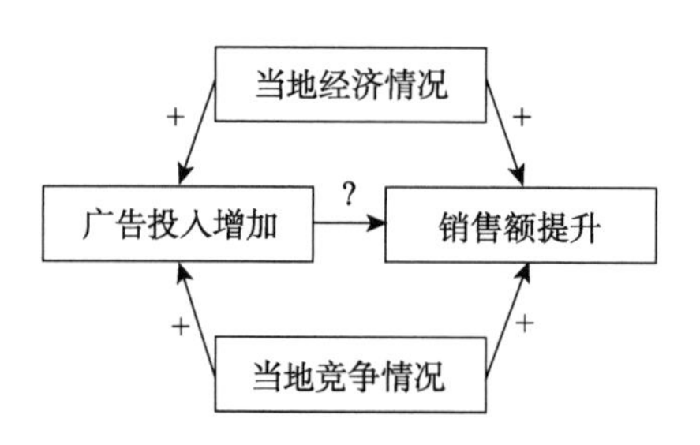

图 5-3 混淆变量图示

为了避免混淆变量对营销实践的影响，数据工作者需要尽可能地考虑到可能存在的混淆变量，同时采用合适的数据分析方法进行统计分析。此外，实验设计和对照组的设置也可以帮助数据工作者排除混淆变量的影响，从而获得更加准确和可靠的结果。

2. 多重共线性

多重共线性是另一种虚假相关产生的原因。多重共线性是指数据集中的自变量之间存在高度相关性的情况，这可能导致虚假相关性。在存在多重共线性的情况下，回归分析的结果会出现偏差，使得某些自变量的系数估计不准确，甚至出现系数符号与理论预期相反的情况。对于数据结果而言，多重共线性可能会导致以下问题。第一，系数估计不准确。在多重共线性存在的情况下，回归模型的系数估计不准确。可能无法准确地判断哪些自变量对因变量的影响最大。第二，显著性检验失效。由于自变量之间的相关性，回归模型中的 t 值和 F 值可能被高估，导致某些自变量的显著性检验结果不准确，从而影响模型的解释和预测能力。第三，预测结果不可靠。多重共线性可能导致回归模型的预测结果不可靠，因为预测变量之间的相关性可能会导致过拟合或欠拟合，从而使预测结果失去准确性。例如，假设一个营销团队想要了解广告投放对销售额的影响。该团队进行了回归分析，发现广告投放和其他一些自变量都对销售额产生了影响，并且它们之间存在高度相关性。但是，由于多重共线性的存在，某些自变量的系数估计可能不准确，或者存在系数符号与理论预期相反的情况。因此，该团队可能无法准确地判断哪些自变量对销售额的影响最大，从而导致错误的决策。

针对多重共线性问题，除了使用我们之前提及的岭回归和 LASSO 回归，还可以考虑以下几种解决方案。第一，增加样本容量。多重共线性通常是由于样本容量太小引起的，增加样本容量可以减少变量之间的相关性，从而降低多重共线性的影响。第二，删除相关变量。如果数据集中存在高度相关的自变量，可以考虑删除其中一个或多个变量，以减少变量之间的相关性。但是，在删除变量之前，需要仔细分析它们对因变量的影响，以确保不会丢失重要信息。第三，进行 PCA。PCA 是一种数据降维技术，可以将多个高度相关的自变量转换为少数几个无关的主成分，从而减少自变量之间的相关性。但是，PCA 会使解释变量的含义变得模糊，因此需要谨慎使用。

5.4.3 问题数据

问题数据指的是无法反映消费者真实行为、心理机制的数据。问题数据可能源于调研设计得不合理，也可能受到一些外源因素的影响。本小节将就不同类型的问题数据展开介绍。

一是**不平衡数据**。不平衡数据指的是在分类问题中，不同类别的样本数量存在明显的不平衡。不平衡数据在营销实践中经常会遇到。例如，在欺诈检测、客户流失预测等问题中，正样本（欺诈行为发生、客户流失）的数量往往比负样本（未发生欺诈、未流失客户）的数量少得多。这种情况可能会导致模型对数量较少的类别的预测效果不佳（例如，模型可能会更倾向于预测数量多的类别）。

二是 AI 生成的**机器人数据**。随着科技的发展，机器人数据的生成越来越容易，而某些商家或电商平台为了获取更多的营销效果和利润，可能会利用机器人数据来提高商品评价、销量和曝光度等指标，从而欺骗消费者和误导市场。机器人数据在营销实践中的消极影响主要表现为欺骗消费者、操纵社交媒体舆论和破坏市场竞争等方面。具体来说，商家可能会利用机器人数据在网上虚构商品评价，让消费者误以为某些商品受到广泛的认可和好评，从而选择购买。此外，商家也可能利用机器人数据来操纵社交媒体舆论，制造虚假热点事件，吸引用户关注，甚至炒作某些低质量的商品。这些行为不仅会欺骗消费者，也会扭曲市场竞争和产业链的正常运转。

应对机器人数据的负面影响，营销实践者和研究者有以下几种可行的处理方法。首先是人工审核。人工审核可以通过判断评论或内容的质量、真实性和相关性来辨别机器人数据。如果发现机器人数据，就需要将其过滤或删除。其次是机器学习算法。使用机器学习算法可以有效地自动识别机器人数据。机器学习模型可以通过训练数据集自动学习识别机器人数据的规律，进而在实际应用中自动辨别机器人数据。最后也是目前最有效的一种方法——身份验证，即通过身份验证来保证数据的真实性。例如，可以要求用户进行手机验证、邮箱验证、实名认证等，以此验证其真实性。这样可以大大减少机器人数据的数量，提高数据的质量。

5.5 案　　例

可口可乐公司（Coca-Cola）是全球最大的饮料制造商之一，其产品涵盖多种类别，包括碳酸饮料、果汁、茶饮料等。然而，随着消费者口味和偏好的不断变化，可口可乐公司需要不断创新和调整产品和营销策略，以适应市场变化和满足消费者需求。因此，可口可乐公司决定通过搭建用户模型来深入了解消费者的需求和行为，以制定更加精准和有效的产品和营销策略。为此，可口可乐公司与咨询公司埃森哲合作，使用大数据分析工具和消费者调查等方法，搭建了一个名为 Personalization at Scale 的用户模型。该模型通过收集和分析消费者数据，了解他们的品位偏好、购买行为以及对不同品牌和口味的反应，从而帮助可口可乐公司制定更加个性化和定制化的产品和营销策略，提高品牌知名度和消费者忠诚度。该模型主要包括 3 个部分：消费者洞察、精准定位和创新设计。

通过与埃森哲合作搭建用户模型，并利用大数据分析技术和消费者调查等方法，可口可乐公司成功地了解了消费者的需求和行为，并制定了更加精准和个性化的产品和营销策略，这些个性化和定制化的策略不仅提高了产品的销售量和收益，还巩固了品牌知名度和消费者忠诚度。

5.6 本章小结及习题

5.6.1 本章小结

（1）分析数据是为了应用数据。而应用数据的第一步就是发现行为、识别主体。

（2）分布分析、留存分析、漏斗分析、路径分析可以用于提炼消费者的需求。

（3）网站分析工具、基于 Cookie 的追踪、社交媒体监测、电子邮件监测等方法可以帮助检测消费者行为。

（4）数据分析的结果一般需要被解读之后才能被应用。

（5）直接访谈消费者可以帮助企业深入地理解消费者行为。

（6）产品所属领域的业内专家与营销领域的专家能提供各自领域的对于消费者行为的洞见。

（7）广告测试、活动测试与在线的行为实验能够帮助企业验证对于消费者行为的理解。

（8）完整的消费者模型构建过程包括用户画像、识别关键特征和验证消费者模型。

（9）基于消费者模型建立的需求—反馈—完善系统的流程应该包括：收集需求信息、分析需求信息、设计和实现改进措施以及测试改进的效果。

（10）不合格的数据收集设置、处理、分析过程会导致一些统计错误：抽样误差、测量偏差、数据处理误差和偏差选择。

5.6.2 习题

盖璞（GAP）是一家美国服装零售商，也是一家历史悠久的公司，成立于 1969 年。在 2010 年左右，GAP 的销售额逐渐下滑，品牌形象也开始变得过时。为了挽救这种情况，GAP 开始了一系列数字化营销措施。

GAP 与第三方机构展开合作，利用大数据分析技术来了解消费者的购物行为，帮助公司更好地定位目标受众和优化市场营销策略。GAP 利用大数据分析技术的一个重要方面是对消费者行为进行深入了解。通过分析消费者在店内和在线的行为，包括购买记录、网站浏览、社交媒体活动等，GAP 可以识别出消费者的偏好、购物习惯和需求，从而更好地满足他们的需求并提高销售额。

例如，GAP 利用大数据分析技术发现，在移动设备上购物的消费者往往比在计算机上购物的消费者更倾向于使用优惠券。于是 GAP 优化了移动应用程序的优惠券和促销策略，以更好地吸引和满足移动设备上的消费者。

除此之外，GAP 还利用大数据分析技术进行供应链管理和库存控制。通过分析销售数据和库存情况，GAP 可以更好地预测销售趋势，优化供应链和库存管理，降低成本和提高效率。

问题：

（1）GAP 在线上和线下渠道都可以使用什么方法监测消费者行为？

（2）如果 GAP 希望解释在线消费者对优惠券的偏好以做出更进一步的服务优化，那么请问 GAP 有哪些渠道？

（3）除了实时监测销售数据和库存情况，GAP 还有哪些方法改进供应链管理和库存控制？

[1] GRAZER W F, STIFF M R. Statistical analysis and design in marketing journal articles[J]. Journal of the Academy of Marketing Science, 1987, 15: 70-73.

[2] ROOSI P E, ALLENBY G M. Statistics and marketing[J]. Journal of the American Statistical Association, 2000, 95(450), 635-638.

[3] ROSSI P E, ALLENBY G M. Bayesian statistics and marketing[J]. Marketing Science, 2003, 22(3), 304-328.

[4] SAWYER A G, BALL A D. Statistical power and effect size in marketing research[J]. Journal of Marketing Research, 1981, 18(3): 275-290.

第 6 章

锁定目标市场

6.1 市 场 选 择

6.1.1 市场定位

市场定位是一种重要的营销策略，旨在塑造企业产品、品牌或组织在目标市场中的形象或风格（图 6-1）。该策略涉及确定目标市场，了解消费者对特定产品特征或属性的偏好，创造独特而且令人难忘的企业个性，以适当地在市场中定位产品。为了有效实施这种策略，企业需要深入了解竞争对手现有的市场位置，并将所创建的形象鲜活生动地传达给客户。简而言之：就是在目标客户心目中树立产品独特的形象。

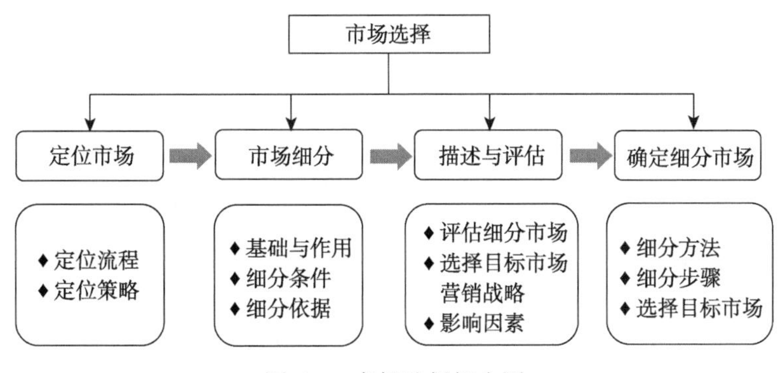

图 6-1 市场选择概念图

1. 市场定位的流程

通常来说，企业进行市场定位工作的流程需要涉及三个环节。

第一，认知市场定位工作涉及的各种因素。这些因素包括竞争者的定位状况，目标顾客对产品的评价标准以及目标市场潜在的竞争优势。了解竞争对手提供哪些产品，以及它们在客户心中的印象和产品成本、经营状况的估计，是企业必须进行的市场调研内容之一。此外，企业必须确定目标市场的潜在竞争优势，并且了解客户对其所需产品的倾向和需求，以及它们对产品质量的评价标准。只有这样，企业才能精确地获取竞争优势并制定恰当的市场定位策略。

第二，企业需要通过与竞争者展开对比分析，从而认识自身优势并发现不足，制定正确的市场定位策略。主要从以下四个方面进行。①产品，即比较自己的产品和竞争者的产品，了解自己在产品设计、品质、性能、售后服务等方面的优势和劣势；②促销，即比较自己的促销策略和竞争者的促销策略，包括广告宣传、促销手段、渠道选择等；③成本，即比较自己的生产成本和竞争者的生产成本，了解自己的成本结构和利润水平；④服务，即比较自己的服务质量和竞争者的服务质量，了解自己在售前、售中、售后服务等方面的优势和劣势。

第三，通过大力宣传和推广，将企业的定位理念真切地传达给潜在客户。企业应避免广告宣传不当造成误会。档次过低，难以彰显企业个性与特色；档次过高，偏离企业实际，导致公众发生误解；界限模糊，不能传递给客户确切的认知。企业必须着重避免这些情况出现，因为对定位的宣传错误会造成难以挽回的不良影响于企业的经营效益和重要形象。

2. 市场定位策略

消费者一般对市场上已有产品的市场地位和品牌形象率先形成了一定的印象和认知，原本在一般市场上树立起自身所属的品牌形象就已非易事，进入这些产品市场的企业要再想获得一席之地站稳脚跟更是难上加难。于是，必须采用合适的定位策略开展竞争。

1）“针尖对麦芒式”定位策略

采用这种定位策略时，企业需要考虑一系列因素，如产品质量、品牌形象、价格策略、推广方式等。首先，企业需要可以创造生产出比竞争对手更加优秀的产品，以此获得消费者的青睐。其次，所进入市场的规模必须足以支撑两个竞争对手的存在，否则双方都难以生存。最后，企业需要拥有比竞争对手更充足的资源和实力，以此来争夺市场份额。

2）“见缝插针式”定位策略

想要进入一个新市场时，企业需要选择一种市场定位策略来确定其在市场中的定位和目标消费者。其中一种策略是觅求新的市场空缺来填补，即所谓的“见缝插针”。这种策略通常需要进行市场调研和分析，以确定哪些市场领域或消费者群体还未得到充分满足或被注意到。如果企业能够找到这些空缺并提供针对性的产品或服务，那么它将有机会在市场中获得成功。不过，该策略的成功与否不仅取决于市场环境，也取决于竞争力。如果企业找到一个尚未被占据的市场空缺，但是没有足够的实力占据，那也无法成功。

3）“剑走偏锋式”定位策略

当企业发觉自身无法与同领域的强悍竞争对手匹敌的时候，可以通过营造相对优势的条件来提高市场竞争力。这种策略的关键是突出企业自身独一无二、人无我有的特色，并在某些颇有价值的产品特质、定位上达到领先水准，从而实现竞争优势。在宣传自身特色方面，企业需要加强市场调研和分析，了解消费者需求和偏好，以便更好地定位自己的产品或服务。

6.1.2 市场细分

历经大量营销、产品差异化、目标营销三阶段才形成的市场细分概念，其诞生标志着现代市场营销理念获得了一大长足进步。立足于市场调研，市场细分将偌大的整个市场界定为不同的消费者群体，并将需求等十分趋同的消费者群体定义为一个细分市场。

该过程将消费者作为对象，按照消费者的不同需求、消费支付能力、兴趣嗜好等因素进行区分，以觅求到契合企业服务的目标市场。相似的消费习惯、需求、行为在同一细分市场中的消费者群体身上存在。

1. 市场细分的基础和作用

消费者需求存在差异。同质市场和异质市场是从消费者需求情况出发界定的两种市场类型。一般意义上的同质市场像是基本生活必需品，如大米、白砂糖、面粉、水等。其指的是某一产品的市场需求、消费者行为等方面具有高度一致性的市场。同质市场产品通常都具有明确的标准和规格，消费者对它们的需求和购买行为比较固定和一致。而异质市场恰好与同质市场相反，其特点即是某一产品的市场需求、消费者行为等方面具有显著差异，如智能手机、音乐等。消费者在异质市场上会因其文化背景、社会经济地位、学历、社会价值取向等诸多因素而产生不同的需求。例如，在服装市场当中，年轻人往往追求时尚、标新立异，而老年人一般追求舒适与质量。并且，当消费者处于卖方市场条件下时，供应相对稀缺，选择空间相对较小，这导致了消费者需求差异性遭受遏制；但是，当消费者处于买方市场条件下时，供应相对充足，消费者可以根据自身需求和偏好进行更灵活的选择，在这种情况下，消费需求差异性会全面得到展现。

而除了消费者需求的差异性，消费者需求的类同性也是市场细分的基础之一。具有相似社会经济水平、社会文化背景下的消费者群体存在某种高度趋同的心理与行为特征，并映射到其对产品的需求。市场营销人员通过遵循这种类同性，将看似不同的消费者群体建构成某个表现出独有特征的细分市场。

总而言之，消费者需求在各个细分市场内存在高度一致性，然而将目光再转向不同细分市场之间，消费者的需求又展现出显著的差异。

2. 市场细分的条件

1）可操作

可操作是指企业可以通过某种具体的指标来衡量和刻画细分市场的特点和需求。这些指标通常是可以被量化的，如人口统计数据、消费习惯、生活方式、地理位置、收入水平、文化背景、品牌忠诚度等。通过对这些指标进行细致的分析和测量，企业可以更准确地了解细分市场的特点和需求，以便采取相应的营销策略。例如，食品品牌可以根据顾客的价值观和生活方式来细分市场，将市场细分为追求健康的顾客和追求美味的顾客两个不同的市场，制定不同的营销策略。

2）可达性

可达性是指企业能否通过有效的营销手段来接触到并且满足细分市场的消费者的需求，即企业能否有能力将产品或服务传达给细分市场中的潜在客户。具体可通过渠道可达性、媒介可达性、经济可达性、文化可达性等来衡量。

渠道可达性是指企业能否通过合适的渠道接触到细分市场中的消费者。例如，对于网络购物者来说，企业能否在网上提供易于使用的购物平台。媒介可达性是指企业能否通过合适的媒介（电视、广播、网络等）将产品或服务的信息传递给细分市场中的消费者。经济可达性是指细分市场中的消费者是否能够承受企业的产品或服务的价格。文化可达性是指企业能否通过合适的文化方式来接触到细分市场中的消费者。例如，在将市场细分为不同的文化背景的消费者时，企业需要了解和遵循当地的文化习惯和行为规范，以便与消费者建立信任和互动。

3）有价值

有价值是指企业通过市场细分可以更好地了解消费者需求，为其提供有价值的产品或服务，从而能够提高销售额并具备可观盈利能力。细分后的市场应该能够保证企业获得不俗的市场份额和利润率。

4）有差异

有差异是指将市场细分为不同的子市场时，每个子市场应该具有明显的差异性或特征，使得企业可以根据这些差异性开发出针对不同子市场的独特产品或服务，从而获得更高的收益和市场份额。例如，奢侈品品牌可根据消费者收入细分市场，推出不同价格、款式的商品。

3. 市场细分的依据

消费者市场细分主要依据有四种：人口、地理、行为、心理。

1）人口

人口统计学特征是消费者市场细分的重要依据之一，这些特征包括年龄、性别、收入、职业、教育水平等。

年龄是最基本的划分依据，不同年龄段的消费者有不同的需求和消费行为，因此可以根据年龄将市场分为不同的细分市场，如儿童、青少年、成年人、老年人等。奶粉厂商就针对不同年龄段消费者开发了特色的产品：对于3～12岁的儿童，主打添加了适量的钙、维生素和矿物质等营养素的奶粉，以支持儿童的骨骼发育和免疫系统；对于65岁以上的老年人，则主打添加了适量膳食纤维、维生素和矿物质的奶粉，以帮助老年人维持肠道健康和骨质密度。

根据性别细分市场更是司空见惯。比如，运动品牌361°的售卖产品会按照男性专区、女性专区进行分类，外观、配色、尺码、材质、价格等方面都大不相同。

消费者的收入水平决定了消费者的支付能力并在一定程度上限制了消费者的消费欲望与需求，因此企业可以依据消费者的收入开展市场细分工作。例如：华为手机产品线的Mate和P系列是该公司的高端智能手机产品，主要针对高端消费者；Nova和荣耀系列则是中端智能手机产品，面向中端消费者；华为还推出了Y系列，为预算有限的消费者提供性价比更高的智能手机产品。

消费者的工作条件、工作环境等职业相关因素也影响着企业进行市场细分。例如：行业从业者通常喜欢尝试新产品，注重科技感和智能化，更倾向于购买电子产品、移动应用和游戏等；运动员、健身教练等通常注重身体健康和运动效果，更倾向于购买健身器材、运动装备和高科技运动产品等。

教育水平会影响消费者的购买决策、品牌选择、消费习惯、消费观念等方面，并且，往往还在一定程度上影响着消费者的职业、收入水平等其他人口统计学因素。

2）地理

按照地理因素细分市场通常基于客户所在的地理位置、区域或国家等因素进行划分。通过地理细分市场，企业可以更加精准地定位和满足特定地区的消费需求，以此来提高市场份额和增加销售额。地理细分一般包括通过地域、气候、地理位置等进行划分。

按照不同的地域，如根据国家、省份、城市、乡镇、行政区域、邮政编码等进行划分。一个地区性的连锁超市就可以根据不同城市的市场需求，制定不同的产品组合、促销活动和价格策略。

气候也是影响消费行为的因素之一。企业可以根据不同地区的季节和天气制定不同的营销策略。例如：在炎热的夏季，可以针对南方市场推出清凉型饮料；或者是在海南经营售卖轻便、透气的衣服和防晒用品，而不是羽绒服。

也可以根据不同的地理位置划分市场，如海滨城市、山区或农村地区。一个旅游公司就可能会根据不同地理位置，推出不同的旅游线路和产品，以满足不同地理位置的游客需求。

3）行为

按照行为因素进行市场细分工作，即根据这些群体的消费行为、频率、习惯等来制定营销策略，以满足不同消费者的需求。

消费者消费频率有高有低。以运动品牌为例，高频消费者通常是那些经常进行运动和健身的人群，如体育爱好者、健身房会员等。对于这个市场，运动品牌企业可以提供会员服务，让消费者享受专属优惠、积分兑换等权益，同时提供自动订阅服务，让消费者无须重复下单，即可定期收到需要的运动装备和器材。中频消费者通常是那些在特定时间段内购买运动装备或器材的消费者，如准备参加马拉松赛事的人群。对于这个市场，企业可以针对不同时间段的需求，提供相应的促销活动。例如，在马拉松赛事前推出跑鞋、运动服饰等专业装备促销活动。低频消费者通常是那些不太经常购买运动装备或器材的消费者，如想尝试一次户外徒步旅行的人群。对于这个市场，企业可以采取个性化的营销策略，如提供户外徒步旅行装备租赁服务或定制化服务，根据不同人群的需求量身定制产品。

消费者品牌忠诚度也分程度的高低。高忠诚度消费者往往非常喜欢该品牌的产品，通常会选择持续购买该品牌的产品，而不考虑价格。这类消费者在选择其他品牌时会非常谨慎，需要较长的时间来比较产品的优缺点。中等忠诚度消费者也比较喜欢该品牌的产品，但他们更注重价格和性价比。如果同等质量的产品价格更低，他们可能会选择购买其他品牌的产品。而低忠诚度消费者不太喜欢该品牌的产品，他们通常会考虑价格、口碑等因素来选择购买品牌。基于不同程度忠诚度的消费者，企业要制定针对性的品牌与营销策略，开展有效的细分市场工作。

4）心理

消费者心理因素是指影响消费者购买决策的内在因素，包括个性与生活方式、购买态度、动机等。企业可以根据这些心理因素来细分市场，以了解消费者的心理需求和购买行为，从而制定更有效的市场营销策略。

个性和生活方式是消费者心理因素的一个重要维度，在日常生活中，年轻人可能更注重追逐时尚和标新立异，而年长者可能更注重健康和舒适性。企业可以根据不同的个性和生活方式，将目标市场细分为不同的群体。某家居用品品牌就根据消费者个性和生活方式类型，将目标市场细分为：时尚型，消费者注重家居的外观设计和时尚感，喜欢购买具有艺术性和创意性的家居用品；实用型，消费者注重家居用品的功能性和实用性，喜欢购买耐用、实用的家居用品；环保型，消费者注重环保和可持续发展，喜欢购买环保材料制成的家居用品；精致型，消费者追求高品质、精致的生活方式，喜欢购买高端的家居用品。

消费者购买动机即消费者购买某个产品或服务的原因，影响着他们在购买决策过程中的行为和偏好。以购买化妆品为例，消费者购买动机可分为四种类型：美容护肤型；礼物型；特殊用途型，如为了婚礼、晚宴、演出等；购买体验型，如尝试新产品、享受优惠和礼品等。而针对这四种不同的购买动机，化妆品公司就能细分出四种目标市场。对于美容护肤型，可以设计具有护肤功效和满足不同肤质需求的产品系列，并在专业的美容杂志、美容店等地方进行宣传；对于礼物型，可以设计精美的礼盒装产品和定制化的礼品服务，并在节假日等时节进行宣传；对于特殊用途型，可以设计适合不同场合的化妆品系列，如婚礼用妆、晚宴用妆等；对于购买体验型，可以设计尝试装、小样装等试用产品，提供优惠和礼品，同时在社交媒体、线下店铺等渠道进行宣传。

由于企业市场存在一些独有的特性，相较于消费者市场的细分标准，企业理应选取另外专门的细分标准以开展对企业市场的细分工作。

（1）客户的要求。企业市场细分最常见的方法就是基于产品客户的要求。同一产品置于不同的客户面前，客户的需求依然也不尽相同，因此企业应该根据不同客户的不同需求交付不同的产品，并配合差异化的市场营销策略，用来满足不同客户的充满多样化的需求。

（2）客户规模。购买力的高低取决于客户规模，因此客户规模就成为企业极为重要的一条市场细分标准。与许多因素类似，客户规模亦有大小之分。相较于大客户，小客户非常在意贷款要求，他们零散分布在各个地方，虽然数目庞大，但是单个客户购买的量级都不大。而大客户看中的是产品品质优劣和交货周期，尽管数目远不及小客户，但其体量和支付实力强劲。甚至有时，全部小客户的成交额加起来都难以同一个关键大客户的成交额相匹敌。因此，企业应以客户规模为参照，构建起同客户的沟通体系，极力避免大客户流失带来的破坏性影响。

（3）客户的地理位置。客户的地理位置也是企业用来进行市场细分工作的关键参考标准。因为现代大型工业区的逐渐诞生往往受地区发展历史、当地自然环境与生态资源等因素的影响，从而形成了若干工业区。所以，相较于消费者市场，企业市场在地理位置上的集中化也尤为显著。企业可以将客户集中化程度高的区域选作目标市场，展开企业市场细分工作。与客户地理位置相近的企业更容易与客户建立联系并为之提供更为高效的服务。同时，客户所在的地理位置也会影响企业的销售渠道和市场定位。如果企业和客户地理位置相近，企业可以采用直接销售的方式与合作客户交易，也更容易参与当地的商业活动，提高产品的知名度和销售量。但如果客户地理位置较为分散或远离企业，企业则需要考虑不同地区的市场需求和特点，通过在线销售或与当地经销商合作来拓展市场。

6.1.3 描述与评估

1. 评估细分市场

市场细分的目的是选择目标市场。目标市场是指企业确定为之提供服务的具有某种需求或特征的消费者群体。为了发挥市场细分的积极作用，企业需要立足于市场细分，对所有的细分市场进行综合分析，继而从当前经营定位和资源状况出发，确定恰当的目标市场，最终制定相对应的营销策略。对细分市场的评估工作一般从以下几个角度入手。

1）市场容量与发展潜能

企业对细分市场的评估需要对市场容量进行深入的研究，包括市场总体大小、可用资源等。同时，需要了解市场的发展潜能，包括未来市场的发展趋势、新兴子市场的开拓以及市场受众的增加等。

2）竞争环境和市场份额

竞争环境指的是细分市场中的竞争对手数量、市场占有率、品牌影响力、产品质量和价格等。企业需要详细了解竞争环境的各个方面，以便根据自身实力和优势来判断进入细分市场后的生存前景。此外，企业还需要了解自身在市场中的份额，以便对比竞争对手的实力，明晰自己的优势和不足。

3）目标客户和消费者行为

企业需要对细分市场中的目标客户进行分析，包括其人口特征、购买习惯、需求和消费行为等。企业通过对目标客户和消费者行为的深入了解，以明晰自身是否能够更好地定位目标客户和满足客户需求，从而制定针对性更强的市场营销策略。

4）法律和政策环境

企业在细分市场中的运营，需要遵守相关的法律和政策规定。企业需要了解该细分市场的法律法规和政策环境，以确保企业在市场活动中符合法律规定和政策要求，并寻求是否能得到相关政策对企业发展的支持与扶持。此外，企业还需要了解相关的法律风险，以便及时采取相应措施来规避风险。

5）成本和盈利水平

成本和盈利水平是企业在考虑细分市场时的重要方面。企业需要了解细分市场中的成本结构、价格策略和盈利水平等因素，以判断企业在进入细分市场后能否顺利控制成本、保持良好的盈利能力，从而获取可观的经济效益。

2. 选定目标市场营销战略

通常情况下，企业在顺利完成细分市场评估工作后，需要做出决策以明晰其目标市场营销战略。

1）无差异市场营销战略

企业不加区分地面向所有消费者群体开展统一的市场营销活动被称为无差异市场营销战略。这种战略方法通过大规模生产和销售来降低成本，在价格上具有竞争优势，对于竞争激烈、产品同质化程度高的市场尤为适用。例如，家乐福以统一的营销战略、标准化的服务和产品在全球范围内运营。它们提供广泛的商品种类和品牌，并确保一致的购物体验和价格。这使得其能够满足不同消费者的需求，并在竞争激烈的市场中获得优势。然而，该战略的市场份额和利润率较低，且难以满足不同消费者的需求。因此，无差异市场营销战略可能不是那些追求高市场份额和利润率企业的最佳选择。

2）差异化市场营销战略

差异化市场营销战略是一种通过推出具有差异化特点的产品和服务，并制定相应的市场营销战略来提高市场份额和利润率的战略。该战略的核心优势在于寻找产品和服务的差异化点，从而提高消费者对自己产品和服务的选择意愿，进而提高市场份额和利润率。差异化市场营销战略的手段包括产品设计、品牌形象、售后服务等方面。为满足不同消费者群体的需求和偏好，差异化市场营销战略可以针对不同的消费者群体（如不同年龄层次、文化背景、地域等）进行。例如，知名的苹果公司通过产品的高品质和独特的设计以及强大的品牌形象吸引了一大批忠实的粉丝。它的产品线涵盖了不同价格层次和用途，从 iPhone 到 MacBook，每个产品都有独特的功能和设计。然而，差异化市场营销战略需要平衡成本和收益，因为差异化可能会带来更高的成本，这些成本需要通过提高产品价格来弥补。

3）集中化市场营销战略

集中资源针对特定的细分市场并制定相应的营销策略即是集中化市场营销战略，其旨在提高市场份额和利润率。这种战略的核心思想是深入了解细分市场的消费者需求，以此建立品牌忠诚度和口碑优势，并通过专注于某一市场实现成本控制和资源配置，从而实现更高的利润率。与无差异市场营销战略和差异化市场营销战略相比，集中化市场营销战略的核心优势在于更好地满足特定细分市场的消费者需求，从而更好地控制市场份额和利润率。但是，这种战略也存在一些风险。例如，如果市场细分不够准确，可能会导致市场份额和利润率下降。同时，该战略需要更高的投资和风险承担。

3. 影响目标市场营销战略选择的因素

1）企业的实力

企业的实力是选择市场营销战略的一个重要因素。如果企业有足够的资源和资金，可以采取无差异市场营销战略，这意味着企业需要通过低价和大量销售的战略在市场上出售产品；如果企业实力不足以与竞争对手在价格上竞争，那么可以采取差异化市场营销战略，这意味着企业需要通过创新和品牌建设等方式获得消费者的信赖，从而提高产品销售和市场份额。

2）产品同质性

如果市场上的产品同质性很高，产品之间的差异很小，那么企业就需要采取差异化市场营销战略来吸引消费者。企业可以通过提高产品质量、设计、品牌等方面的差异化来吸引消费者的关注和提高忠诚度。

3）市场差异性

若市场差异性大，企业可以选用集中化市场营销战略，即专注于特定市场细分，通过有针对性的宣传和销售方法来获取市场份额；若市场差异性小，企业则需要实施差异化市场营销战略，通过品牌建设和创新等手段赢得消费者的喜好，以实现产品销售和市场份额的增长。

4）产品生命周期的阶段

企业在不同阶段的产品生命周期中，需要采用不同的市场营销战略。在产品的引进期，可以采用集中化市场营销战略，通过集中的宣传和推广来提高产品知名度和市场份额；在成长期，可以采用差异化市场营销战略，通过创新和品牌建设等方式来增强产品竞争力；在成熟期，可以采用无差异市场营销战略，通过提高销量和降低价格来维持市场份额；在衰退期，企业可以采用进一步的市场细分或者削减成本来应对市场的萎缩。

5）竞争对手的战略

如果竞争对手采用无差异市场营销战略，企业可以考虑采用差异化市场营销战略；如果竞争对手采用差异化市场营销战略，企业可以考虑采用集中化市场营销战略或者创新差异化市场营销战略来应对竞争。在实际情况下，更需要“随机应变”。

此外，竞争对手的品牌知名度、市场份额和产品质量等因素也会影响企业制定市场营销战略的决策。

6.1.4 确定细分市场

1. 市场细分的方法

市场细分的方法主要包括单一因素法、综合因素法、系列因素法。

1）单一因素法

在进行市场细分的过程中，细分变量的选取是影响消费者需求的最主要因素。这种方法细分过程比较简单，易于操作。不过，形成的细分市场描述不够明确，在激烈的竞争环境中针对性不足。

2）综合因素法

此方法又被称作多因素法，即运用两个以上的因素，同时从多个角度进行市场细分。例如，按照消费者的年龄、性别、收入、购买行为等多个因素进行市场细分。这种方法可以综合考虑多个因素的影响，但需要收集更多的数据和信息。

3）系列因素法

系列因素法是将市场按照多个因素进行层次化划分。例如，将市场先按照地理位置、产品类别、购买行为等因素进行初步划分，然后再根据每个因素下的子因素进行更细致的市场划分。这种方法可以更全面地考虑市场因素，但需要更多的时间和精力来进行划分和分析。

2. 市场细分的步骤

市场细分可由粗到细、由浅入深，逐步进行细分，目标市场将会变得越来越具体，细分步骤如下。

1）开展市场研究

这是市场细分的第一步，需要通过收集市场数据和信息来了解市场的规模、增长趋势、消费者需求和行为、竞争情况等。市场研究可以通过各种途径获取数据，如市场调查、分析竞争对手、检查行业数据和研究市场报告。

2）初步市场分析

这一步骤需要将市场按照一定的标准进行初步划分，如按照地理区域、消费者特征、产品特征等进行初步分类。通过初步市场分析，企业可以大致了解市场的特点和需求，为后续的市场细分奠定基础。

3）选择细分标准

在初步市场分析的基础上，需要选择最具代表性的细分标准，如年龄、性别、地理位置、购买行为等。选择细分标准需要根据市场特点和需求进行判断，以选择最具可操作性和可行性的标准。

4）制定细分标准

在选择细分标准之后，需要对选定的细分标准和具体操作方法进行详细说明，如确定年龄的划分界限、性别的分类方式、地理位置的范围等。这一步骤需要尽可能详细地确定细分标准，以便后续的市场细分和定位。

5）细分市场

根据细分标准对市场进行分组，将相似的消费者或产品归为一类。这一步需要将市场细分具体化，可以通过市场调查、数据分析和统计方法等来进行。

6）定位市场

对细分市场进行分析和评估，确定每个细分市场的规模、增长趋势、利润率、竞争情况等，以便选择最具优势的细分市场。在定位市场时，需要考虑市场的可操作性、可盈利性和可扩展性等因素。

7）选择目标市场

根据市场定位和市场需求，选择最具潜力的目标市场，确定市场营销策略和目标客户群体。选择目标市场需要考虑市场规模、增长趋势、竞争情况、消费者需求等因素。

8）实施市场营销策略

根据目标市场和市场需求制定具体的市场营销策略，包括产品定位、价格策略、促销策略和渠道策略等。在实施市场营销策略时，需要考虑不同市场细分的差异性和个性化需求，以便制定针对性更强的策略。

3. 选择目标市场

确定细分市场，即是选择企业的目标市场，决定为哪一个或哪几个细分市场提供服务。

1）市场集中化

进行市场集中化是一种极为容易的目标市场模式。企业往往会选择一个特定的细分市场，专门服务于一个独特的顾客群体，为其生产某种特定的产品，并开展集中的市场营销。通常，企业采用这种目标市场模式，受以下几种状况的影响：企业在该细分市场进行系统化运营的优势得天独厚；资源、经济、实力等不足；细分市场缺乏竞争者；将细分市场作为未来拓展的基石。通过市场集中化，企业可以更加充分地获取细分市场中消费者的需求，并建立起稳固的市场地位，也能够获得更高的经济效益。但是市场集中化的风险比一般情况更大,容易出现个别市场萎靡的现象。

2）产品专业化

企业专注于生产一种特定类型的产品，并将其销售给各种不同的客户，这即是产品专业化。该模式的好处在于企业可以通过集中精力生产某一类的产品以获取产量与技术方面的优势地位，继而有助于企业在该领域树立生产水平和技术水平上的卓越声誉。然而，需要注意的是，如果一种崭新的技术或产品全面超越了该领域目前的发展，会极具破坏性地打击专业化产品的销量。

3）市场专业化

该模式是指企业通过经营各种类型的产品，以满足特定消费者群体的需求。由于经营的产品种类繁多，市场专业化可以出色地将风险分散开来。这种目标市场模式的核心是专门服务于特定的消费者群体，以提高企业的市场占有率。此外，基于专门化的服务，公司也容易获得良好的声誉，并成为顾客所需新产品的渠道。然而，一旦集中资源服务的消费者群体的需求下降，企业将不可避免地会遭遇经营效益损失的危机。

4）选择专业化

采用选择专业化模式的企业一般兼具强悍的营销实力与资源，它们会将几个在利润前景方面被看好并与其目标、资源相吻合的细分市场确定为目标市场。除此以外，企业会确保几个确定的细分市场之间基本独立。这样一来，就算某个细分市场的经营遭遇重大危机，企业依旧能够从另外的细分市场收获利润。

5）市场全面化

市场全面化是指企业不仅在产品的品种、规格、品质等方面对目标消费者群体进行全面满足，而且在价格、销售、服务等方面也进行全方位的满足。企业会广泛扩展产品线，同时辅以调整价格、拓展销售渠道、完善售后服务等方式，以满足不同消费者的需求。这种目标市场模式旨在提高企业的市场占有率、增强品牌竞争力，从而实现盈利目标。采取市场全面化需要企业具备广泛的资源和实力，包括研发、生产、销售、服务等各方面的能力。同时，企业需要不断跟踪市场变化、把握消费者需求的变化趋势，及时调整和优化市场全面化的策略，以保持企业的市场竞争力和持续发展。

6.2　环 境 调 研

无论什么时候，企业都需要处在一定的环境背景下才能与消费者群体、其他企业等建立联系，继而进行市场营销的决策、活动。不过，营销环境一直处于变化的状态中，它是影响企业开展市场营销活动的最重要因素，亦是企业能否达成营销目标的关键之一（图 6-2）。简而言之，企业为求得在激烈的竞争和多变的环境中获得生存与发展，必须经受住内外部环境的众多考验。

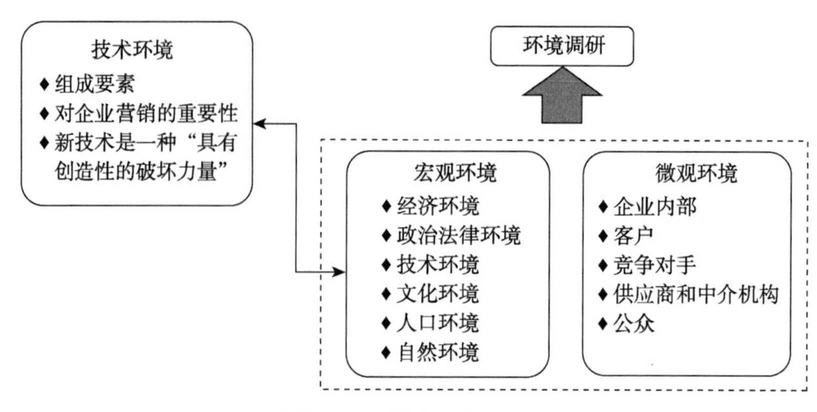

图 6-2 环境调研概念图

6.2.1 技术环境

技术环境是影响营销过程及其效率的重要外部因素之一。自进入 21 世纪以来，全球新兴技术获得了难以预料的爆炸式发展，给普罗大众的一直以来的消费需求和生活方式带来了不可逆的改变，并深刻影响着企业的营销活动与战略等。

1. 企业技术环境的组成要素

1）企业技术环境的外部组成要素

（1）科技创新

随着科技的不断发展和更新换代，新兴技术层出不穷，如人工智能、区块链、大数据、生物技术等。这些新兴科技的出现，为企业市场营销活动提供了更加精准的市场分析和客户画像，也可以提高企业的生产效率和产品质量。

（2）信息技术

信息技术的快速发展，如云计算、物联网、移动互联网等，使得企业可以更加便捷地获取和处理市场信息，帮助企业更好地制定市场营销策略。

（3）绿色科技

绿色科技是指环保和可持续发展方面的科技。绿色科技的出现，如可再生能源、环保材料等，可以帮助企业更好地满足环保和可持续发展的要求，提升企业的品牌形象和社会责任感。

（4）数据分析

随着大数据时代的到来，数据分析已经成为市场营销活动中不可或缺的环节。数据分析可以帮助企业更好地了解市场和客户需求，帮助企业制定更加精准的市场营销策略。

（5）人工智能

人工智能已经成为推动市场营销活动发展的重要技术。人工智能可以帮助企业进行市场分析、预测、客户画像等工作，提高营销效率和精准度。

这些外部组成要素的发展和变化对企业的市场营销活动和营销策略产生了重要影响。企业需要不断关注技术环境的变化，并积极应对和利用新的科技手段来提升自身的竞争力和市场地位。

2）企业技术环境的内部组成要素

（1）生产设备和生产线。生产设备是指企业在生产过程中所使用的各种机器、设备和工具，而生产线是指由多个设备和工序组成的生产流程。不同的企业根据所从事的行业和产品不同，所需要的生产设备和生产线也会有所差异。

（2）信息技术设备和系统。信息技术设备包括计算机、服务器、网络设备、打印机等，信息技术系统包括企业信息化管理系统、生产计划管理系统、客户关系管理系统等。这些设备和系统可以帮助企业更加高效地管理和利用信息资源，从而提升企业的运营效率和管理水平。

（3）研发设备和技术。研发设备包括实验室设备、研发工具、试验设备等，研发技术包括工程设计、工艺开发、原材料开发等。这些设备和技术可以帮助企业开发新产品、改进生产工艺，从而提升企业的技术实力和竞争力。

（4）营销和客户服务技术。营销和客户服务技术包括客户关系管理系统、电子商务平台、在线客服系统、市场调研软件等。这些技术可以帮助企业更加高效地管理客户关系、提升客户满意度、推广产品和服务，从而促进销售业绩的提升。

（5）其他辅助技术。其他辅助技术包括安全设备、环境监测设备、能源管理设备、物流管理系统等。这些技术可以帮助企业更加有效地保障生产安全、加强环境保护，从而降低成本、提高企业的可持续发展能力。

2. 技术环境对企业营销的重要性

1）助力产品创新与升级

科技的发展不断推动产品创新，新技术的应用不断为产品注入新的生命力。关注科技发展方向和趋势的企业需要及时了解新技术的应用和优势，以及如何将其应用到产品中，从而更好地满足消费者需求。

2）改变市场格局

科技的不断进步和应用改变了市场的格局和市场需求。企业需要通过了解技术环境的发展趋势，及时调整市场营销策略和产品结构，适应市场需求的变化，提高市场占有率和品牌影响力。

3）提高生产效率

科技的发展为企业提高生产效率提供了可能性。企业可以通过应用新技术和新工艺，实现生产过程的自动化和智能化，降低生产成本，提高生产效率和产品质量。

4）开拓新市场

科技的不断进步和应用开辟了新的市场机会。企业可以通过研发符合市场需求的新产品、开发新的营销模式和渠道、拓展新的市场领域等措施，来提高企业的市场占有率和品牌影响力。

5）优化客户体验

科技的不断进步和应用可以提供更好的客户体验。企业可以通过应用新技术和新工具，提供更便捷、更快捷、更个性化的服务，提高客户满意度和忠诚度。

因此，企业需要密切关注技术环境的发展趋势，及时了解新技术和应用的情况，抓住市场机遇，开发符合市场需求的产品和服务，赢得企业的市场竞争优势地位。

3. 新技术是一种“具有创造性的破坏力量”

新技术创造新的市场和产业，促进产品和服务的创新，改善用户体验和提高效率，为消费者提供更多元化的选择。例如，智能手机的出现创造了新的移动互联网市场，推动了移动支付、在线购物等新业态的发展。新技术的引入往往为新产业的发展和新生态的形成提供了可能性，但同时改变了现有的经济、社会和文化格局，带来了不确定性，如数据泄露、隐私侵犯等问题。

此外，新技术的引入往往会对现有产业和企业造成冲击，使得传统产业和企业面临淘汰的风险。例如，数字化技术的应用使得传统媒体面临了前所未有的竞争压力。因此，新时代的企业在市场营销活动过程中应主动关注政府对技术创新的规制及其社会影响等，及时采用新技术，求得生存和发展。

6.2.2 宏观环境

企业所处的宏观环境，包括经济、政治、文化、技术等多个方面的因素。这些因素对企业的市场营销策略和市场行为产生重要影响，企业需要对宏观环境进行深入的了解和分析，以制定恰当的市场营销策略。

1. 经济环境

经济环境是指市场营销活动所处的宏观环境，是影响企业市场营销最为直接和深刻的因素之一，包括经济增长率、通货膨胀率、利率、汇率、失业率和收入结构等多个方面的因素。这些因素会影响企业的销售额、市场份额、产品定价、市场定位、渠道选择、品牌策略、营销成本等方面。

1）经济增长率

经济增长率是一个国家或地区经济发展的重要指标。中国的经济增长率在过去几十年间一直保持着相对较高的水平，这为企业的市场营销活动提供了广阔的市场空间和强大的消费能力。不过，世界银行发布的《全球经济展望》报告指出，在通胀高企、利率上升、投资减少的背景下，全球经济增速正在急剧放缓，经济增长急剧下滑将是一个普遍现象，95%的发达经济体、近 70%的新兴市场和发展中经济体的 2023 年经济增长预测都较此前预测数据有所下调。在经济增速放缓的时期，企业可能需要调整营销策略，降低价格以提高市场占有率，或者寻找其他市场机会。

2）通货膨胀率

通货膨胀率是指物价水平的持续上涨程度。近年来全球范围内通货膨胀率都较低，这有利于企业控制成本和提高产品利润率。但是如果通货膨胀率过高，企业的成本将不断上涨，利润率将下降，企业需要调整价格、采购和供应链等策略。

3）利率

利率是指资金借贷的成本，高利率会增加企业的借贷成本，导致企业的投资能力和扩张能力受到限制。企业在考虑是否扩张生产线或开拓新市场时，需要密切关注当前利率的变化，因为高利率可能意味着借贷成本过高，进而影响企业的扩张计划。

4）汇率

汇率是指货币之间的比值，汇率的变化会直接影响企业的进出口贸易和跨国营销活动。如果企业在中国销售产品，而中国货币贬值，这将增加企业在中国的成本，降低利润。因此，企业需要密切关注汇率的变化，并采取相应的汇率风险管理策略。

5）失业率和收入结构

失业率是经济环境中非常重要的指标之一，因为它反映了一个国家或地区就业状况的好坏，也反映了一个国家或地区经济繁荣程度的高低。高失业率会导致消费者购买力下降，市场需求减少。如果一个国家或地区的失业率较高，企业可能需要降低价格以吸引消费者，提高市场占有率。而收入结构是指一个国家或地区中不同群体的收入分布情况。收入结构的变化会影响到消费者的消费能力和消费行为，从而对市场需求和市场竞争格局产生影响。比如，随着中产阶层的不断壮大，他们的消费能力和消费需求也不断提高。企业可以根据中产阶层的消费习惯和需求进行市场定位和产品设计，以满足他们的需求，提高市场竞争力。

2. 政治法律环境

市场营销宏观环境中的政治法律环境是指政府法律、法规、政治体制和政治氛围对市场营销活动的制约和影响。这个环境包括政治环境和法律因素两个方面，这些因素都是企业必须遵守的规则和限制。

1）政治环境

政治环境包括政府的决策、政治稳定性和政治气候等。政府的决策涉及税收政策、贸易政策、金融政策、外汇政策等方面，这些政策直接影响着企业的市场营销活动。政治稳定性则是指政治环境的稳定程度，如果政治环境不稳定，企业的市场营销活动会受到很大的影响。政治气候则是指社会对政治环境的态度和看法，政治气候的好坏也会直接影响企业的市场营销活动。

2）法律因素

法律因素是指法律法规对市场营销活动的影响，包括相关法律法规对市场活动的规定、对市场活动的限制和对市场活动的监管等。政府通过颁布法律法规来约束和规范企业的市场营销活动，如果企业违反相关法律法规，将会面临各种法律风险和法律诉讼。

在政治法律环境中，企业需要注意遵守相关法律法规，确保市场营销活动的合法性和规范性。同时，企业需要密切关注政府的决策和政治气候的变化，及时调整市场营销策略和行为，以适应政治环境的变化。在市场营销中，合法合规是对企业最基本的要求，也是企业稳步发展的基础。

3. 文化环境

市场营销宏观环境中的文化环境是指一个国家或地区在某一时期内的文化特征和趋势，对市场营销活动和消费者行为产生重要的影响。文化环境涵盖了很多方面，包括价值观、信仰、传统习俗、语言、艺术等。

1）价值观和信仰

不同文化背景下的人们对于道德、伦理、信仰等方面有着不同的认知和观念，影响了他们的消费决策和对某些产品或服务的接受度。有些国家或地区，如欧美地区，对环保、道德伦理等问题非常关注，而另一些国家或地区则更注重实用性和功能性。

2）传统习俗

传统习俗是每个国家或地区独特的文化标志，包括庆祝节日、家庭和社交礼仪、婚礼、葬礼等。这些传统习俗也会影响人们的消费行为和购买决策。中国人在春节期间会购买大量的礼品和节日用品，这是我们的传统习俗，因此市场营销人员需要根据这些文化特点来制定相应的营销策略。

4. 人口环境

市场营销宏观环境中的人口环境是指人口数量、结构和分布等方面，对市场营销活动产生影响。人口环境之所以对市场营销具有重要的影响，是因为人口是市场的主要组成部分，人口数量、结构和分布的变化会直接影响市场的需求、消费行为和市场规模等方面。

1）人口数量

人口数量是市场规模的基础，它会直接影响市场营销的需求和销售额。人口数量的增长会扩大市场规模，增加市场需求，进而带动产品和服务的销售。随着印度等人口大国的经济不断增长，国内企业需要重视这些海外市场的巨大潜力，制定相应的营销策略。

2）人口结构

人口结构包括性别、年龄、收入、职业、教育水平等因素。不同的人口结构会有不同的需求和消费行为，因此市场营销人员需要了解不同人群的需求和行为特点，制定相应的营销策略。

3）人口分布

人口分布指的是人口在不同地区的分布情况。不同地区的人口分布会影响市场规模和市场需求。例如，人口密集的城市和发达地区的市场规模较大，市场需求也较高，企业需要重视这些地区的市场潜力，加强市场开拓和营销推广。

5. 自然环境

自然环境是指自然景观、生态系统以及自然资源的数量、质量和可持续性对市场营销产生影响的因素。自然环境是人类社会发展的基础，也是市场营销活动所依赖的资源之一。自然资源的可持续性和质量会直接影响市场营销的产品、生产和营销策略等方面。

自然资源的数量是市场生产和销售的基础。不同国家和地区的自然资源数量不同，会影响其市场竞争力和市场规模。例如，某地区森林资源丰富，便可以制作、销售高品质的木材家具。自然资源的质量包括空气质量、水质量、土壤质量等，直接影响市场营销产品的质量和竞争力。例如，某地区空气污染严重，便可以相对应开发健康环保产品。除此以外，自然灾害，如地震、海啸、洪水等，会导致市场生产和销售的中断，损失产品和资产，降低市场竞争力和市场规模。因此企业在市场营销策略中要考虑到自然灾害的风险，并制定相应的应对策略。

6.2.3 微观环境

微观环境直接或间接地影响着企业在市场中的运作和决策。这些因素包括了企业内部、客户、竞争对手、供应商和中介机构、公众等，它们对企业的市场营销活动和结果产生深远的影响。企业需要根据自身的实际情况，并与客户、供应商、竞争对手等进行交互，不断调整和完善自身的市场营销策略和计划。

1. 企业内部

企业需要合理的组织结构以提高决策响应速度和决策效率，更好地把握市场机会和应对市场变化。市场部门和销售部门的紧密协作关系会影响企业对市场需求和趋势的了解程度，进而影响贴合市场的营销策略和计划的制定。企业文化是企业内部的价值观、理念、行为准则等，良好的企业文化可以提升企业的品牌形象和口碑，增强客户黏性和忠诚度。企业内部的人力资本和管理体系的构建对企业人员素质、管理效率和培训投入等方面影响深远。而企业的财务状况决定了企业在市场营销活动中能够投入的资源和资金的多少。企业需要合理规划资金使用，以便提高市场营销活动的效果和效率，并需要关注成本控制和利润增长，保持市场竞争力和盈利能力。

2. 客户

客户环境是指企业的目标客户群体，包括现有客户和潜在客户，涉及客户需求、行为、偏好、态度和消费习惯等因素。

1）现有客户

现有客户是指已经购买过公司产品或服务的人群。例如，一家电信公司的现有客户可能已经购买了该公司的手机服务，但他们可能对该公司的其他产品或服务也产生了兴趣，如家庭宽带、物联网产品等。了解现有客户的消费习惯和需求可以帮助公司设计更好的客户维护策略，提高客户忠诚度和再购买率。

2）潜在客户

潜在客户是指可能对公司产品或服务有兴趣的人群。例如，一家餐厅的潜在客户可能是那些经过该餐厅的人，他们可能会看到餐厅的菜单或广告，并对该餐厅的菜肴感到好奇。企业理应深入了解潜在客户的需求和偏好，设计更好的广告和宣传策略，以吸引消费者对企业产品或服务展开消费。

企业需要在充分了解客户环境的情况下，制定更具有针对性的市场营销策略。一旦企业能够准确地了解客户的需求和偏好，并且能够为客户提供满足其需求的产品和服务，就能够赢得客户的信任和忠诚度。

3. 竞争对手

市场营销微观环境中的竞争对手是指与公司在同一行业或市场中竞争的其他公司或组织。竞争对手可以是直接竞争对手，也可以是间接竞争对手。

1）直接竞争对手

直接竞争对手是指提供同品类、同品种产品或服务的公司或组织。这些公司或组织通常会使用相似的营销策略和定价策略，以吸引共同的目标客户，如可口可乐公司和百事可乐公司，苹果公司和三星集团等。在市场营销中，了解直接竞争对手的产品、服务、品牌、宣传、渠道、价格等信息是非常重要的，企业需要有针对性地制定更好的营销计划来提高市场份额。

2）间接竞争对手

间接竞争对手是指提供相似替代品或服务的公司或组织。这些公司或组织的产品或服务可能与公司的产品或服务不同，但它们在满足相同需求或解决相同问题方面具有相似的效果。例如，一个银行的间接竞争对手可能是一家在线支付平台，因为它们都提供了支付解决方案与其他相关金融服务。了解竞争对手的优势和劣势可以帮助公司更好地制定营销策略。例如，如果公司的竞争对手提供更便宜的产品，公司可以考虑降低产品价格或提供更高的产品价值来吸引客户。

4. 供应商和中介机构

供应商和中介机构包括企业的供应商、分销商、经销商、代理商等合作伙伴，涉及其产品、服务、质量和价格等因素。了解供应商和中介机构环境可以帮助企业更好地了解市场供应链和分销渠道，从而制定更加高效和优质的市场营销策略。企业需要了解供应商的产品质量和价格，从而在选择供应商时权衡各种因素；此外，需要关注分销商和经销商的市场渠道和销售能力，综合多方比较之后，选择最为合适的合作伙伴并制定相应的市场营销策略。

5. 公众

公众是指对企业的营销活动及目标产生具体或隐性影响的任何群体。

1）金融公众

金融公众是指与公司财务状况、经营业绩相关的人员、团体或组织，包括银行、投资者、股东、债权人、评级机构等。金融公众会对企业的资金获取产生影响，并关注公司的财务状况、盈利能力、市场表现等方面的信息，而这些信息又将直接影响金融公众对公司的投资决策。对于公司来说，重要的是建立良好的财务形象，让金融公众相信公司的经营业绩和发展潜力。为此，公司需要及时、准确地披露财务信息，积极与金融公众沟通，并加强对财务风险的管理和控制。

2）媒介公众

媒介公众包括新闻媒体、广告媒体、公关公司等，它们对公司形象、品牌声誉、产品宣传等方面具有重要影响。通过不同媒介的宣传和报道，公司可以提高自身的知名度和品牌形象，吸引消费者和潜在客户，从而促进销售额和市场份额的增长。企业需要积极与媒介公众进行沟通和合作，制定有效的公关、广告、媒体计划，并保持与媒体的良好关系。例如，苹果公司通过大规模的广告宣传、新品发布会等方式，不断提高品牌形象和产品知名度，吸引了众多粉丝和消费者，取得了巨大的商业成功。

3）政府公众

政府公众包括各级政府机构、监管部门、政策制定者等。政府的法规和政策对企业的经营和发展有重要影响，也是企业与社会沟通的重要渠道。因此，企业需要与政府公众保持良好的关系，积极履行社会责任，遵守法律法规，与政府机构合作，获取政策支持和资源优势，拓展市场和业务领域。例如，中国移动公司与政府合作推出的“智慧城市”项目，旨在整合政府和企业的资源，推进城市数字化转型，提高城市运行效率和服务质量。

4）社会公众

社会公众是指社会一般性公众群体，包括社区居委会、消费者协会、环保组织等。社会公众关注的是企业的社会责任、道德规范、环境保护等方面的表现。企业需要在产品质量、服务态度、社会责任等方面做好自身表现，以赢得社会公众的信任和支持。

5）内部公众

内部公众是指企业内部的员工、管理人员等。他们是企业发展的基础和支撑，直接关系到企业的经营效率、创新能力和绩效表现。企业需要建立良好的内部沟通机制和企业文化，加强人力资源管理，激励员工的工作积极性和创造力，提高企业的核心竞争力。例如，谷歌公司一直致力于提高员工的工作幸福感和创造力，建立了优秀的企业文化和团队合作机制，形成了独特的企业氛围和品牌形象，吸引了全球顶尖人才加盟。

6.3 市 场 调 研

6.3.1 企业市场调研

企业市场即公司、政府机构、非营利组织等之间进行商品与服务交易的市场。在企业市场中，买家通常会购买产品或服务以支持其日常业务运营或为其客户提供服务（图 6-3）。

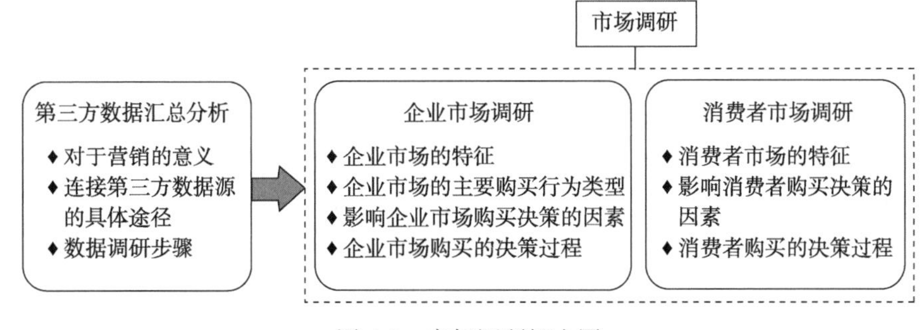

图 6-3 市场调研概念图

1. 企业市场的特征

1）需求波动性大

企业市场需求的波动性通常比消费者市场更大，变化较为频繁和剧烈。这种波动性可以由多种因素造成，包括经济周期、市场竞争、政策变化、技术进步等。在经济繁荣时期，企业市场需求通常会增长，因为消费者购买力提高、企业投资增加等促进了市场的发展；而在经济衰退时期，企业市场需求通常会下降，因为消费者购买力减弱、企业投资减少等阻碍了市场的发展。当市场竞争加剧时，企业可以不断尝试不同的策略和方法，提高产品质量和性能，以吸引更多的消费者和客户、赢得市场份额。而当新技术出现时，可能会导致旧技术的市场需求下降，企业为此需要不断追赶新技术的变化，以满足消费者和客户的需求。企业还需要不断调整和适应政府政策环境的变化。

2）需求存在派生性

企业市场的需求派生于消费者需求，这意味着企业市场的需求是建立在消费者需求的基础上的。消费者需求决定产品或服务的需求，影响企业的购买、经营决策。企业的产品或服务是为了满足消费者的需求而存在的，所以消费者需求的增加会引发相应产品或服务的需求增加，继而引发企业的购买行为。例如，随着人们对健康和安全的关注增加，口罩和消毒液等产品的需求就不断增加，推动了这些产品的生产和供应，相关企业对熔喷布、无纺布、医用酒精等原材料的购买需求就会大幅上升。

3）大规模、连续长期购买

企业市场的买家往往需要大量的产品或服务，以满足其业务需求。这些购买通常是大规模的，因为企业需要处理的规模和复杂度比个人和家庭要大得多。例如，一家工厂可能需要每天购买数吨的原材料，而一家医院可能需要每年购买大量的医疗设备和药品。由于企业市场的购买量通常很大，因此价格是一个重要的考虑因素。企业买家通常会与供应商进行协商，以获得更好的价格和交货条件。并且，企业市场中的购买往往是连续和长期的。企业需要持续地购买产品或服务，以保持其业务运营的连续性和可持续性。所以，企业买家通常会与供应商建立长期关系，以确保能够以稳定的价格和交货条件来获得所需的产品或服务。

4）购买决策过程复杂化

企业市场具有购买决策过程复杂化的特征，具体体现在以下五个方面。

（1）多个关键利益相关者参与决策。在企业市场的购买决策过程中，通常涉及多个关键利益相关者，如采购经理、技术经理、财务经理、营销经理等。每个利益相关者都会有自己的需求和要求，这就使得购买决策过程变得更加复杂。因此，企业需要充分了解各个利益相关者的需求和要求，协调各方利益，达成共识，才能做出最终决策。

（2）长周期的购买过程。企业市场的购买决策通常需要经历一个长周期，涉及多个阶段，如需求识别、信息搜索、评估和选择、采购和交货、使用和服务等。这些阶段的时间和成本都非常高，需要采购经理和其他关键利益相关者投入大量的时间和资源。

（3）复杂的评估和选择过程。在企业市场的购买决策中，评估和选择过程通常非常复杂。采购经理需要评估供应商的能力、信誉、服务水平、价格等多个方面的信息，并综合考虑各个因素，做出最终选择。决策者一般要具备丰富的专业知识和经验，也需要充分了解市场情况，掌握供应商的信息。

（4）高度个性化的需求和定制化的产品。企业市场的需求通常非常个性化，企业需要根据自己的业务需求来定制产品或服务。这就反过来要求供应商不仅需要具备高度的技术能力和灵活性，以满足不同客户的需求；同时也需要在研发、生产和交付等方面投入更多的时间和资源。

（5）复杂的合同和法律条款。在企业市场的购买决策中，合同和法律条款也是非常重要的一部分。合同的签订需要各方协商，明确产品的规格、价格、交货日期和付款方式等具体细节，同时也需要涉及法律责任、违约责任等方面的条款。决策者需要具备一定的法律知识和经验，以确保企业在购买过程中的合法权益。

2. 企业市场的主要购买行为类型

在企业市场中，购买行为的类型和情况可能会因企业规模、需求、预算和决策过程等多种因素而有所不同。

1）新品购买行为

这种购买行为通常发生在企业需要新产品或服务来满足其业务需求的情况下。例如：一家制造业公司可能会购买新的机器人生产线，以提高生产效率；或者一家医院可能会购买新的医疗设备，以提高诊断和治疗的精度。

2）重复购买行为

一旦企业使用某个产品或服务并获得了满意的结果，它很可能会继续购买同样的产品或服务。例如，如果某一供应商满足了某工程公司的需求并且价格合理，后者可能会每年都向前者购买建筑材料。

3）修正购买行为

修正购买行为是指企业在使用产品或服务时可能会发现问题或需要改进的地方，从而重新考虑是否继续使用该产品或服务，并开始寻找新的产品或服务。例如，一家企业在使用某款市场营销调研软件时发现该软件在应对公司业务增长方面存在困难，因此决定寻找一款更适合其业务需求的软件。这种购买行为可以被视为一种反应性的购买行为，因为它是由对已有产品或服务的不满或问题所引发的。

4）升级购买行为

随着企业业务的发展，它可能需要更高级别的产品或服务，以满足其需求、提高效率或降低成本。例如，一家制药公司可能会从普通的实验室设备升级到更高级别的设备，以进行更高级别的研究。

5）联合购买行为

企业可能会与其他企业联合购买某些产品或服务，以获得更好的价格或更好的服务。比如，多家企业可能会联合购买保险，以获得更好的保险费率和更好的服务。

3. 影响企业市场购买决策的因素

1）客观环境因素

企业不可能掌控客观环境，只能积极主动地去适应，其购买决策脱离不了客观环境的限制。经济增长、通货膨胀、汇率波动等因素都会影响企业的购买行为，并且在激烈的市场竞争环境下，企业不仅需要关注价格、品质、服务等方面的优劣比较，还需要关注不同的法律法规可能会对企业购买行为产生的不同影响，如关税、税收、进口限制等政策，以努力做出最佳决策。

2）企业内部因素

企业的战略目标、预算限制、采购流程和标准的不同等因素会影响企业的采购需求、采购量、采购方式，以及对不同采购项目的优先级、价格预算、采购周期、供应商选择等关键决策。

3）人际关系因素

企业市场中的社交网络非常重要。一个企业可能会选择和它们已经有联系或者已经建立关系的企业合作，而不是与新的、没有关系的企业合作。并且，如果企业采购决策的制定者对某种产品或服务存在特别的个人兴趣和偏好，难以避免地会影响其在购买过程中的决策。除此以外，产品或服务的供应商的知名度、信誉度等因素也会干预企业对购买决策的判断。

4. 企业市场购买的决策过程

企业市场购买的决策过程可能因行业、规模和文化等方面而异。不同的企业可能会在不同的步骤上花费不同的时间和精力，具体取决于其内部决策流程和采购需求，但大体上可以划分为如下五个阶段。

1）识别并确定需求

企业在进行购买决策前，需要识别自身的需求。这一步骤通常需要进行市场研究、竞争分析、内部需求评估等。例如，企业可能会通过研究市场趋势、消费者需求和竞争对手的行动来识别需求，也可能会评估自身生产线的能力和生产效率，以确定所需设备和材料。随后，企业需要根据实际需求，进一步确定总体需求，包括需求的优先级、预算限制、交货时间、支付方式等方面的要求。这一步需要考虑公司整体战略和预算，以确保购买行为符合公司战略和预算限制。

2）确定产品规格

企业需要根据实际需求和总体需求，进一步确定产品规格，包括产品的功能、性能、外观、材料、尺寸等方面的要求。这一步需要与相关部门（如研发、设计、采购等）协调，以确保产品规格符合实际需求和总体需求。

3）寻找并确定供应商

企业需要寻找潜在的供应商。这一步需要通过多种渠道（如搜索引擎、展会、供应商数据库、行业口碑等）进行调查和筛选。随后，企业需要向潜在的供应商询问产品价格、交货时间、质量标准、售后服务等方面的信息，在收集到充足的信息后，根据不同供应商的报价、服务质量、供货能力、信誉度等方面进行综合评估和比较，最终选择一家或多家合适的供应商。

4）签订合同

这一阶段是做出最终决策的环节，企业需要与选择的供应商签订合同，并按照条款执行采购计划。签署合同之前，企业还可能会要求供应商提供一些样品、证书和报告等。

合同应包含购买数量、产品质量、交货时间、价格等细节，以确保供应商交付合适的产品。这一步需要确保合同内容明确、符合法律法规，同时需要对合同履行过程进行监督和管理，以确保双方合法权益。

5）跟踪和评估

一旦购买完成，企业需要对其供应商和产品或服务的质量进行跟踪和评估。这可以帮助企业识别问题并改进其未来的购买决策。企业可以根据需求制定采购绩效指标，如供货及时率、产品质量、服务水平等，以便跟踪和评估供应商的表现。

在这个过程中，企业还需要注意一些潜在的风险和挑战，如可能的延误、供应商质量问题、预算超支等。因此，企业需要在购买决策过程中保持警惕，以最大限度地降低这些风险。

6.3.2 消费者市场调研

消费者市场是指一个以个体或家庭为单位的最终消费者组成的市场，这些消费者在购买产品或服务时根据自己的需求和偏好做出决策。消费者市场通常包括各种类型的消费者，如家庭消费者、个人消费者、机构消费者等，他们的需求和行为有时受到许多因素的影响，如收入、文化、信仰、地理位置等。

消费者市场在现代经济中占据着非常重要的地位。在消费者市场中，消费者具有更多的选择权和决策权，他们的需求和偏好往往决定了产品或服务的销售情况。随着经济发展和人们生活水平的提高，消费者对于产品和服务的需求和期望也越来越高，这导致了消费者市场的不断扩大和壮大。

1. 消费者市场的特征

1）需求的复杂多变性

消费者市场中的每个消费者都是独立的个体，具有不同的需求和偏好，因人而异，这种差异往往受多种因素的影响。例如，个人的教育水平、收入水平、年龄、性别、文化背景等都会影响其需求和消费行为。有些消费者可能更注重产品的品质和性能，而有些消费者则更注重产品的价格和外观。并且随着技术和市场的发展，消费者对产品或服务的偏好也在发生偏移。随着移动互联网的普及，消费者对移动支付、在线购物等新兴的消费方式越来越感兴趣。

2）产品的替代性

消费者市场的替代性是指在消费者购买某个产品或服务时，可能会考虑其他可供选择的产品或服务，从而对原始产品或服务产生替代效应。这种替代性是消费者行为中的普遍现象。随着时代生产力的大幅提升，呈现给消费者的商品种类琳琅满目，消费者的购买决策往往在各个替代品之间变动不定。

3）购买的分散性

相较于企业市场，消费者市场买家数目大，市场充满活力，存在许多的商业机会。然而，消费者市场中的消费者通常分布在不同的地理位置，这意味着企业需要考虑如何有效地将产品或服务分销到不同的地区，并针对当地的市场需求进行适当的调整。这也需要企业建立有效的供应链和物流网络。

4）需求的可诱导性

消费者市场中消费者的需求往往是可诱导和可塑造的。企业通过广告、促销、口碑等手段，可以影响消费者的购买决策，从而引导消费者的需求和偏好。亚马逊就通过提供便捷的购物体验、提供订阅服务、开展独家促销活动、对消费者购买历史和兴趣爱好进行分析等方式来引导消费者的需求，向其推荐符合其需求和偏好的商品，诱导消费行为。

5）非专业性

消费者市场中的消费者通常不是专业人士，他们对产品或服务的了解和理解程度可能有限。因此，在进行购买决策时往往受到营销宣传等因素影响，导致出现“冲动购买”行为。企业需要以易懂、简单、直观的方式来传达产品或服务的信息，以便消费者更好地了解和接受。此外，消费者通常更倾向于与其他消费者分享购买体验和意见，因此企业需要通过社交媒体、在线评论等方式来建立良好的品牌声誉和口碑，从而获得消费者的信任和忠诚度。

2. 影响消费者购买行为的主要因素

影响消费者购买行为的因素数不胜数，但总结后受到广泛认可的有心理、个人、外部共三个维度。

1）心理因素

消费者的购买行为受到多种心理因素的影响，这些因素包括感知、学习、信念和态度、动机等。

消费者的感知是消费者产生购买行为的重要前提。感知是指消费者注意到产品后，对产品的外观、包装、质量、口感等进行感官知觉，从而形成购买意愿。例如，某些人会因为第一眼觉得一辆轿车颜色好看而影响最终的购买决策。

学习是影响消费者购买行为的重要因素，它包括认知学习和行为学习。认知学习是指消费者通过知觉和经验对产品进行评估和选择，如通过试用和使用产品来了解产品的功能和性能。行为学习是指消费者通过观察和模仿他人的行为来选择产品，消费者一般会选择他们信任的品牌或者被其他人推荐的产品。

信念是指消费者对产品的认知和评估，而态度是指消费者对产品的情感反应。消费者的信念和态度是影响购买行为的重要因素，它们可以受到广告、口碑、品牌形象等因素的影响。例如，消费者可能会因为某个品牌的信誉和声誉而对该品牌的产品产生信任和认可。

消费者的动机是影响购买行为的重要因素，它可以推动消费者进行购买行为。动机包括满足需求、追求个性和社交需求等。例如，消费者可能会基于特定的需求，购买食物、饮料或足疗服务来满足需求。

2）个人因素

不同年龄、不同性别之间往往具有一定的购买行为差异。举例而言，所谓的Z世代或千禧一代消费者通常更注重社交和体验，并在意身份认同和自我表达，对品牌价值和社会责任感更为敏感。他们更倾向于购买个性化的产品和服务，对创新性十分敏感，如数字产品、体验式的服务、社交媒体相关的产品、可持续发展产品、时尚和奢侈品等。

从性别角度出发，女性消费者在消费行为中占有重要地位，她们通常更注重品质、可靠性和社交意义，更倾向于购买化妆品、护肤品、服装、鞋类、家居用品和儿童用品等。男性消费者通常更注重实用性和性能，对产品的品质和功能更为敏感，更倾向于购买电子产品、体育用品、汽车、工具等。

然而随着时代发展，年龄界限越来越难以辨识，两性间消费行为差异也逐渐缩小，在实际营销过程中，不能再简单秉持传统观点进行活动。职业类别、职业地位和职业需求都会对消费者购买决策产生作用。白领与蓝领往往有不同的消费偏好与习惯；高低职位的人会选择不同档次的餐馆；不同职业的人对产品和服务的需求也存在差异。

个性是指一个人独特的心理特征和行为表现，它影响着他们的消费行为和决策。一个消费者可能更加谨慎、注重细节，会在购买之前花费更多时间来了解和比较不同的产品和服务；而另一个消费者可能更加冒险、富有创造力，会更加愿意尝试新奇的产品和服务。

生活方式是一个更加综合的概念，它反映了一个人的生活质量、社会地位、经济能力、审美品位等方面的特征，与消费者的购买决策息息相关。企业可以通过调查问卷、消费者行为分析、社交媒体分析等手段去对消费者的生活方式进行系统的探究以“对症下药”，针对性开展营销策略。

3）外部因素

消费者的购买决策受到经济因素的影响。例如，通货膨胀、利率、失业率等经济指标的变化会影响消费者的购买力和消费行为。当经济繁荣时，消费者的购买力相对较强，会更倾向于购买高档次的产品或服务；而当经济不景气时，消费者的购买力下降，会更注重产品或服务的性价比。

文化因素也会影响消费者的购买决策。消费者所处的文化背景、价值观念、信仰等会影响他们的消费习惯和购买偏好。在某些文化中，送礼和接礼都有一定的礼仪和规范，消费者在购买礼物时会考虑这些文化因素。比如，国内由于谐音，避讳送钟表之类的礼物。

社会风气、社会角色与地位、家庭状况等也在消费者购买行为的过程中起着重要作用。消费者在社会中扮演不同的角色，父母、子女、员工、雇主等，这些社会角色会影响到消费者的购买决策。例如，作为父母的消费者可能更关注家庭教育和子女的健康成长，而作为雇主的消费者可能更注重公司的形象和品牌效应。消费者在不同社会角色中的关注点和需求也不同，企业需要针对这些角色的特点制定不同的营销策略。此外，社会压力也是不容忽视的一个因素。例如，有些原本想购买华为手机的年轻人，因为害怕被某些群体评价为“战狼”而最终取消了购买决定。

技术因素对消费者的购买决策产生越来越大的影响。消费者的购物方式已从传统的实体店快速转向了电商平台，他们对于产品或服务的需求和期望也随之改变。新技术的出现和普及，如人工智能、云计算、物联网等，也在改变着消费者的购买行为和需求。

3. 消费者购买的决策过程

1）需求识别

在这个阶段，消费者开始意识到他们存在某些需求或问题需要解决。这些需求或问题可能来自内部刺激，如生理需求、心理需求、认知需求等；也可能来自外部刺激，如广告、促销、咨询等。与此同时，消费者需要明确他们的需求或问题，并加以描述，以便后续的搜索和评估。对于企业而言，需求识别阶段是非常重要的，因为如果企业能够识别消费者的需求或问题并有针对性地推销相应的产品或服务，就有更大的机会吸引消费者并促进销售。因此，企业应该通过各种渠道，如市场调查、客户反馈等，了解消费者的需求和问题，并制定相应的营销策略。

2）信息搜索

在需求识别完成后，消费者将开始寻找相关的信息以解决他们的问题。这个过程可以通过内部搜索（消费者自己已有的知识和经验）或外部搜索（从其他来源获取信息）

来实现。外部搜索通常涉及阅读广告、查找产品或服务的信息、咨询朋友或家人等。在这个阶段，企业应该提供足够的信息，同时通过各种渠道，如广告、促销等，让消费者更容易找到他们的产品或服务。此外，企业还应该了解消费者在搜索过程中的偏好和行为。

3）评估和比较

在信息搜索阶段后，消费者将开始评估和比较各种选择，以找到最适合他们需求的产品或服务。评估和比较的标准可能包括价格、质量、功能、品牌、口碑等多个方面。在这个阶段，消费者还可能会制定决策规则或消费标准，以帮助他们做出最终选择。

4）决策行动

该阶段，消费者最终决定购买哪种产品或服务，并采取具体的行动实施决策。这个阶段的行为表现通常是购买，但也可能是租赁、订购或放弃购买。消费者在决策行动阶段通常会归纳产品或服务的特点和功能、个人偏好和需求、价格、企业的促销和营销策略、购买环境、时间等因素，以进行综合系统的考虑，继而促使购买决策的做出。

5）购后反馈

在购买之后，消费者的行为并没有结束。消费者会评估他们的购买体验，并根据这些体验决定是否继续购买该产品，以及是否向其他人推荐该产品。如果消费者对产品不满意，他们可能会在未来选择其他品牌或产品。相反，如果消费者对产品非常满意，他们可能会成为忠实的品牌粉丝，并推荐该产品给其他人。此外，消费者还会采取行动来反馈他们的购买体验，如给予品牌好评、投诉或寻求退款等，并且可能会对其他因素进行评估，如售后服务和保修。如果消费者需要保修或技术支持，他们可能会与公司联系，并在解决问题后根据解决方案的质量和速度来评估公司的表现。

6.3.3 第三方数据汇总分析

第三方数据汇总分析是指使用来自不同数据源的数据，并将其聚合在一起进行分析和解释的过程。这些来源可以是公共数据库、商业数据提供商、社交媒体、用户反馈等。数据的价值并不仅仅在于其数量，更在于数据的质量和价值。而第三方数据汇总分析就是一种帮助企业提高数据价值的有效手段。

1）帮助企业更好地了解市场和客户

第三方数据汇总分析可以将来自不同数据源的数据聚合在一起，形成全面的市场和客户数据视角。这有助于企业更好地了解市场趋势、客户行为和需求，从而制定更有效的业务策略。通过分析社交媒体数据和客户反馈，企业可以相较于传统手段，更加深入地了解消费者的偏好和意见，从而根据客户的需求来调整其产品或服务。

2）发现市场机会和未来趋势

第三方数据汇总分析可以帮助企业发现市场机会和未来趋势，以便制定更有效的业务战略。通过分析不同数据源的数据，企业可以发现市场中的新趋势、竞争对手的策略和客户需求的变化。这可以帮助企业在竞争激烈的市场中保持领先地位。

3）优化产品设计和改进业务流程

第三方数据汇总分析可以帮助企业优化其产品设计和改进业务流程，从而提高客户满意度和业务效率。通过分析客户反馈和行为数据，企业可以了解其产品的不足之处，并进行相应的改进。此外，通过对业务流程进行分析，企业可以识别并改善业务流程中的瓶颈和问题，从而提高业务效率。

4）提高决策的准确性和效率

第三方数据汇总分析可以为企业提供更准确、更全面的数据基础，从而帮助企业做出更明智、更有效的业务决策。通过对来自不同数据源的数据进行汇总和分析，企业可以获得更深入的洞察，并且能够更快地做出决策，以应对市场变化和竞争压力。

6.4　案　　例

哔哩哔哩的目标市场锁定

哔哩哔哩（bilibili）是国内知名的弹幕视频网站，由徐逸于 2009 年创建。自成立以来，哔哩哔哩在市场定位、内容创新和用户体验上不断进行探索和实践，成为中国在线视频和动漫文化领域的重要代表。

哔哩哔哩的市场定位是以年轻人为主要目标用户群体。在中国，年轻人是网络视频消费的主要力量，占据着整个互联网用户的大部分份额。哔哩哔哩在定位时充分考虑了年轻人的兴趣爱好和消费习惯，并且针对年轻人特有的文化需求，打造出了一个与众不同的弹幕视频社区。根据官方数据，截至 2022 年年底，哔哩哔哩月活跃用户数达到了 3.26 亿，其中 78%的用户年龄为 18～35 岁。随着哔哩哔哩的不断壮大，其市场细分也越来越多样化。除了动画、游戏等传统市场之外，哔哩哔哩还涉足了音乐、综艺、生活、直播、会员购等多个领域，满足了不同用户的多种需求。

哔哩哔哩的直播市场是其目前最为核心和重要的业务之一。哔哩哔哩的直播内容主要涵盖游戏、娱乐、文化、音乐等广大年轻人感兴趣的多个领域。目前，哔哩哔哩凭借直播业务已经成为国内前五大直播平台之一。

粉丝+社群经济：哔哩哔哩的直播用户非常热衷于为自己喜欢的主播打赏礼物，主播可以将这些礼物兑换成相应的现金。这种粉丝经济的模式可以帮助哔哩哔哩的主播快速积累人气和口碑。此外，平台为用户提供了一个类似于虚拟社区的直播空间，用户可以在这里和主播互动、交流。这种社群氛围可以让用户在观看直播的同时，也能体验到社交的乐趣。

总体来说，哔哩哔哩通过对市场的细分和不断优化用户体验，不断扩大其市场份额和影响力。未来，哔哩哔哩还将继续加强内容创新、技术创新和市场拓展，努力成为一个全球化的文化创意平台。

6.5　本章小结及习题

6.5.1　本章小结

（1）市场定位的流程需要涉及三个环节。第一，认知市场定位工作涉及的各种因素；

第二，与竞争者展开对比分析，认识自身优势并发现不足，制定正确的市场定位策略；第三，通过大力宣传和推广，将企业的定位理念真切地传达给潜在客户。

（2）市场定位策略有“针尖对麦芒式”“见缝插针式”“剑走偏锋式”三类，要根据具体情况进行选择。

（3）市场细分能够助力企业挖掘潜在市场机遇、获得竞争优势、最大限度满足消费者的独特需求。

（4）市场细分的条件有：可操作、可到达、有价值、有差异。

（5）消费者市场细分的依据大体上有人口、地理、行为、心理四种因素，企业市场细分的依据有客户的要求、客户规模、客户的地理位置等。

（6）对细分市场的评估从市场容量与发展潜能、竞争环境和市场份额、目标客户和消费者行为、法律和政策环境、成本和盈利水平等方面出发。

（7）市场细分的步骤如下：①开展市场研究；②初步市场分析；③选择细分标准；④制定细分标准；⑤细分市场；⑥定位市场；⑦选择目标市场；⑧实施市场营销策略。

（8）市场营销环境调研从宏观、微观两个层面出发。市场营销宏观环境包括经济环境、政治法律环境、技术环境、文化环境、人口环境、自然环境等。市场营销微观环境包括企业内部、客户、竞争对手、供应商和中介机构、公众。

（9）企业市场的特征：①需求波动性大；②需求存在派生性；③大规模、连续长期购买；④购买决策过程复杂化。

（10）企业市场购买的决策过程：①识别并确定需求；②确定产品规格；③寻找并确定供应商；④签订合同；⑤跟踪和评估。

（11）消费者市场的特征：①需求的复杂多变性；②产品的替代性；③购买的分散性；④需求的可诱导性；⑤非专业性。

（12）消费者购买的决策过程：①需求识别；②信息搜索；③评估和比较；④决策行动；⑤购后反馈。

6.5.2 习题

（1）企业该如何选择目标市场？

（2）怎样的市场细分是有效的？

（3）分析市场营销环境意义何在？

（4）结合实际，说明技术环境对营销活动的重要影响。

（5）企业市场和消费者市场有哪些特点？

[1] CORTEZ R M, CLARKE A H, FREYTAG P V. B2B market segmentation: a systematic review and research agenda[J]. Journal of Business Research, 2021, 126: 415-428.

[2] IYER P, DAVARI A, ZOLFAGHARIAN M, PASWAN A. Market orientation, positioning strategy and brand performance[J]. Industrial Marketing Management, 2019, 81: 16-29.

[3] KUMAR A, PAUL J, UNNITHAN A B. ‘Masstige’marketing: a review, synthesis and research agenda[J]. Journal of Business Research, 2020, 113: 384-398.
[4] PAUL J. Marketing in emerging markets: a review, theoretical synthesis and extension[J]. International Journal of Emerging Markets, 2019, 15(3): 446-468.
[5] 吴建安，钟育赣，胡其辉. 市场营销学[M]. 7 版. 北京：清华大学出版社.
[6] 杨宝珍. 企业市场营销战略创新[J]. 企业经济，2011，(5)：76-78.

第7章

明确市场需求

7.1 定 位 需 求

7.1.1 识别需求

消费者需求指的是消费者在市场上的购买意愿和需求。这里是指消费者对某种产品或服务的真正需要和愿望，是市场经济中最基本的因素之一（图 7-1）。大数据时代，商品市场琳琅满目，消费者的购买力庞大，消费者需求的变化速度以指数级增长，企业需要对获取的消费者数据和用户行为数据进行细致分析才能得到精准的用户画像，进而实现精准营销。

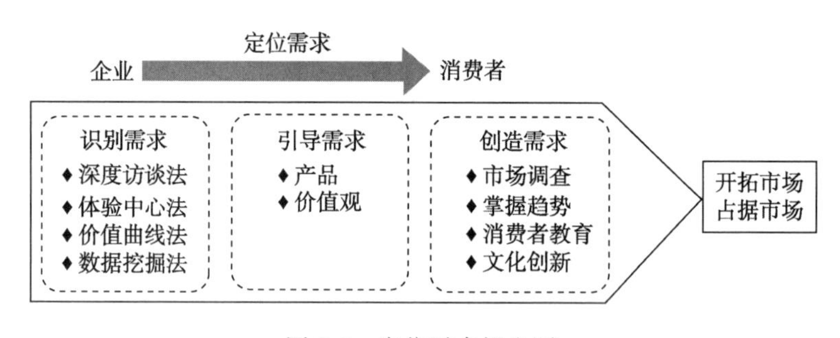

图 7-1 定位需求概念图

1. 需求状态及其表述、识别

营销人员需要认识顾客的需求，但这并不容易。有些顾客并没有清晰的意识，或者不知道自己需要什么。此外，随着社会的发展，顾客的需求也在不断改变，营销人员需要深入了解顾客表达背后的真实诉求，并分析环境变化、消费者生活方式变化以及组织机构经营方式变化等，以洞悉顾客当前的状态，进而发现需求。

营销人员需要识别顾客的需求状态，也就是了解顾客对自己各个方面的认知，包括哪些方面让顾客满意，哪些方面让顾客不满意，因为不满意即为需求。其中，营销人员需要识别外部的因素及其影响，以预测顾客状态可能发生的变化。因此，需求状态识别就是一种环境分析。

综上所述，营销人员需要通过深入了解顾客的真实诉求和分析环境变化来预测顾客需求的变化。只有这样，才能更好地满足顾客的需求，提高顾客满意度，从而提高企业的竞争力和市场占有率。这一分析包括以下三个层次。

1）过去的外部因素

要了解顾客需求的变化和变化原因，需要确认过去影响顾客需求的外部因素是什么。通过研究过去顾客需求受到哪些因素影响，可以更好地认识当前的需求情况。实际上，企业所面临的很多需求产生是以往经历的再现或重复。以在线购物为例，它与电子商务平台、物流、支付系统、消费者心理和消费者体验等因素密切相关。任何一个因素的变化都可能导致在线购物的需求发生变化。例如，当电子商务平台推出大幅度的促销活动时，消费者的在线购物量可能会迅速增加。因此，通过研究过去影响顾客需求的外部因素，可以更好地预测、理解当前和未来的需求变化。

2）现在的外部因素

要评估现在影响顾客需求的外部因素，企业需要了解这些因素是否仍然具有相同的影响力，或者是否已经被新因素替代或调整。举个例子，随着人们生活水平的提高，他们对舒适和品质等方面的需求在不断提高，对价格的敏感度则可能降低。因此，了解和适应这些变化对于企业来说非常重要，这有助于满足顾客需求，保持市场竞争力。

3）形成中的因素

预测正在形成中的需求影响因素，企业需要进行前瞻性的工作。预测一些尚未出现的因素是非常困难的，这既需要有大胆的想象力，又需要有严谨的科学思维。这样的预测要求我们从多个角度来分析市场、行业和消费者行为等方面的变化趋势，以便更好地把握未来的趋势和机会。

2. 需求识别方法

1）深度访谈法

深度访谈法作为一项传统的市场研究技术，是通过询问和消费者回忆的方式进行的，以消费者的叙述来洞察其需求。深度访谈法是通过与潜在客户和现有客户进行一对一的深度访谈来了解他们的想法和意见。这种方法可以深入了解消费者的态度、行为、偏好、需求和问题。例如，某家公司可以通过与目标客户进行深度访谈，了解他们使用某种产品的体验，包括使用过程中的困难和不满意之处。这些访谈结果可以为改进产品和提高客户满意度提供有用的参考。

2）体验中心法

体验中心法是一种通过观察和交互体验的方式，了解消费者在实际使用过程中的需求和问题，以及他们的反馈和意见。该方法通常采用一系列的实验室测试、场景还原、用户观察等技术手段，以尽可能真实地还原消费者的使用场景和体验，并记录他们的反映和意见。通过这种方式，可以获取消费者使用产品或服务时的真实反馈，从而更好地了解他们的需求和问题，为产品设计和营销策略提供参考和指导。比较常见的体验中心法有两种。

（1）观察法。在真实的消费者场景中，由研究人员作为旁观者，客观地观察消费者的真实行为并评价消费者的感受。比如，设计电商 App 的人，可以去普通的便利店、中型超市、大型超市等观察消费者整个购物流程。观察法也可以通过摄影或摄像来帮助捕捉消费者的生活细节。

（2）角色扮演法。研究者进入真实的消费者场景，亲自成为消费者本身，去完成消费者需要完成的事情，进行模拟。角色扮演法可以暴露那些本来是个问题，但由于客户长期使用，已经习惯并且麻木的痛点。角色扮演法的核心价值，是快速建立“同理心”。例如，给专门为孕妇设计的母婴类智能硬件产品做体验咨询，需要充分考虑孕妇的生活状态。参与项目的研究者就可以尝试在衣服里塞枕头模拟孕妇的状态，经历上班、就餐、出行、睡觉等。从而洞察孕妇很多的生存特点，例如，孕妇是看不见自己脚的，孕妇是不能90°弯腰坐在椅子上的。

3）价值曲线法

价值曲线法是一种识别顾客需求的方法，其核心是了解顾客对产品各种价值要素的感知水平，挖掘顾客的期望型需求和兴奋型需求，并调整和组合顾客的价值诉求点。该方法强调满足顾客的期望型需求和兴奋型需求。同时，价值曲线法认为组织机构提供的价值要素不一定有助于提高顾客的感知质量，行业惯例、规则、传统或标准必须随着顾客需求的变化而变化，不能一成不变；企业通常开发设计多种价值要素（产品功能）来与竞争对手对抗，但这些要素可能存在严重的过剩问题。对于功能过剩的价值要素要么取消或是降低到传统标准以下，要么提高顾客对该价值要素的认知；企业应该努力识别出竞争对手未重视而顾客却看重的需求，并有效地满足它们。

4）数据挖掘法

不论是深度访谈法、体验中心法还是价值曲线法，其使用过程都受到市场营销人员主观洞察力的限制，并且都是以定性分析为主的方法。而数据挖掘法是一种通过分析大量数据，发现潜在的关联性和规律，从而识别出消费者需求的方法。该方法通常使用计算机技术和统计学方法，对海量的数据进行筛选、分类和分析，以发现隐藏在数据背后的消费者需求和趋势。数据挖掘法可以帮助企业更加准确地了解消费者需求，从而优化产品设计和营销策略。一家电商公司若想要识别消费者的购买行为和需求，可以使用数据挖掘法进行研究。在他们收集了大量的购买数据、意见反馈、社交媒体数据等之后，对数据进行预处理和特征提取。然后，使用机器学习算法和统计学方法建立一个购买行为预测模型，该模型可以预测消费者的购买偏好和需求。例如，某个消费者最喜欢购买什么类型的产品，什么价格区间的产品最受欢迎，等等。接着，对建立的模型进行评估，检测其准确度和可靠性。最后，将结果可视化，使其易于理解和使用，为企业提供决策支持和指导，如推出针对不同消费者群体的个性化商品推荐和营销策略。

7.1.2 引导需求

1. 需求引导概述

引导消费是一种以创新技术和知识为核心的营销模式，其目的是通过挖掘潜在需求并开发新产品，然后通过营销活动引导、丰富和提高消费者的消费观。这种营销模式基于科学消费，考虑到经济、文化等因素，以消费者的身心健康和未来发展为评价消费是否合理的依据，并将其运用到生活的各个方面。

引导消费对于企业和消费者来说是一种双赢的模式。企业因为重视对消费者的引导而能更好地开拓市场，抢占先机；消费者则可以较早地体验新产品和服务带来的好处。

然而，引导消费也有其独创性和风险性。其独创性使得后来者难以复制前人的方式，无法直接套用过去成功的经验，这给需求创造带来了风险。因此，不成功的“引导”也是未来创新经验的积累，而仅仅采取跟随者策略满足消费者现有需求，则很难在市场上占据优势。

需要注意的是，引导消费不同于“引诱”消费者消费。引诱仅仅是为了扩大自身销售市场而忽视了消费者的需求是否被满足、售后是否满意，或者有没有重复购买等重要问题。因此，在引导消费的过程中，必须要重视消费者的利益和需求，才能够获得消费者的信任和支持。

2. 需求引导原因

在如今创新周期缩短的环境下，企业需要加速创新并推广新产品，但很多新产品在市场上未得到广泛认知，因此难以创造出需求。这一问题在高技术行业尤为明显，因为消费者无法准确描述未来技术或需求的趋势，所以难以正确理解创新产品。为了克服这一难题，企业需要引导消费者，以便获取用户和扩大市场。消费者可以在这个过程中学习新的消费知识和消费习惯。由于真正的新技术创造的需求往往是消费者尚无法理解的，因此这个阶段的调研对于获得有价值的意见效果有限。

因为消费者对自己的需求并不完全了解，从而导致企业难以跟进消费者需求的变化。因此，企业应该采取主动引导的策略，促进消费者需求的创造和扩大。事实上，消费者的需求是随着科技进步不断变化和发展的，而这些需求的变化可以通过引导来实现。当在经济支持下，从较低层次到较高层次的需求发生突变和飞跃时，这些需求都有机会成为市场需求。因此，企业应该不断地了解和引导消费者的需求变化，以实现市场的发展和持续增长。

但是，消费者的喜好是不断变化的，即使他们能够清晰地描述自己的需求并且企业可以获取这些信息，也无法确定他们的需求何时会发生变化。因此，企业只有追求领先市场的发展，才能够保持竞争优势。最好的方法是通过创造需求、引导消费者的消费行为，从而引领市场趋势，实现市场主导地位。这样，企业就能够掌握市场主动权，提升市场占有率。

3. 需求引导方法

企业应该根据自身资源的情况来构建营销体系，将各种要素有机地结合起来，以产品特性和用户画像为基础，在不同维度上灵活地选择最有效的营销策略来引导消费、拓展市场并占据领先地位。企业可以针对产品特点和用户需求，选择最佳的营销策略来满足消费者需求，以达到营销目标。因此，需求引导主要可以通过两个方向来实现：产品和价值观。

1）产品

企业开展产品策略需要满足三个前提条件：创新、引导和市场。创新是指企业不仅需要开发满足潜在需求的新产品，还需要超越竞争对手，做到独一无二，成为市场领导者。然而，消费者对自身需求的不了解，加上市场上诱人的广告，使得即便企业准确预测了潜在需求，也可能难以开拓市场并实现变现。因此，企业需要主动引导消费者朝更高层次的需求发展，并在开发新产品的同时拓展市场，以避免在市场饱和时失去竞争优势。最后，企业需要随时掌握未来市场的动态，并进行分析和反应，以在竞争力丧失前锁定未来的潜在需求，并将竞争优势转移到新领域，通过技术和人才优势支持创新和引导消费者需求。

2）价值观

消费者的选择反映了其生活方式和价值观，企业可以通过引导消费者的价值观和生活方式来开拓新的需求和市场。营销活动不仅仅是商业行为，更是与消费者沟通的机会。企业不仅要引导消费者购买产品，还要通过宣传推广，引导消费者建立科学、合理的消费观念和价值观念。在这种策略下，企业的角色不再是单纯地提供产品使用价值的供应商，而是转变为领导者，传递新的价值观念，创造全新的生活和生产方式，为消费者提供更多的价值思维。

7.1.3 创造需求

1. 需求创造的概念

在经济发展的进程中，企业必须建立创造需求、引导消费的营销意识。这是一种必然趋势，因为创造新的市场需求对于企业的发展至关重要。为了开拓新市场、丰富消费者的选择，企业需要利用科学技术挖掘消费者没有意识到的消费需求，并开发新的产品。挖掘潜在需求有两种方式。一种是因为产品尚未出现、产品质量参差不齐或是缺乏购买力等，即便消费者已经意识到自己的需求也无法实现。另一种是超出消费者认知范围的需求。为了引导消费，企业需要采取两种策略。一种是为消费者提供产品、服务和企业的相关信息，促使消费者购买；另一种是以宣传、灌输等方式向消费者传递产品、服务或企业本身的概念，从而促进消费者对产品、服务及技术的购买，提升对企业的认知水平以及满足自身的需求，进而达到刺激消费者需求的目的。尽管传统的营销理念能够直接满足消费者的现实需求，但是在红海市场里面面临着激烈的竞争风险。如果企业能够精准地挖掘出消费者的潜在需求，那么当这些潜在需求转化为现实需求时，企业就能够避免不必要的竞争，进入前景辽阔的蓝海市场。

而随着可选择商品的增加，各个消费者细分群体渐趋缩小，市场难以被少数企业垄断或长时间占据主导地位。在这样的形势下，传统的被动、机械化的营销模式已经失效，企业因为赶不上市场需求的变化而疲于奔命。因此，企业应该主动洞察偏好不同的各类消费者需求，引导消费者和消费流行趋势。

2. 需求创造的过程

需求创造的核心围绕消费者需求的变化，这种变化随着社会发展、科技进步、经济发展等多种因素而变得更加多样化。为了适应消费者的需求，企业必须不断地进行产品迭代、更新和再创造。与此同时，产品创新的周期越来越短，传统的市场调查方法已经不能满足消费者需求迅速变化的需求。市场调查是企业了解并开展消费者需求研究的重要手段，如果要达到有效的目的，消费者自我陈述的调查方式尤为关键。这要求受访者对该产品技术和市场有一定的认知与见地，并能够充分描述自己未来可能的需求，否则市场调查就是徒劳的。

因此，在具备广泛、深入的市场调研能力基础上，企业还需要掌握消费者需求发展趋势的能力。潜在需求通常与现实需求密切相关，因此，企业需要不仅掌握传统的市场调查技术，还要能够准确分析问题。由于消费者很可能没有意识到或难以表达潜在需求，所以借助创新思维，能够通过个体拥有的信息预估未来的普遍需求，从而理解问题的本质，才能挖掘消费者的需求。

市场环境的变化多端，再加上消费者自身的认知能力、生活方式、文化背景等影响，导致很多消费者难以意识到自己的需求或难以描述清楚，同时他们所表达的需求可能会受到知识和经验的影响而出现偏差。在这种情况下，企业需要承担对消费者的教育和培训责任，帮助他们更好地认识自己的需求。

为了提高消费者素质和意识，企业可以通过消费者教育和消费文化创新两种途径来帮助消费者完善自己的认知。

消费者教育是指企业有计划、有组织地向目标消费者传授消费知识和技能，培养他们正确的消费观念和习惯，以此来促进科学消费。在当前的市场竞争加剧、科技进步和产品更新迭代加速的环境下，消费者教育对企业的重要性日益凸显。消费习惯的形成受到多种因素的影响，其中文化因素对消费者购买行为的影响最为显著，是区域和阶层需求差异的关键因素。然而，消费者的价值观、消费观念甚至风俗习惯都不是一成不变的，它们会随着时间和环境的变化而发生变化。因此，企业在推出新产品遇到困难时，除了适应当地文化，还可以通过消费文化创新来影响和改变消费者的生活方式、消费习惯和价值观，进而提高消费者对企业产品的接受度。

7.2 需求分析

7.2.1 历史行为分析

1. 中国居民消费的历史变迁

随着中国改革开放的开启，中国经济开始逐步走向市场化和国际化。这个过程中，中国居民消费需求经历了深刻的变革。从最初的基本生活需求到如今的高品质、多样化、个性化的消费需求，中国消费者的需求结构不断演进（图 7-2）。

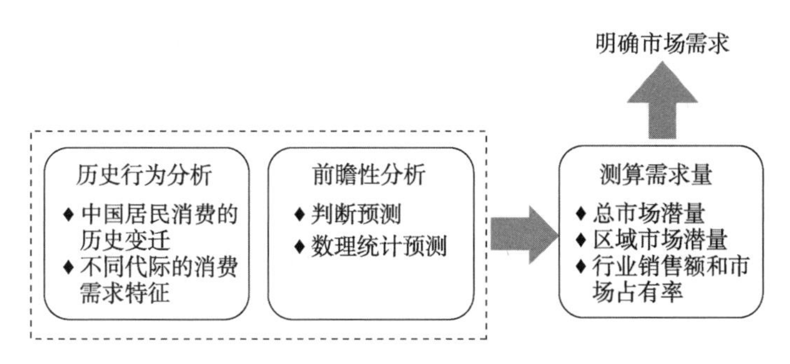

图 7-2 需求分析概念图

中国居民消费自改革开放以来的历史变迁阶段如下。

1）1979 年至 20 世纪 90 年代初期

这个时期是中国改革开放的初期。人们开始追求更多元化的消费选择，但消费依然是以生活必需品为主，消费者在选择商品和服务时较为谨慎，衣物、食品、住房是居民主要的消费需求。随着城市化进程的推进，居民对住房的需求日益增加，特别是在大城市。

这一时期，由于经济发展水平相对较低，大部分消费者购买力不强，因此他们更倾向于购买价廉物美的商品。此外，从“结婚三大件”可以一窥这个时期的消费需求发展状况。20 世纪 70 年代，中国家庭结婚要求的“三大件”是手表、自行车、缝纫机，而到了 80 年代，“三大件”已经变成了彩电、电冰箱、洗衣机。

2）20 世纪 90 年代中期至 21 世纪最初十年

1997 年在亚洲金融危机的影响下，我国经济虽面临较大增长压力，但在一系列宏观调控政策的作用下，基本实现了“软着陆”。特别是推出了一系列启动内需的刺激政策，在居民生活收入水平仍在稳步提高的支撑下，居民消费呈现加快增长的态势。1998 年，我国进入了住房分配货币化阶段，购买商品房成为我国居民，特别是城镇居民消费生活中的一大领域。汽车消费也日益兴起，汽车销售呈现爆发式增长。与此同时，教育制度改革、社会保障制度改革等都给居民生活带来了重大影响。

这个时期，中国经济开始呈现高速增长态势，中国居民消费需求真正开始多元化，居民的收入和购买力开始逐步提高。随着经济社会发展的深入，消费者需求开始从基本的生活需求向高品质、多样化、个性化的消费需求转变。消费者开始更多地关注生活质量和品牌，开始对于高品质、高档次的商品和服务有所憧憬。在这个时期，人们开始更注重生活品质、娱乐、旅游等领域的消费需求，特别是在城市中心区域的高端消费市场。

3）21 世纪最初十年中后期至 21 世纪 20 年代

这个时期是中国经济高速增长时期，也是消费者需求的转型期。消费者对购买新兴科技产品、绿色环保产品、高端消费品、互联网消费等的需求逐步增加。随着城市化进程的不断加速，消费者对教育、医疗、养老等方面的需求也日益增加。同时，随着互联网和移动支付的普及，消费者对消费体验和便利性的需求也逐渐提高。此时，消费者开始追求与消费品牌和服务商的互动，注重消费的社交性和体验性。

4）2020 年至今

这一时期，中国消费市场的需求结构发生了一些变化。在线上、线下相结合的模式下，消费者也更多地关注健康和安全问题。与此同时，新兴科技和数字经济在中国的快速发展，也带动着人们对智能家居、数字娱乐、互联网金融等的需求。总体而言，中国消费者对高品质、多样化、个性化、绿色环保、健康安全等方面的需求日益增加。

2. 不同代际的消费需求特征

根据国家统计局《中国统计年鉴 2022》的数据，截至 2021 年年底，中国总人口数约为 14.94 亿人。50 岁以上总人口数约在 5.34 亿，占比 35.76%；35～49 岁总人口约 3.22 亿，占比 21.54%；25～34 岁总人口约 2.2 亿，占比 14.71%；15～24 岁总人口约 1.57 亿，占比 10.49%。

1）"60 后"消费需求特征

"60 后"消费者包含大量六七十岁的已退休老人，子女已成年，没有太过沉重的下一代负担，可以享受人生。这一代的消费者基本上一辈子节俭生活，非常注重性价比。

2）"70 后""80 后"消费需求特征

"70 后""80 后"消费者年龄都在 35 岁以上，处在收入的高峰期，消费能力和生活负担都处在巅峰，同时也赶上了中国经济大发展，成长阶段的消费环境促使他们形成了注重家庭生活，在意品质和品牌的消费心理。

3）"85 后""90 后"消费需求特征

"85 后""90 后"年龄都已在 25 岁以上，他们更加注重品质、注重品牌、注重感受、注重生活质量，此外，他们的冲动型消费增加，计划性消费减少，平时的社交消费比例较高。

4）"95 后""00 后"消费需求特征

这一代人更关心满足自己的兴趣和个性方面，如玩具、虚拟商品（音乐、游戏等）、电子产品、个人兴趣类商品等。

7.2.2　前瞻性分析

对未来需求量的预测建立在过去和现在的需求基础上，可通过科学的预测方法进行前瞻性分析，来推测未来需求的发展。其可靠性主要取决于预测的方法，主要包括主观判断预测与数理统计预测两类方法。

1. 主观判断预测

主观判断预测又称为直观预测，是由预测者依靠个人经验与综合分析能力对需求的变化发展做出预测判断的一种方法，主要包括购买者意图调查法、销售人员意见综合法、经理人员评判法、专家意见综合法等。判断预测法简便易行，耗时少、费用低，常用在统计数据和原始资料不足的情况下。

1）购买者意图调查法

购买者意图调查法主要用于企业用品、耐用消费品，即那些要求有先行计划的产品。特别是在组织购买市场上，运用购买者意图调查法所获得的估计与实际结果相比，误差一般都在 10%以内。购买者意图调查法一般采用抽样调查，通过口头或书面询问的方式，直接了解购买者目前和未来的个人财务状况、购买意图等内容。

2）销售人员意见综合法

销售人员意见综合法是由销售人员分别预测未来一定时期内各自负责的区域或项目的需求量，然后由主管人员加以综合汇总、检查修订后得出最终预测的方法。这种预测有一定的准确性，但这并不意味着预测结果就十分准确可靠。例如，某销售人员可能是天生的乐观者（或悲观者），可能由于最近的销售成功（或受挫）而瞒报需求以降低自己的销售压力，更可能因不了解地区经济发展趋势和影响销售的因素而影响估计的准确性。

3）经理人员评判法

经理人员评价法是由企业富有权威的高级主管人员根据自身经验与知识进行主观

判断，通过交流与讨论，最终获得一个比较一致的意见的预测方法。但由于预测者来自不同的部门，拥有不同的预测角度，往往较难获得一个意见比较一致的预测值。即使该方法主要用于评价和调整下级或专业人员的需求预测结果，也因为预测者的角色、所背负的销售任务与政策目标的差异，而不易被下级或专业人员接受。

4）专家意见综合法

专家意见综合法是有关专家对需求集体做出预测的方法。专家意见综合法存在集体讨论、个人预测综合等多种形式，专家的专业背景与人选是决定预测结果的关键，专家通常包括经销商、供应商、营销顾问和行业协会等。

2. 数理统计预测

数理统计预测是借助经济理论和数理统计分析模型来进行需求预测，常用于数据资料比较充分的条件下，具体包括时间序列预测法、相关分析预测法等，下文仅简单介绍，具体可参阅有关数理统计的专业书籍。

1）时间序列预测法

时间序列预测法的特点是把需求量作为时间的函数，在假定未来一定时期内影响需求的各种因素不变的情况下，将时间序列按照分析得来的数量关系加以延伸，即可获得需求预测值。具体方法有简单平均法、移动平均法、指数平滑法和季节指数法等。

2）相关分析预测法

相关分析预测法是在掌握历史资料的基础上，通过一系列统计分析，发现影响未来需求的客观因素及其影响的数量关系，进而对未来一定时期内的需求做出预测，具体有一元线性回归预测、多元线性回归预测、非线性回归预测等方法。相关分析预测法的可靠性与可行性主要受到5个方面的限制：观察值数量、变量之间关系的复杂度、预测时对数据处理是否违背正态分布假设、预测变量对自变量的反作用、未估计到的新变量。

7.2.3 测算需求量

1. 市场需求量与市场潜量

1）市场需求量

从“测算”需求量的角度看，市场需求量指的是在一定市场范围内，消费者对某种商品或服务的需求总量。市场需求量是由许多消费者个体的需求量之和构成的，反映了市场中对某种产品或服务的总需求水平。它通常受到多种因素的影响，如市场价格、消费者收入、市场竞争、市场营销等因素。市场需求量的变化会直接影响到企业的销售收入和市场份额。因此，了解市场需求量的变化和特点对于企业制定市场营销策略和决策具有重要意义。

市场需求量 = f（环境、营销促进、时期、区域、客户……）

自然环境、文化背景、技术进展、经济状况等，统称为环境；企业、行业以及相关行业对客户施加的影响和效果称为营销促进；时期通常指某一年，有时也可指季度、半年或5年；区域一般以大洲、国家、行政区域为单位；消费人群称为客户。时期和区域往往是确定的。然而，环境及其影响具有很强的变化性，这是导致需求量计算误差的主要因素（详见第 6 章的背景分析）。营销促进对市场需求总量具有一定的短期和局部作用，但主要是影响企业需求量，即市场需求总量在各竞争企业之间的分配——市场份额。

2）市场潜量

市场潜量是指在一定时间和空间范围内，某种产品或服务在市场上所能够达到的最大需求量或潜在市场规模。市场潜量是指市场的最大容量，它反映了市场的总需求。市场潜量对企业的意义非常重大，它可以为企业提供一个合理的市场预期和目标，帮助企业评估市场潜力和市场规模，确定市场份额和销售目标，并作为制定市场营销策略和决策的重要依据。企业如果能够准确地估计市场潜量，就能够更好地选择目标市场和目标客户，并在产品设计、价格定位、促销活动、渠道选择等方面进行针对性的决策，提高企业的市场占有率和销售收入。

需注意，市场潜量并不是一成不变的，它会随着时间和市场环境的变化而发生变化。因此，企业需要时刻关注市场动态和变化趋势，不断更新对市场潜量的估计和预期，及时进行市场调整和策略调整。

2. 估计当前市场需求量

1）总市场潜量

某行业中全部企业在一定时间段内、一定环境下集中力量，可能实现的最大销售量即是总市场潜量。测算公式为

$$Q = nqp$$

式中，Q 是总市场潜量；n 是产品购买者数量；q 是单一购买者的平均购买量；p 是单位产品平均价格。

2）区域市场潜量

为了将营销资源进行合理化配置，确定企业打算进军的最佳经营区域，在测算完成总市场潜量之后，需要将各地区的市场潜量进行正确测算。常见的有市场累加法和购买力指数法。

市场累加法是通过对一个区域内各个市场的潜量进行累加，来估算该区域总的市场潜量。具体步骤如下。首先确定研究区域，即明确研究的区域范围，如一个城市、一个省份或一个国家；其次识别市场细分，即将研究区域划分为不同的市场细分，如按产品类型、消费者群体或地理位置等；再次确定每个市场的市场规模，即通过市场研究或数据分析等手段，估算每个市场的市场规模；最后累加市场规模，即将每个市场的市场规模进行累加，得到整个区域的市场潜量。

购买力指数法是通过比较不同地区的购买力水平，来估算该地区的市场潜量。具体步骤如下。首先确定研究区域，同市场累加法一样；其次确定参考地区，即选择一个或多个具有代表性的地区作为参考，如全国平均水平或周边地区；再次计算购买力指数，即根据参考地区和研究区域的消费支出数据，计算研究区域的购买力指数。购买力指数可以理解为研究区域相对于参考地区的消费支出水平，通常以 100 为基准；最后估算市场潜量，即将参考地区的市场潜量乘以研究区域的购买力指数，即可估算研究区域的市场潜量。

3）行业销售额和市场占有率

企业为确保赢得优势竞争地位，必须制定恰当的营销策略。为了达成这个目的，企业要对自身居于市场的地位拥有准确认知，并且及时锁定竞争者，同时准确评估它们的销售额。所以，掌握全行业的销售额并明晰自身市场占有率相当重要。

行业销售额的估计方法大体上有以下三种。

①寻找行业研究报告，如高德纳、弗雷斯特研究公司（Forrester Research）、国际数据公司（International Date Coporation，IDG）等发布的报告。这些报告通常会提供行业数据和趋势分析，包括市场规模、增长率、市场份额等。

②调查竞争对手。了解竞争对手的业务和市场规模，根据竞争对手的营收、销售量和市场份额等数据，推断出行业销售额的大致范围。

③参考公开数据。参考公开的行业数据，如政府发布的经济数据、咨询公司发布的行业报告等。

估计企业市场占有率同样有三种方法。

①调查客户。了解客户的需求、偏好、购买力和购买行为等，以此推断出市场份额。

②分析竞争对手。了解竞争对手的市场份额、产品定位、价格策略、销售渠道等，以此评估自己的市场占有率。

③使用市场调研。通过市场调研的方法，收集客户和潜在客户的反馈，了解竞争对手和自身在市场中的地位。

7.3 数据调研可靠性

7.3.1 特征工程

特征工程是机器学习和数据挖掘领域中的一项重要任务，其目的是通过从原始数据中选择、提取和转换特征，来创建可以输入机器学习算法进行训练的高质量数据集。特征工程在数字营销中起着至关重要的作用，通过选择、提取、变换和生成特征，可以构建高质量的数据集，提高模型的准确度和泛化能力，从而实现更精准、更高效的数字营销策略（图 7-3）。

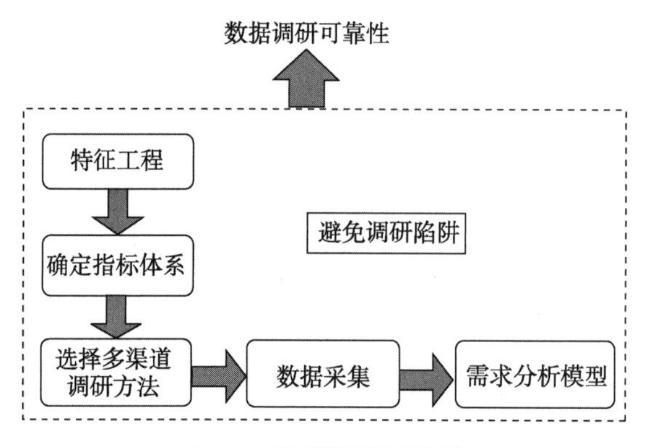

图 7-3 数据调研可靠性

1. 数据预处理

在提取特征之前，需要对所用数据进行预处理，确保数据的可用性。

1）缺失值处理

实际上，我们收集到的很多数据都是存在缺失值的。比如，某个视频缺少总时长。对于用户属性数据来说，很多用户可能也不会填写完备的信息。一般缺失值可以用平均数、中位数、众数等填充，或者直接将缺失值当作一个特定的值来对待，也可以直接将包含错误值的数据样本行或列删除。还可以利用一些复杂的插值法，如样条插值等来填充缺失值。如果缺失比例或错误比例过高，就需要考虑数据源本身是否存在问题。

2）归一化和标准化

由于量纲不一样，不同的特征数值可能相差很大，直接将这些差别极大的特征导入模型，会导致数值小的特征根本不起作用。一般我们要对数值特征进行归一化或标准化处理。

归一化方法有 min-max 归一化、分位数归一化、正态分布归一化、行归一化等。min-max 归一化是最常用的归一化方法，即求该特征样本的最大值和最小值，可采用如下公式来进行计算，归一化后所有值分布在 0 至 1 之间。

$$\chi' = \frac{\chi - \chi_{\min}}{\chi_{\max} - \chi_{\min}}$$

标准化具体计算方法如下：首先计算得到当前特征的平均值和标准差，然后将原始特征值先减去平均值，再除以标准差，最后将特征值统一映射到标准正态分布中。

$$\chi' = \frac{\chi - \mu}{\sigma}$$

3）异常值与数值截断

对于数值型特征，可能会存在异常值，包括异常大和异常小的值。在统计数据的处理中有所谓的 3σ 准则，即对于服从正态分布的随机变量，该变量的数值分布在（$\mu-3\sigma$, $\mu+3\sigma$）中的概率为 0.9974，这时可以将超出该范围的值看成异常值，采用向上截断（$\mu-3\sigma$）和向下截断（$\mu+3\sigma$）的方法来为异常值赋予新的值。如果异常值所占样本比例非常小，也可以直接将包含异常值的样本剔除掉。在部分真实业务场景中，算法模型用到的特征非常多，虽然每个特征的异常值很少，但是如果特征总数很多，包含异常值的样本（只要包含某一个异常值的都算异常样本）总数可能也会很大，所以直接剔除有时是不合适的。

4）非线性变换

如果某个属性不同值之间的差别较大（如年收入），或者想让模型具备更多的非线性能力（特别是对于线性模型），需要对特征进行非线性变换。比如，为值取对数（值都是正的情况下）作为最终的特征，也可以采用多项式、高斯变换、logistic 变换等方式转化为非线性特征。前文提到的分位数归一化、正态分布归一化其实都是非线性变换。

2. 特征构建

所谓特征构建是指从原始数据中提取特征，将原始数据空间映射到新的特征向量空间，使得模型在新的特征空间中能够更好地学习数据中的规律。下面分别基于前面提到的两类重要的特征来介绍从原始数据中构建相关特征的方法。

1）离散数据

离散数据是非常常见的一类特征，用户属性数据、标签属性数据中就包含大量的类别特征，如性别、学历、视频类型等。对于离散特征，一般可以采用如下几种方式进行编码。

（1）one-hot 编码。one-hot 编码通常用于类别特征，如果某个类别特征有 k 类，我们为这 k 类固定一个序关系（随便什么序关系都可以，只是方便确认某个类在哪个位置），那么可以将每个值映射为一个 k 维向量，其中这个值所在的分量为 1，其他分量为 0。使用该方法时，如果类别的数量很多，特征空间会变得非常大。在这种情况下，一般可以用 PCA 等方法进行降维。对于标签这种类别特征，这时 one-hot 编码可以拓展为 n-hot 编码。

（2）散列编码。对于有些取值特别多的类别特征，使用 one-hot 编码得到的特征矩阵非常稀疏，如果再进行特征交叉，会使得特征维度呈爆炸式增长。特征散列的优势在于实现简单，所需额外计算量小。降低特征维度，也能加速算法训练与预测，降低内存消耗，但代价是通过哈希转换后学习到的模型变得很难检验（因为一般哈希函数是不可逆的），我们很难对训练出的模型参数做出合理解释。

（3）计数编码。计数编码就是将所有样本中该类别出现的次数或者频次作为该值的编码，这类方法对异常值比较敏感，也容易产生冲突（两个不同类别的编码一样，特别是对于很少出现的标签，编码值一样的概率非常大）。

（4）离散特征之间交叉。离散特征之间交叉就是类别特征之间通过笛卡儿积（或者笛卡儿积的一个子集）生成新的特征，通过特征交叉有时可以捕捉细致的信息，对模型预测起到很重要的作用。实现类别特征交叉一般要求对业务有较好的理解，具备足够多的领域知识，这样才可以构建好的交叉特征。上文讲的是两个类别特征的交叉，当然还可以做 3 个、4 个，甚至更多类别特征的交叉，两个类别特征交叉最多可以产生的新特征是这两个类别基数的乘积，所以交叉让模型的维数呈爆炸式增长，增加了模型训练的难度。此外，更多的特征需要更多的样本来支撑，否则极容易过拟合。对于样本量不够多的场景，不建议采用超出两个类别的交叉，也不建议用两个基数特别大的类别特征进行交叉。

（5）离散数据与连续数据交叉。我们也可以进行类别特征与数值特征之间的交叉，只不过这种交叉一般是针对某个类别具体值对应的数值特征进行统计（次数、平均值、方差等）这类特征的交叉也需要基于具体业务场景和领域知识来做，否则获得的交叉特征可能无效，甚至导致模型中被引入噪音。对于有序离散数据，我们可以用 0、1、2 等自然数来为它们编码，自然数的大小关系保证了它们之间的序关系。

2）连续数据

连续数据是机器学习算法可以直接使用的数据，一般可以通过如下几种方式来构建特征。

（1）直接使用。机器学习算法是可以直接处理数值特征的，数值特征可以经过前面讲的特征预处理中的部分步骤再灌给模型使用。

（2）离散化。有时连续特征需要进行离散化处理，通常的方法是进行分桶。分桶操作可以看作是先对数值变量的离散化，之后再进行 one-hot 编码。分桶的数量和宽度可以根据业务知识和经验来确定，一般有 3 种分桶方式：等距分桶，即每个桶的长度是固定的，这种方式适用于样本分布比较均匀的情况；等频分桶，即每个桶里样本量一样多，但也会出现特征值差异非常大的样本被放在同一个桶中的情况；模型分桶，即使用模型找到最佳分桶，如利用聚类的方式将特征分成多个类别，或者利用树模型对特征分割点进行离散化，这些非线性模型天生具有对连续特征切分的能力。

分桶是离散化的常用方法，连续特征离散化是有一定价值的：离散化之后得到的稀疏向量运算速度更快，计算结果易于存储。离散化之后的特征对于异常值也具有更强的鲁棒性。需注意：每个桶内都要有足够多的样本，否则不具有统计意义；并且每个桶内的样本尽量分布均匀。

（3）特征交叉。对于连续特征 x、y，通过非线性函数 f 的作用，可将 $z=f(x, y)$ 作为交叉特征，一般 f 可以是多项式函数，最常用的交叉函数是 $f=xy$，即两个特征对应的值直接相乘。通过特征交叉可以为模块提供更多的非线性，可以更细致地拟合输入与输出之间的复杂关系，但非线性交叉会让模型计算处理变得更加困难。

3. 特征选择

特征选择是在数据预处理完成后，筛选真正有价值的特征的过程。特征选择从构建的所有特征中选择出一个子集，用于模型训练与学习。特征选择不仅需要评估特征本身，更需要评估特征与模型的匹配度，评估特征对最终预测目标的精准度的贡献。特征没有最好的，只有跟应用场景和模型合适的。特征选择对于构建机器学习应用是非常重要的一环，它主要有以下两个目的：简化模型，节省存储和计算开销，让模型更易于理解和使用；减少特征数量、降维，改善通用性、降低过拟合的风险。

过滤法是一种常见的特征选择方法。过滤法分为两种，一种是方差筛选法，通过设置方差阈值，过滤掉方差较小的特征；另一种是利用目标相关性判断，即计算特征与标签之间的相关性，主要有以下四种特征相关性的计算方法。

1）皮尔逊相关系数法

输出范围为[−1,1]，0 表示无相关性，负值表示负相关，正值表示正相关。这种计算方法的局限是所计算的特征和标签都要求是数值型的，并且只能检测出线性关系。

2）卡方检验法

卡方检验法的本质是推测两组数据之间的差异，使用 0.01 或 0.05 作为显著性水平阈值，如果返回的 p 值小于显著性水平阈值，则相关；如果返回的 p 值大于显著性水平阈值，则不相关。卡方检验法只能检验离散特征。

3）F 检验法

F 检验法是用于捕捉每个特征与标签之间线性关系的计算方法，既可以检验离散特征，又可以检验连续型特征。返回的 p 值用法与卡方检验法中返回的 p 值用法一致。

4）互信息法

互信息法是用于捕捉每个特征与标签之间任意关系（包括线性关系和非线性关系）的计算方法。互信息法可以返回每个特征与目标之间互信息量的估算值，这个估算值的取值范围为[0,1]。如果估算值为 0，表示两个变量独立；如果估算值为 1，表示两个变量完全相关。互信息法比 F 检验法更强大，F 检验法只能检测出线性关系，而互信息法可以检测出任意关系。

4. 特征评估

所谓特征评估是指在将特征导入模型进行训练之前，事先评估特征的价值，提前发现可能存在的问题，及时解决，避免将有问题的特征导入模型，导致训练过程冗长又得不到好的结果。特征评估是对选择好的特征进行整体评价，而不是所谓的对单个特征重要性的评判。特征评估包括特征的覆盖率、特征的维度、定性分析和定量分析等几种方式。

特征的覆盖率是指有多少比例的样本可以构建出相关特征。对于推荐系统来说，存在冷启动用户，因此对于新用户，如果选择的特征中包含从用户行为中获得的特征（新用户没有用户行为，或者用户行为很少），那么是无法为他构建特征的，也就无法利用模型来为他进行推荐了。

特征的维度衡量的是模型的表达能力，维度越高，模型表达能力越强，这时就需要使用更多的样本量、更多的计算资源和优秀的分布式计算框架来支撑模型的训练。为了达到较好的训练效果，一般对于简单模型可以用更多维度的特征，而对于复杂模型可以用更少的维度。

定性分析是指构建的特征是否跟用户行为冲突，可以拿熟悉的样本来做验证。比如，在视频推荐中，可以根据自己的行为来定性验证标签的正确性。

定量分析是指通过常用的离线评估指标，如精确率（precision）、召回率（recall）、曲线下面积（area under the curve，AUC）等来验证模型的效果，当然，最终需要上线做 A/B 测试来看是否可提升核心用户体验和商业化指标。

7.3.2 确定指标体系

1. 数据指标概述

人类及科学的发展是与时俱进的，早期为了使自然科学的实验及结果更具统一性以及方便标准化衡量，一些标准化的专业指标应运而生。随着人类社会的发展，社会科学也越来越需要统计学来进行事物的衡量，一系列统计学指标也逐步产生。随着新信息技术的发展，数据指标逐步被大众认可为衡量目标的方法。

1）数据指标的定义

数据指标有别于传统意义上的统计指标，它是通过对数据进行分析得到的一个汇总结果，是用于衡量某个特定数据集的关键指数。数据指标需要对业务需求进行进一步抽象，通过埋点进行数据采集，设计一套计算规则，并通过商业智能（business intelligence，BI）和数据可视化呈现，最终能够解释用户行为变化及业务变化。常用的数据指标有页面浏览量、独立访客（unique visitor，UV）等。

2）数据指标体系的定义

体系化的本质是将数据指标系统性地组织起来，具体会按照业务模型、标准对指标不同的属性分类、分层。当然，不同的业务阶段、不同业务类型会有不同阶段的划分标准。

数据指标体系含有十分丰富的统计量。从宏观上看，它是一个相对全面的有机整体；从微观上看，每个数据指标都有其特定含义，反映了某一细节的客观事实。不同的数据指标定义不同，逻辑也不同，这些各种各样的统计量共同构成了数据指标体系，使其产生不可磨灭的价值。

总的来说，数据指标体系是对业务指标体系化的汇总，用来明确指标的口径、维度、指标取数逻辑等信息，并能快速获取到指标的相关信息。

2. 数据指标体系设计原则

1）用户第一

以用户为中心，坚持从用户出发、回归用户。我们应当关注的是用户的需求点是什么，应该设计怎样的功能才能满足用户需求，设计了此功能后用户反馈如何，更新迭代后用户的留存是否有变化，是否更喜欢这个产品。我们要尽可能选取和用户强相关，与价值输出关系密切的指标。至于其他指标，我们暂不用排到最高优先级。

2）典型性

指标体系建设要切实反映业务的变化，这样就可以指导我们改善产品，即把指标细分为可执行的动作，做好了这些就可以从指标上看到业绩的改善。在指标选择的过程中，要尽量选择比较典型和代表性的指标，这些指标能真实反映业务情况。

3）系统性

系统性原则要求我们树立全局观念，立足整体，统筹全局，实现最优目标。在构建数据指标体系的过程中，要多关注指标间的逻辑关系，最终要把所有指标组成一个系统的有机整体。

4）动态性

事物是运动变化发展的，要坚持以发展的眼光看问题。随着产品业务的发展，数据指标体系也是随着需求的变化在不断完善的。在用户生命周期的不同发展阶段，运营关注的指标也有可能会发生变化。

3. 构建数据指标体系的方法与步骤

数据指标体系构建的方法有很多，我们接下来介绍四个常用的模型。

1）AARRR 模型

AARRR 模型即海盗指标法。它是由 500 Startups 创业孵化器的联合创始人戴夫·麦克卢尔（Dave McClure）于 2007 年提出的一套模型分析的方法。AARRR 对应于用户生命周期的五个重要阶段：获取（acquisition）、激活（activation）、留存（retention）、收益（revenue）、推荐（referral）。

获取相当于获客拉新，也是开启产品生命周期的重要一环。用户的来源分为自然流量和非自然流量，自然流量指用户通过非直接付费的渠道来到产品，非自然流量为付费渠道。付费渠道门类复杂，总的来说是通过线上广告投放和渠道投放来获取用户。

激活是指用户开始使用产品，产品的价值开始得到发挥。掌握用户行为数据，便于观察产品的健康程度。这个阶段反映了用户使用产品过程中的一系列行为表现，是产品用户体验的核心所在。

留存是个非常关键的概念，其反映的是产品是否具有吸引力，用户对于产品是否具有黏性，以及现阶段整个产品及用户的数量和质量状况。留存恰恰就是从数据上反映回头客的数量和质量的。

收益即变现，是指通过付费或其他形式实现盈利的阶段，通常需要提供有价值的产品或服务，如订阅、付费会员等。

推荐即产品的自传播阶段，可以反映产品的口碑。好的产品不用通过过多的投放来获客，通过口口相传就能带来激活、留存、营收等的提升。相反，产品口碑做差了，会引发用户大量减少。

2）UJM 模型

UJM 模型全称为 user-journey-map 模型，即用户旅途地图。UJM 模型是用户在使用产品过程中的生命旅程，指用户从首次接触直至下单以及享受产品或服务期间，用户与企业产品或者平台互动的全过程。

AARRR 模型和 UJM 模型都是路径模型，二者原理相似，只是它们出发的角度不一样。AARRR 模型是从产品角度出发的，揭示用户的生命周期；而 UJM 模型是从用户出发的，揭示用户的行为路径，描述了用户进入产品的整个路径流程，即注册、登录、加购、购买、复购。

3）OSM 模型

数据服务于业务才能赋能业务，数据脱离业务就会失去其价值。在建立数据指标体系之前，一定要清晰地了解业务目标，也就是 OSM 模型中的 O（object）。业务的目标就是业务的核心关键绩效指标（key performance indicator，KPI），了解业务的核心 KPI 能够帮助我们快速理清指标体系的方向。了解业务目标之后，就需要制定相应的行动策略，也就是模型中的 S（strategy）。把业务的核心 KPI 拆解到产品生命周期（AARRR）或者用户行为路径（UJM）中，在整条链路中分析可以提升核心 KPI 的点，据此制定行动策略。最后，需要数据分析师制定较细的评估指标，也就是模型中的 M（measure）。评估指标的制定是将产品链路或者行为路径中的各个核心 KPI 进行下钻细分，保证每个细分指标是完全独立且相互穷尽的。

最后，完整的数据指标体系构建流程有以下七个步骤。

（1）需求收集。产品（策划）经理或者运营人员完成产品原型（策划案）或者运营方案，数据分析师根据原型（策划案）或者运营方案提炼数据需求，评估需求可行性并和需求方讨论，修改不合理需求。

（2）需求汇总及排期。数据分析师将数据需求整理成文档，并根据优先级对需求进行排期。

（3）确定指标体系方案。数据分析师以 OSM 模型、AARRR 模型、UJM 模型等作为指导思想，初步确定指标体系建设方案。

（4）确定数据埋点方案。数据分析师根据初步的指标体系建设方案设计埋点方案，同时给出字段命名规范及数据采集方案。

（5）数据采集。在数据采集阶段，数据工程师需要将前后端埋点数据送入数据仓库并进行数据清洗。

（6）搭建指标体系。在搭建指标体系之前，数据分析师需要对入库的数据进行核验，检查数据是否全，数值是否正确。然后，根据指标体系建设方案进行指标体系的搭建及落地。

（7）效果评估。指标体系落地，用于监控业务现状、指导业务决策、定位业务问题，在业务方的不断反馈中逐渐完善整套指标体系。

7.3.3 选择多渠道调研方法

采用多种渠道开展数据调研有利于企业制定科学的营销计划、优化营销组合、开拓新市场。

1. 基本方法

1）访谈法

访谈法是指通过面对面或电话等方式，向受访者提出有关某个产品、服务、品牌或市场的问题，以了解他们的看法、态度、行为和需求等信息的一种调研方法。访谈法通常可以分为以下两种类型。

（1）结构化访谈法。在结构化访谈中，调查员会按照预先设计好的问题序列逐一向受访者提问，以确保每个受访者都回答了相同的问题。结构化访谈法通常被用于比较研究或量化分析。

（2）非结构化访谈法。在非结构化访谈中，调查员会向受访者进行开放式提问，允许受访者自由发表意见和建议。这种方法通常被用于深入了解受访者的观点、感受和需求，以便更好地理解其行为和决策。

2）观察法

观察法是一种市场调研方法，通过直接观察、记录及分析市场相关现象和行为，获取市场需求、行为和趋势的信息。观察法的特点是直接观察市场相关方面的现象和行为，而不需要直接询问受访者或被调查对象。因此，观察法通常被认为是一种客观、真实的数据来源。观察法可分为以下几种类型。

（1）零售商店观察法。通过对零售商店的货架和销售情况进行观察，了解产品的受欢迎程度、价格、包装和销售策略等信息。

（2）竞争对手观察法。通过对竞争对手的产品、价格、营销策略、品牌形象等进行观察，了解市场竞争状况，以便更好地制定自己的品牌策略和营销策略。

（3）产品使用观察法。通过对产品的使用情况、问题、反馈等进行观察，了解消费者的使用需求和习惯，以便改进产品或服务。

（4）环境观察法。通过对市场环境、社会文化、经济政策等进行观察，了解市场变化、趋势、政策等，以便更好地制定产品、服务和市场策略。

（5）网络媒体观察法。通过对网络媒体、社交媒体等进行观察，了解消费者的看法、评价和反馈，以便更好地了解市场趋势和消费者行为。

观察法可以用于补充和验证其他市场调研方法的结果，以及提供更具客观性和真实性的数据。观察法也具有一定的局限性，因为观察者可能会存在主观偏见，而且观察到的现象和行为不一定能够完全反映市场的实际需求和行为。因此，在实际应用中，观察法通常需要与其他市场调研方法相结合，以获得更全面、客观和准确的市场信息。

3）实验法

市场调研中的实验法通常分为两种类型：实验室实验和现场实验。实验室实验通常在受控的环境下进行，现场实验则在真实的市场环境中进行。

实验室实验通常在实验室或虚拟实验室中进行，以控制实验变量并确定其对消费者行为的影响。在实验室实验中，研究人员可以控制和操纵多个变量，如产品价格、产品包装、广告形式、产品功能等。实验对象通常是大学生或社会人士等特定群体，他们会根据实验中给出的产品或者情境来做出反应。通过实验数据的收集和分析，研究人员可以评估不同因素对消费者行为的影响，并确定哪些因素最可能影响消费者的购买行为。

现场实验通常在真实的市场环境中进行，以更好地模拟真实的购买行为和消费者决策过程。现场实验的目的是研究消费者在面临真实购买决策时的行为和决策过程。例如，研究人员可以在商场或超市中设置展位或者小型店铺，销售真实的产品。通过观察消费者在购买决策中的行为和决策过程，研究人员可以更好地了解消费者的购买偏好和决策过程。

4）问卷调查法

问卷调查法是市场调研中常用的一种方法，通过向受访者发放调查问卷，收集和分析数据来探索市场行为和消费者偏好。问卷通常包含一系列问题，旨在收集有关消费者、市场、产品或服务等方面的信息。

问卷调查法有多种类型，包括定性调查和定量调查。定性调查通常包括开放性问题，旨在了解受访者对于某个问题的看法、态度和意见；定量调查则包括封闭性问题，要求受访者从一组固定的选项中进行选择。

5）网络调研

网络调研是一种利用互联网技术和方法，在网上实施调研的方式。相比传统调研方式，网络调研具有更低的人为错误率和更高的效率。通过利用计算机技术进行编程，可以将各种逻辑跳转固定，并实现自动检测答题是否完整，减少人为错误的发生。同时，被访者的答案可以直接收入数据库中，省去了人工录入的步骤。随着互联网技术的发展，网络调研问卷越来越具有互动性，引入更加有趣的题型和答题体验，让被访者的参与度更高，效果也更好。

2. 调研方法的组合

1）先定性，再定量

这种方式通常适用于对被调研人群有相对明确的认知但对所调研的内容了解不多的情况。例如，在针对一款新的运动健身产品进行调研时，调研的对象已经明确了，即健身运动爱好者，但对于新产品能够满足的需求、可能的使用场景和痛点等还没有充分了解。此时就需要先针对目标人群进行定性研究，从个体中收集到尽可能多的意见，然后以此为基础，形成定量问卷，向更广大的健身运动人群进行发放，从而确定各类需求的广度和强度，特别是变现能力，进而确定哪些需求更有商业价值，更有品牌区隔能力，更能引发目标人群的共鸣。在此基础上，可以进行产品定位、设计研发，制定营销策略。

2）先定量，再定性

这种方式往往适用于对品牌或产品所面对的调研对象不甚清晰的情况。此时，需要先摸清重点人群，然后对重点人群进行深入的了解。例如，某旅游公司计划推出一项新的旅游线路，该线路主要针对喜欢户外运动和自然风光的人群。在制定营销策略时，需要了解哪些人群更容易被吸引并参与这项旅游活动。在这种情况下，需要通过规模化的定量研究，了解不同群体对于这项旅游活动的兴趣、消费意愿和旅游预算，然后根据人群规模、消费潜力等进行综合衡量，选择出核心目标人群，再根据这个人群的特征招募被访者，对他们做进一步的深入了解。

3）内部、B 端定性，外部、C 端定量

在多渠道研究中，针对不同的研究对象采用不同的研究方法往往更为有效。对于企业内部调研或者 B 端商务调研，定性研究方式更为适用，因为这些对象的运作通常具有一定的规律和共性。同时，处于职业或商业环境下的个体因其角色定位而在行为和决策方面具有相似性。此外，企业和经销商之间通常存在利益关系，因此这些对象对于调研内容更为敏感，更个体化、更私密的定性研究可以更好地挖掘有效信息。相对于大众群体，这些对象的需求更加个性化。但是，只针对少量群体的定性研究难以准确识别这些需求的规模和强度。因此，需要通过定量研究的方式对多个群体进行全面的分析，以完成对需求规模和强度的准确判断。

7.3.4 数据采集

数据采集是指通过各种手段和工具，从不同的数据源中获取数据，并进行处理和转换，以用于后续的数据分析、挖掘和应用。数据采集是数据科学和数据分析的基础，是从数据源获取数据并将其存储在计算机系统中的过程。在当今数据驱动的时代，数据采集对于企业和机构来说变得越来越重要，因为它提供了数据分析、数据挖掘和机器学习等领域的数据基础。通过数据采集，企业和机构可以获取大量的数据，从而进行深入的分析和洞察，为业务决策提供支持。

当进行数据采集时，首先需要确定需要采集哪些数据，包括数据类型、数据量、数据质量要求等。然后根据数据源和数据格式选择相应的数据采集方法和工具。

1）网络爬虫

网络爬虫是一种自动化程序，可以在互联网上抓取数据。通常使用 Python 编程语言中的 Scrapy 和 Beautiful Soup 等库来开发爬虫程序。网络爬虫的工作原理是先从一个起始统一资源定位系统（uniform resource locator，URL）开始，然后访问该页面，并从页面中提取需要的数据。爬虫程序还会在页面中查找其他 URL，并递归地访问这些 URL。在访问页面时，爬虫程序会模拟浏览器行为，以便能够获取动态生成的内容。

2）数据库

当需要从关系数据库中提取数据时，可以使用 SQL 查询语句。SQL 是一种专门用于管理关系数据库的语言。SQL 查询语句可以从数据库中提取所需数据。非关系数据库也提供了 API 和查询语言来提取数据。例如，可以使用 MongoDB 的查询语言获取 MongoDB 数据库中的数据。在使用数据库时，需要了解数据库管理系统和相应的查询语言。

3）传感器

传感器是一种设备，可以测量环境中的各种数据，如温度、湿度、光线等。传感器常用于 IoT 应用程序中，可以通过传感器 API 收集数据。在使用传感器时，需要了解传感器的类型和相应的 API。

4）文件导入

当需要从文件中提取数据时，可以使用文件导入。文件可以采用多种格式，如 CSV、Excel、JSON 等。使用适当的工具和编程语言，如 Python 中的 Pandas 库，可以轻松地从这些文件中读取数据。

数据埋点是数据采集的一种主动方式，用于在网站或应用程序中嵌入代码，以收集用户行为和数据。通过数据埋点，可以跟踪用户的行为路径、用户转化率、用户行为偏好等信息，帮助企业了解用户需求、优化产品或服务，提高用户体验和业务效益。

具体来说，数据埋点是通过在网站或应用程序的代码中嵌入特定的追踪代码或标签，以记录用户的行为和事件。这些追踪代码或标签会在用户进行特定的操作或触发特定的事件时被触发，从而收集相应的数据和指标。例如，当用户点击某个按钮时，追踪代码就会记录下用户点击的时间、按钮类型、所在页面等信息，将这些数据发送到后台数据库中，供后续分析和应用。

数据埋点的类型基于不同的角度有不同的分类方式。

（1）基于事件类型分类。

①页面事件：通常包括页面的打开、关闭、加载、刷新等事件，以及用户停留时间、滚动深度等行为。这些事件通常用于网站或应用程序的访问分析和用户行为分析。

②点击事件：包括按钮、链接、菜单、图片等元素的点击事件，以及弹出框、下拉框等用户交互事件。这些事件通常用于分析用户行为、转化率和用户体验等。

③表单事件：包括输入、提交、重置等表单操作事件，以及表单数据的校验和验证等。这些事件通常用于分析表单的使用情况和用户行为。

④自定义事件：通常是根据具体业务需求自定义的事件类型，如广告点击、视频播放、购物车添加等事件。这些事件通常用于分析业务的效果和用户行为。

（2）基于数据采集方式分类。

①前端埋点：通过在网页的前端代码中嵌入 JavaScript 代码实现数据的采集和上报，通常可以采集用户行为、页面性能、设备信息等数据。前端埋点通常需要注意性能和安全问题，如代码压缩、异步加载和防止跨站脚本攻击（cross site scripting，XSS）等。

②服务端埋点：通过在服务器端记录用户行为和数据实现数据的采集和上报，通常可以采集用户登录、查询记录等数据。服务端埋点通常需要注意数据安全和隐私保护问

题，如数据加密、访问控制和数据归属等。

③混合埋点：将前端埋点和服务端埋点相结合，实现全面的数据采集和分析。混合埋点可以更加全面地收集和分析用户行为和数据，但需要注意数据的一致性和准确性。

那么如何进行数据埋点呢?

（1）确定埋点目的。确定埋点目的是实施数据埋点的第一步，需要明确为什么要进行埋点、需要收集哪些数据，以及数据将如何用于分析和优化产品或服务。埋点目的通常包括以下几个方面。

①跟踪用户行为，即了解用户在产品或服务中的行为和交互方式，包括访问页面、点击按钮、提交表单等。

②评估产品性能，即监测产品或服务的性能和稳定性，识别并解决问题和瓶颈。

③优化用户体验，即通过收集用户数据来了解用户需求和偏好，优化产品或服务，以提供更好的用户体验。

④改进产品设计，即通过分析用户数据来识别产品或服务的弱点和机会，以改进产品设计和功能。

（2）选择埋点工具。选择合适的埋点工具是实施数据埋点的关键步骤。可以根据埋点目的、数据需求、技术要求等因素选择合适的工具或技术。常用的埋点工具包括以下几种。

①Google Analytics：免费的 Web 分析工具，可用于跟踪网站流量、用户行为和转化率等。

②Kissmetrics：专注于跟踪用户行为和转化率的工具，可用于识别用户行为、绘制用户转化路径和分析用户行为等。

③Mixpanel：针对移动应用程序的分析工具，可用于监控用户行为、跟踪事件和分析数据等。

除了这些第三方工具，还可以自行开发埋点工具，根据需求采用不同的技术和架构，如 JavaScript、Python、Java 等。

（3）识别关键事件。识别关键事件是实施数据埋点的关键步骤，需要确定需要收集的关键事件和操作。关键事件应该与埋点目的相关，并需要考虑事件的优先级和关联性。常见的关键事件包括以下几方面。

①点击按钮或链接：如购买、注册、登录等按钮或链接的点击事件。

②页面访问：记录用户访问页面的事件，如主页、产品页面等。

③表单提交：记录用户提交表单的事件，如注册、联系我们等表单的提交事件。

④下载文件：记录用户下载文件的事件，如 PDF 文件、音频文件等。

⑤视频播放：记录用户观看视频的事件，如点击播放按钮、暂停、停止等。

在识别关键事件时，需要考虑业务需求和数据收集的成本。对于重要的关键事件，可以考虑添加额外的数据埋点，以收集更多相关数据。

（4）设计埋点方案。在确定了关键事件后，需要设计埋点方案，包括以下几方面。

①定义事件名称：为每个关键事件定义名称，以便后续识别和分析。

②确定触发条件：确定触发事件的条件，如点击按钮、提交表单等操作。

③确定埋点位置：确定埋点代码的位置和方式。例如，直接在 HTML 代码中插入 JavaScript 代码，或者通过使用第三方工具将代码注入应用程序中。

④定义数据属性：定义需要收集的数据属性，如用户 ID、事件名称、时间戳、页面 URL 等。

⑤编写埋点代码：根据埋点方案编写 JavaScript 代码或其他代码来实现数据收集。

除此以外，在设计埋点方案时，需要额外考虑以下几个方面。

第一，精简埋点方案，即避免过度埋点和收集无用数据，以减少代码量和数据处理工作量。

第二，标准化事件名称和数据属性，即保持一致的事件名称和数据属性，以便在后续分析中进行比较和汇总。

第三，持续迭代优化，即通过收集和分析数据来识别埋点方案的弱点和机会，持续迭代优化埋点方案。

（5）测试埋点。在编写代码后，需要对埋点进行测试，以确保数据的正确收集和跟踪。

①手动测试：在本地环境中手动测试埋点代码，以验证代码是否按预期工作，并查看收集的数据是否正确。

②自动化测试：使用自动化测试工具对埋点代码进行测试，以减少手动测试的时间和劳动力。例如，可以使用 Selenium 或 Cypress 等测试工具模拟用户操作并验证数据是否正确收集。

（6）发布和维护。完成测试后，可以将埋点代码发布到生产环境中，并定期维护和更新埋点代码。在维护和更新过程中，需要注意以下几点。

①监测数据：监测数据的收集和跟踪情况，识别问题和机会，并对埋点代码进行调整和优化。

②更新代码：定期更新埋点代码以适应新的业务需求和技术要求。

③清理冗余代码：定期清理不再使用的埋点代码，以减少代码复杂性和维护成本。

7.3.5 需求分析模型

市场营销领域的需求分析是市场营销过程中非常重要的一个环节，它是指对目标市场的需求、潜在需求、行为习惯、偏好、心理和态度等进行分析，从而确定市场需求的基本情况，为企业的市场营销策略提供有力的依据。在需求分析的过程中，需要系统地研究和分析目标市场，包括市场规模和趋势、目标客户群体、需求分析和竞争分析等几个方面。而需求分析模型是帮助进行这项工作的高效工具，用以对消费者需求进行识别、优先级排序、量化、验证和监测。

1. Kano 模型

Kano 模型旨在帮助企业了解消费者对产品或服务不同要素的反应，从而根据需求优先级制定市场营销策略。该模型通过消费者对产品不同特性的反应进行分析，将需求分为以下五类。

1）基本要素

这是产品或服务的基本功能，消费者认为这些需求必须得到满足，否则产品无法使用。例如，汽车必须具备基本的安全性能、驾驶舒适性和可靠性等要素，否则消费者不会购买。

2）必备要素

这是消费者必须满足的需求，但他们可能不会明确地提出。如果这些需求得到满足，消费者会感到满意，但如果没有得到满足，他们会感到非常不满。例如，手机的电池寿命和摄像头画质都是必备要素，如果电池寿命太短或摄像头画质太差，消费者会感到非常不满。

3）期望要素

这是消费者期望得到的需求，如果这些需求得到了满足，消费者会感到满意，但如果没有得到满足，他们也不会太失望。这类需求是差异化的关键，可以通过满足这些需求来获得市场份额。例如，汽车的内饰设计和音响效果都是期望要素，如果某一款车型的内饰设计或音响效果比同类产品更出色，消费者就更有可能选择该产品。

4）潜在要素

这是消费者并不知道自己需要的需求，但如果得到满足，会使他们非常满意。这类需求可以通过创新来实现，可以帮助企业获得竞争优势。智能手机的触摸屏技术和语音识别技术在推出之前，消费者并不知道自己需要这些功能，但是一旦得到满足，他们会感到非常满意。

5）无用要素

这些是消费者并不关心的需求，即使这些需求得到满足，也不会给消费者带来任何价值。企业需要避免在产品中浪费资源和时间来满足这些需求。

Kano 模型的目的是帮助企业确定不同要素对消费者的影响程度，以便根据需求优先级制定市场营销策略。企业可以使用 Kano 模型来评估产品或服务的优劣，并确定需要改进的方面。

在使用 Kano 模型时，企业可以采用以下步骤。

①收集需求数据，即企业可以通过市场调查、客户反馈、竞争情报等途径收集消费者对产品或服务不同要素的反应数据。

②将需求数据分析为 Kano 模型，即企业可以将收集到的需求数据分析为 Kano 模型，确定不同要素的需求分类。

③确定要素的影响程度，即企业可以通过调查和实验来确定不同要素的影响程度，以便确定哪些要素是消费者最看重的，从而制定优先级。

④制定市场营销策略，即企业可以根据不同要素的需求分类和影响程度制定相应的市场营销策略，以提高产品或服务的市场竞争力。

需注意，Kano 模型并不是一种简单的工具，企业需要对不同要素进行细致的分析和实验，以便确定要素的需求分类和影响程度。同时，企业需要根据市场竞争情况和消费者需求变化不断地调整和改进产品或服务。

2. 四象限分析法

四象限分析法常用于迭代优化的产品线需求管理，在多个问题点或者下一个版本的迭代计划中，结合产品的核心功能、产品目标或业务指标、用户价值或商业价值、一些问题带来的影响等。按照四象限分析法，可将需求划分为四个象限区域。

①第一象限：急需改进区（重要且紧急）。第一象限内的需求需要马上去做，这样的需求要尽力避免积压。其实在需求处于第二象限时，就应该提前规划并处理好。

②第二象限：竞争优势区（重要不紧急）。第二象限内的是产品规划中需要重点考虑的需求，需要集中精力处理好这个象限内的需求规划。第二象限是最需要关注和投入精力的，要避免将这个象限的需求拖到第一象限。

③第三象限：次要改进区（不重要但紧急）。大部分需求都很紧急，但要保持头脑清醒，能够识别出哪些需求是重要的，哪些是不重要的。对于不重要的需求，能后处理就后处理，能交给别人做的就都交出去。

④第四象限：继续保持区（不重要不紧急）。这个象限内的需求尽量不做。

3. HWM 分析法

HMW 是“how might we”的缩写，即“我们可以怎样”，其中：how 表示假设问题是可以解决的，只是我们尚不知道如何解决；might 暗示现在讨论的想法不用太完美，指出大概有哪些方向即可，问题有无数的解法，我们可以有很宽广的创造空间；we 强调团队的重要性，不是单一成员的努力就可以解决问题，是需要整个团队的力量才行。

HWM 分析法什么时候用？在头脑风暴前可以用 HWM 分析法进行拆解分析；在分析用户反馈的时候可以用 HWM 分析法进行分析；在和领导讨论的时候，可以用 HWM 分析法进行分析。

HWM 分析法的使用步骤如下。

（1）明确用户和问题。明确用户当前亟待解决的问题，透过问题的现象看到问题的本质需求；了解产品的核心价值定位可以帮助企业更好地去理解问题。

（2）拆解问题的方向。

①否定（逆向思维）：如何想办法让用户放弃这个想法。

②积极（发挥积极影响）：如何让用户提升自己来解决这个问题。

③转移（移除消极影响/换其他方案）：如何让其他人解决问题，继而解决这个用户的问题。

④脑洞大开：发散思维，从需求或环境中创造类似的体验，或改变现状。

⑤分解：将大问题拆分成很多小问题。

（3）针对每个 HWM 做方案穷举。通过头脑风暴的模式，列举出能想到的所有可能性打开思路，即先想，不可思议的也可以列出来，后面再做限制。

（4）分类排序。采用卡片分类法，根据用户量、频次、开发难度和见效快慢程度等问题进行评估，对这些需求的优先级进行排序。

4. 价格断裂点（Gabor-Granger）模型

价格断裂点模型是一种市场营销领域的需求分析模型，用于估算消费者对某一产品或服务愿意支付的最高价格。该模型假设消费者的购买决策是基于价格和产品或服务的预期效用之间的权衡，即消费者愿意支付的价格取决于他们对产品或服务的期望价值。

价格断裂点模型通过对潜在消费者进行调查来估算他们愿意支付的价格范围。调查通常包括两个阶段：①调查人员会向受访者展示一系列不同价格的产品或服务，并询问他们是否愿意购买；②调查人员会根据第一阶段的结果，逐步缩小价格范围并再次询问受访者是否愿意购买。

通过这种方式，价格断裂点模型可以估算出消费者对产品或服务的最高价格，即所谓的“最高付款意愿”（maximum willingness to pay）。该模型还可以计算不同价格下的购买概率，从而帮助企业制定最佳价格策略。

需注意，价格断裂点模型只能在一定程度上反映消费者对产品或服务的实际需求，因为消费者在调查中提供的信息可能会受到各种因素的影响，如调查方式、问卷设计、样本选取等。因此，在使用该模型时，企业需要结合其他市场研究工具和实际情况来制定最佳的市场营销策略。

7.3.6　避免调研陷阱

市场数据调研是制定市场营销策略的关键步骤之一，可以帮助企业了解消费者的需求、行为和偏好，以便更好地满足其需求。然而，调研中存在一些潜在的陷阱，如果不加注意，可能会导致调研结果失真，从而影响企业的决策。因此，在进行市场调研时，企业需要注意避免调研陷阱，确保调研结果的准确性和可靠性。

1. 调研对象错误

调研对象错误主要表现为调研对象与调查目的不一致，这非常好理解。比如：你想做一款为富豪提供专属有机蔬菜的产品，去调研楼下菜市场的顾客，就没有多少意义；企业对儿童产品进行调研，如果以儿童作为被调研象，从表面看并没有错，但实际上是错的，因为儿童虽是消费对象，但家长是购买的决定者。

为避免此误区，在开始调研之前，需要明确调研目的，确定调研需要回答的问题是什么。只有明确调研目的，才能选择合适的调研对象。

2. 问卷设计存在缺陷

大数据更多采集的是行为数据，如果要拿到态度数据，还是要靠问卷问问题的方式。在用问卷收集数据时，如何问对问题就很有讲究了。

有时候一些机构或商家，为了得到自己想要的数据“证据”，会刻意提出有偏颇的问题；也有些时候是写问题的人没有好好站在被调查者的角度去思考和设计问题，结果付出大量努力，但获得的数据是无效的。比如以下几种情况。

1）问题诱导

在市场调研中，问题的导向可能会影响调研结果的准确性。如果问题设计不当，可能会引导被调查者做出不真实或不完整的回答。为避免这种陷阱，调研人员需要设计中立、清晰、明确的问题，避免引导或误导被调查者的回答。

2）社会期许

还有一种情况，即虽然问题中没有明显的正面诱导词，但是人人都是有点虚荣心的，人们更倾向于向他人展现正面形象，所以在回答问题时，更倾向于申报“良好行为”来符合社会的期望。即使在匿名环境下，人们也倾向于选择正面的答案。比如：对于“你在公共场合抽烟的频率如何？”这样的问题，很多人给出的答案比实际低；对于“你帮助别人的意愿有多强？”这样的问题，很多人给出的答案比实际高。

3）选项设限

这种情况就是设置问题的人可能站在自己的角度编制选项，但是被调查者看了选项后没办法回答。比如，调查是问“你平时锻炼的频率是怎么样的”，然后选项有“从不”“每周不到30分钟”“每天30分钟”，如果你每周锻炼30分钟要选哪个？另外每个人对锻炼的定义也不同（遛狗算不算锻炼）。这样的问题可能会让被调查者被迫选择一个不准确的答案，最后得到的结果自然也有偏差。

问错问题和设错选项并不少见，也不是只有这三种情况。所以无论是看别人的数据报告，还是企业自己做问卷，都需要注意问的问题是不是客观无偏向，选项是不是合理。

3. 颠倒企业与消费者的责任

当前许多针对消费者的调研，把企业决策和创造创意的责任转嫁给了消费者。消费者的看法的确需要得到重视，但企业绝对不能把对消费者进行需求调查“魔改”成向消费者请教企业下一步该如何是好，因为消费者有时是不能正确表达出自己的实际需求的，而是需要企业去准确识别与提取。

这种情况在创意测试方面特别普遍和突出。这些调研让消费者去做一些企业决策者的抉择问题，消费者永远只会站在自己的利益立场去思考问题，而企业不一样，企业要考虑企业利益和市场利益，立场位置不一样，问卷的答案肯定就不准确。

4. 数据分析误区

市场数据调研所得到的数据需要进行科学的分析和处理，否则就会产生误导性的结论。其表现主要如下。

1）选择性偏差

数据分析师倾向于分析那些与他们假设或期望相符的数据，而忽视不符合预期的数据。这会导致数据分析的结果不够全面，不能完全反映市场的真实情况。

2）样本偏差

数据分析师在分析数据时可能会忽略样本的多样性，导致分析结果不够准确。例如，数据分析师只采用一种调研方式或只针对特定人群进行调研，而没有考虑到市场中其他重要的因素和人群。

3）数据处理不当

数据分析师处理数据时可能会犯错误，如忽略异常值、进行错误的数据清理、忽略数据的时间序列等，这些都会影响数据分析的结果。

4）结论过度推广

数据分析师很容易过度推广他们的结论，如基于少量数据就得出了普遍性结论，这会导致决策者做出错误的决策。

为避免这种分析陷阱，需要做到以下几点：选择多种数据来源，以确保数据的全面性和准确性；确保样本的多样性，在采集样本时考虑到市场中的多种因素和人群；确保数据处理的准确性，对数据处理过程进行反复检查，确保所有数据都被正确处理，排除任何错误或异常值；基于可靠数据做出结论；不要过度推广结论；如果数据量太小或不够可靠，应该提供更多数据或进一步研究以支持结论。

7.4　案　　例

Keep 抓住用户健身需求

2015 年 2 月 4 号 Keep App 上线，上线 8 天用户突破 100 万，上线 68 天用户突破 1000 万，上线 921 天用户突破 1 亿。2016 年 1 月，Keep 被苹果应用程序商店（App Store）评为 2015 年度精选应用；2016 年 3 月，Keep 被预装到大中华区苹果零售店内 iPhone 样机。截至 2019 年 2 月 14 日，Keep 排 iOS 免费榜第 153 名、健身健美类第 2 名；排 iOS 畅销榜第 199 名、健身健美类第 1 名。

Keep 定位运动科技公司，通过内容与数据驱动运动科技生态，为用户提供贯穿线上、线下的自由运动场。公司专注运动健身专业生成内容（professional generated content，PGC），持续拓展运动类型，致力于为用户提供健身教学、跑步、骑行、交友、健康饮食指导、装备购买等一站式运动解决方案，积极探索更多运动相关场景覆盖，打造引领生活方式的运动品牌。公司成功抓住“健身小白”用户痛点，擅长用小白的语言与用户交流，成为健身健美领域头部 App。公司瞄准数量众多的零基础“健身小白”用户，解决用户没时间去健身房、健身房费用高、无健身器械、无私教指导、健身攻略质量参差不齐等痛点，根据用户健身场景、目的、器械的不同，提供多样化训练计划，健身专家把控内容质量，所有健身动作均配有真人同步训练视频、标准动作演示与精确语言描述，单次训练约 10～20 分钟，低门槛帮助小白用户快速入门。

Keep 公司构建强大数据中心，为用户提供定制化健身内容，构建竞争壁垒。公司数据中心对用户的运动数据信息进行准确记录，继而得出相对应的专业分析汇报，最终获知其完整的运动生命周期。越多用户使用 Keep 运动，平台沉淀数据越多，越能提供更加个性化、更适合用户的内容。同时，Keep 公司依托内容势能与用户信任，线上探索知识付费商业化变现；线下拓展内容分发与变现场景，构建运动生态，推出运动装备品牌 KeepKit、运动空间品牌 Keepland，将内容、用户分发到更多场景，通过线下获取更多维度用户数据，线下数据反哺线上内容分发，进一步优化用户健身体验；并持续探索更多维度变现场景，推出运动服饰品牌 KeepUp 等，全方位打造引领年轻人生活方式的运动品牌，未来商业化空间广阔。

7.5　本章小结及习题

7.5.1　本章小结

（1）需求识别的方法：①深度访谈法；②体验中心法；③价值曲线法；④数据挖掘法。其中体验中心法又可分为观察法和角色扮演法。

（2）需求引导可以通过产品和价值观两方面实现。企业开展产品策略需要满足三个前提条件：创新、引导和市场。企业不仅要引导消费者购买产品，还要通过宣传推广，引导消费者建立科学、合理的消费观念和价值观念。

（3）需求创造的核心围绕消费者需求的变化。为适应消费者的需求，企业必须不断地进行产品迭代、更新和再创造。企业需要掌握消费者需求发展趋势的能力。并需要承担对消费者的教育和培训责任，帮助他们更好地认识自己的需求。

（4）通过对中国居民消费行为进行历史分析，可以发现中国居民的消费需求经历了深刻的变革。从最初的基本生活需求逐渐发展为如今的高品质、多样化、个性化的消费需求。同时不同代际、不同年龄层的群体也存在消费需求差异。

（5）对消费者未来需求的预测主要有两种方法：判断预测与数理统计预测。

（6）市场潜量是指市场的最大容量，它反映了市场的总需求。它可以为企业提供一个合理的市场预期和目标，帮助企业评估市场潜力和市场规模，确定市场份额和销售目标，并作为制定市场营销策略和决策的重要依据。

（7）估计当前市场需求量可以从总市场潜量、区域市场潜量、行业销售额和市场占有率这几个方面考虑。

（8）特征工程在数字营销中起着至关重要的作用，通过选择、提取、变换和生成特征，可以构建高质量的数据集，提高模型的准确度和泛化能力，从而实现更精准、更高效的数字营销策略。

（9）完整的指标体系构建流程有以下七个步骤：①需求收集；②需求汇总及排期；③确定指标体系方案；④确定数据埋点方案；⑤数据采集；⑥搭建指标体系；⑦效果评估。

（10）采用多种渠道开展数据调研方法有利于企业制定科学的营销计划、优化营销组合、开拓新市场。注意定量与定性方法相结合。

（11）数据埋点的步骤：①确定埋点目的；②选择埋点工具；③识别关键事件；④设计埋点方案；⑤测试埋点；⑥发布和维护。

（12）在需求分析的过程中，需要系统地研究和分析目标市场，而需求分析模型是帮助进行这项工作的高效工具，用以对消费者需求进行识别、优先级排序、量化、验证和监测。

（13）市场数据调研中存在一些潜在的陷阱，如果不加注意，可能会导致调研结果失真，从而影响企业的决策。企业需要注意避免调研陷阱，确保调研结果的准确性和可靠性。

7.5.2 习题

（1）怎样识别消费者需求？

（2）为什么要引导、创造消费者需求？要如何实现？

（3）怎样进行数据采集？

（4）数据调研要避免怎样的误区？

（5）有效需求分析如何开展？

（6）如何计算当前市场的需求量？

[1] 肖静华，吴瑶，刘意，等. 消费者数据化参与的研发创新：企业与消费者协同演化视角的双案例研究[J]. 管理世界，2018(8)：154-173，192.

[2] 王海忠，范孝雯，欧阳建颖. 消费者自我构念、独特性需求与品牌标识形状偏好[J]. 心理学报，2017(8)：1113-1124.

[3] 王玉燕，申亮. 基于消费者需求差异和渠道权力结构差异的 MT-CLSC 定价、效率与协调研究[J]. 中国管理科学，2014(6)：34-42.

[4] PARRISH B, HEPTONSTALL P, GROSS R, et al. A systematic review of motivations, enablers and barriers for consumer engagement with residential demand response[J]. Energy Policy, 2020, 138(c): 111-221.

[5] 郭国庆，杨学成，何秀超. 服务便利理论在零售企业的应用：消费者购物过程中的便利需求分析[J]. 南开管理评论，2006(2)：52-57.

[6] 张超. 消费升级背景下消费者需求创造影响因素分析[J]. 商业经济研究，2019(21)：48-50.

自学自测

扫描此码

第 8 章

刻画消费者画像

8.1 消费者画像

8.1.1 消费者画像概述

1. 消费者画像内涵

交互设计之父阿兰·库珀（Alan Cooper）（1999）最早提出消费者画像（persona）。他认为，消费者画像是基于真实数据虚构出的目标消费群体，侧重于探索消费者的需求与消费动机。后来，Calde（2002）和凯茜·巴克斯特（Kathy Baxter，2015）等学者对消费者画像的定义做了补充，消费者画像就是基于用户真实数据所概括出来的产品典型消费者，它涵盖了消费者的人口学信息、位置信息、客户需求、动机、痛点等关键信息，并且与真实客户群在产品相关的方面表现出相似的态度、目标、行为。例如，提到哔哩哔哩用户，大家自然会联想到喜欢二次元的“95 后”人群，这就是 persona，根据用户相似的特征虚拟出的典型用户。

随着数智时代的到来，云计算、大数据、人工智能等技术蓬勃发展，消费者的一切行为都被记录在数据库或云端，都变成了“可视化”的数据。因此，数字经济浪潮下，消费者画像的内涵也发生了改变，消费者画像从 persona 逐步演变成了 user profile。

总之，数智时代下消费者画像是将用户多维度个人真实信息数据进行系统性整合而形成的，不仅包含人口数据、技能、教育、职业经历等信息，而且涵盖了消费者的人口属性、行为、习惯或心理偏好等信息，挖掘出来抽象化、标签化的用户模型，最终抽象出一个用户的商业全貌。相比于早期的典型用户画像，数智时代消费者画像通过利用互联网和大数据技术收集、存储、分类消费者数据，分析消费者的社会属性、个人特征、生活习惯、行为特点等，从而抽象出的一种更广泛、全面、真实的标签化消费者画像。

2. 消费者画像构建流程

1）收集数据

消费者画像是以真实而广泛的用户数据为基础。构建消费者画像的第一步就是全面、准确地收集用户数据。收集到的数据越全面、越细致，对消费者形象的刻画也就会越真实。消费者数据类型被划分为直接数据与间接数据，对于不同类型的数据，需要从不同的途径、采用不同的方法进行获取。当前数据采集的方法主要有五类：访问现有数据库、问卷调查、访谈等社会调查方法，以及数据爬取和特定软件采集（龙泉，2023）。

2）挖掘与过滤数据

收集完数据后，需要对数据进行初步分析，挖掘出用户数据之间的关系。采用的方法有聚类、分类、关联规则、决策树、协同过滤等。例如，Nasraou（2007）根据用户的行为模式对 Web 站点的日志数据进行聚类分析，从而得到特定对象的消费者画像。接着，还需要过滤掉异常数据并将数据标准化，以保证采集到的数据具有可用性。

3）提取标签

提取标签是消费者画像构建流程的关键环节。消费者标签是对用户属性、行为、偏好等的标准化定义，用于描述客户特征。在这一步骤中，需要从海量用户数据中为每个用户创建标签，可以采用基于统计分析和基于聚类算法等技术，将原始数据进行特征化。标签提取是直接影响消费者画像结果准确性的步骤，甚至标签权重的不同也会使得消费者画像模型存在差异性。

4）画像生成与修正

数据在模型中运行后，最终生成的画像需要用可视化的形式直观明了地展现用户特征，帮助业务人员更好地理解和运用消费者模型。目前，有多种方法能让画像清晰地展示出来，如标签云、人像结合用户标签和各种统计图（图 8-1）。其中，标签云方法中，用户个人特征的显著性与标签大小呈正相关；人像结合用户标签形式能简洁、直观地揭示用户的多维度特征，多用于单个用户；统计图法多用于群体用户数据。在实际使用消费者画像的过程中，可随着数据的积累（如核心消费画像发生变化）或者运营经验的发展（在运营过程中得到对消费画像的正负反馈），根据需要对算法模型进行迭代调整。事实上，消费者画像并不是固定不变的，而是需要根据用户的行为变化不断地进行修正（李锐，2021）。

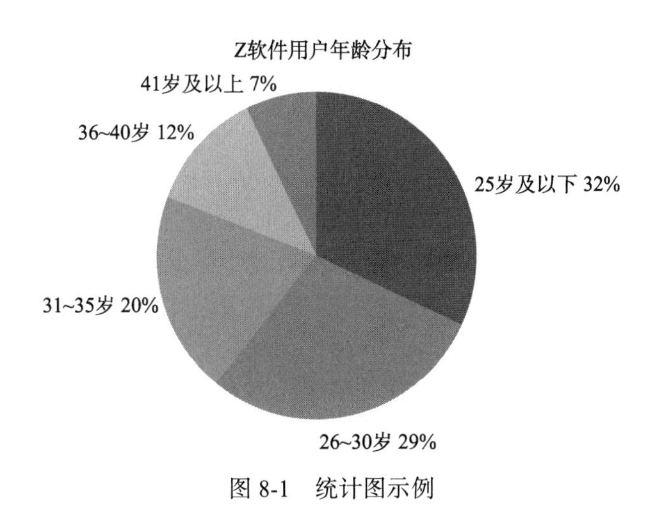

图 8-1　统计图示例

3. 消费者画像应用

利用消费者画像分析出的用户社会属性、行为特征、行为需求等维度信息，可以帮助企业更好地了解用户、分类用户，在实际运营过程中应用广泛（图 8-2）。

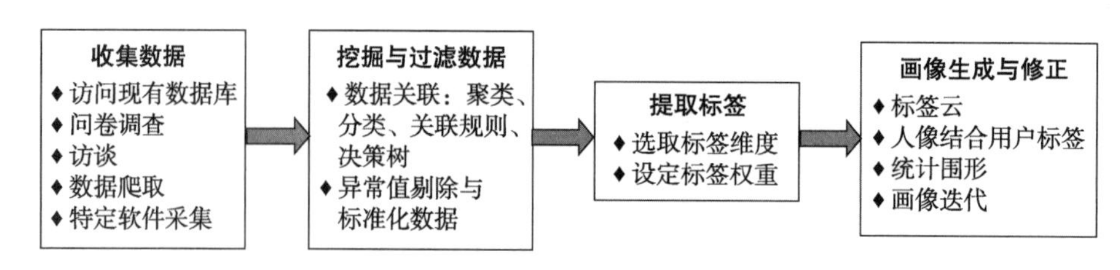

图 8-2 消费者画像构建

1）人群分析

人群分析是消费者画像最基础的应用场景之一，运营人员可以借助消费者画像分析产品消费人群分布特征，或是不同人群的消费习惯、消费偏好等。运营人员也可以根据标签的变化及时捕捉到市场的变化，帮助品牌更加了解行业动态，对产品进行优化（罗婷予等，2023）。

2）精准营销

企业可以利用消费者画像，更加准确地将目标客户与产品营销方式相匹配，实现营销的精准化。消费者画像还能帮助企业圈选定位更准确的人群，同时为素材文案、广告创意提供了更具体的撰写方向，做到精准且有效的投放，实现营销价值最大化。例如，某电商平台想给不同购买力的用户发放优惠券。企业需要利用消费者画像分析对用户进行划分（根据购物次数这一标签进行划分）。比如，给购物次数在 1～2 次的消费者赠送 5 元的优惠券，购物次数在 3～5 次的赠送 10 元的优惠券，按照购物次数的增加逐渐提高优惠券金额。

3）个性化推荐

大数据时代，消费者每天面对着海量的产品信息与营销广告，如何根据用户个性化的需求提供不同的产品推荐是企业亟须解决的问题。消费者画像能很好地帮助企业迅速捕捉到用户的兴趣点，夺取消费者注意力，将符合消费者需求的产品及时推荐给用户，提高消费者满意度和黏性（王英等，2023）。电子商务平台可以基于消费者画像发现用户的购物偏好，通过推送精准的产品信息，实现产品畅销。例如，谷歌成功利用消费者画像开发了个性化新闻推荐系统，提高了用户满意度。

4）风险检测

风险检测在金融或银行业涉及较多，常见的问题是银行是否同意用户贷款申请。风险检测借助消费者画像中的风险控制类标签，如该用户是否为法院失信人员、借款次数等，也可以考察用户属性维度标签，如职业、收入水平、教育水平、婚姻状况、是否有房产等。一般的电商平台也可以根据消费者的退货率、差评率进行风险检测。

8.1.2 消费者标签

1. 消费者标签含义

所谓消费者标签，是对消费者个人属性、人格特质、行为、偏好等信息的标准化，用于描述一个消费者的特征。消费者的标签存在独特性，即便是标签描述完全相同的两位消费者，标签权重也会存在细微区别，极特殊情况下才会有两个完全一致的消费者标签。例如，当不同的消费者在淘宝上用完全相同的关键词购物搜索时，他们看到的产品推荐往往是不一样的，这就是消费者标签带来的结果。消费者标签源于消费者的过往行为。例如，若用户购买尿不湿常常会被标签为“年轻妈妈”，若用户经常购买中性笔和笔记本就可能被定位为“学生”。消费者标签在电子商务、精准营销、个性化推荐领域得到广泛应用，近年来在社交媒体、医疗健康、旅游行业等领域也展现了其独特价值，它是消费者画像中至关重要、不可或缺的一个内容。营销人员可以运用各种直接或间接的调查分析方法来了解。

2. 消费者标签特征

1）语义化

制定消费者标签的最终目的，是帮助营销人员快速、准确地了解自己的用户，为用户推荐最合适的产品，从而节省营销时间与成本。这要求在为消费者“贴标签”时，标签要具有语义化的特点，即标签具有高度可读性和实际意义，使营销人员能够迅速把握解每个标签的含义。

2）短文本化

短文本化指的是标签本身不需要进行过多文本分析等预处理工作，可以直接用于用户特征提取，方便机器直接快速读取。例如，以某个电影推荐来看，用户的标签可以是“女”“悬疑片”“大学生”“傍晚观影”等。这里面每一个词语都是用户标签，且不用再进行任何的文本分析。

3）专一性

专一性也称凝练性，是指消费者标签所表达的含义必须确切、清晰，不能模棱两可。

3. 消费者标签的分类

对于消费者标签如何分类，学术界较为常见的是按照标签的稳定性和可变性分为静态标签与动态标签（王世奇等，2022），还可以根据“贴标签”的方式，即标签的提取方式，将标签分为统计类标签、规则类标签和机器学习挖掘类标签。

1）静态标签

静态标签，也称 2D 标签，是指消费者标签中的人口属性、人格属性等具有相对稳定性的标签。人口属性标签中又包括自然属性与社会属性。自然属性是个体先天带有的特征，一旦形成后就基本不会改变，如消费者的姓名、性别、出生日期等；社会属性是后天形成的个人属性，包括消费者的身份证号、职业、婚姻状况、受教育水平、会员等级等。人格属性标签包括人格倾向和人格特征这两个方面。人格倾向主要包括消费者的自我意识、兴趣、理想、观念等；人格特征主要包括消费者的能力、性格、情感等。

2）动态标签

动态标签，也称 3D 标签，是指具有动态特性的消费者标签，包括消费者的社交行为（访问平台、信息发布、网上社交、评论等）、购物行为（交易数量、交易价格、产品类型、退货次数、差评次数等）、信息搜集行为（搜索频次、浏览时间、浏览内容等）及娱乐行为（点赞、关注、打赏、收藏、转载等）。这些标签是从消费者的行为及结果数据中提取出来的。由于消费者行为会随着消费场景、时间、个人认识等因素不断发生变化，这些消费者标签也会不断进行动态调整以更加准确地描述消费者。例如，当消费者在淘宝网购买衣服时，淘宝网会参照其过往购买衣服的价格对他进行个性化的推荐。但如果消费者浏览了推荐里价格最低的几件衣物后，再进行关键词搜索就会发现，推荐产品的价格发生了下降。

3）统计类标签

统计类标签是根据原始数据简单计算统计得到的，是基于实际发生的事实计算产生的，相比于其他两种标签，它更常见也更基础。例如，用户的性别、生日、年龄、职业、居住地、会员等级、用户登录时长、首次购买时间、支付方式、历史购买次数、历史购买金额、近 7 天活跃天数等信息，都可以通过填写调查问卷、用户注册信息登记、过往消费数据统计出来。这类标签是规则类标签和机器学习挖掘类标签的基础。

4）规则类标签

规则类标签以统计类标签为基础，按照一定的规则（如二八法则）或历史经验对用户"贴标签"。例如，当用户"近 7 天活跃天数≥5"时，这类用户就会被贴上"高活跃用户"的标签。这类标签由于与业务联系紧密，在实际开发过程中，规则往往是运营人员与数据分析人员共同协商确定出来的。运营人员提供业务相关信息，如产品价格、产品质量、库存数量等信息，数据分析人员则对数据的结构、分布、特征更为熟悉，二者相互配合制定出合理的规则。

5）机器学习挖掘类标签

机器学习挖掘类标签是通过各种算法分析用户基础数据，从而产生用于预测用户的某些属性或者行为的标签。相比于统计类标签和规则类标签有着明确规则，机器学习挖掘类标签没有对应的现成数据，它需要数据分析人员建立模型来得出标签实例。但与另外两种标签相同的是，这类标签往往可以直接应用于产品运营。比如，根据用户的活跃时间、浏览内容、购物类型等用户行为来预测用户的性别与年龄。

在业务项目展开过程中，一般统计类标签与规则类标签即可满足普通的业务需求，应用于广告投放、个性化推荐等，在开发过程中占了较大比重。而机器学习挖掘类标签一般应用于预测场景，如判断用户购物偏好、未来需求等，但其由于开发成本较高、开发周期较长、应用范围较小等问题，在实际开发过程中所占比重较小。

8.1.3 构建指标体系

1. 消费者画像指标体系

消费者画像指标，即消费者画像的描述维度，是建立消费者画像的基础。消费者标签不仅仅需要描述用户，还要挖掘数据之间的关联性。因此，通常将标签作为一个体系来设计，解决数据之间的关联问题。构建指标体系是消费者画像正式"绘制"前的关键环节，从指标体系建立的维度来看，消费者画像指标可分为用户属性类、用户行为类、用户消费类、风险控制类、社交属性类等（潘家芳，2023）。

1）用户属性类

用户属性是刻画消费者画像的基础，一般是与用户自带属性相关，如性别、年龄、地域、手机型号、受教育水平、会员类型、联系方式等消费者的静态标签。传统企业通常从用户属性维度出发来丰富自己的指标体系。而在互联网企业中，其拥有的海量用户数据是开发消费者画像的突出优势所在，所以其构建的消费者画像包含了更多的用户行为类指标。

2）用户行为类

常见用户行为维度指标包括用户的活跃属性、行为属性和偏好属性。活跃属性涵盖了用户的登录次数、登录时长、登录深度等行为相关信息；行为属性则包括用户订单相关行为、下单/访问相关行为、高频活跃时间段、用户购买类、点击偏好、习惯浏览时间段等相关行为信息；偏好属性则包括用户的价格偏好、类目偏好、品牌偏好、下单时间偏好等。

3）用户消费类

用户消费维度指标围绕用户搜索、浏览、收藏、加购、下单商品对应的品类展开。品类划分得越精细，给用户收到的推荐与其需求的匹配性就越高。例如，品类可以细分到：男装—运动鞋包—双肩包，如图 8-3 所示。

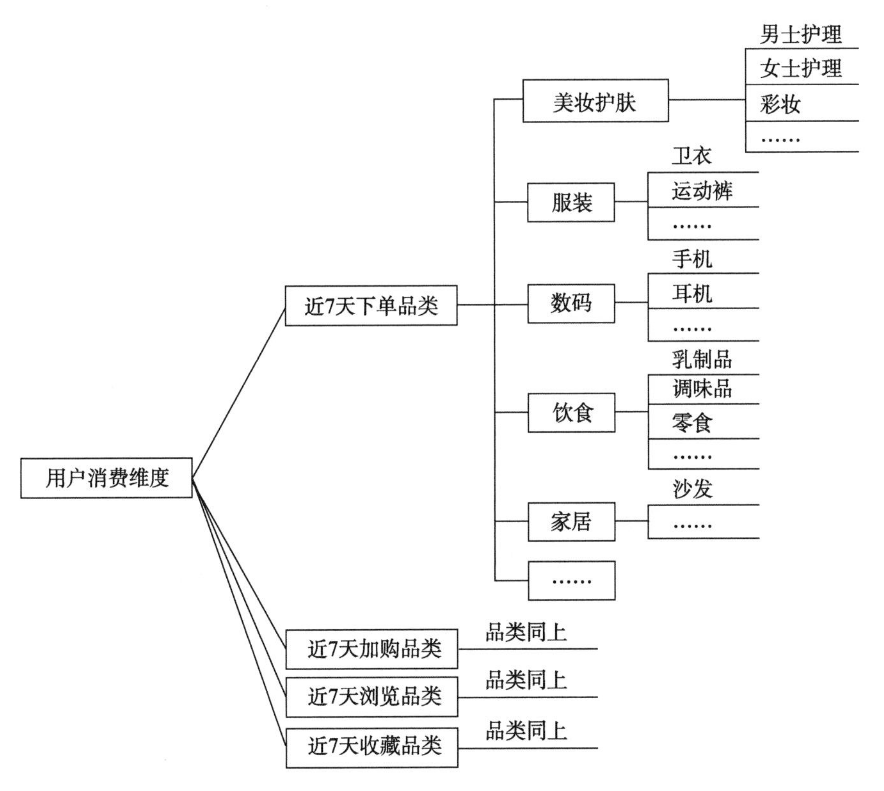

图 8-3　用户消费维度标签示例

4）风险控制类

风控维度主要是用来过滤故意差评、恶意刷单、欺诈行为的用户。常见的风险控制类标签有："经常退货用户""经常差评用户""借款逾期不还""法院失信人员""同一账号多设备登录"等。

5）社交属性类

该维度指标可以帮助企业了解用户的社交圈，如家庭成员、朋友、主要社交区域等，从而提高个性化推荐与精准营销的准确度。例如，年轻妈妈会在朋友圈收到婴幼儿奶粉广告，而单身青年会收到相亲网站的广告以及社交软件自动推送的"可能认识的人"，这些都是基于用户的社交属性进行的推送。常见的社交属性维度标签有"活跃地点""活跃时间段""家庭成员""可能朋友""职业"等。

对消费者画像所需指标的数量并不是越多越好，过多的指标只会使得用户信息杂乱无章，效果适得其反。指标的制定只要符合业务场景和使用者使用即可。在确定好一级指标之后，研究人员还需要根据实际情况对指标进行进一步细分，直至能够清晰准确地描述用户，形成逻辑清晰、数据相互关联的指标体系。例如，在用户属性这一指标后，接着再逐级细分省份、地市，满足企业构建消费者画像的需要。

在实际应用中，往往是通过不同维度消费者标签的相互组合来满足运营的需要。例如在"双十一"大促期间，我们常常能收到许多店家的短信推送。以某护肤品牌电商的短信营销为例，渠道运营人员通过选择"浏览""收藏""历史下单次数""加购"等与该护肤品相关的标签，筛选出可能对该护肤品感兴趣的潜在优质用户。接着，进一步组合其他维度标签，如用户行为类标签中的"价格偏好""购买频率""用户访问""活跃度"等，筛选出对应的高质量用户群，通过短信、邮件等渠道对客户实施精准营销。

2. 构建指标体系原则

1）可操作性原则

消费者画像所包含的指标不是越多越好，要考虑到实际的数据获取与分析能力，只要能满足企业经营活动需求即可。根据企业的运营目标与战略方向选择主要的、有代表性的指标来构建消费者画像，使得用户与用户之间或者用户自身不同时间的行为能够进行比较。

2）稳定性和动态性相结合的原则

企业的目标随着外部环境的变换也在不断地动态调整，消费者画像应始终随着企业目标与方向的变动而变，也就是要求指标具有动态性。但同时指标体系的内容不宜频繁变动，避免造成研究成本上升、应用混乱等问题，在一定时期内又应保持相对稳定性。

3）定性和定量指标相结合的原则

用户是特殊、复杂的个体，为了全面地了解用户，除了定量指标描述外，还有一些十分重要但需要用精准的数据进行量化的指标。对于这类指标，就需要人为地对其进行定性分析。例如，用户的人格特征，是温和的还是暴躁的，是果决的还是犹豫的，等等。

8.1.4　高价值用户

对于企业来说，每位客户都非常重要，无论是首次购买的用户还是重复购买多次的忠实客户，他们都能够为企业创造价值。但随着市场竞争的日益激烈，企业管理者不得不将客户进行分类，思考如何找出并重点关注能够为企业创造最大利润的用户群体，即高价值用户。企业管理者需要重点服务于高价值用户，与他们建立良好的关系，以期使用最小的成本获取最大的收益。

1. 高价值用户定义

高价值用户是指能对企业利润产生重大影响的消费者，他们的数量往往仅占企业总客户数量的 20%，却能为企业带来 80%的利润。这些用户在客户服务中极为重要，因为他们不仅从企业购买的频率非常高，能为企业带来丰厚的收益，还具备影响其他受众群体对该企业态度、评价与购买行为的能力。

对于高价值用户，企业要做的就是找到他们，留住他们。具体来说，一方面，企业需要搭建成长通道。所谓成长通道，就是搭建一个可持续成长的会员体系，从初级会员—中级会员—高级会员—头部会员，引导高价值会员不断成长，持续贡献。另一方面，做到高价值用户的高留存。高价值用户的流失，对于企业来说损失是巨大的。企业要了解他们的消费需求，定期做一对一沟通，不断优化产品和服务，提供给他们想要的产品，只有这样才能增加客户的满意度与忠诚度。

2. 高价值用户特征与识别

1）高关键绩效指标（KPI）

不同企业所关注的绩效指标可能有所不同，识别高价值用户的标准也有所不同，但高价值用户都拥有同一特征，即高关键绩效指标。例如，与普通用户相比，高价值用户的购买频率、用户的生命周期价值、平均客单价都高出许多倍。

2）高用户忠诚度

忠诚的用户是企业最有价值的客户。高价值用户一般是伴随着平台的发展成长起来的，同时，企业会对他们实施差异化、个性化、精细化运营策略，提供给他们更加优质的产品和服务。这种被企业高度重视的感觉会提升用户对企业的满意度与忠诚度，形成“依附性”偏好，进而重复购买，与企业之间构建了良好的双向互动循环。因此，高价值用户对于企业的忠诚度更高。

3）高分享欲与参与度

企业不仅需要关注如何保留住老客户，还要拉拢新用户。对于普通用户来说，他们的分享意愿一般偏低，很少主动跟朋友介绍产品。但对于高价值用户，基于对企业的信任和认可，每当企业有活动或者新品上线时，他们的参与热情与分享积极性都很高，甚至积极邀请好友体验。在日常生活中，他们也会主动热情地向朋友们推荐产品。

3. 消费者画像切入点

企业要想识别并留住高价值用户，就要以消费者画像作为切入点，对用户进行标签化。例如，某电商平台为促进高价值用户的留存，策划了一项回馈活动。电商平台首先确定了用户被划分为高价值用户的一系列要求："近 7 天浏览次数≥5""近 7 天分享次数≥3""近一个月消费次数≥3""近一个月消费金额≥800"，满足这些要求的用户将会被贴上"高价值用户"的标签。接着，电商平台制定了运营规则——在本店购买过的老顾客，如果其当日浏览并收藏某一商品则对其进行短信营销，短信中包含购物优惠券链接。当某用户触发规则时，数据系统对该用户身上标签进行查询，判断其是否符合组合标签的条件。当其符合短信推送条件时，就会对该用户进行优惠券的发送。如果用户不符合"高价值用户"要求，则不对其发送优惠券。

营销人员在借助消费者画像系统进行高价值用户营销的时候，也要注意如下几条规则。

（1）推送敏感度。不同渠道的推送方式适用于不同类型的用户。有的用户对信息的敏感度很差，发 10 条信息都未必能让其注意到 1 条；相反，若直接通过软件进行推送，可能传达效果就很好。考虑到推送信息的成本，商家需要对用户进行更细致的推送敏感度划分。

（2）营销成功率。如前文所讲述的短信推送的营销手段，若从数据分析结果来看，用户对这种营销方式并不感兴趣，用户的下单概率并没有提高。那么数据分析人员就可以给该用户贴上"不适合短信推送"的标签，营销人员需要考虑别的营销方式。

（3）对营销商品感兴趣的用户。近期多次浏览，有收藏或加购以及下单行为的用户，很可能是对产品感兴趣的潜在消费者。通过消费者画像系统将此类用户圈选出来，通过红包发放或满减等优惠活动对其进行营销。

8.2 画像维度

数据分析人员需要根据具体的业务场景与特点进行业务建模，明确用户画像标签需要包含哪些维度。本节将重点介绍画像表结构的设计，以及如何按照标签维度对画像表进行分类，方便存储。

8.2.1 画像表结构

用户画像表结构是画像建构过程中必须解决的一个关键问题。数据仓库中每日都会新增大量的数据，考虑存储哪些数据（数据的清洗与筛选）、如何存储数据（数据仓库分区存储）以及如何应用数据（标签汇聚）就是画像表结构的设计重点。

从总体画像表结构的设计来看，不同行业有不同的画像表结构的设计方式，一般来说分为两种：一是每日全量数据的表结构设计，二是每日增量数据的表结构设计。

1. 每日全量数据

每日全量数据的表结构设计，就是将每日新增的数据连同过往的相应数据都合并到一张表上，即该表记录着截至表格下载当天的全部用户数据，这张数据表会随着时间推移不断增大。例如，在数据搜索界面输入"20230123 + 高级会员"，系统会帮你查询到截至 2023 年 1 月 23 日被贴上"高级会员"标签的全量用户数据。全量数据表如表 8-1 所示。

表 8-1　每日全量数据表示例

用户 ID	会员等级	注册会员日期
220720100	高级会员	2022.01.20
220720101	高级会员	2022.01.20
220720102	高级会员	2022.01.20
220720103	高级会员	2022.01.20
……	……	……
220720315	高级会员	2022.01.21
220720316	高级会员	2022.01.21
220720317	高级会员	2022.01.23

2. 每日增量数据

每日增量数据的表结构设计，也就是该表按照日期划分，只记录当日的用户标签数据。例如，同样在数据搜索界面输入“20230123 + 高级会员”，系统这时查询到的是 2023 年 1 月 23 日当天被贴上“高级会员”标签的用户数据。每日增量数据表如表 8-2 所示。

表 8-2　每日增量数据表示例

用户 ID	会员等级	注册会员日期
220720112	高级会员	2022.01.23
220720113	高级会员	2022.01.23
220720114	高级会员	2022.01.23
……	……	……
220720318	高级会员	2022.01.23
220720319	高级会员	2022.01.23
220720320	高级会员	2022.01.23
220720321	高级会员	2022.01.23

3. 维度设计

画像表的设计并没有固定的格式，各业务根据自身特定情况选择合适的即可。除上述两种表结构设计之外，还有根据画像维度设计的表结构，如用户属性表、互动行为表、消费行为表、第三方访问行为表等，这些将在后续的章节中详细介绍。总之，研究人员根据业务需要，设计能满足应用的画像表即可。表 8-3 列举了某电商平台根据用户 RFM 维度设计的数据表，buy 代表用户近 30 天购买次数，recency 代表最近一次消费间隔，monetary 代表近 30 天消费金额，active 代表用户近 30 天活跃度。

表 8-3　用户 RFM 分析数据表设计示例

userid	gender	age	city	edu	buy	recency	monetary	active	用户分类
1002	男	26	北京	高中	1	5	146	16	一般发展用户
1012	女	23	北京	大学	4	0	313	33	重要保留用户

续表

userid	gender	age	city	edu	buy	recency	monetary	active	用户分类
1015	男	25	北京	大学	2	7	130	17	一般保留用户
1022	男	20	福州	大学	4	0	463	33	重要发展用户
1028	女	19	福州	高中	3	5	168	32	一般保留用户
1033	女	22	福州	大学	4	0	365	10	重点保留用户
1037	男	25	北京	高中	2	3	201	8	一般保留用户
1046	男	25	福州	大学	1	0	98	36	一般发展用户
1068	男	21	北京	大学	2	4	153	40	一般发展用户
……	……	……	……	……	……	……	……	……	……

8.2.2 用户属性

正如构建指标体系中所介绍的那样，用户属性是刻画消费者画像的基础，它包含用户的年龄、受教育水平、城市、注册状态、历史购买金额等一系列标签，用户属性维度的标签建成之后，可以帮助业务人员了解用户基本情况，形成大致的人像轮廓。同样，画像表的结构也可以将标签按照用户属性维度进行设计，主要记录用户基本属性信息。例如，A 软件部分用户属性数据表如表 8-4 所示。

表 8-4 A 软件用户属性数据表示例

用户编码	自然性别	购物性别	年龄	省份	城市	会员类型	注册时间	账户优惠券金额/元	最近一次访问时间	历史购买金额/元	……
220720121	男	男	23	福建	福州	付费会员	2022.01.10	10	2023.01.02	461	……
220720122	女	男	26	福建	福州	付费会员	2022.02.28	10	2023.01.23	298	……
220720123	女	女	25	福建	泉州	付费会员	2022.03.30	10	2023.01.14	263	……
220720124	女	女	29	福建	三明	非付费会员	2022.04.26	20	2023.01.05	627	……
220720125	女	女	24	福建	晋江	非付费会员	2022.06.04	20	2023.01.16	570	……
220720126	男	男	32	福建	三明	付费会员	2022.07.25	20	2023.01.27	955	……
220720127	女	女	34	福建	福州	付费会员	2022.08.27	20	2023.01.08	723	……
……	……	……	……	……	……	……	……	……	……	……	……
220720139	女	女	29	福建	晋江	非付费会员	2022.10.09	20	2023.01.03	994	……
220720140	男	男	24	福建	泉州	非付费会员	2022.11.23	20	2023.01.11	964	……
220720141	男	男	21	福建	福州	付费会员	2022.12.30	20	2023.01.14	281	……
……	……	……	……	……	……	……	……	……	……	……	……

从表 8-4 中可以看出，用户性别不仅仅包括自然性别，还包含购物性别，这是当前许多电商都会进行的更为细致的用户性别标签分类。自然性别指的是用户的实际性别，一般可以通过用户注册信息、填写调查问卷、实际访谈等渠道获取。这一标签的确定较为容易，加工起来也比较方便，只要从对应的数据表中抽取相关数据即可。而购物性别指的是用户购买商品时所展示出的性别取向。例如，一位实际性别为男的大学生可能经

常给女朋友购买首饰、化妆品等商品，从而使得数据分析其购物性别为女。如果一位实际性别为女的消费者，她偏向于购买男性的、舒适的、宽大的衣物和包等商品，那么这位消费者的购物性别即为男。

8.2.3　互动行为

互联网的迅速发展深深影响了现代人的社交行为与习惯，不断更新迭代的社交软件与移动系统也促使人们的交往方式不断发生改变。在数智时代，人们通过点赞、关注、评论、收藏、转发、打赏等行为与电商和其他用户进行沟通交流，这些双向沟通交流行为就是互动行为。根据美国著名社会学家兰德尔·柯林斯（Randall Collins）在 2004 年所提出的“互动仪式链理论”，由于具有两个以上的成员参与，并对未参与者局外设限（如未购买该商品的人），消费者与商家之间基于共同关注的对象（如产品、活动）进行互动，能够彼此共享情感能量，体验到表达自我、有人认可的心理上的满足感，从而增强了用户黏性。一方面，用户互动行为既可以提升用户忠诚度，更好地留存住现有用户；另一方面，可以通过现有用户的分享、转发等行为达到开发新用户的目的。因此，用户互动行为是营销人员重点关注的内容，大部分研究人员也会进行用户互动行为的宽表设计，主要记录用户每天活跃程度，如表 8-5 所示。

表 8-5　用户互动行为宽表设计示例

字段	字段类型	字段定义
user_id	string	用户编码
date	string	日期
visit_duration	bigint	登录时长
forwarding_num	bigint	转发次数
comments_num	bigint	评论数量
comments_word	bigint	评论字数
likes_num	bigint	点赞次数
bookmark_num	bigint	收藏次数
rewards_num	bigint	打赏次数
rewards_amout	bigint	打赏金额
……	……	……

8.2.4　消费行为

消费行为是用户在了解、评价、购买和使用产品或服务时做出的一系列决策，以及由这些决策而产生的特定用户行为。消费行为是常见的设计画像表维度，通过用户消费行为可以挖掘用户的消费习惯和偏好。常见的消费行为相关数据包括用户订单相关行为（如订单金额、购买品牌、购买产品等）和下单相关行为（如收藏、加购、平均下单时间、近 30 天购买次数等）。消费行为维度可以看作是品类 + 行为的数据组合，通过消费行为数据表（表 8-6）可以找到潜在用户人群。

表 8-6　消费行为数据表示例

用户 ID	购买产品	产品品牌	订单金额/元	下单时间	下单日期	近 7 日下单次数/次	近 7 日下单金额/元	最近一次收藏产品	最近一次加购产品	……
220720121	面膜	WED	350	9 时 50 分 04 秒	2023.01.21	2	789	眼影	面膜	……
220720122	面膜	WED	300	9 时 50 分 15 秒	2023.01.21	2	650	腮红	腮红	……
220720123	粉底液	WED	320	9 时 51 分 33 秒	2023.01.21	1	320	腮红	粉底液	……
220720124	腮红	WED	289	9 时 52 分 06 秒	2023.01.21	2	589	粉底液	粉底液	……
220720125	粉底液	WED	320	9 时 53 分 23 秒	2023.01.21	3	1450	面膜	面膜	……
220720126	腮红	WED	280	9 时 53 分 28 秒	2023.01.21	1	280	面膜	粉底液	……
220720127	面膜	WED	200	9 时 53 分 55 秒	2023.01.21	2	540	面膜	面膜	……
220720128	粉底液	WED	320	9 时 54 分 12 秒	2023.01.21	1	320	腮红	腮红	……
220720129	粉底液	WED	300	9 时 54 分 18 秒	2023.01.21	3	1221	粉底液	粉底液	……
220720130	腮红	WED	289	9 时 55 分 20 秒	2023.01.21	4	1788	腮红	腮红	……
220720131	面膜	WED	300	9 时 55 分 54 秒	2023.01.21	2	540	粉底液	面膜	……
220720132	面膜	WED	300	9 时 56 分 16 秒	2023.01.21	1	300	面膜	面膜	……
220720133	面膜	WED	350	9 时 57 分 11 秒	2023.01.21	2	750	面膜	面膜	……
220720132	面膜	WED	300	9 时 56 分 16 秒	2023.01.21	1	300	面膜	面膜	……
……	……	……	……	……	……	……	……	……	……	……

8.2.5　第三方访问行为

第三方数据是由第三方从其他各种平台和网站提取数据并下载，然后将其进行整合收集到一个大型数据集中，作为第三方数据进行出售。由于内部数据挖掘与分析能力可能存在缺陷，企业会寻找新的外部数据源以整合见解，汇总成完整的消费者画像。例如，发布于 2012 年的 Adsquare 移动广告平台服务应用，它能够收集匿名用户的动态地理位置数据，并对其进行分析，挖掘用户的个性特征与消费偏好。通过与 Adsquare 的合作，广告商可以更好地接触具有特定品牌亲和力或购买意向的受众，实现更精确的活动和更高的投资回报率。例如，某汽车品牌利用第三方数据可以锁定访问过其他汽车品牌经销商的潜在用户，加强对他们的宣传活动。

2020 年，第三方数据中心运营商收入就占总数据中心业务市场收入的 45.7%，可见第三方数据市场正在蓬勃发展。企业一方面通过第一方数据洞察用户与市场动态，制定出个性化的营销方案；另一方面，大量购买第三方数据，用以拓宽自己的受众。例如，现在许多软件在微信上都有专门的小程序，如拼多多、滴滴出行、携程旅行等，用户不再局限于下载了软件的用户，拓展到了庞大的微信用户群体。这些软件若想获得小程序上的用户数据，就要向微信这个第三方平台申请。比如，某公司运营人员在微信公众号上发布一则营销活动宣传的信息，有大量用户进行转发与评论，公司若想获取这些用户的信息、互动数据等，也需要通过微信这个第三方进行。

Hitwise 公司是一家在全球范围内提供竞争情报服务的公司。它直接从互联网服务提供商（internet service provider，ISP）网络收集数据，通过分析网站访问者行为的趋势来评估网站的竞争情况和市场份额。从 1997 年以来，Hitwise 通过与 ISP 和运营商建立合作，获取了大量用户的上网数据，所获取数据包含运营商用户通过宽带接入设备、x 数字用户线（x digital subscriber line，xDSL）及小区宽带上网设备，以及通过 Wi-Fi 无线路由器接入的笔记本电脑、iPad 及手机设备的上网行为。

Hitwise 花费大量的资源来为客户收集相关的数据，长期分析大量互联网用户上网行为，追踪检测各类网站运营状况，向品牌分析市场竞争环境与竞争对手的行为和决策，同时为品牌挖掘各种可能的高收益商业机会。Hitwise 所提供的第三方数据可以帮助客户最大限度实现线上投资回报、寻找最为合适的线上合作机构、检测线上广告投放效率、优化网站内容及发掘潜在线上合作线索。利用独特的数据优势，Hitwise 业务和数据目前覆盖中国、澳大利亚、美国、法国、加拿大、英国、新西兰、新加坡、巴西等多个国家或地区的市场。

8.3　画像数据

画像数据是画像的基础，研究人员如何搜集数据，数据存储在哪里，如何管理数据、监控数据，这些对数据分析与管理都十分重要。本节主要介绍画像系统搭建过程中，数据存储的方式。

8.3.1 数仓分区存储

在搜集数据之后，研究人员需要按照一定标准将数据进行分区存储。数仓的分区可以不断调整修改，以加快数据查询速度。本小节主要详细介绍什么是数仓分区存储，以及为什么要进行数仓分区存储。

1. 数仓分区存储概念

数仓是数据仓库的简称，它集合了某项业务的所有数据信息。“数据仓库之父”比尔·恩门（Bill lnmon）定义数据仓库是“一个围绕主题的、集成的、随时间变化的、非易失的、支持管理人员进行决策的数据集合”。而数仓分区存储就是将数据仓库中的大量数据，按照一定标准将其拆分为若干个小表，从而简化数仓的管理活动。例如，某电商公司将业务运营的所有数据按照下单时间进行划分，订单表的下单时间在同一天的数据为一个小表，也就是一个区（图 8-4）。

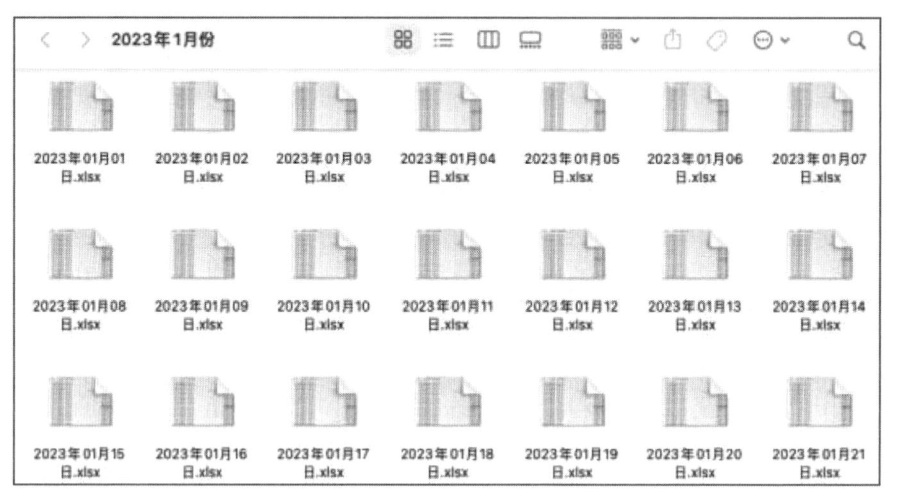

图 8-4　按时间分区示例

再比如，根据标签指标体系的人口属性、行为属性、社交属性等维度，分别建立小的标签表，将不同维度的数据进行分表存储，如图 8-5 所示。

图 8-5　按维度分区示例

按照分区的方式，分区类型可以分为范围分区（range partitioning）、列表分区（list partitioning）、哈希分区（Hash partitioning）及复合分区（composite partitioning）。范围分区与列表分区是较为常见的两种分区方法。范围分区是根据数据表中某列数值范围进行分区，也就意味着该列数值往往是连续的；而列表分区与范围分区的唯一区别就是，范围分区存储的值是连续的区间，而列表分区存储的值是离散的。例如，上文所提到的电商公司将下单时间在同一天的数据划分到一个区中，这就是列表分区，因为日期是连续的；而按照在同一金额段的销售额数据进行分区，就是范围分区，因为销售额是离散的。复合分区是分区表中每个分区的再次分割，如范围–哈希（range-Hash）分区，将已经按照范围进行分区的数据表再次进行哈希分区。哈希分区是通过一定的计算方式让数据非常平均地分布在每一个区中。

进行数仓分区的目的是分散数据，从而提高数据的查询速度。因此，当数据量大的时候可以考虑进行分区，一般当表格大于 2G 时就要进行分区。并且，如果在查询时，经常按照某个字段进行过滤，可以将过滤查询的字段作为分区字段，将表改为分区表，以简化搜索数据流程。例如，业务人员经常搜索某产品女性用户的购买力，那就可以按照“性别”将数据分区为“男性用户数据表”和“女性用户数据表”。

2. 数仓分区优势

1）提高数据查询效率

分区表帮助对数据进行过滤，按照不同标准将相关数据集中在一起，管理人员若要查询分区对象，可以仅搜索自己关心的分区，避免了对数据进行全盘扫描，提高了数据的查询速度。可以想象，如果把一年或者一个月的文件数据存放在一个表中，那么数据量会非常大，当查询这个表中某一天的相关数据时，查询速度会非常慢。但当将数据表根据时间点再划分为小表之后，查询某一个时间点的相关数据就会快很多，因为这时不需要进行全表扫描。

2）增强可用性

只依赖于一个数据表时，存在着一定的数据故障风险。当数据表出现故障时，想进行任何的数据查询都无法实现，这将给企业带来巨大的损失。但当采用数仓分区存储时，各个分区之间是相互独立的，如果某个分区出现问题，其他分区仍可以正常使用，这就增强了数据仓库的可用性。

3）方便维护

分区之间的相互独立性也就意味着如果某个分区出现故障需要修复数据，研究人员只需要集中于该分区的修复即可，不必对全表进行维护，大大降低了数据仓库的维护成本。

8.3.2　标签汇聚

正如 8.3.1 中所讲述的按维度分区示例那样，用户的每个标签都插入了相应的分区下面，但对同一个用户来说，贴在他身上的所有标签是被存储在不同维度的数据表中，要想刻画出该消费者的完整画像，就要运用一定的代码将不同表格中的标签汇聚在一起。

当用户标签汇聚后，还需要将每个用户身上的全部标签都汇聚到一起，重新存储到新的表格中，方便数据分析人员的查询和计算。例如，在向用户进行精准营销时，只需输入用户的 ID，计算机通过直接查询所有用户的标签汇聚表，即可直观准确地展示该消费者的所有相关信息，如图 8-6 所示。

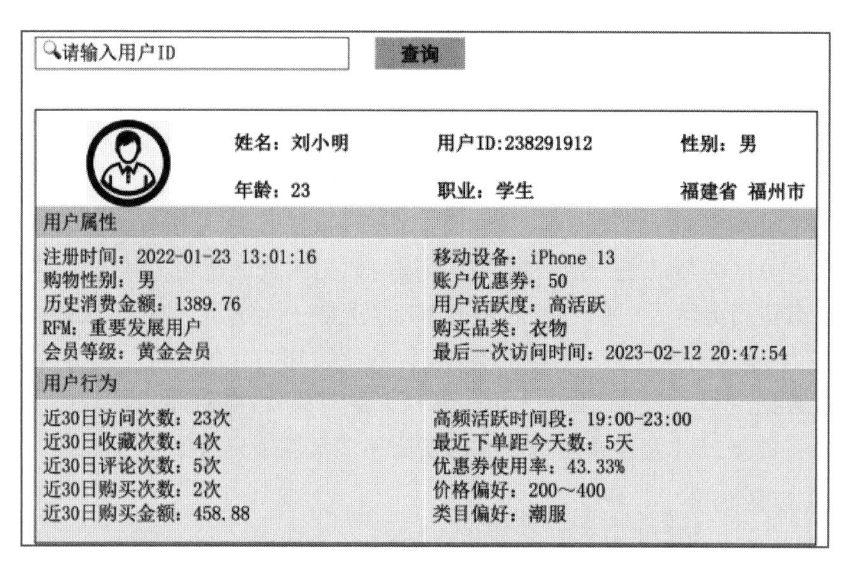

图 8-6　用户标签查询示例

8.3.3　数据管理

大量的用户数据是大数据时代下企业的重要资产，拥有用户数据的数量以及管理数据的能力逐渐成为企业的核心竞争力。数据管理是指利用计算机硬件和软件技术对数据进行有效的收集、存储、处理和应用的过程（叶欣欣等，2023）。数据管理得好可以大大提升查询效率，节省人力资源。数据的收集、存储在之前的章节已详细讲述，本小节将重点描述数据的处理。

1. 数据删除

数据删除主要针对以下两方面内容。

一方面，用户数据仓库中的数据是从业务数据库中抽取出来的，但并不是简单的复制粘贴，而是经过了筛选、清洗、去除等工作。业务数据库中所记录的是企业某项业务的所有流水数据，在这冗杂的数据中，有一部分是不适合进行数据分析的，或者是与此次分析目的并不相符的。在将这些数据存储进数据仓库之前，需要对数据进行筛选，抛弃一些无关的数据。

另一方面，业务数据库中的数据是每日不断更新的，它不同于构建好的数据仓库。数据仓库构建完成后主要用于访问，一般不进行修改和删除。但业务数据库中一般只存储短期数据，记录的是系统中数据变化的瞬态，这也就意味着企业所存储的数据是呈爆炸式地增长的。倘若只是重复地进行数据收集，而不进行数据清理，那么将会对数据的存储造成巨大压力，无用、过时的数据会占用企业大量资源。因此，数据的定期清理对于系统的正常、流畅使用是很重要的。目前，许多企业都规定将数据仓库中的过期、冗余数据每半年进行一次清理。

2. 数据保密

数据保密是指运用各种技术防止未经授权的数据泄露出去。与传统环境不同，大数据时代对数据的保密工作提出了一系列挑战。大数据时代，数据本身就是一种相互争夺的资源，企业所拥有的大量复杂敏感数据很容易成为网络攻击的“目标”。并且隐私安全问题也越来越被用户关注，一旦意识到某企业或某平台存在隐私泄露的问题，消费者对该企业的评价将大打折扣，这严重影响到企业的声誉。因此，数据管理所包含的一个重要方面就是数据保密。当前，许多行业都依托各种技术，尽力保护好用户数据；同时，运用各种算法，在满足企业业务需求的基础之上，尽可能地剥离用户敏感信息和用户个体之间的关系，使得使用数据的人无法通过数据追踪到具体的用户是谁。例如，为了查找不良信贷用户，各个银行之间需要共享数据，但是共享数据的同时，银行也不希望自己的其余用户信息被其他银行收集，使得自己的商业活动可能泄露。这时候往往需要对用户数据进行处理，对敏感的信息进行保密处理。再比如，目前许多医院都会建立自己的患者信息库，方便对患者进行管理，以及为科研提供最真实的数据。但是病人不愿意暴露除自己的疾病信息之外的其他个人基本信息。因此，在进行这样的数据发布之前需要对部分数据进行隐私保护处理。

3. 数据开发

数据是大量复杂冗余的、未经加工的原始素材，只有将其进行管理和开发才能满足业务需要。标签数据开发主要围绕离线标签开发、人群计算、用户特征库开发、实时类标签开发、打通数据服务层等方面展开，它是用户画像体系构建中最主要的环节，也是数据管理中必不可少的环节。

离线标签主要包括 8.1.2 消费者标签中所讲述的静态标签、动态标签等。人群计算指的是在数据应用之前，研究人员需要将特定的用户标签进行组合，根据标签组合将用户划分为不同的对应人群。用户特征库围绕用户每日行为明细的相关数据展开，如收藏、加购、下单、浏览、搜索等行为，一般该特征库按日做时间区分。实时类标签依赖系统能力较强，在实时场景化营销中比较常见，它主要针对给用户展示实时性较强的场景开发相关数据。例如，对于三个月没有登录的用户，可以向用户发送短信或 App 推送，提示他们重新登录就能获得一份回归好礼，可以大大提高召回用户成功率。打通数据服务层是将业务方根据业务规则圈定出来的用户人群推送到不同的业务系统之中。

所有的这些开发标签，都是在原始朴素的数据集下开发延伸出的新数据，只有将数据进行开发才能真正地将数据应用到实际场景中。例如，实际场景中存在某 App 用户 A 为多个在不同地址的用户 B、C、D 下单购物的情况，就可以初步判定用户 A 与用户 B、C、D 之间是熟人关系。根据这种第一度的熟人关系就可以更深入地挖掘用户的二度熟人，即其中的用户 B 与用户 C、D 之间也可能相互熟悉。以此类推，可以大致得出用户的一个简单关系网。

8.3.4 监控预警

在业务执行过程中，偶尔会出现数据异常的情况，如由于技术所引起的数据缺失、错误或者指标名称重复等情况。以银行贷款为例，一天中某一小时没有交易数据很少有人能够及时地察觉，只有当用户打电话询问客服“为什么无法提交个人信息”“为什么无法登录 App”时才能被注意到。因此，数据监控预警就十分必要。数据监控是能够及时准确地发现数据异常的一种手段，通过对数据的实时监控，可以有效观察到各业务情况是否异常。一旦观察到异常情况，数据系统可以在可视化界面上通过“高亮”“标红”等显眼标记进行展示，也可以向相关业务负责人发送邮件来提醒数据异常，而这些提醒行为统称为数据预警。例如，对仓库中剩余商品的数量设置阈值，一旦商品的数量超过该阈值就发出邮件警报，帮助相关人员对异常数据进行快速响应，如补货或者清仓，避免更大的损失。

数据监控预警主要涵盖标签监控预警与服务层数据监控预警两个模块。

1. 标签监控预警

标签监控预警用于监控每个标签当日的数据集是否产生问题，当数据量超出预先设置的某一标准范围时，系统就会自动发出警报邮件，相关人员收到警报邮件后就能定位到问题标签的原因并进行处理。标签监控预警可以保证每日用户标签加工的正常进行。

为监测数据，可以设定一段预警脚本来扫描一张标签表的当日数据，当标签数据低于或高于过往正常浮动范围时，就可触发警告提醒。例如，某一网店所有女性用户历史平均每日消费金额是 8000 元，当某天的消费金额是 5000 元时，就可视为存在较大波动，从而向店主发出警报。

2. 服务层数据监控预警

数据服务层，又称数据集市或宽表，它可以对外提供数据服务，以保证更好的性能和用户体验。数据服务层中，每张表所包含的数据是经过整合处理的。例如，按照用户标签维度生成用户属性标签表、用户消费标签表、社交属性标签表等，便于研究人员的查询与应用，让数据发挥最大的价值。

服务层数据监控预警主要用于保证服务层数据的稳定性和准确性。在数据从数据仓库进入服务层时，需要对其进行监控，确保该过程正常进行。一般先开发一张监控表存储当日同步到服务层的数据，通过对比其与存储在数据仓库中的相应数据，判断服务层数据是否异常。同样是设定报警邮件的脚本扫描这一监控表中的当日数据，当数据与过往数据相比存在较大波动时，就表明数据可能出现了问题，从而触发邮件警告。

对服务层的数据进行监控预警是必要的，否则应用到各业务系统中就可能出现差错，影响用户的感知与体验。例如，当传送到服务层的数据存在问题时，软件推送给用户的弹窗或提示都会受到影响。所以在将数据推送到服务层之前需要对其进行监控，当发现问题时，及时联络业务人员进行处理，解决完问题之后再进行传送。

8.4 画像分析

目前，各行各业竞争日益激烈，若企业能将消费者数据转化为消费者画像，帮助企业识别、分群不同类型消费者、因人制宜制定营销策略，将成为企业的一大竞争优势。因此，明确消费者价值衡量指标、构建价值识别路径、分群不同类型消费者以及挖掘消费者特征，是企业更好发展的必经之路。本节将重点介绍如何借助消费者画像进行消费者识别、分群以及特征挖掘。

8.4.1　消费者识别

消费者流量是企业在市场上竞争的重要法宝，也是企业长久稳定发展的关键所在。由于时间、人力、成本的限制，商家必须要识别出能帮助企业获得大部分收益的小部分消费者，并更加关注他们的动态。识别什么样的消费者，如何识别，是当前企业发展面临的难题。针对这些问题，下面将通过对三种需要重点关注的消费者介绍，来提供消费者识别的解决思路。

1. 有影响力的消费者

有影响力的消费者是指自身社交连接比较多的消费者，他们与被影响者之间的关系强度较大。在社会化媒体时代，消费者购买新产品、采用新信息时会受到其他消费者的影响。随着微信、微博、Instagram、脸书的蓬勃发展，消费者之间的相互联系越来越强，相互之间影响也越来越强，利用消费者之间相互影响的新型营销方式，其作用甚至超过了传统的营销方式。有影响力的消费者产生的营销影响是普通消费者的 8 倍以上。因此，识别群体中有影响力的消费者，利用他们的购买行为、分享行为来促进产品、信息的扩散，是营销经理们关注的重点问题。例如，许多品牌想扩大自身知名度都会请流量明星代言，借助明星的影响力，实现“粉丝经济”。

2. 潜在消费者

潜在消费者是指当前尚未购买或使用某种商品，但在将来的某一时间有可能转变为现实消费者的人，简言之，即对企业的产品或服务有需求又有购买能力，但目前还没有购买的客户。这类客户存在潜在合作机会，通过营销人员的努力是可以转化成现实消费者的。对于这类消费者，企业应该给予足够的重视，因为他们能够帮助企业提高市场份额与竞争实力。

潜在消费者的识别可以概括为如下三点：有购买需求、有经济能力、有决定权。

1）有购买需求

从潜在消费者的定义就可以推测出，潜在消费者对产品和服务有着一定的购买需求，这是实现成功营销的第一步。营销人员可以通过消费者画像中的浏览记录、收藏记录、加购记录等分析出用户的产品需求，当其与企业售卖的产品相匹配时，就能加大对这类群体的宣传力度。若执意向没有需求的用户进行推销，往往得不偿失。

2）有经济能力

潜在消费者应该具备一定的经济能力。如果一个消费者仅仅有购买需求，但却没有支付能力，对其进行再多的营销宣传也只是浪费时间与精力。例如，向普通餐厅服务员推销临海别墅，成功的可能性就微乎其微。因此，营销人员可以借助消费者画像分析消费者的购买力、经济水平等，判断出与产品价格相匹配的人群。

3）有决定权

潜在消费者也应该要有决定权，即购买决策权。在满足前面两个条件后，最后一步就是整个营销活动能否成功的关键。例如，可以向有一定零用钱的中学生推荐智能手机，但能否购买取决于他父母是否同意。每个家庭的消费决策者都可能存在差异，消费者是否有实际决定权需要营销人员依据消费者画像以及自身的观察力进行判断。

3. 忠诚消费者

忠诚消费者是指在较长的一段时间内对同一品牌保持强烈偏好并多次重复购买的用户。高忠诚度的用户甚至会将该品牌视为唯一的消费选择，认为购买其他品牌的产品是一种背叛行为。

消费者是否忠诚一般可以根据下面几个指标来判断。

1）消费者重复购买的次数

消费者重复购买的次数是指在一定时期内，消费者重复购买某种产品的次数。一般来说，消费者重复购买的次数越多，就说明对这一品牌的忠诚度越高，反之则越低。

有些企业为了简化分析和便于识别，一般会将消费者忠诚度转化为连续购买品牌产品 3 次或 4 次以上。这个连续购买是根据产品的使用周期来确定的。例如，完全使用完一箱抽纸一般需要 1 个多月，若消费者每隔 1～2 月就重复下单，便可认为消费者是连续购买的，并没有寻求其他的替代品。

2）消费者对竞争品牌的态度

一般来说，当消费者对某品牌的忠诚度越高，就越容易产生对其他品牌的产品或服务自觉抵制的现象。因此，如果消费者对竞争品牌的好感度低，也没兴趣去了解别的品牌，就能推测出该消费者有着较高的忠诚度，反之，则说明其忠诚度低。

3）消费者对价格的敏感程度

消费者都十分重视价格，但消费者对价格变化的敏感程度却大不相同。通常来说，对于自己信赖且喜爱的产品，即使出现一定程度的价格波动，高忠诚度消费者也不会放弃，还是会继续使用该产品。也就是说，高忠诚度消费者对价格的敏感程度较低，对价格变化的承受能力较强。但对于低忠诚度的消费者，若价格出现轻微变动，他们就有可能寻求其他的替代品，其价格敏感程度高。因此，营销人员可以通过分析消费者的价格敏感程度来圈定高忠诚度的消费者群体。

4）消费者对产品质量的承受能力

所有的产品和服务都有可能出现质量问题，即使是以质量闻名的品牌也不例外。如果消费者对品牌的忠诚度较高，即使品牌售卖的产品或服务出现质量问题，消费者也一般会选择原谅，与商家协商解决，不会因此就完全失去对该品牌的喜爱与信任。但倘若较低忠诚度的消费者发现了品牌产品的质量问题，他们会产生强烈的不满情绪，觉得自己的权益受到了侵犯。因此，这类消费者很可能会立即放弃该产品，甚至辐射到品牌的全线产品上。

5）消费者购买的金额

从消费者购买金额能推断出消费者是否忠诚。若消费者对品牌的忠诚度高，其购买该品牌产品的费用会高于其他同类产品的购买金额。并且，相比于一般的消费者，高忠诚度的消费者支付的金额也远高于他们。反之，若消费者忠诚度低，其购买总金额也低。

6）消费者挑选时间的长短

消费者在进行产品购买时都会进行反复对比与挑选，直至选出他们心中最满意的产品。但由于消费者对品牌的信赖程度不同，对不同品牌产品的挑选时间也有差异。一般来说，高忠诚度的消费者购物挑选时间往往较短，而低忠诚度的消费者会耗费大量时间在产品的反复对比与挑选上。

8.4.2　消费者分群

消费者分群是指基于一个或多个维度，把用户分为不同的群体。例如，根据年龄维度将消费者分成婴儿、少年、青年、中年、老年五个不同的群体。消费者分群是消费者画像分析的重要环节，主要面向业务人员使用。通过分群，将隶属于不同群体的消费者推送到相应的业务系统，大大提高了营销的精细度。

产品经理、营销人员、客服等业务相关人员在应用消费者画像进行人群圈定时，不可能仅仅关注其中的某一标签。一般来说，他们需要将多个不同维度的标签组合来满足对某一人群的定义，实现对消费者的分群处理。例如，可以通过组合“女性”“近 30 天购买金额大于 1000 元”“25～30 岁”以及“高活跃度”这几个标签来圈定“重要发展用户”人群，查看该人群所覆盖的用户数量和维度人群特征。

在“双十一”大促期间，A 品牌化妆品电商想向“高价值用户”发放优惠券，从而激发他们的购买欲望，促使他们进行消费。该电商的老顾客已经被贴上各种标签，根据营销人员的经验，他们确定了“高价值用户”的标签组合：①女性；②25～30 岁；③黄金会员；④历史消费金额在 1000 元以上；⑤累计购买次数在 2 次以上；⑥活跃度在中等以上的用户。消费者画像系统根据运营人员所确定的标准进行用户筛选，分析出满足以上条件的用户为用户 B、用户 C 和用户 D 等，她们就会被划分到“高价值用户”群体中，推送到对应的业务系统，向她们发放优惠券。

总而言之，利用消费者画像进行消费者分群，就是根据业务人员所确定好的标准，通过标签组合对用户进行筛选，计算出符合条件的用户群，它是消费者画像开发中的一个重要模块。

8.4.3　消费者特征

消费者特征的分析可以通过消费者画像来实现。简单来看，对于单个消费者而言，其专门的消费者画像中某些维度的标签就已经分析出了该消费者的部分特征。但单个标签只能提取出用户的单一维度特征，并且在实际应用中如果细分到个体的消费特征还需要耗费大量时间与成本，虽然更加精确，但从经济效益方面来说显然是不合适的。因此，实际业务运营过程中，是根据消费者群体的划分来进行某一消费者群体多维度的特征分析的。与上一节所讲述的消费者分群相似，消费者特征分析首先需要通过标签的组合来筛选目标用户群体。在圈定好目标用户群体之后，通过多维透视分析功能从多个维度分析消费者群体的特征。例如，在“维度筛选”中选择“人口属性—性别”“行为属性—

近30天访问行为”“用户消费—近30天购买次数+历史购买总金额”，通过多维度的分析，可以总结出该消费者群体的特征。

消费者特征库的建立有利于企业进一步挖掘用户行为，丰富消费者画像的标签设定。同时，消费者特征库还能为精准触达、个性化推荐、商业策划等活动提供中间层的数据，避免从其他数据库中挖掘特征数据时的冗余加工。

消费者特征库包含了对所有消费者每一次行为，如浏览、收藏、加购、下单等，以及对每一行为对应的标签或者商品的类型的详细记录，使得数据分析人员可以很方便地从消费者特征库中挖掘用户的消费偏好。消费者特征库的构建与消费者标签的开发是不同的数据处理行为：消费者特征库是对数据进行实时汇总，进而多维度分析消费者特征；消费者标签则“相对静止”，只记录消费者当前的状态。例如：一个用户经常浏览手机、计算机、耳机等数码设备，他可能是“电子发烧友”或最近对电子产品有强烈的购买欲望；用户经常浏览、点赞、收藏的视频或图片，可以用来挖掘用户的兴趣与偏好；而对于化妆品、美甲、首饰这类性别特征明显的产品，可以用于分析用户的性别。

8.5 消费生命周期

任何事物的发展都有一个生命周期，即从出生到死亡的全过程，企业的消费者也不例外，同样存在着生命周期。但这里指的生命周期并不是消费者生理上的生命周期，而是消费生命周期。消费生命周期理论由美国经济学家弗兰科·莫迪利安尼提出，指的就是一个用户从接触产品（商家）到离开产品（商家）的全过程。

消费生命周期是分阶段进行的，消费者在不同的生命周期会展现出不同的行为特征、态度和要求。从不同阶段消费生命周期出发，分析消费者在该阶段的特征，配合相应的运营手段，可以有效提升用户的转化、复购和留存。消费生命周期的概念在各行各业中都有广泛应用。本节将重点介绍消费生命周期如何划分、在不同消费生命周期阶段的消费者有何特征、如何将用户画像与消费生命周期联合应用到运营中，以提升分析用户、触达用户的效率。

8.5.1 消费生命周期划分

1. 消费生命周期划分

消费生命周期主要可以划分为：考察期阶段、成长期阶段、稳定期阶段、退化期阶段和流失期阶段。消费者进入生命周期后，不一定会完整地经历这五个阶段，在每一阶段消费者都有离开的可能性。例如，用户在下载了某个应用程序之后就删除，那么这个应用程序就会经过两个阶段，即考察期阶段和流失期阶段（图8-7）。

消费生命周期中，每个阶段的消费者都会为企业带来不同的价值。这里的价值指的是消费者在生命周期内贡献出的商业价值，不仅仅包含为企业带来的现金收益，还包含消费者行为带来的价值，如消费者的口碑推荐、宣传转发等。

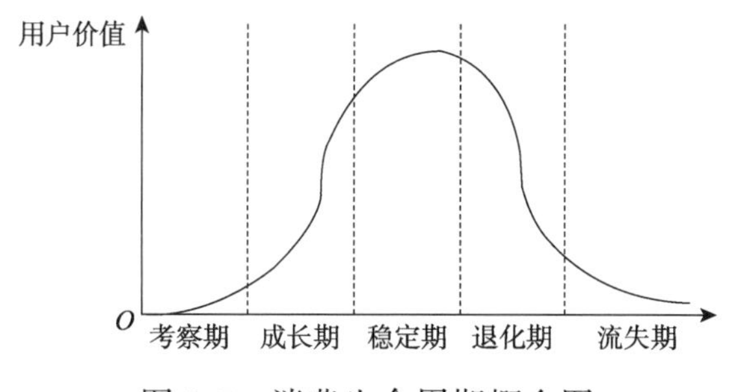

图 8-7　消费生命周期概念图

1）考察期阶段

在该阶段，消费者刚刚注意到产品（品牌），可能会试探性地进行产品试用，偶尔使用一次，此时的用户价值相对较低。在这个阶段，其实是企业与消费者的双向选择阶段。消费者需要花大量的时间与精力搜集信息，了解该企业的产品或服务是否值得信赖；企业也需要耗费大量人力、物力与时间来确定该消费者是否为潜在消费者，是否有转化为现实消费者的潜质。考察期阶段是消费者与企业建立基础信任的阶段，一般不会产生实际的交易行为，或是只有少量的交易。因此，企业很难从这个阶段的消费者身上获得收益，客户所带来的利益尚未最大化。如何让考察期阶段的消费者真正进入消费生命周期是商家重点关注的问题，因此商家会经常采取一些营销手段（如化妆品的小样试用、食物的试吃等）来将潜在消费者转化为真正的消费者。

2）成长期阶段

成长期阶段是客户关系发展阶段，消费者会不定时地体验产品，相比于考察期阶段的消费者，他们使用产品的频率更高。例如，刚注册 3 天内的用户还处于考察期阶段，注册 20 天并不定时使用软件的用户就处于成长期阶段。在这一阶段，消费者与企业已经建立起了一定的相互信任、相互依赖关系，双方之间交易冲突逐渐减少，交易熟练度也越来越高。并且，消费者与企业都不需要再耗费精力与成本去试探对方，交易成本也不再增加，甚至可能逐渐下降。随着客户规模的不断扩大，企业开始产生利润，该阶段的用户创造的价值也会有所提升。但即使用户需求在增大，这一阶段的消费者稳定性仍较差，对产品或企业的忠诚度较低。他们仍会寻求新的替代品，将产品与其他竞争性产品进行对比，容易受外界信息的干扰。

3）稳定期阶段

在此阶段，用户会经常使用产品，深入使用产品的功能或服务，活跃度或特定行为达到一定程度，如连续登录 20 天。稳定期阶段用户与企业的信任关系发展到了顶峰，此时双方之间已经在长期的合作过程中清楚了对方的特点，消费者对产品的质量与数量要求也趋于稳定，忠诚度也大大提高，即使企业出现一些问题也能够主动维护企业。这个阶段的消费者不易受竞争对手的影响，相较于其他替代品，消费者更愿意专注于该产品的使用，为企业提供了大量的利润。同时，此阶段的消费者会以分享的形式来宣传产品，属于企业“最有价值的用户”。

4）退化期阶段

退化期阶段消费者由一段时间内未产生价值行为的稳定期阶段消费者演变而来。该阶段消费者由于某些原因（如产品价格调整后过高），对产品不再抱有较高忠诚度，开始寻求其他替代品，产品使用频率大大下降，此时用户的价值呈衰减状态。

需注意，退化期阶段并不是一定在稳定期阶段之后，它可能出现在考察期、成长期、稳定期的任何一个阶段之后。企业要认真分析用户退化原因，进行改正，尽可能地恢复用户关系，延长消费生命周期。但倘若用户关系实在无法挽回，也不要强求，就去寻找新的用户，建立新的用户关系。

5）流失期阶段

流失期阶段的消费者对产品已经非常不满意或者寻找到了其他的替代品，不再使用该产品，如超过两年未访问某服装品牌旗舰店的消费者。

2. 消费生命周期应用

消费生命周期在业务中的应用主要有如下几个场景。

1）为提升用户生命周期价值制定不同的运营策略

分析用户的生命周期价值以及用户所处的状态，进行精细化运营，一方面可以提升用户的单体生命周期价值，延长用户的生命周期使其尽可能维持在稳定阶段。另一方面能帮助企业降低无效成本。例如，当用户已经处于流失期阶段很久时，向其进行优惠券发放等营销手段往往是无用的。在消费生命周期的每个阶段，营销人员需要应用多样化的营销手段提升用户转化，对不同结构的用户进行流失原因分析，提升用户活跃度。

2）评估用户运营活动是否盈利

很多产品在初期通过低价来吸引用户，并且由于竞争激烈，不敢随意调动价格，一直以补贴的形式来留住消费者，长此以往对企业来说是非常有风险的行为，一旦资金链断裂，企业将无以为继。至少来说，企业要保证单个用户的盈利大于零，只有这样企业才能持续经营下去。

单个用户盈利 = 消费生命周期价值 − 获取用户成本 − 运营成本

运用消费生命周期可以评估不同阶段用户流失率、投资回报率、用户收益、用户忠诚度等信息，从而推断针对某一阶段消费者的营销活动是否能够盈利，是否值得做。如果总的获取用户的成本加上营销的成本大于消费生命周期价值，那么显然这个活动是不值得做的；但倘若获取用户的成本加上营销的成本小于消费生命周期价值，那么这项营销活动就值得做，它可以为企业带来收益。

8.5.2 差异化触达策略

在实际业务运营过程中，企业往往会遇到如下问题：为什么明明促销活动设计得很完美，却很少有用户参与进来？为什么注册 App 的用户很多，但实际进行下单行为的用户就很少？这里就涉及营销活动中的两个关键环节——触达和转换。

触达指的是让用户了解到活动并真正参与进来，掌握了优秀的触达策略也就打开了营销活动的流量口。转化指的是用户从一种状态转变为另一种状态。例如，新注册的用户进行了首次下单购物行为，他就完成了从考察期到成长期的转化。产生转化行为是企业在营销活动中希望看到的事情，但这往往也是最难的，因为每完成一次转化用户就需要付出一定的成本，如金钱、时间等。因此，为了提高营销效率，就必须采取差异化触达策略，最终导向用户完成转化。

1. 不同消费生命周期阶段用户行为特征

某购物 App 运营人员在日常销售和运营客户过程中发现，目前购物 App 同质化严重，竞争激烈，虽然精心策划了多次推广活动，但用户触达率与转化率一直较低，用户普遍对优惠活动的敏感度较大。因此，该购物 App 运营人员想通过分析消费生命周期对用户进行分群，定期通过差异化营销策略触达目标用户，引导其进行购物。

从用户使用 App 的阶段来看，包括注册、登录、下单、复购、成为忠诚用户、使用频率降低、流失等多个阶段。图 8-8 截取了该 App 一段时间内的用户数据，以分析用户在不同消费生命周期阶段所展现出的行为特征。

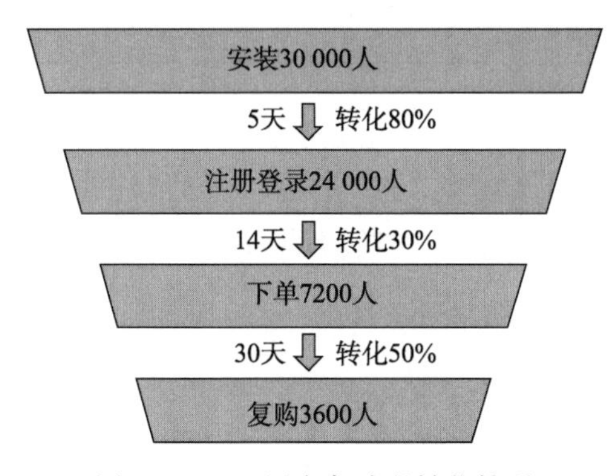

图 8-8 App 用户各阶段转化情况

从图 8-8 中可以看出，从用户安装到注册登录平均用时 5 天。进一步结合 App 这一段时间的用户数据，运营人员发现在注册登录的用户中，60%的用户在安装当天就注册登录了，78%的用户在安装 3 天内完成注册登录，用户从安装到注册登录的转化率为 80%。因此，针对新安装的用户，可以通过 App 消息推送、发放优惠券、注册好礼等活动触达用户，引导用户尽快完成注册登录。

而从注册登录到首次下单，平均用时提高到了 14 天，并且转化率也下降为 30%。深入分析发现，注册登录的用户中，41%的用户在注册当天就有下单行为，也就是大部分用户的注册行为都是为了购物，83%的用户在注册 13 天内也都完成了首单任务。由此可以看出，运营人员可以在用户注册登录 13 天内，通过推送用户感兴趣的商品、首单优惠、新人红包等一系列活动，配合以 App 消息推送、短信等触达渠道，引导用户下单，让客户由考察期阶段进入成长期阶段。

用户在首次购物后，平均在 30 天之内会有复购的行为，从下单到复购的用户转化率为 50%，可见 App 本身仍存在一定优势，可以较好地保留住用户。进一步分析发现，在 30 天内，复购的峰值会在 18 天左右到来，也就是大部分用户经过一段时间的考察以及产品使用之后，与 App 建立了一定的信任关系。因此，相应的复购刺激营销手段应该在用户首单购买 18 天左右时间进行，以激发用户的复购欲望，实现用户从成长期阶段到稳定期阶段的转化。

2. 消费生命周期的运营

通过对消费生命周期各阶段的介绍和 App 案例，可以看出用户在不同阶段的行为与态度都有不同，需要对不同阶段的用户采取差异化运营策略进行触达，提高用户转化率。表 8-7 归纳了消费者在各生命周期阶段的判断标准和特征。

表 8-7 消费者在各生命周期阶段分析

生命周期阶段	判断标准	消费者特征
考察期	已安装注册，还未购买	偶尔使用产品
成长期	已下单过	初步信任，对产品有一定了解
稳定期	多次购买，活跃度高	十分信任产品，忠诚度高，乐于宣传
退化期	距离上次购买××天，最近一次访问××天以内	寻找或已寻找到其他替代品
流失期	最近一次访问××天以外	不再使用产品

1）考察期

针对已经安装但还未注册用户引导其注册，对已经注册的用户引导其下单。由于此时商家所掌握的用户信息较少，对于该阶段的用户，主要可以通过平台内消息推送、广告等渠道触达用户，让用户尽快完成注册或首次下单。例如，美团优选针对新注册用户就会发放“一元购”优惠券。

2）成长期

在此阶段，商家已经获得了一定量的用户数据，主要关注培养用户的使用习惯与忠诚度，缩短用户的购买时间，利用各种营销方式进行精准营销促进其复购，如个性化产品推荐、特定品类商品满减红包、优惠券等。商家可选择的触达渠道也拓宽了，如短信营销、平台推送、电话访问等。

3）稳定期

随着用户购买次数的增加，用户与平台之间逐渐建立了友好的信任关系，购买间隔时间也越来越短。此阶段平台主要关注如何提升用户活跃度与分享欲，如每日登录、每日分享领取小额红包，在延长其稳定期的同时创造更大的用户价值。此外，还需要培养用户的使用习惯，增加用户的购买频次。例如，设计丰富的购物场景来进行场景营销，配合以广告精准投放、消息推送等渠道触达。

4）退化期

这一阶段，用户可能已经寻找到新的替代品，商家需要建立客户流失预警机制，通过短信、电话、邮件、平台推送等渠道触达用户，唤起客户对产品的信赖和依恋。

5）流失期

获取一个新用户比召回一个老用户所要付出的成本低得多。因此，若采用回归好礼等召回活动，辅以短信、邮件、平台推送等多种触达方式，都无法将流失用户召回，就可以考虑及时止损，寻找新的用户。

通过对用户不同消费生命周期阶段进行差异化运营，可延长用户消费生命周期，最大化用户价值。总的来说，消费生命周期的延长策略主要有：建立用户流失预警机制、对不同消费生命周期阶段的用户采取不同的触达策略/营销策略，对不同贡献值的用户采取不同的挽回策略。

3. 画像在消费生命周期中的应用

消费者画像可以帮助业务人员快速提取出用户在不同消费生命周期阶段的特征，以便选择合适的运营策略与渠道快速触达用户。

1）分析用户特征

通过前文的介绍，我们大体已经知道如何对消费生命周期阶段进行划分。运用消费者画像能够帮助我们通过特定的标签组合快速圈选出不同阶段的用户群体，然后通过多维度特征分析，分析不同阶段的用户特征。

2）选择触达用户渠道

在消费生命周期不同阶段可以采用不同的触达渠道，如邮件发送、平台内消息提示、广告投放、短信营销等。但通过消费者画像我们可以更加具体地分析出每个用户所适用的更为精确的触达渠道。例如，有的用户对短信接收并不敏感，就可以考虑通过网站消息弹窗来触达用户。

3）分析营销效果

在消费者画像圈定好目标用户群并采取相应的营销手段后，数据分析人员可以从新收集的数据表中提取相应数据分析营销效果。此外，在通过多渠道触达用户时，触达成本是不同的，如短信的触达成本就要高于网站消息弹窗。在触达用户时，一方面要考虑营销成本问题，另一方面要避免多渠道同时推送，造成用户的抵触、厌烦心理。

8.6 案　　例

拼多多是国内移动互联网的主流电子商务应用产品，在淘宝和京东为国内电商领导者，占据大部分市场份额的时候，拼多多凭借其独特的商业模式挤入互联网人群的视线之中，短短几年就累积了 7.88 多亿的用户。越来越多的商家想要进入拼多多拓宽销售渠道，但很多商家发现，适用于淘宝和京东的销售方式、销售产品到了拼多多并不吃香。这其实是因为平台的使用人群不同，不同平台之间的消费者画像存在较大区别。拼多多的消费者大致可以划分为四类，每类群体之间都有相同点与不同点。

第一类是已婚的、40 岁以上的家庭主妇。这类群体明显的标签就是价格敏感度高，价格对她们而言是选择商品的最主要因素，她们并不过多关注产品的质量。此外，这类群体的空闲时间相对较多，且社交范围较广、亲密度较高，某一产品若被她们青睐，她们会愿意分享给周边的朋友。因此，分享欲高也是该群体的标签之一。

第二类是刚进入职场不久的年轻人。这类群体往往没有过多积蓄，虽然价格对他们来说不是唯一关注因素，但也是决定他们消费的重要参考。因此，他们的价格敏感度也较高。

第三类是已经退休了的老人。这类消费者对电商的了解有限，通常难以分辨产品的质量，而产品价格是能够让他们最直观简单了解产品的途径。这类群体有着大量的空余时间，对他们而言，在商品价格反复对比上投入时间是非常划算的，因此，这类群体的价格敏感度也较高。

第四类就是学生群体。学生群体消费欲望较强，但是由于财务限制，对于他们而言，产品价格较低能够大大提高他们的购物欲望。并且，学生的群体性很强，符合拼多多独特的社交营销模式。对于他们来说，一起拼单、“砍一砍”等活动很容易成功，因此，他们也更愿意在平台上购物。总的来说，学生群体由于缺乏独立赚钱的能力，其价格敏感度也较高。

从拼多多的用户数据来看，其中男性用户仅占 36%，女性用户占到了 64%，这些女性用户大多是已婚家庭主妇，并且整体的年龄层以 30 岁以上为主。因此，综合上文的分析，可以得出拼多多经典用户的消费者画像中所包含的标签有：女性、已婚、30 岁以上、价格敏感度高、活跃度高。若商家想在拼多多有更好的发展，不仅要清楚平台的定位，还要及时了解消费者的基本画像，进行特征分析、精准营销，这样显然会更容易经营店铺。

8.7 本章小结及习题

8.7.1 本章小结

（1）消费者画像是将用户多维度个人真实信息数据进行系统性整合从而抽象出的商业全貌。

（2）消费者画像的具体构建流程涵盖收集数据、挖掘与过滤数据、提取标签以及画像生成与修正，是需要根据用户行为变化而不断调整的。

（3）消费者画像对于实现人群分析、精准营销、个性化推荐与风险控制都具有重要意义。

（4）消费者标签具有语义化、短文本化和专一性的特征，是对消费者个人属性、人格特质、行为、偏好等信息的标准化，可按照标签稳定性与提取方式分为不同的标签类型。

（5）消费者画像指标分为用户属性类、用户行为类、用户消费类、风险控制类、社交属性类等多种类型。

（6）画像表的结构有每日全量数据与每日增量数据这两种表结构设计。

（7）要想提取到完整的消费者形象，需要收集用户属性、互动行为、消费行为与第三方访问行为等多方面数据。

（8）对海量数据的分区存储有利于提高数据查询效率、增强表的可用性以及方便维护。

（9）借助消费者画像进行的消费者识别主要围绕有影响力的消费者、潜在消费者以及忠诚消费这三类。

（10）消费生命周期主要可以划分为：考察期阶段、成长期阶段、稳定期阶段、退化期阶段和流失期阶段，消费者在每个阶段都有不同的特点。

8.7.2　习题

（1）解释消费者画像的概念。

（2）消费者标签有哪几种分类方法？分别可以分为哪几类？

（3）消费者画像中包含哪些维度？请列举每一维度所包含的标签。

（4）数仓分区存储的概念是什么？为什么要进行数仓分区存储？

（5）消费生命周期可以划分为哪些阶段？各个阶段的消费者有何不同的特征？

（6）请列举消费者画像在现实中的应用场景。

[1] COOPER A. The inmates are running the asylum[M]. Wiesbaden: Vieweg+ Teubner Verlag, 1999: 17.

[2] Calde S, GOODWIN K, REIMANN, R. SHS Orcas: the first integrated information system for long-term healthcare facility management[J]. In Case studies of the CHI2002| AIGA Experience Design FORUM, 2002(4): 2-16.

[3] BAXTER K, COURAGE C, CAINE K. Understanding your users: a practical guide to user research methods[M]. San Francisco: Morgan Kaufmann, 2015.

[4] NASRAOUI O, SAKA E. Web usage mining in noisy and ambiguous environments: exploring the role of concept hierarchies, compression, and robust user profiles[C]//Work on Web Mining. In From Web to Social Web: discovering and deploying user and content profiles. Berlin: Springer, 2006: 82-101.

[5] 龙泉. 高校图书馆多元空间用户画像构建与分析：以武汉大学图书馆为例[J]. 图书馆杂志，2023(2)：120-131.

[6] 李锐. 用户画像研究述评[J]. 科技与创新，2021(23)：4-9，12.

[7] 罗婷予，谢康. 用户画像促进企业与用户互动创新的机制及构建方法[J]. 财经问题研究，2023(3)：106-116.

[8] 王英，梁思怡，杨巍，等. 面向纸本图书的图书馆用户画像构建探索[J]. 图书馆杂志，2023(2)：128-137.

[9] 王世奇，刘智锋，王继民. 学者画像研究综述[J]. 图书情报工作，2022(20)：73-81.

[10] 潘家芳. 人机智能协同的图书馆精准服务研究[J]. 图书馆工作与研究，2023(3)：38-45.

[11] 叶欣欣，袁曦临，黄思慧. 基于用户画像的海外网络文学读者阅读行为研究：以 Webnovel 为例[J]. 图书馆杂志，2023(1)：92-98.

第 9 章

调整战略迎合需求

9.1 经 营 分 析

消费者画像可以帮助运营人员从多方面进行经营分析，本节将重点介绍商品分析、渠道分析、漏斗分析和服务分析。

9.1.1 商品分析

商品分析主要围绕商品的销售、库存、周转时间、价格毛利、促销等维度展开，从而产生商品周转率、商品退货率、重点商品、畅销商品、滞销商品等多种指标（上官莉莉等，2023）。商品分析的数据大多源于销售数据和其自身的一些基础数据，如商品体积、颜色、价格等。通过数据分析得出的指标可用于指导企业商品业务的调整，加强所销售产品的竞争能力，合理配置产品组合。

企业在做商品分析时所包含的维度，往往根据品牌自身情况进行具体分析。一般来说，商品分析包括了如下几个方面。

1. 商品自身维度

1）商品价格

不同商品价格会表现出不同的销售情况，哪个价格区间的销售表现最好？如何确定商品价格？这都需要借助商品价格分析。

2）商品风格

企业的产品一般会分为不同的风格或系列。例如，服装品牌销售的风格有休闲风、运动风、商业风、可爱风等。每种风格的进货、销售差异情况以及未来发展趋势都是业务运营中需要注意的。

3）商品类别

从小的方面来看，商品类别分析可以帮助业务人员识别哪些小类市场更受欢迎。例如，在秋冬季节，卫衣是加绒好还是不加绒好。从大的方面来看，可以从商品的整体结构上判断产品销售是否失调。例如，上下装销售数量或内外搭配的销售数量是否差别过大。

4）生命周期

产品从准备进入市场到完全被淘汰退出市场的完整过程称为商品的生命周期。因此，结合商品生命周期的长短以及所处的生命周期阶段进行商品的促销区分，这是一个非常必要的环节。

2. 商品表现维度

1）销售额

借助商品销售额分析，可以迅速把握爆款商品和滞销商品，进而实施合适的促销策略。分析销售额时，需注意综合考虑商品的单价与销售量。例如，羽绒服与短袖可能由于产品价格的差异导致销售额差距甚远，但实际上短袖的销售量比羽绒服的销售量高。

2）毛利率

商品的盈利能力最主要的体现就是商品的毛利率，它也是企业最直接、最基本的利润来源。

毛利率 =（销售收入 − 销售成本）/销售收入 × 100%

毛利率分析可以帮助企业找到最能获得利润的商品，提升企业的盈利能力与控制成本能力。

3）持续未销时间

商品的滞销也分严重程度，有些商品能持续 20 多天不销售，有些商品在滞销第 5 天后由于促销刺激再次开始销售。业务人员需要关注产品的持续未销时间，及时采取策略。

3. 商品“地域”维度

（1）区域

企业的商品分布在不同的省市、不同区域，通过区域对比，可以明确商品的畅销区，便于及时调整市场策略。

（2）销售渠道

一般来说，商品的销售渠道粗分为线上销售与线下销售。线上销售又可以进一步细分为不同平台，如京东、淘宝、拼多多等电商平台；线下销售也可以进一步细分为购物中心、商场百货、超市、个体经商户等。哪些渠道销售得更多更快也是分析的一个维度。

4. 库存维度

1）周转天数

商品周转天数是指商品从入库到销售出去所需的天数，是保证营业正常需要的合理的商品周转期。对商品的周转天数进行分析，是企业确定商品合理库存，核定商品资金定额的重要依据。

2）库存量

企业需要对商品的库存量进行实时监控并深入分析。确认好库存量可以帮助企业明确合适的补货时间与补货数量，避免商品过期或者滞销。借助消费者画像，可以对商品进行分析。例如，通过对商品的区域分析，可以快速锁定商品畅销区，进一步分析购买该商品的用户在各个维度上的特征，以便进行精准营销。

通过商品分析，可以全面找出商品销售过程中存在的问题，而不是从单一维度判断销售好坏的原因。一款商品销售得好不好，原因并非仅有一种，企业在销售中要把以上这些因素量化出来，让自己的理由更有说服力并不断改进，使企业能够更好地发展。

9.1.2 渠道分析

在日常生活中，我们常常能接触许多商品信息，如实体门店、产品宣传单、商场LED屏、地铁海报、短视频、社交软件、小程序、公众号、网站首页等，这些能够与消费者产生交互，让消费者认识并接触到品牌的载体称为渠道。渠道是企业制胜市场的关键，对渠道进行分析与管理，是一个企业能否生存的命脉（张伟烽等，2022）。

1. 渠道分类

按照渠道的展示方式可以分为线上渠道与线下渠道。

1）线上渠道

线上渠道是以互联网为载体的渠道，包括品牌官网、短视频、社交软件、公众号、小程序、电商平台等。

2）线下渠道

线下渠道指的是布局在线下的实体门店，以海报、LED屏、门店等为载体的渠道，包括电梯广告、门店宣传、商场活动等。

随着电商平台的发展和中国年轻一代消费者的成长，线上购物逐渐成为一种新的习惯性消费形式，线上渠道的重要性不言而喻。线上渠道能够突破时间和空间的限制，形式多样，传播速度快，耗费的成本更低。同时，线上渠道覆盖的用户范围也更广，用户的参与程度与互动性也更高。

2. 消费者画像应用

企业对于消费者的渠道来源分析特别重要。在消费者画像的应用中，可以分析目标用户的渠道来源，使得渠道投放更加具有针对性。例如，业务人员通过标签的组合确定对某品牌女装可能感兴趣的潜在消费者，接着对这群消费者的渠道维度进行分析，明确其主要来自哪个渠道，最后有针对性地在该渠道多投放某品牌女装广告。如图9-1所示，目标消费群体在淘宝旗舰店的占比最多，就要加大对淘宝旗舰店的广告投入。

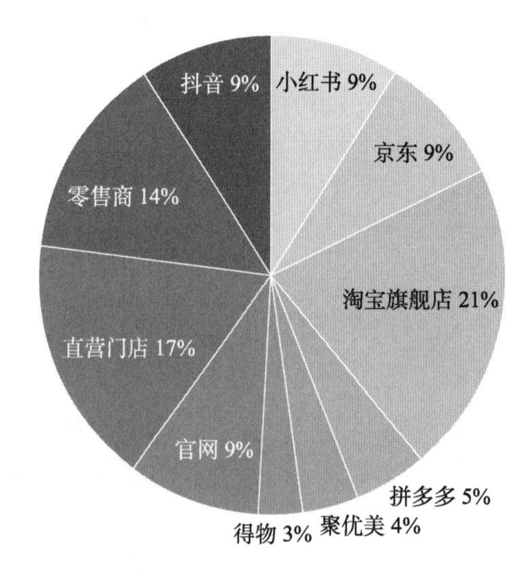

图9-1 渠道分析示例

3. 渠道评估

对于渠道的优劣评估，主要围绕如下几个方面。

1）用户活跃度

一个渠道的用户活跃度可以反映该渠道获取用户的能力和用户的活跃水平。用户活跃度越高，就表示该渠道能够稳定有力地拉拢、保留住用户，提高用户的参与度，企业也应该将更多的资源投入在该渠道。一般来说，某几个主要的渠道就能为产品带来大量的用户，其他渠道带来的用户相对较少，数据分析师在数据管理方面需要重点关注前几个主要的渠道。

2）用户质量

对渠道用户质量的评价一般通过留存率来衡量，留存率高就说明该渠道的用户黏性强，主要指标包括次日留存率、7 日留存率、月留存率，计算方式如下所示。

次日留存率＝第一天新增的用户在第二天依旧登录的人数/第一天新增的总用户人数

7 日留存率＝第一天新增的用户在之后的 7 天依旧登录的人数/第一天新增登录的总用户人数

月留存率＝第一天新增的用户在之后的一个月依旧登录的人数/第一天新增登录的总用户人数

对企业而言，如何保留住现有用户是需要重点分析的问题。利用留存率的比较可以判断出高用户质量的渠道，进而分析在该渠道留下来的这些用户的行为、渠道特征等，就可以帮助企业了解可以从哪些方面提升留存率。

3）盈利能力

渠道的盈利能力主要通过渠道收入来进行评估，可以围绕引入订单量、营收、毛利率、下单用户数量、用户平均下单次数、用户平均下单总金额、用户复购率等指标开展。对渠道的盈利能力分析可以帮助企业识别高价值渠道，分析其他渠道存在的问题并进行改进。

9.1.3　漏斗分析

漏斗分析是数据领域常见的数据分析方法，它能够科学直观地展示产品流程或关键节点的转化效果。通过可以量化的数据分析，帮助企业找到有问题的业务环节，并针对此进行优化。漏斗分析已经广泛应用于用户行为分析、流量监控、用户转化等日常业务运营流程之中。漏斗分析主要的应用场景有：①产品流程的关键转化分析，如电商用户从加入购物车到完成下单的流程；②业务价值路径的转化流程分析，如下面将要介绍的 AARRR 模型的价值转化；③虚拟流程类指标分析，如不同消费生命周期阶段的用户流失或转化情况。

1. 漏斗分析作用

对于那些耗费时间长、涵盖环节多且规范的流程来说，漏斗分析能够直观、清晰地帮助企业发现哪个环节的转化率出现问题，找出流程设计的问题所在，从而有针对性地进行改进。

1）用户转化与用户流失

运用漏斗分析，企业可以监控各个运营环节的消费者转化情况。降低用户流失、提高用户黏性是企业的关键目标，通过对比不同层级的转化效果，及时对低转化率环节进行分析，找到存在问题，进行持续性的优化，以此提升用户留存率。

例如，假设一个自媒体运营账号有 10 万粉丝，其发送一篇文章会有 1 万的阅读量，其中大约有 6000 名粉丝点赞了文章，2000 名粉丝评论，1000 名粉丝收藏，100 名粉丝打赏。那么这个 10 万、6000、2000、1000、100 就是典型的漏斗环节。要想提升用户的打赏率，就要依靠漏斗分析，探究是哪一环节的转化出现问题，进而采取相应的策略。

2）多维度对比

运营人员可以利用漏斗分析对不同属性的用户群体或者不同渠道的用户群体进行对比，如新老顾客的对比、App 和小程序的对比。通过不同维度的用户群体对比，可以了解转化率最高的用户群体，进而提升运营精度和效率。

2. 漏斗分析模型

在实际的业务运营中，不同的业务有自己独特的漏斗分析，但常见的漏斗分析模型主要有如下两种。

1）AARRR 模型

AARRR 模型将产品的营收路径拆分为五个环节（图 9-2）：获取、激活、留存、收益、推荐。

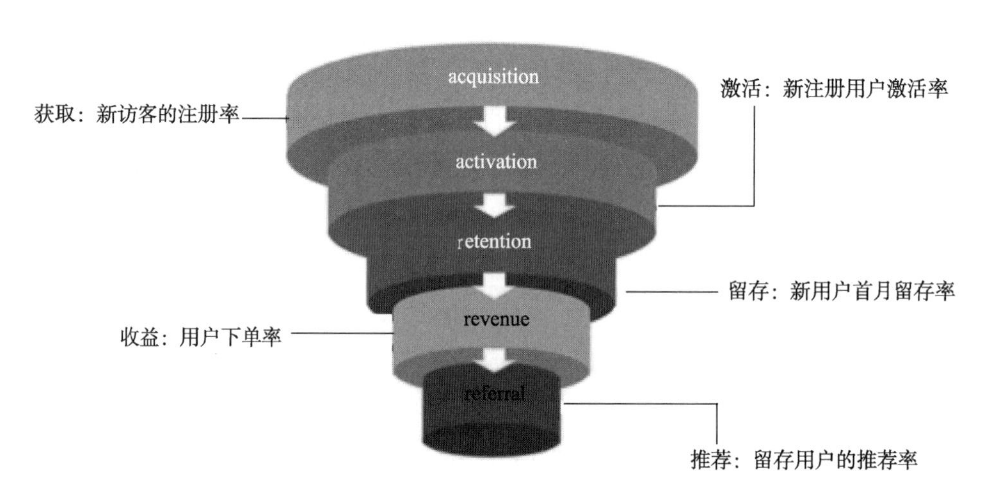

图 9-2　AARRR 模型

下面对 AARRR 模型中各渠道的定义及运营方式进行详细解释。

（1）获取。用户获取是业务运营的第一步，只有足够多的用户进入平台，才有机会对用户进行转化。在互联网中，新客户的获取成本是较高的，如果不对不同渠道获取用户的能力与质量进行分析，很可能既花了钱又没获得应有的回报。

（2）激活。很多用户是通过广告链接、首页推送等渠道等被动地进入平台的，如何把这类用户转化为真正的活跃用户是运营者面临的一个严峻挑战。只有通过高质量的内容、合适的产品功能契合目标用户的需求，才能促进用户的激活，使用户真正地使用产品，以此给企业带来收益。因此，需要进一步关注用户是否计划转化，从激活流程上看是否存在需要优化的细节。

（3）留存。新用户的获取成本是较高的，而通常保留一个老用户的成本是远远低于获取新用户的。同时，老用户的消费能力并不比新用户低。这也就意味着运营者不能一味地在拉新上投入资源，也需要关注用户的留存问题，让进来的用户能对产品产生依赖，持续不断地使用产品。因此，为了提升用户留存率，既要满足用户的需求，也要优化用户的体验。通过漏斗分析可以实现精细化运营，将精准内容推送给特定渠道、属性的消费者，提高用户对产品的满意度。

（4）收益。足量的用户是获得收益的前提，只有用户基数大了，收益才有可能增加。要想产品能持续稳定地销售下去，就要令产品完全满足用户需求。当用户认同了产品价值，新用户就会向付费用户进行转化，老用户也会持续性地付费。运营人员需要对用户足够了解，用数据掌握用户的所有属性，让用户不断地向收益进行转化。

（5）推荐。之前的运营模型到收益就结束了，但随着各类社交媒体的兴起，运营又增加了用户推荐这一个方面，这已经成为获取新用户的一个重要方式。只有用户高度信赖产品，才会愿意将产品分享给其他人，从自传播到再次获取新用户，业务运营形成了一个良性循环。许多优秀的企业通过高效的用户传播不断提高自己的知名度并扩大消费者群体。例如，拼多多经常推出的“砍一砍”活动，就是利用了用户的传播。

AARRR 模型是做用户增长和消费生命周期分析时最常用的漏斗模型，它能够帮助运营人员判断流失的用户处于哪一阶段，进而对该问题阶段的用户进行细分，精细化运营，完成用户向付费用户与高忠诚度用户的转化。

2）电商漏斗模型

典型的电商用户在购买产品时往往会由点击广告链接—进入店铺首页—进入产品详情页—加入购物车—完成下单等一系列行为组成。通过分析每个关键步骤的用户转化率与总体用户转化率，可以很好地找出是哪个流程需要进行优化，从而提升转化率，提高销售业绩。图 9-3 展示了某电商的转化漏斗图。

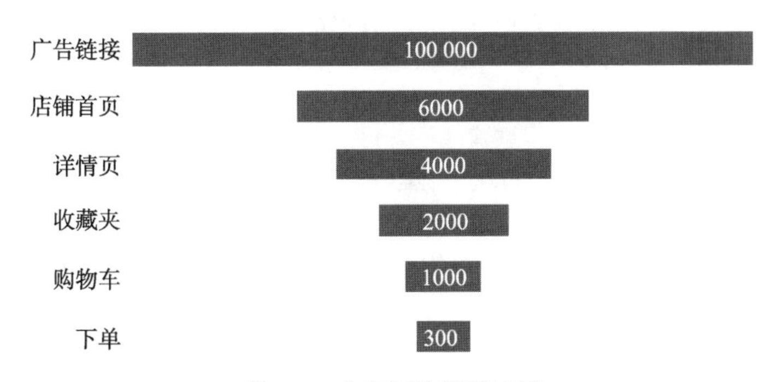

图 9-3　电商漏斗模型示例

总的来说，漏斗分析能帮助业务人员分析业务流程在各个关键环节的转化情况，如详情页访问、收藏、加入购物车、提交订单、完成支付等，从而帮助业务人员直观地发现异常环节并有针对性地进行修改，不断优化产品路径。

9.1.4 服务分析

传统的观点将服务局限在服务业上，如住宿业、餐饮业、娱乐业等，但随着互联网的发展，电子商务快速成长，服务已经融入各行各业并发挥着重要作用，是电商提高消费者满意度、获得竞争优势的重要策略。服务分析的重要性也日益凸显，利用服务分析可以帮助平台运营者识别当前服务所存在的问题，不断改进从而获得竞争优势，服务分析维度如下。

1. 客服服务

生活中常常会遇到这样的场景：当我们咨询了某平台的客服人员之后，系统会自动弹出对该客服人员的服务满意度打分表，这时运营人员在后台所收到的反馈数据，就构成了分析客服服务质量的数据基础。

用户的客服服务体验包括客服响应性、移情性两方面的因素。

响应性是指客服人员是否能够及时、恰当地处理用户的要求、疑问、投诉。响应性主要表现为两点：一是客服人员回答用户咨询问题所耗费的时间长短；二是高效满足用户需求的能力。

移情性是指客服人员给予用户关心和个性化服务的能力，从而使用户感受到自己的唯一性和特殊性，提高满意度。例如，当用户在进行投诉时，客服人员在表达了歉意之后，再根据该用户特征提供最适合他的解决方案。

2. 交互界面

电子商务网站的交互界面也是影响消费者服务质量感知的重要因素，如交互界面的布局是否容易操作、界面展示是否清晰和谐、响应是否流畅等。交互界面对用户的影响不分性别、年龄、职业，所有用户在打开网站时都希望能便捷简易地获取他们想要的信息，因此，交互界面也是服务分析中的一个重要维度。

3. 信息内容

对于用户来说，信息的准确性、真实性和全面性是他们最关心的要素。网站如何设置产品信息详情页，让用户迅速把握该产品的特性并激发其购买欲望是电商亟须解决的问题（文悦，王勇，2022）。

9.2 重塑品牌

在对企业的经营情况进行了全方位的分析之后，明确了经营问题所在，下一步就需要重塑品牌。

9.2.1 定位品牌

1. 品牌定位概念

要想了解什么是品牌定位，首先要明确品牌的含义。事实上，相比于其他名词来说，品牌的定义确实更加宽泛、丰富。品牌最初被商家用于标记自己的产品，从而与其他同类物品区分开来，帮助消费者进行识别。之后随着大生产时代的到来，同质化竞争的现象十分严重，人们很难辨别同类产品之间有何不同，品牌逐渐就成为影响人们消费时的关键决策要素。开始时，品牌主要体现在视觉符号上，如果品牌包装较好就能在市场上脱颖而出。后来，品牌逐渐抽象为一种具有经济价值的无形资产，它能够给拥有者带来溢价、产生增值，是在消费者与品牌商的不断交流磨合过程中产生的，承载了消费者自身对品牌的期待与认可（黄海洋等，2019）。

再来说定位。“定位”一词最早由杰克·特劳特提出，指的是企业在对自有产品、竞争对手的产品以及消费者需求进行深入分析之后，确定出本产品独特的竞争优势，通过占领一个足够清晰、容易界定、相对独特的定位，与其他竞争对手区隔开来。

综上，所谓的品牌定位，就是针对品牌层面进行竞争区隔，让品牌在顾客的消费选择中占据最有利的位置（孙晓东，徐美华，2020）。当消费者产生一定需求，且品牌突出特征刚好与需求相匹配时，消费者第一反应就是选择该品牌的商品。例如，奔驰代表“地位”“高贵”，法拉利代表“速度”，沃尔沃强调“安全”。

2. 品牌定位要求

无论是哪一种定位，都需要具备下面三个条件。

（1）清晰，即一句话就可以界定，清晰、不模糊、无歧义。

（2）独特，即和对手相比具有较强差异性优势。

（3）关联，即要吻合组织自身优势能力和外部受众需求偏好。

3. 品牌定位策略

1）产品利益定位策略

消费者在购买产品时，最主要的目的是获得产品的使用价值，他们大都希望产品的功能、效果、效益能够满足他们当前的需求（图 9-4）。因此，强调品牌能够提供的效用是常见的定位策略之一。许多产品有着多重功效，这本身也是产品的优势之一，但在进行品牌定位时，品牌商大多选择向消费者着重宣传某一突出的功效。这是因为消费者的认知就像一个内存有限的仓库，他们只对某一强烈诉求留下深刻印象。因此，向消费者承诺单一的功效更能让消费者形成对品牌的独特个性的认知。例如，佳洁士牙膏的定位是“亮白”，冷酸灵牙膏的定位是“抗敏感”，黑人牙膏的定位是“清新口气”，云南白

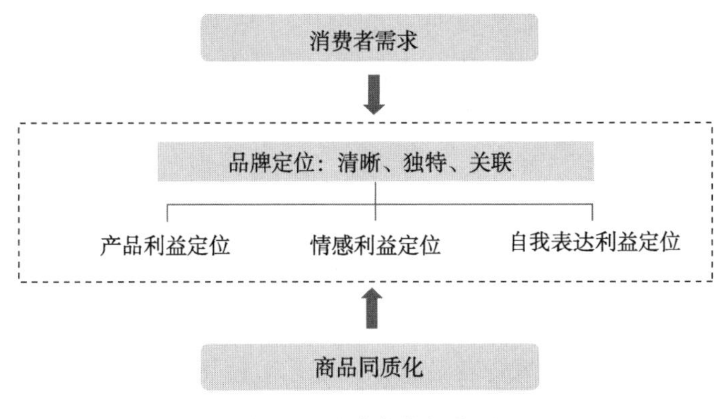

图 9-4　品牌定位概念图

药牙膏的定位是“治疗牙龈出血”。当消费者参照自身功效需求时，就能迅速联想到相应的品牌，快速做出消费决策。

2）情感利益定位策略

消费者在购买产品时，有时候是完全由情感来决定的。例如，消费者在过年期间购买“徐福记”产品是因为它能让人联想到温暖的亲情，购买“旺旺大礼包”是能让人回忆起幸福的童年。情感利益定位策略正是利用了人们的情绪，它指的是将人类情感中的喜悦、浪漫、关怀、温暖、爱等情感融入品牌，使得消费者在使用产品时，能够体验到相关的情感，唤起消费者对品牌的情感共鸣与认同，最终获得一批忠实的消费群体。因此，注重情感的品牌营销策略更能符合消费者的需求。

3）自我表达利益定位策略

产品同质化现象的严重，使得消费者无法通过产品来展现自身的独特性。而自我表达利益定位策略就牢牢抓住了消费者表达自我的需求，它通过不断传达与强化品牌的某些独特形象和精神内涵，让品牌成为消费者表达个人价值观、性格特征与处世态度的媒介，满足消费者展示自我、表达自我的需求。随着品牌含义的不断延伸，品牌已经开始具备情感和自我表达的价值，逐渐成为一个“外化的自我”。

9.2.2 迎合消费群体

管理学大师德鲁克认为，营销的关键在于满足消费者需求，为消费者带来价值。因此，企业必须明确自己的定位是为消费者创造利益，迎合需求，提高消费者满意度，进而利用用户的宣传提高自己的知名度，扩大市场份额。要想达到这一目的，第一步就需要借助于各种调查手段，充分了解消费者需求，进而才能有针对性地设计自己的产品与营销策略，迎合自己的消费群体。

1. 了解消费者需求

消费者需求指的是消费者生理或心理上的匮乏状态，即目前的产品与他们的期望之间产生落差，从而想寻求新的替代品填补空缺。人们购买产品都是为了满足自己特定的需求，当一种需求得到满足之后，新的需求又立即产生，人的需求是无穷无尽的。

虽然需求总是存在，但它并不是处于强烈的渴望被满足的状态，只有当消费者在某一诱因的刺激下，匮乏感达到临界值时，人们才会产生购买的欲望，促进购买行为。例如，大部分人对奢侈品牌都有一定的渴望，但由于经济条件或其他因素的限制，这种需求一般深藏于消费者内心，甚至消费者自己都没有意识到。但当在特定情境下，需求被唤醒后，人们产生了一种不平衡的匮乏状态，人们会采取行动来调解失衡感。

2. 消费者需求分类

消费者的需求大致可以分为如下几类。

1）对商品使用价值的需求

商品使用价值的需求，是消费者最基本的需求。使用价值是商品的物质属性，是一种具体的物质内容。人们购买商品无论是为了满足生理层面的需求还是精神层面的需求，都要具备一定的物质载体，且该物质载体也必须具有使用价值。例如，因为想让别人羡慕自己而购买了高级围巾，那么该围巾也该具有保暖作用，否则消费者也不会购买。

2）对商品审美的需求

人类天生向往并追求美好的事物，在社会生活中的各个方面都能观察到这一点。消费者同样拥有对商品的审美需求，且这是一种普遍、稳定的需求。对于消费者而言，商品不仅仅要具有实用性，也要具有欣赏美的价值。特别是在服装、饰品、护肤品、家居装修等女性消费者占大多数的行业，消费者对审美的需求更加高，总是希望商品不仅仅要耐用，还要在外观、款式、颜色等方面足够美丽。

3）对商品时代性的需求

消费者购买的商品都带有一定的时代印记，反映着时代的特征。社会环境在不断变化，人们追求商品的时代性就是消费观念与行为不断适应着时代变化的过程。对商品时代性的需求基本表现为：要求商品新奇、创新、富有变化，能反映当前时代的特点与潮流思想。如果商品没有紧跟时代的变化，成为过时的东西，消费者将毫不留情地将其抛弃。因此，现代品牌需要时刻关注环境变化，站在时代的前端，不断颠覆自我，为用户创造价值，使经营的商品始终富有时代气息与特点。例如，CHANEL 品牌创立之初的设计就融入了对现代主义的理解，将男装化的风格、简单大气的设计相结合，展现了高贵优雅的特质，因此，CHANEL 名声大噪，成为时尚界重要的奢侈品牌之一。

4）对商品社会象征性的需求

当人们赋予商品一定的社会意义，使得购买商品满足了他们某种心理上的需求时，商品就有了社会象征性。例如，有的消费者购买商品是为了展现自己的声望和地位，有的消费者是为了表明自己是某一群体的一员，有的消费者是为了表达出自己的独特性。对于市场营销人员来说，了解消费者对商品社会象征性的需求并采取适当的营销策略，突出品牌与品牌、产品与产品之间的区别，有助于提高产品收益。例如，苹果公司就将手机分为普通 iPhone 与 iPhone Pro，突出普通机型与高档机型的差异，进一步区分消费群体，满足消费者的心理需求。

5）对优质服务的需求

随着产品市场的逐渐发达和人们物质生活水平的提高，消费者对产品的要求已经不仅仅局限于产品本身，还辐射到对产品附带的一系列服务身上。“花钱买服务”的思想已经深入大多数消费者心中，优良的服务质量已经成为决定消费者消费决策的重要因素之一。例如，海底捞就紧紧抓住消费者对服务的需求，凭借顾客至上的服务态度成为火锅行业的知名企业。

3. 洞察消费者需求

洞察消费者的需求，往往需要进行多维、深度的调研。在数智时代，品牌一般通过线上数据与线下调研相结合的方法，多角度考察消费者的需求与需求产生的背后原因，从而确定企业未来发展方向，研发出符合消费者需求的产品。

对消费者需求的洞察，是企业营销的关键所在。在了解透彻消费者需求之后，企业就需要结合内外部环境特点，尽最大的努力迎合消费者，满足消费者，只有这样才能保证企业的长远发展。

9.2.3 明确市场角色

企业在了解目标消费者需求后，还需要参照自身的竞争优势，明确自己在目标市场上所能扮演的角色。具体来说，企业在市场上主要可以“扮演”四种角色，即市场领导者、市场挑战者、市场追随者和市场补缺者。

1. 市场领导者

市场领导者通常是在某一行业市场上占据最大份额的企业，其在价格变动、新产品开发、渠道覆盖方面有更大的决定权且起着领导作用。对于其他竞争对手而言，要么故意挑战它，要么有意模仿它，要么退避三舍，避免正面交锋。例如，苹果公司就是当前电子设备行业的领导者。市场领导者为了保持住现有的竞争优势地位，通常会采用扩大市场总需求、保护现有市场份额以及增加市场份额的战略。

1）扩大市场总需求

当总体市场扩大时，市场领导者由于抢占的市场份额最多，其获利也最多。如果市场领导者可以不断拉拢新的消费者，开发现有产品新的用途，或者增加消费者的产品使用频率与使用量，那么其收益将是巨大的。例如，Orbit 口香糖，起初人们只是将其当作一种休闲零食，销售表现平平。但后来 Orbit 口香糖在包装前盖的内侧写了一条“吃，喝，嚼，一种舒适干净的感觉”这样的标语，以强化品牌替代刷牙的功能，使得产品的销量大大提高。市场领导者应该寻找更多的新顾客或者使现有顾客加大产品使用量。

2）保护现有市场份额

市场领导者在试图扩大市场需求的同时，需要保护现有的市场份额，避免被其他竞争对手抢夺。例如，如波音（Boeing）需应对来自空中客车（Airbus）的强劲竞争；史泰博（Staples）必须提防欧迪办公（Office Depot）；谷歌需要防范来自雅虎和微软的威胁。市场领导者要想做到这些，最重要的就是持续创新。

3）增加市场份额

增加市场份额策略就是指市场领导者通过多种方法来提高本企业的市场占有率，从而创造收益，维持住自身的市场领导者地位。例如，2016 年英国电信（British Telecom，BT）和欧洲最大的 IT 服务公司之一的软件实践（Everything Everywhere，EE）合并，最终形成了英国最大的电信公司英国电信 EE，扩大了企业的市场份额，使企业更有效率。

2. 市场挑战者

市场挑战者是指主动向市场领导者发起进攻和挑战，从而提高自己的市场占有率，提高自身收益的企业。这类企业可以是在市场中处于第二或第三的地位的企业，也可以是那些毫不出彩的小型企业。只要是为扩大市场份额，而对其他企业发动进攻的企业，都可以称之为市场挑战者。市场挑战者企业有以下五种进攻策略可以选择。

1）正面进攻

正面进攻是市场挑战者集中全力向对手的主要市场阵地发动进攻，也就是进攻对手的强项而不是弱项，这种硬碰硬的比拼意味着资源更多的一方将会最终获胜。

2）侧翼进攻

侧翼进攻与正面进攻恰巧相反，它是指市场挑战者集中优势攻击对方的弱点。侧翼进攻可以遵循两个战略维度——地理和细分市场。地理维度就是分析出对手忽略或表现逊色的区域范围，将该地理范围作为自己的攻占目标；细分市场维度就是选择对手重视但尚未覆盖到的细分市场加以攻击。对于资源比对手少的市场挑战者来说，这种进攻策略性价比极高。

3）包围进攻

包围攻击是一种全方位、大规模、闪电式的攻击策略，采用这种策略的市场挑战者大多拥有优于对手的资源，并确信借助迅速的围堵可以摧毁对方意志，打垮对手。例如，为了对抗劲敌微软公司，太阳微系统公司（Sun Microsystems）授权了数百家公司和成千上万的软件开发商，准许它们将 Java 软件用于各种消费端设备。随着消费电子产品逐渐数字化，Java 也开始出现在更大范围的小配件中。

4）迂回进攻

迂回进攻是一种最间接的进攻策略，它绕开对手当前所占领的所有市场，攻击更易夺取的市场。一共有三条途径。一是多元化发展不相关的产品。例如，在百事公司和可口可乐公司的“可乐大战”中，百事公司先是在全美范围内推出了瓶装水品牌 Aquafina，再收购了橙汁巨头纯果乐（Tropicana）以及市场领导者佳得乐运动饮料的所有者桂格燕麦公司，采用迂回的进攻策略来对抗可口可乐公司。二是多元化发展新的地域市场。例如，海尔公司将销售网络遍布全球 200 多个国家和地区。三是跳跃式发展新技术。例如，任天堂通过推出先进技术、重新定义“竞争空间”，从而成功夺得游戏市场。

5）游击式进攻

游击式进攻由发动小型的、断断续续的攻击组成，不断骚扰对手，使得对手疲惫不堪并最终赢得胜利。游击式进攻包括选择性的降价活动、密集的广告促销闪电战和偶尔的法律行动。例如，在普林斯顿评论与当时美国最大的考试培训公司凯普兰教育中心的对战中，普林斯顿评论就是通过电子邮件不断发送有关凯普兰的恐怖故事和无礼的广告（如“真正的朋友是不会让自己的朋友去参加凯普兰的课程的”）来进攻对手。虽然游击式进攻的成本可能会比其他进攻策略更低，但其还是花费不少。因为如果市场挑战者想彻底击败对手，往往还需要以一次更为强劲的进攻作为后招。

3. 市场追随者

市场追随者是指对现有的市场地位已经满足，只期望维持着现有的市场份额的企业。它们不主动向对手进攻，只是跟随着市场领导者的脚步，按照它们的战略变化或产品创新来改进自己的运营策略，为消费者提供类似的产品或服务。这种自觉共处的状态往往存在于产品差异性小、价格敏感度高的行业之中，如钢铁、化工等。虽然市场追随者不太可能超越市场领导者，但其往往也能获得很高的利润。有以下几种追随策略可供选择。

1）紧紧跟随

采用紧紧跟随战略的市场追随者，其尽可能地去模仿市场领导者，紧跟在市场领导者的细分市场与新研发产品之后，以至于这种市场追随者好像是市场挑战者。但实际上，这种市场追随者从不激进地侵犯市场领导者的市场，只是不断地“效仿”，有时也被认为是靠拾取领导者残余市场的“寄生虫”。

2）距离跟随

距离跟随战略是市场追随者会在目标市场、产品研发与创新、分销渠道等重要方面适当地模仿市场领导者，同时与市场领导者保持较大差异，如在广告、包装、定价等方面有所区别，形成明显的距离。例如，费尔南德斯·普贾尔斯（Fernandez Pujals）就模仿达美乐披萨“送货到家”的营销手段，将该理念带到了西班牙。在马德里，他借了 8 万美元开了第一家披萨店，现如今已经在欧洲和拉丁美洲拥有将近 1000 家披萨连锁店。

3）选择跟随

选择跟随战略突出的是“跟随”与“改进”。这类市场追随者并不盲目跟随市场领导者，它们会根据自身竞争优势，选择对自己明显有利的产品或市场进行跟随。在跟随的同时，还不断对产品进行改良，体现出自己企业的创造性，但通常不会与市场领导者直接硬碰硬。这类市场追随者往往会发展成为市场挑战者。例如，方太厨具就是采用选择跟随战略成为市场挑战者的成功案例，其口号就是“不争第一，永当老二”。正是这种理性稳健的选择，使得方太厨具从 1996 年的吸油烟机行业的最后一名飞跃至第二名。

4. 市场补缺者

市场补缺者是指能力较差、资源较少，几乎没有力量与其他对手竞争的企业。它们为了能够继续发展下去，只能寻找还未被占领的市场，竞争策略也是集中于对手还未关注到的细分市场，在该市场发挥自己的价值。

9.3 调整产品策略

9.3.1 产品整体与组合优化

1. 产品整体

通常消费者所理解的产品，就是某种看得见、摸得着的实物，具有特定的用途（图 9-5）。但随着营销学的不断发展，现代营销学提出了产品整体的概念。产品整体概念包含了核心产品、有形产品、期望产品、附加产品、潜在产品五个层次，它是广义的产品，既包括了以物质形态存在的产品实体，又包括了产品展现出的非物质形态的利益，是人们在一件商品上所能获得的生理与心理需求满足的总和（俎文红，2014）。

1）核心产品

核心产品是产品最基本的层次是指一样产品的基本效用或利益。消费者购买产品并不是为了产品本身，而是因为产品的效用能够满足他们当前的需求。

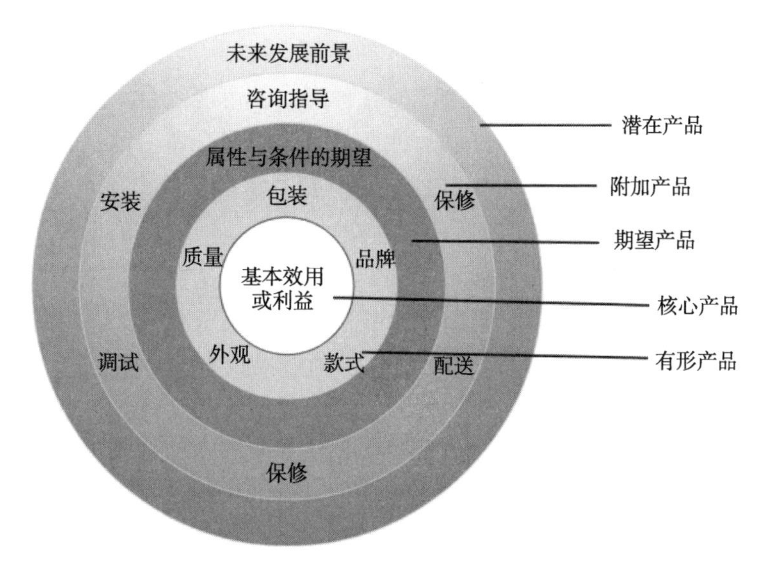

图 9-5　产品整体概念图

2）有形产品

产品的基本效用需要依附于一定的物质载体才能被消费者使用。因此，有形产品就是核心产品借以实现的形式，是产品展现在消费者面前的基本形式。对于实体产品，有形产品主要包括产品的包装、质量水平（如材质）、外观特色、品牌、款式 5 个方面。对于服务类产品，则主要包括服务的程序、服务人员、地点、时间和品牌这五大方面。

3）期望产品

期望产品是指消费者在购买产品时，希望和默认商家会提供的产品属性和条件。消费者会按照过往商家对产品的宣传和消费经验在心中预设一个期望值，当产品的属性没达到其期望时，就会影响消费者的满意度和回购率。例如，人们去餐厅吃饭时，就会期望美味的饭菜、干净的餐桌餐具以及相对安静的环境。

4）附加产品

附加产品是指消费者在购买有形产品时，附带的服务和利益的总和，包括安装、保修、送货、调试、使用指导、顾客咨询等。附加产品源于对消费者需求的深入分析，要求商家必须留意到产品本身之外的附加利益，但同时，商家需要注意消费者愿意为附加利益增加所承担的价格增加等问题。例如，预定生日晚宴的餐厅免费赠送鲜花和小生日蛋糕。

5）潜在产品

潜在产品是产品整体概念的最高层次，是指一个产品在不断发展完善中，最终可能达到的新增部分的功能。潜在产品能够满足消费者的潜在需求，这种需求通常尚未被消费者察觉，或者即使消费者察觉到了也不敢奢求产品真的可以具备该特性。因此，商家要有足够长远的目光，敏锐地洞察消费者的未来需求，加大研发力度，不断推陈出新。这种对现有产品的附加和扩展所提供给消费者的不仅仅是满意，还有获得新功能时的惊喜。

2. 组合优化

产品组合是指一定时期内，企业生产的各种产品的可能组合。在面对多样化的消费者需求、消费偏好和细分市场时，仅靠一种产品是无法迎合所有消费者的，因此，企业在产品或服务上必须形成组合，更全面地满足消费者需求，最大化企业收益。

我们都听过田忌赛马的故事，田忌用自己的下等马对战对手的上等马，用上等马对战对手的中等马，最后用中等马对战下等马，从而赢得了比赛。这就是典型的要素优化组合的例子，即将所面对的要素与问题作为一个整体进行分析，让适当的要素在最佳位置上发挥出最大的价值，往往可以产生 1+1>2 的效果。将这种系统思维法运用到企业中，就要求企业将产品与产品之间看作是相互连接的整体，根据市场环境和自身经营条件的变化，对产品组合不断进行调整优化，适时开发新产品并淘汰旧产品，以取得最大的利润。优化产品组合主要有以下几种策略。

1）扩大或者缩减产品组合的广度

产品组合的广度是指一家公司所拥有的全部产品线的数量。产品线的数量越多，公司产品组合的广度就越大。在同一产品线上的产品，通常具有一定的相似性，如功能相似、销售给同一客户群、经过相同的销售渠道等等。扩大或者缩减产品组合的广度，就是增加或减少产品线的数量。

当公司预期现有产品线的未来盈利较高时，就应该适当扩大产品组合的广度。扩大产品组合广度可以增加公司产品的覆盖面，扩大产品市场，提升公司的竞争力。但同时，增加产品线数量也存在较大的风险，如果策略不当，很有可能造成该产品的失败，严重的还可能导致整个公司的失败。因此，当市场不景气、原材料供应紧张、现有产品销售额下滑时，公司应该适当地缩减产品组合的广度，将有限的资源集中在能帮助公司获得最大利益的产品线上，实行专门化的生产或经营，尽可能地削减成本。

2）扩大或者缩小产品组合的长度

产品组合的长度是指一家公司中每条产品线所拥有的产品品种数量。产品品种越多，该生产线就越长。扩大或者缩小产品组合的长度，即增加或减少每条产品线上产品的品种数量。越长的产品线，越有利于消费者选择产品，增加公司的竞争力；但较短的产品线或者产品组合，有利于大批量的生产和销售，避免脱销。

3）扩大或者缩小产品组合的深度

产品组合的深度是指产品大类中有多少种细分产品，即同类产品的规格多样性。例如，苹果手机就细分为 iPhone、iPhone Plus、iPhone Pro、iPhone Pro Max 等不同规格。扩大或者缩小产品组合的深度，就是增加或减少产品的规格。通常来说，当公司想要增加产品特色，进一步细分消费者，且公司当前及未来预期的收益都较好时，可以考虑在原有产品线中增加新的产品项目，有利于公司减少成本，扩大消费市场；但当公司处于竞争劣势，或者存在资金周转困难、产品滞销等不利于发展的问题时，可以选择在原来的产品线基础上适当缩小产品组合的深度。

4）提高或者降低产品组合的密度

产品组合的密度是指产品线上的各个产品在最终使用、生产、分销等方面的关联程度。产品组合密度越大，产品组合的关联度越强，越有利于公司充分利用现有资源，在某一市场或地区营造品牌优势，巩固市场地位。但也存在一定的风险。例如，某一产品出现问题可能波及同一产品线上的其他产品。而产品组合的关联度越低，公司所涉及的产品与市场范围就越广，各产品线自成一派，较少出现一荣俱荣一损俱损的情况。但这样做也会加大公司对产品组合管理的难度，管理费用与生产费用也会大大提高。对中小公司来讲，由于资源和生产能力有限，应该较多地选择提高产品密度的方向。

5）产品线延伸

每个公司的产品都有自己的市场定位，产品线延伸分为向上延伸、向下延伸和双向延伸。

向上延伸是指企业原来生产中低档的产品，后来决定生产高档产品以扩大自己的高端市场。一般来说，当公司设备技术与营销能力已经具备加入高端市场的条件时，向上延伸就可以有效提高公司的品牌价值与形象，带来较大的成长率与较高的利润率。因此，许多原来定位于中端市场的大众品牌都不惜投入重金向上开拓市场。

向下延伸是指高档品牌定位的公司推出中低档的产品。当公司高档产品销售利润下降，中低档产品市场仍存在空隙时，公司就会考虑采用向下延伸的策略，充分利用自身的品牌形象与资源设备，吸引中低端市场的消费者，防止竞争对手的攻击性行为。

双向延伸是指原来集中于中端市场的公司同时进行向上延伸与向下延伸的策略。当中档产品公司掌握了市场优势与较多的资源之后，双向延伸能够有效地扩大公司市场。

从上述的表述可以看出，企业有多样的组合优化策略。在实践中，企业要在充分了解相关的理论知识与技巧的基础之上，结合自身资源与市场情况，才能实现理想的产品组合优化，提高企业收益与竞争实力。

9.3.2 新产品开发与管理

21 世纪是一个创新的世纪，快速变化的消费者需求以及迅猛发展的科学技术和专利技术使得产品的生命周期越来越短，企业不得不进行新产品开发以维持竞争优势，产品创新已经成为企业经营的常态。本小节将对新产品的开发与管理进行详细的讲述。

1. 新产品开发概述

从市场营销学的角度来看，只要在功能或外观上进行改进，与原产品产生差异，甚至是之前已经生产过但还未销售的都可称为新产品。因此，新产品开发就是对全新产品的创造，或者对旧产品的改进。对大多数中小企业而言，它们更关心的是改进现有产品而非创造全新产品。开发新产品可以给企业带来以下好处。

1）提升竞争优势

一个成功的产品只要进入成长期的后期，就会为企业带来丰厚的利润，但也会吸引其他竞争者的模仿，一同抢夺市场。由此，必然导致企业利润的下降。而有智慧的企业管理者就会将目光放得长远，抢夺先机开发新产品，在维护住企业现有竞争地位的同时，也提高了企业的竞争优势，使企业能够永续发展。例如，蒙牛企业由于 2003—2004 年的价格战使得企业的盈利跌入谷底，但它们及时大胆地创新出“特仑苏牛奶”，用典雅、高贵的包装以及远超出国家标准值的奶蛋白含量使特仑苏以开拓者的身份引领着高端液态奶市场，大大提升了企业的竞争优势。

2）增强企业形象

企业形象是消费者通过企业的各种行为或符号，如企业文化、产品特点、营销策略、管理风格等，建立起来的对企业的总体印象。当企业在消费者心中树立起良好的企业形象时，消费者就愿意购买该企业的产品或服务。新产品的开发就恰恰能增强企业的形象，它能让社会公众认为该企业是富有生命力、责任感的，对企业生产的产品也会给予更多的关注。例如，华为在十多年前还鲜为人知，但靠着持续不断的创新，"创新""爱国""专业"也成为华为的企业形象，使得华为在电信领域和 IT 领域都处于领先地位。

3）赢得更好的市场地位和更多的市场份额

新产品的开发是赢得市场的第一要诀。例如，特斯拉汽车开发了续航能力强、操控性能佳的新能源汽车，颠覆了人们对充电汽车"速度慢、耗电快"的印象。特斯拉以极高的性价比以及近乎零的用车成本，冲击了传统汽车厂商，为整个汽车市场提供了更高的选择，其不仅迅速抢占到了更多的市场份额，还大大提高了自己的市场地位。

4）充分利用企业的生产和经营能力

在总的设备使用、场地租金等固定成本不变的情况下，新产品的开发能提高企业的资源利用率，降低单个产品的生产成本。例如，1985 年，奥迪汽车由于技术问题导致销量锐减，企业资金周转困难、设备闲置，企业背上沉重的负担。1993 年，奥迪公司发布了第一次复兴计划，此后几年不断创新、改进车型，销售额明显上升，企业的经营能力大大提高。

5）获得大量利润

创新是在竞争激烈的时代企业必须具备的能力。开发新产品可以使企业在一定时间内技术上领先于其他企业，降低成本，获得超额利润，甚至处于垄断地位。

2. 新产品开发风险

风险是指在一定时期的一定条件下，对某件事的期望结果与实际结果之间的不确定性所导致的行为主体遭受损失的程度以及损失发生的可能性大小。毫无疑问，新产品开发过程中一定会存在各种风险。美国全国工业会议对新产品开发失败的原因进行统计，总结出了如下几种：①市场分析不当；②产品本身不好；③成本超过预期值；④投放时机不对；⑤竞争压力过大；⑥销售力量、分销、促销组织不当。对失败原因的分析可以看出，新产品开发的成功不仅仅是技术上的问题，还需要组织管理、市场营销、战略等方面的协调配合。新产品开发的风险是多样的，识别这些主要的风险是新产品开发过程中有效规避风险的前提。新产品开发过程中主要有以下风险。

1）技术风险

技术风险是指新产品开发所需的相关技术不成熟、不完善、不配套带来的风险。

2）生产风险

生产风险是指产品即使能成功研发出来，但由于受企业生产规模、生产工艺、原材料供应、设备适应性等因素的限制，后续产品的生产质量达不到设定的标准或生产成本过高，从而使消费者对产品失去信心不愿购买产品的风险。

3）市场风险

市场风险是指由于顾客需求、市场接受时间的不确定性以及模仿者的存在，新产品进入市场可能存在一定的风险。同时，企业若在市场上促销不当也可能导致新产品不能被市场有效接受。

4）资金风险

资金风险是指因资金链断裂或新产品研发成本远超预期而导致创新失败的风险。

5）其他风险

除上述风险外，企业还可能面临政治风险（如政局动荡、国际关系变化等）、政策风险（如政府补贴政策的改变、产品标准的改变等）及法律风险。

3. 新产品开发与管理

由于新产品开发过程中面临着许多不确定的风险，企业必须制定相应的管理策略避免风险的发生（图 9-6）。

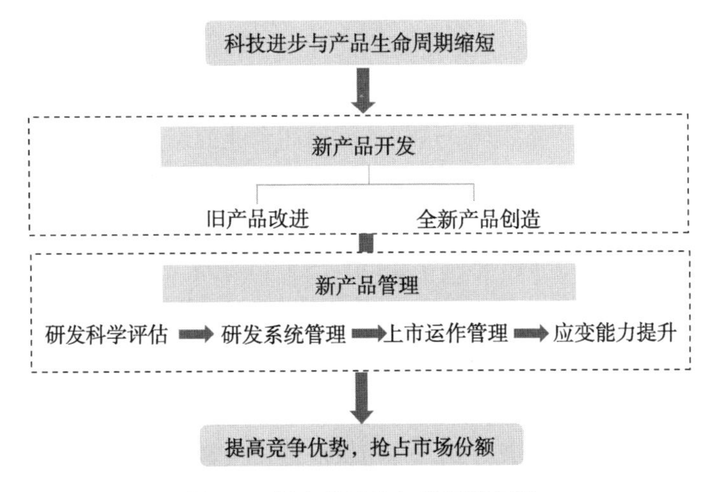

图 9-6　新产品开发与管理概念图

1）建立科学的项目评估机制

新产品开发的投入大，关联性强，因此开发决策应该综合考虑企业当前的生产经营状况、资源与能力特点及总体经营战略，同时，需要深入调研市场需求以及所面临的竞争形势。在对新产品的开发项目进行全面、具体的评估后，才可做出创新决策。具体来说，包括如下几个方面的评估。

（1）技术评估。技术评估是主要对新产品技术的先进性与适用性进行评估。需要对比该新技术与现有技术是否有明显提升，是否符合行业的技术发展方向；同时，要考虑该新技术本身是否成熟可靠，以及企业是否拥有相应的研发能力、技术设备，使得新产品能够真正投入到大批量的生产当中去。

（2）市场前景评估。企业必须做好科学严谨的市场调查与预测分析，一方面分析已有的市场对新产品的接受度与需求量，另一方面也要分析潜在的需求市场。如果企业能够抓住潜在市场，引导并创造出一个新市场，那么企业的新产品开发将会获得巨大的收益。

（3）竞争状况评估。企业要尽可能地通过各种合法途径获取竞争对手的战略规划、目标市场、研发方向、创新成果等重要信息，借鉴他人创新经验，少走弯路，同时避免双方新产品开发项目的重叠。此外，企业要评估新产品进入市场后可能发生的竞争情况，如垄断企业的市场壁垒、模仿者的追随等，避免选择研发投入大、产品生命周期短的产品。

（4）企业资源及能力评估。虽然开发新产品一定伴随着风险，但企业作为风险承担的主体，应该避免风险超出自身的承受范围。在选择新产品开发项目时，企业要对自身所拥有研发能力、创新水平、生产制造能力、市场营销能力、人力资源管理能力以及资金实力进行客观全面的评价，并对新产品开发项目可能造成的风险和严重程度进行全面的预测，避免风险与自身实力之间的不平衡、不匹配造成严重的创新事故。只有充分利用企业现有资源，并根据自身优势资源来选择新产品开发的方向，才能降低研发成本与风险，提高创新成功率。

（5）企业总体经营战略分析。企业经营战略是企业根据环境变化与自身实力和资源确定的生存与发展的总体规划。在确定新产品开发项目前，需要对总体经营战略进行全面分析，明确企业的未来发展方向与目标市场，有的放矢地进行创新，重点选择符合企业当前及未来发展需求的产品领域，这样才能提高企业的资源配置效率，保证新产品开发的顺利进行。

2）建立系统化管理机制

在产品开发过程中，企业应该建立系统化的管理机制。首先，在组织层面，企业领导层应该明确企业的重点经营业务、领域及方向，制定出符合新产品开发的战略，确定新产品的目标人群、目标市场，并依据战略将负责新产品开发的全体职员紧密地联系在一起，协调好研发、生产、销售、财务、人力等各部门之间的关系与合作，要求各部门之间有着良好的沟通渠道与沟通方式，并与供应商、顾客也建立密切的联系。其次，在项目管理层面，企业应该建立一套科学、严格的评价标准与决策体系，由高层管理者、研发人员、生产人员、销售人员共同参与制定重大项目决策。同时，在研发过程中要进行实时监控，及时反馈存在的问题，根据问题对项目反复评估，确定该项目是继续进行还是趁早放弃，最大限度地降低企业的风险。

3）新产品上市运作的管理

企业需要充分重视新产品的上市运作。对新产品上市前和上市中的一系列活动进行策划管理，如市场需求预测、新产品性能测试、营销宣传、销售渠道确定、营收分配、进入市场时机等。同时，要注重保护新产品的技术不被其他竞争者窃取，充分利用法律手段建立起技术壁垒。

4）提高企业整体应变能力

虽然通过以上方法可以基本预防新产品开发的可能风险，但由于市场环境是不断变化的，企业无法预知所有可能的危险情况，仍旧存在着企业不可控制的风险因素。因此，企业需要增强自身整体的灵活性，只有这样才能应对新产品开发与销售过程中的各种问题，帮助新产品成功进入市场。

新产品开发具有极大的风险，但企业若想永续发展，新产品开发是不得不迈出的重要一步。企业可以通过全面科学的评估方法与管理体系，尽可能地规避风险，降低失败发生的概率。总而言之，只有在对风险与自身实力有着清晰认知的基础之上，才能更好地控制风险，做好新产品开发全流程的管理。

9.3.3　产品生命周期与管理

1. 产品生命周期概述

产品生命周期（product life cycle），是美国哈佛大学教授雷蒙德·弗农（Raymond Vernon）于 1966 年在其《产品周期中的国际投资与国际贸易》一文中提出的，指的是产品从准备进入市场开始到被完全淘汰而退出市场为止的整个过程（图 9-7）。由于消费者需求、消费方式、消费水平、消费心理及其他影响市场的因素，产品必然会经历一个由盛转衰的生命周期，一般分为产品开发期、引进期（进入期）、成长期、成熟期（饱和期）、衰退期（衰落期）四个阶段。

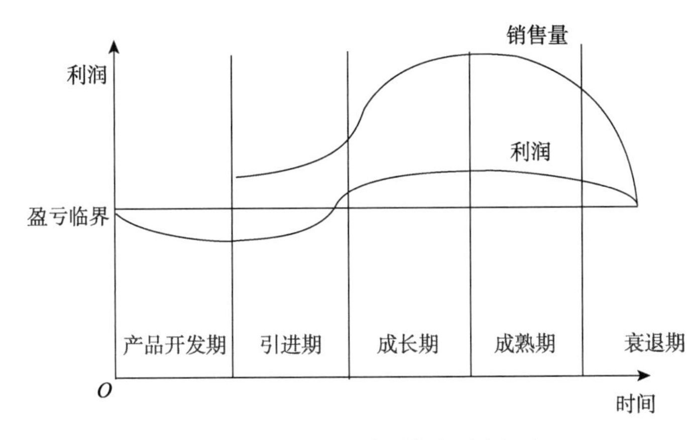

图 9-7　产品生命周期概念图

1）产品开发期

产品开发期是从初步设想产品到产品真正被开发出来的时期。在该阶段，产品的销售量为 0，同时公司需要不断投入研发成本。

2）引进期

引进期是产品刚刚投进市场的测试阶段，此时由于产品品种少，消费者对产品还不够熟悉，除了少数喜欢新鲜感的消费者，几乎没有人购买产品。在这一阶段，产品的流程还不够完善，生产批量小，制造成本高，经常需要根据市场的变化及时调整策略，还要为了扩大销路不断投入营销费用，产品利润率往往较低，没有或只有少数竞争者。

3）成长期

产品经过一段时间的引进取得了初步成功便进入成长期。成长期的产品通过了引进期的试销“测试”，被消费者逐渐接受，产品在市场上有了一定知名度。同时，由于企业的不断改进，产品的生产成本大幅下降，利润迅速上升，因此会吸引来更多的竞争者。

4）成熟期

成熟期产品的市场成长已经趋近饱和，产品已经被大多数的消费者接受，能够稳定地进行大批量的生产。但由于竞争的加剧，同类产品供给增多，企业不得不通过降低价格、加大营销投入或创新产品规格的方式来抵御竞争者的攻击，因此，产品利润率在达到顶峰后会逐渐下降。

5）衰退期

衰退期也称衰落期，此时的产品已经进入了淘汰阶段。由于科技的进步或人们消费需求的变化，产品已经老化，市场上有着更多性价比更高、功能更齐全的产品。此时，产品销售量显著衰退，利润也大幅度滑落，企业无利可图就会陆续选择停止生产，这一产品的生命周期也就慢慢结束，直至完全退出市场。

2. 产品生命周期曲线特点

总结来说，产品生命周期曲线具有如下特点，如表 9-1 所示。

表 9-1 产品生命周期特点

产品生命周期阶段	销售量	利润	竞争者
产品开发期	无	无	无
引进期	很少	偏低或亏损	少数或没有
成长期	显著增长	显著增长，达到顶峰	大量
成熟期	达到顶峰后逐渐下降	逐渐下降	较多
衰退期	显著衰退	显著衰退	较少

产品开发期时，产品销售量为 0，公司不断增加投资，暂时还没有竞争者。

引进期时，产品销售量增长缓慢，利润偏低甚至亏损，公司仍需不断投入资金，竞争者较少或没有。

成长期时，产品销售量快速增长，利润也显著提高，吸引大量竞争者。

成熟期时，产品销售量稳定，但销售量与利润在达到顶峰后逐渐下降，依旧有较多竞争者。

衰退期时，产品销售量与利润显著下滑，部分竞争者也逐渐退出市场。

3. 产品生命周期管理

产品生命周期的五个阶段都有着不同的市场特征，因此企业需要根据各阶段的特点制定和实施相应的营销策略。

1）产品开发策略

企业在产品开发期需要综合研判自身资源能力与外部市场条件，从而选择适当的开发策略。一般来说，企业采取的开发策略有如下几种。

（1）进攻式开发策略。进攻式开发策略指的是企业抢先开发某种市场上没有的产品，率先投放进入市场从而提高自身知名度，抢占市场份额，筑起壁垒防止其他竞争对手的模仿。

（2）防御式开发策略。防御式开发策略不是一种被动防御策略，而是一种主动的策略。采用防御式开发策略的企业并不着急研发新产品，而是当市场上出现成功的新产品后，收集消费者的使用意见，对产品进行仿制并升级改良，从而达到后来居上的目的。

（3）系列化开发策略。系列化开发策略指的是企业围绕现有产品进行全方位的新品延伸，创造出一系列具有某种相似性但又各不相同的产品。例如，对于平板电脑的使用能够延伸出键盘、保护套、电容笔、耳机等需求。

（4）差异化开发策略。差异化开发策略是企业在市场上产品同质化严重的情况下让自身能够脱颖而出的策略。当市场产品同质化严重时，企业分析消费者需求、追踪市场变化，结合自己所拥有的资源进行自主开发，创新出与众不同的产品，与其他产品有着明显的差异。

（5）超前式开发策略。超前式开发策略指的是企业具有长远眼光，能够及时捕捉消费者行为与心理的细微变化，预测未来潮流趋势，提前开发可能流行的新产品从而取得超额利润。

（6）滞后式开发策略。滞后式开发策略是企业开发已经被大企业放弃但仍有一定消费需求的产品策略。一些大企业往往会放弃盈利能力弱的产品，但实际上消费需求具有不同的层次，这类产品依旧具有可观的市场。例如，在发达地区的洗护用品市场几乎被几个寡头企业瓜分，中低档的洗护用品很难生存下去，但在偏远的地区，这些中低档洗护用品依旧销售得很好。因此，滞后式开发策略通常适用于技术、资金实力相对较弱的企业。

2）引进期的营销策略

企业应该针对某一可能带来最大效益的市场，选择合适的时期在该市场投入产品，让消费者尽快接受该产品以缩短引进期。产品在这一阶段的营销策略可以从价格和促销费用两个维度考虑，形成了如下四种策略。

（1）快速撇脂策略。当企业的新产品有较大的需求市场，顾客十分期待新产品且企业需要及早树立品牌形象避免潜在竞争者的威胁时，通常就会考虑采用快速撇脂策略，即以高价格、高促销费用的方式将新产品投入市场。一般来说，如果企业的新产品相比于其他产品有明显的创新性与优势，市场对价格就不会那么敏感。

（2）缓慢撇脂策略。当企业市场规模较小，潜在威胁不大且新产品已经有了一定的知名度和忠诚用户时，企业就能采用缓慢撇脂策略，即以高价格、低促销费用的方式销售新产品。

（3）快速渗透策略。快速渗透策略即以低价格、高促销费用推出新产品。当企业想要先发制人，筑起价格壁垒快速抢占市场份额时，就会考虑采用该策略。之后再通过不断改进产品制造与流程使单位成本下降，从而取得规模收益。采用该策略需要具备如下条件：企业有着一定的资金实力；消费者对该产品不了解且价格敏感性高，但具有较大的产品需求；潜在竞争者的威胁较大；产品的单位制造成本可以随着生产规模的扩大快速降低。

（4）缓慢渗透策略。缓慢渗透策略即以低价格、低促销费用的方法销售新产品。当预期产品有广阔市场、产品知名度较高、市场对价格十分敏感且存在威胁性不大的潜在竞争者时，企业就会用低价来扩大销售，用低促销费用降低成本。

3）成长期市场营销策略

进入成长期后，消费者已经熟悉该产品，老顾客重新购买，新顾客也不断涌入市场，销售量与利润都大幅上涨，达到顶峰。随着销售量的增大，企业的生产规模也逐渐扩大，产品的单位成本不断下降，带来了规模收益，但也吸引了大量新的竞争者进入市场。由于竞争的加剧，产品开始出现新的特性，细分市场增多，企业为了维持现有的市场增长率可以从产品质量、价格、市场、促销这几个方面考虑。

（1）改善产品品质。企业可以通过新增产品功能、开发产品新的使用途径或改变产品外观，给消费者以新奇的体验。对产品质量方面的改进可以满足更多样化的消费者需求，提高产品的竞争能力，拉大与竞争对手的差距，吸引更多的消费者。

（2）寻找新的细分市场。在大部分市场都已经饱和的情况下，企业可以通过细分市场，寻找还未被满足的市场需求，根据其需要快速升级产品进入新市场。

（3）改变广告宣传的重点。广告宣传重点可以从前期的产品介绍转移到形象建立上，通过树立良好的品牌形象在保留老客户的同时吸引新客户。

（4）适时降价。当竞争过分激烈，且企业具有规模收益时，可以考虑在适当的时机进行产品降价，以吸引那些对价格敏感的消费者。

4）成熟期市场营销策略

进入成熟期以后，产品的销售量与利润增速放缓，在达到顶峰后逐渐下降，市场竞争也非常激烈，不断涌现款式、功能各异的同类产品。针对成熟期的产品，企业应该采取主动出击的策略，尽可能地延长产品的成熟期，或者使产品的生命周期再次循环，具体可以采用如下三种策略。

（1）市场调整。市场调整不是调整产品本身，而是宣传产品的新功能、新用途以寻找新的消费群体，或者改变促销策略扩大产品销售量。

（2）产品调整。产品调整是指通过对产品自身特性的调整来满足新的消费者需求，如改变产品外观、开发产品新功能等。产品整体中任何一部分的调整都可以看作是产品再开发。

（3）市场营销组合调整。为刺激销售量回升，可以采用市场营销组合调整，即对产品、定价、渠道、促销这四个市场营销组合因素加以综合调整，如提高服务质量、降价、扩展销售渠道、提高促销力度等。

5）衰退期市场营销策略

在衰退期，产品销售量与利润急剧下滑，大量竞争者陆续退出市场。此时消费者的需求与习惯已经改变，产品的特性逐渐落后，企业需要进行全面深入的分析来决定采取何种策略以及在何时退出市场。通常有如下几种策略。

（1）继续策略。企业继续沿用过往的营销策略，坚守过去的细分市场，使用同样的定价方式与销售渠道直至产品完全退出市场。

（2）集中策略。企业把大部分的资源与能力投入到最能带来利润的细分市场与分销渠道上，逐步从别的市场中抽身。这样不仅能够缩短产品退出市场的时间，也能在最后时刻为企业谋取更多的利润。

（3）收缩策略。采用这一策略的企业会当机立断地抛弃无希望的消费群体，大幅降低促销费用以增加利润。虽然这样会导致产品的衰退速度加快，但对于忠诚消费者和企业而言，是一个双赢的选择。

（4）放弃策略。采取这一策略的企业应该迅速决断，放弃经营。可以采取把产品完全转移或立即停止生产的完全放弃形式，也可以采用逐渐把衰退产品的生产资源转移到其他产品中的逐步放弃的方式。

9.4 定 价 策 略

价格是客户进行消费决策时重点关注的商品因素，它直接影响了产品的销售量与利润，是企业在市场竞争中的一种重要手段。对大多数消费者而言，商品价格是消费者进行购物决策时主要的决定因素。因此，确定合理的价格及定价策略是各企业经营者面临的重大问题。本节将对产品的定价策略展开详细讲述。

9.4.1 定价理论与影响因素

众所周知，在正常情况下，产品的价格越高，销售量就越低。传统的定价策略往往是一种事后行为，即根据企业的产品成本或者竞争对手的价格进行定价。而现代定价理论认为，企业的产品定价应该根据自身所提供的产品价值来确定。影响产品定价的因素有许多种，大体上可以分为内部因素与外部因素。

1. 内部因素

1）企业的营销目标

产品的定价要充分考虑企业的营销目标，不同的目标决定了不同的定价方法与策略。例如，对于追求利润的企业来说，高价格就是企业定价的方向；对于想要抢占市场份额、提高知名度的企业来说，中低价格更能帮助它们实现目标。

2）企业的营销组合

价格是市场营销组合策略的因素之一，因此在制定价格时，需要综合考虑产品策略、促销策略与分销策略，不能脱离其他三个组合因素单独决策价格，要使这四个因素形成一个相互统一、协调配合的整体。

3）产品成本

产品成本是企业在生产制造产品时所耗费的财力、物力与人力的总和，它是制定产品价格的基础，是企业维持简单再生产和基本经营活动的前提。因此，企业在制定价格时必须考虑成本问题，以弥补产品生产、促销和分销的所有支出。

4）产品价值

产品价值也是定价的重要决定因素。当产品能很好地满足消费者需求，品质较高时，产品的定价就应相应地提高。

2. 外部因素

1）市场结构

市场结构指的是某一行业中商家与消费者的数量及分布、产品差异化程度以及新企业进入该市场难易程度的综合状态，也就是市场供应者之间、需求者之间以及供应者与需求者之间的关系。市场结构是决定价格形成的重要因素，企业价格决策者必须清楚知道企业在市场中的地位、自身的生产销售能力，分析竞争对手的能力、数量，从而做出合适的价格决策。例如，当竞争激烈时，企业就可以采用低价策略来吸引消费者。

2）市场需求的价格敏感性

市场需求的价格敏感性也是企业价格决策的重要因素之一。一方面，企业既要补偿生产经营中所耗费的成本；另一方面，企业要考虑消费者对价格的接受能力。如果消费者的价格敏感性很高，就不适宜采用高价格策略。

3）竞争者的产品和价格

竞争者的产品和价格会对企业的定价产生一定的约束。同类产品的竞争最直接的表现就是价格竞争，高价格、高利润会吸引众多竞争者涌入市场，而低价格、低利润的战略可以将部分竞争者赶出市场或阻止新的竞争者进入。如果一家企业试图通过降价来吸引顾客，那就意味着有部分企业将流失现有顾客。因此，在竞争激烈的市场上，企业必须关注自己竞争对手的一举一动。

4）其他外部环境因素

其他外部环境因素如政策法规、宏观经济状况、社会关注问题等也都会影响产品的定价，主要包括通货膨胀率、利率、经济增长或衰退、法律法规等一系列因素。

9.4.2 定价方法

定价方法是企业为实现其销售目标所采用设定价格的具体方法，大致可以分为成本导向定价法、需求导向定价法和竞争导向定价法三类。

1. 成本导向定价法

成本导向定价法是企业以生产销售过程中所产生的全部费用为主要依据来定价的方法，是最简单且广泛应用的一种方法。具体可分为如下四种类型。

（1）成本加成定价法，即在产品单位成本的基础上加上一定比例的毛利从而确定产品价格。具体计算公式为：产品单价 = 总成本 ×（1 + 产品加成率）。

（2）目标利润定价法，即企业根据总成本和针对销售预期所设定的目标利润率来作为定价标准。具体计算公式为：产品单价 = 总成本 ×（1 + 目标利润率）/ 预计销量。

（3）边际成本定价法，即以单位产品的边际成本为基础的定价方法。只要企业的定价高于边际成本，企业就能获得边际收益用于弥补固定成本，从而产生盈利。

（4）盈亏平衡定价法是指产品的销售量在既定的条件下，企业的价格必须达到一定的水平才能保持盈亏平衡。使用这种定价方法的企业收入与成本相抵。

2. 需求导向定价法

需求导向定价法从顾客需求出发，所以产品的价格应该依据顾客对产品的价值感知来确定，它主要包括以下三种类型。

（1）认知导向定价法，即企业根据消费者对产品的主观价值判断来确定产品价格。

（2）逆向定价法，即企业根据市场调查，确定消费者能接受的产品价格，并以此为依据，结合自己经营的成本和期望利润后，逆向推算出产品的批发价和零售价。这种定价方法重点在于能够让消费者接受，其计算公式为

出厂价格 = 市场可零售价格 ×（1 – 批零差率）×（1 – 进销差率）

（3）竞争导向定价法，即企业密切关注竞争对手的生产状况、服务质量、产品价格等因素，根据对手的表现和自身的实力来确定自己的产品价格。但这并不是与竞争对手的产品价格保持一致，企业可以制定出更高、更低或相同的价格。这种定价方法又可以进一步细分为以下三种。

随行就市定价法，即越是在竞争激烈的市场中展开价格竞争的企业，给整个行业带来的损失就越大。因此，为了避免价格竞争所带来的损失，大部分企业都选择采取随行就市定价法，即依据市场平均价格水平设定自己产品的价格，只期望获得平均报酬即可。

密封投标定价法，许多大型商品、建筑项目、生产设备的买卖都采用密封投标定价法。大部分情况下，招标方只有一个，且通常处于垄断地位，而投标方有多个，它们之间相互竞争，标的物的价格是各投标方独立地确定下来，价格低、质量高的即可中标。

主动竞争定价法与随行就市定价法恰巧相反，它不根据市场的平均价格水平定价，而是选取高于或低于竞争对手的价格，从而在消费者心中树立起独特的产品形象，提高企业的竞争优势。

从对定价方法的介绍来看，企业能够选择的定价方法是多种多样的，重要的是产品的定价要与自身竞争实力、经营目标、品牌形象相符合。

9.4.3　定价策略

定价策略的选择是市场营销中的关键步骤。企业的目标是促进销售，提高利润，但我们都知道：价格制定得越高，销售量就越少；价格制定得越低，利润就越少。因此，企业在面临这种两难境地时，需要综合考虑产品的生产、销售成本与消费者对价格的接受能力。本小节将重点介绍折扣定价、心理定价、差别定价、组合定价以及新产品定价这六种策略。

1. 折扣定价

折扣定价是企业在原有价格基础上做出的价格让步，通过直接或间接降低价格，企业能争取到更多的消费者，同时也能增强老顾客的黏性。其中，数量折扣、现金折扣、功能折扣、季节折扣是直接折扣的形式，回扣和津贴是间接折扣的形式。

1）数量折扣

数量折扣可以进一步细分为累计数量折扣和一次性数量折扣。累计数量折扣是企业规定消费者在一定的时期内的购买量若能达到一定水平，就按其购买的总量进行折扣。其目的就是刺激消费者经常性地在本企业购买产品，培养用户的消费习惯。一次性数量折扣是按照消费者一次购买产品数量的多少确定折扣力度，购买越多，折扣力度也就越大。其目的就是刺激消费者大批量购买产品，促进产品多销、快销，一般适用于企业急于清理库存产品的情况。

2）现金折扣

现金折扣主要针对赊账或一次性付款购买的消费者，即对于那些能够在规定时间内

提前付清尾款或一次性付清款项的消费者，企业所给予的一种价格折扣。现金折扣能够促使消费者尽早付款，减少企业的财务风险。

3）功能折扣

功能折扣一般是针对中间商的折扣形式。根据中间商所处的分销渠道地位，对企业生产和销售产品的重要性，完成促销的能力，服务水平，承担的风险、责任与功能等因素，企业会给予不同程度的折扣。这有助于中间商大批量订购产品，扩大销售，争取更多的用户，并与企业保持长期的良好合作关系。

4）季节折扣

对于某些产品而言，它的生产是连续的，但销售量有明显的季节性，这就使得企业需要根据产品季节性的供求关系变化进行折扣。在淡季，企业需要给予一定的优惠，刺激消费，使得企业的生产和销售能够在一年内保持在一个相对稳定的水平。例如，羽绒服生产商在夏天就会对进货的服装店给予大幅度折扣。

5）回扣和津贴

回扣与津贴都是间接折扣的形式。回扣是指消费者在付清全部货款后，商家按照一定的比例返还一部分的金钱给消费者。津贴是指企业对于用户的某些购买后行为给予价格折扣。例如，拼多多平台上的商家经常会对用户的全五星好评给予1～5元的补贴。

2. 心理定价

心理定价体现了价格决策的科学性与艺术性，它指的是运用心理学的原理与方法对不同类型的消费者心理进行区别定价。企业往往会面临这样一个尴尬境地：采用成本导向定价法与需求导向定价法制定出了一个基础价格，但该价格不能很好地被消费者接受。为了让价格更加符合消费者的预期，同时企业自身也能对价格满意，就需要运用心理定价策略，针对不同的消费者心理对基础价格进行改进。

心理定价策略主要有以下五种类型：尾数定价策略、整数定价策略、声望定价策略、招徕定价策略、习惯定价策略等。

1）尾数定价策略

尾数定价策略是指产品在定价时不取整十、整百，不以0结尾。该定价策略之所以能够普遍应用，主要是因为其有三方面的心理功能。

（1）让消费者产生该产品很便宜的错误判断。因为顾客往往只会注意到最左端的数字，对最末端数字的关注度不高。例如，99元与100元虽然只差了1元钱，但99元就让人感觉该产品只有几十块钱，而100元就会让人感觉产品价格上百，贵了许多。

（2）提高定价可信度。尾数定价策略能暗示消费者该价格是商家经过认真核算以及考虑后得出的最精准的价格，从而使消费者产生信任商家的心理感受。

（3）给消费者愉悦的感受。不同国家、不同地区有着不同的风俗习惯，消费者往往对某些数字格外偏好或者厌恶。例如：在中国，人们就很讨厌数字4，但喜欢数字6和8；美国人则喜欢数字7，讨厌数字3和5。因此，尾数定价可以按照消费群体的喜恶来确定具体数值，从而让消费者感到舒适。

（4）尾数定价策略适用于以中低收入群体为目标用户的超市、便利店等；对于以中高收入群体为目标用户的大型百货、奢侈品牌等来说，更适合采用整数定价策略与声望定价策略。

2）整数定价策略

整数定价策略恰好与尾数定价策略相反，它指的是产品在定价时故意以“0”结尾，把原本定价为零数的商品价格定为比零数更高一点的整数价格。这种定价策略是利用了消费者按质论价、炫耀、渴望彰显身份地位的心理，一般适用于高档产品。

3）声望定价策略

声望定价策略是指将产品的价格定得远高于同类产品价格的策略，它利用了消费者对品牌的仰慕之情。采用声望定价策略的产品，其品牌在消费者心中具有一定的声望，如名牌手表、豪华汽车、名牌时装等，消费群体更重视的往往是产品的“品牌”，而不是产品本身。消费者关注该品牌及价格是否能展现产品的奢华，进而凸显出所有者的社会身份与地位。

4）招徕定价策略

招徕定价策略是指企业将某些特定产品的价格定得远低于市场价格，甚至低于成本，用低价的方式吸引消费者，引起对该企业其他产品的连带性购买，从而达到扩大销售的目的。

采用招徕定价策略要注意三个方面。

（1）特价（廉价）商品的确定。这种商品既要具有一定的价值，是消费者日常生活中有意愿购买的，但不能价值过高，否则会给企业带来巨大损失。

（2）数量充足。企业需要保证特价（廉价）商品的稳定供应，如果经常性地缺货，消费者会有被欺骗的感受，进而损害对企业的评价。

（3）其他商品引起消费者注意。这是连带性购物的前提。当消费者为了特价（廉价）商品来购物时，一定要想方设法分散其注意力，让他们注意到其他产品。例如，将特价（廉价）商品摆在商店的最里面，引导消费者先浏览其他的商品。

5）习惯定价策略

商品在长期的市场流通过程中，已经形成了相对确定的、消费者适应的价格。习惯性定价就是将这种习惯价格确定为产品价格，该种策略适用于日常消费且大量消费的产品。由于消费者对这类产品的价格敏感度较高，企业不能轻易调整产品价格。价格低了消费者会认为产品品质下降，价格高了消费者会产生不满情绪，都会导致消费者的购买转移。在不得不提价时，企业应该尽量对产品包装、外观等方面进行一定的改变，减少消费者的抵触心理，引导消费者逐渐习惯新的价格。

3. 差别定价

差别定价指的是企业针对不同的消费者和市场，对同一种商品或服务制定两种以上的价格的策略。同时，这种价格差异并不是由于成本的差异所导致的。差别定价策略主要有以下几种形式。

（1）顾客细分定价策略，即对同一产品或服务制定不同的价格销售给不同的顾客。

（2）产品样式定价策略，即企业将相同产品设计出不同的花色、款式、包装，并制定出不同的价格，但是这个价格的差异与产品之间的成本差异相差甚远。

（3）地点定价策略，即对不同地区的消费者，企业分别定不同的价格，即使产品完全相同。

（4）时间定价策略，即企业对不同季节甚至不同时间段销售的同一产品制定不同的价格。

（5）数量定价策略，即针对顾客购买的不同数量，企业收取不同的价格，通常应用于公共事业。例如，北京实行的阶梯水价收费制度：第一阶梯为户年用水量 180 立方米以下，每立方米水价为 5 元；第二阶梯户年用水量为 181～260 立方米，每立方米水价为 7 元；第三阶梯为户年用水量 260 立方米以上，每立方米水价为 9 元。

4. 组合定价

组合定价是在考虑组合中各个产品的内在关联之后，将它们视为一个整体，综合考虑各产品定价的策略。企业生产的产品之间通常存在一定的关联，如销售渠道、生产线、需求等（宗计川，2018）。为了充分利用这种内在关联的积极效应，企业就会采用组合定价策略从而提高产品组合的整体销售额。主要有以下三种类型。

（1）系列产品定价策略。企业生产的产品通常不是单一的，而是一组相关产品，如手机、充电线、耳机、手机壳等产品。系列产品定价策略指的是将系列产品中弹性价格高的产品定低价，弹性价格低的产品定高价，使整个产品组合获得最大的利润。

（2）互补产品定价策略。互补产品是指功能上相互补充，需要配套使用的产品。互补产品定价策略指的是将互补产品中主要产品的价格设定得较低，但配套产品的价格设定得较高（李四杰等，2020）。

（3）成套产品定价策略。成套产品定价策略指的是以低于单独售卖的价格将相互关联、配套的产品组合起来按套出售，从而吸引消费者成套购买，提高所有产品销售量。

5. 新产品定价

新产品定价的合理与否直接决定了企业能否顺利进入市场、抢占市场、维持市场，它是企业定价的重要组成部分，一般可采用撇脂定价策略、渗透定价策略（详见 9.3.3 产品生命周期与管理）与满意定价策略。

满意定价策略是一种折中的策略，介于撇脂定价策略与渗透定价策略之间，采取适中的价格从而使企业与消费者双方都较为满意。

9.4.4 价格调整与变动

价格调整与变动是指企业由于市场环境或企业自身经营状况的变化，对现有产品价格进行调整，从而使产品的价格更加适应供求的变化，并提高营销组合因素之间的协调性，提高经营收入。主动调整指的是企业利用自身的经营生产优势，主动对价格进行调整，利用价格赢得竞争优势；被动调整指的是企业由于竞争对手的价格调整而不得不调整价格以维持市场。但无论是主动调整还是被动调整，价格变动无外乎两个方向：一是向上变动，即提价；二是向下变动，即削价。

1. 提价策略

提价策略虽然能提高企业的利润率，但也会引起消费者不满使得企业竞争力下降，严重的可能受到政府的干预，从而对企业产生不利影响。但即便如此，许多企业在实际经营活动中，仍然会采用提价策略，主要有以下几方面的原因。

1）应对成本增加，减少经营压力

企业面临的外部市场环境是不确定的，原材料价格的上涨、人力成本的增加或者政府的法规都会使得企业生产成本提高。为了保持原有的利润率，甚至是维持正常的经营活动，企业不得不采取提价策略。

2）适应通货膨胀，降低企业损失

在通货膨胀的情况下，即使企业仍维持着原有的市场占有率，但随着时间推移，若不调整产品价格，企业的利润也是在逐渐下降的。为了减少企业的损失，适应环境的变化，企业只好提高价格，将部分压力转移给经销商与消费者。

3）产品供不应求，抑制过度消费

市场需求是难以完全准确预测的，对于某些商品来说，可能突然在某一时间段爆火，从而使得企业无法及时调整生产能力以应对需求量大涨。在这种情况下，企业会通过提高价格来遏制消费者的购买欲望，既缓解了市场压力，又取得了高额利润。

4）利用顾客心理，营造优质产品形象

提价可以作为一种策略，利用消费者价高质优的心理定势，营造出产品高品质的形象。对于那些升级产品、名牌产品以及生产规模难以扩大的产品，这种效应格外明显。

提价存在一定的风险，因此企业在做出正式决策前必须充分考虑市场条件与自身状况。为了保证提价策略的顺利实施，企业需要满足如下条件：①产品在市场上处于优势地位；②产品进入成长期阶段；③竞争对手提价；④季节性产品进入销售旺季。

除此之外，企业在选择提价的方式上应尽可能地采用间接提价，如适当降低产品质量、收取会员费、减少优惠活动等。同时，企业需要向消费者解释清楚提价的原因，用新的产品策略与之相匹配，减少顾客的不满，维护企业形象。

2. 削价策略

为了应对竞争压力的增大、外部需求的降低、企业战略的转变或者国家新出台的政策、法令等，企业会适时地采取削价策略。具体来看，企业削价主要有以下几方面原因。

1）企业急需大量现金

当某些产品销售不畅或者企业需要对新产品、新活动进行大量投入时，企业就会考虑对价格弹性大的产品采取大幅度降价的策略，从而快速提高产品销售量，获取大量现金。

2）开拓新市场

产品的大幅降价可以快速吸引到一批新的消费群体，在企业自身能力突出、优势明显时，削价可以帮助企业快速扩大市场份额。

3）排斥现有竞争对手

即便是完全一样的产品，不同的企业之间由于生产条件、生产规模、原材料议价能力等因素的差异，产品的成本也会有所差异。因此，当率先取得技术突破、获得超额利润的企业想将现有市场的边际生产者挤出市场时，就会采取削价策略，让它们无利可图甚至亏本，只好停止生产。

4）企业生产能力过剩

当企业生产的产品供过于求，企业又无法通过促销手段或者优化产品来提高销售量时，降价以快速清货是常用的策略。

5）生产成本降低

随着科技进步与生产规模的扩大，企业生产产品的单位成本在逐渐下降，这就使得产品削价成为可能。

6）考虑中间商

以较低的价格出售不仅可以减少中间商的资金压力，也能扩大产品的销售，使得企业与中间商之间建立起良好的合作关系。

7）政治法律环境及经济形势的变化

政府常常会出台一系列的政策法规来调整总体物价水平、鼓励人们消费、保护需求以及遏制垄断。例如，限定最高毛利率和价格。而在经济萧条时期，货币价值上升，价格总水平，企业也应该调整价格，适应消费者购买能力的变化。

削价最直接的方式就是直接降低产品价格，让利给消费者，但大部分企业更偏向选择折扣方式进行间接削价，如赠送优惠券、满减活动、买一送一等。除此之外，还有免费配送上门、维修咨询、保修等附加服务的增多，或是提高产品性能以及增加产品用途，这些都属于间接削价的方式。间接削价的方式由于灵活性高且即便取消也不会引起消费者太大的厌恶，因此在实际生产经营活动中被广泛运用。

3. 消费者对企业变价的反应

当企业确定需要调整产品价格后，最先考量的因素就是消费者的反应。处于不同市场、有着不同特征的消费者对价格变动的反应也是不同的。归纳起来，消费者对产品削价的反应可能是：实惠，可以大量购买；产品因款式、性能不佳等原因售卖不出去；企业财务遇到困难；价格还会进一步下降；产品成本降低。对于产品提价的可能反应是：不划算，企业想多获取利润；产品质量改进；总物价上涨，提价正常；产品销量很好，要抓紧购买；企业想借提价树立品牌形象等。

消费者对价格有一定的接受区间。当价格的提高超过消费者接受的上限时，消费者会产生不满的情绪，产品收益可能反而下降；当降价超过消费者接受的下限时，消费者会对产品质量、企业未来发展产生怀疑，这样一来降价也会抑制消费者购买行为。在产品知名度提高、产品性能提升、消费者收入增加以及通货膨胀等情况下，消费者可接受的价格上限也会上升；在产品质量下滑、消费者收入减少、同类产品价格持续下跌的情况下，消费者可接受产品价格的下限也会下降。

总的来说，产品价格在具有相对稳定性的同时，又是可变动的。企业需要根据内外部环境变化适时地调整价格。价格调整的幅度需要根据消费者的可能反应来确定，因为企业调整产品价格实质上是为了提高产品收益，而产品收益很大一部分取决于消费者的购买行为。忽视了消费者反应，销售就会受挫，只有根据消费者的反应调价，才能收到好的效果。

9.5 案　　例

江小白创立于2011年，至今已是一家拥有完整产业链的综合性酒业公司。2011年之前，白酒的主要消费人群都是中老年人，消费场景也都集中在高端宴请以及商务应酬这些领域。因此，大部分的白酒企业实施的都是高端战略，高端市场成为各大品牌的必争之地，并靠此获得了巨大利润，成为企业家眼中的“舒适区”。

但江小白反其道而行之，在成立之初就将目标消费群体定位在“80 后”“90 后”的青年群体，明确自己的品牌方向为“专注年轻人饮酒需求”。它选择了“小”作为自己白酒产品的核心特征：小聚、小饮、小时刻、小心情，重新构建了新的消费场景——朋友聚餐，专注于新时代消费群体的需求，改进了传统白酒的“辛辣、烈、冲”的口感，生产出了更清爽利口的小酒。同时，产品的价格远低于市场均价，符合年轻人的消费需求，毕竟他们只是将白酒视为餐桌饮料。

除此之外，江小白非常注重产品的包装文案。它的包装多采用清新明朗的颜色，不仅营造了轻松愉悦的氛围，还塑造出了品牌年轻活泼的形象，表明品牌在符合潮流、与时俱进。并且，江小白产品包装上的文案十分契合年轻消费群体，它的文案大多围绕青春、理想、爱情、朋友、自己、家庭、生活等，站在消费者的角度进行情绪表达，让绝大多数消费者在其塑造的场景中产生共鸣。例如，“最怕不甘平庸，却又不愿行动”“不是所有问题都有最佳答案，不是所有聚散都有最佳时机”“我把所有人都喝趴下，就是为了和你说句悄悄话”等。这些文案迎合了年轻消费者“怀念青春”“丧”的文化趋势。

在江小白看来，品牌的时尚化与白酒的传承、传统也不矛盾，即使是白酒这样的传统饮品也需要时尚化。其开辟了白酒的新消费市场，迎合目标消费群体的需求，兼顾产品的品质与文化营销，走出了一条成功的差异化的个性路径。

9.6　本章小结及习题

9.6.1　本章小结

（1）商品分析围绕商品自身维度、商品表现维度、商品“地域”维度以及库存维度展开。

（2）渠道分为线上渠道与线下渠道两类，渠道的评估主要围绕用户活跃度、用户质量与盈利能力展开。

（3）漏斗分析能够科学直观地展示产品流程或关键节点的转化效果。

（4）对服务的分析包含对客服服务、交互界面、信息内容三个层面的具体分析。

（5）在商品同质化与消费者需求多样化的时代，品牌定位能帮助品牌迅速提高知名度，获得大量收益。

（6）品牌定位策略主要有产品利益定位策略、情感利益定位策略与自我表达利益定位策略三种。

（7）要想迎合消费群体，最重要的是了解目标消费者的需求。

（8）市场角色分为市场领导者、市场挑战者、市场追随者和市场补缺者，每种角色都有不同的竞争策略。

（9）产品自身不同层次以及与其他产品的关系要作为整体进行考虑调整。

（10）新产品的开发分为旧产品改进与全新产品创造两种；新产品的管理是建立科学评估机制、系统化研发管理体系、进行上市运作管理与提升企业整体应变能力的整体过程。

（11）产品生命周期分为产品开发期、引进（进入）期、成长期、成熟期（饱和期）、衰退期（衰落期）五个阶段，不同阶段呈现不同特征，适用不同策略。

（12）根据内部因素与外部因素两大方面，企业选择不同的定价方法与定价策略，并适时进行价格调整与变动。

9.6.2 习题

（1）请简要说明经营分析包含哪些方面，以及各方面分析的定义。

（2）品牌定位有哪些策略？

（3）在进行品牌定位时，最需要考虑哪些方面的内容？

（4）新产品的开发过程中存在哪些风险？如何规避这些风险？

（5）哪些因素会影响产品的定价？为什么？

（6）定价策略主要有哪几种类型？

（7）在调整产品的价格时需要注意哪些因素？

[1] 上官莉莉，缪朝炜，蓝永泉，等. 线上零售商的新商品定价与销量信息披露策略分析[J]. 管理工程学报，2023(2)：209-221.

[2] 张伟烽，马建华，潘燕春，等. 基于第三方延保的供应链延保渠道结构研究[J]. 系统工程学报，2022(4)：522-534.

[3] 文悦，王勇. 双渠道制造商成本信息不对称下电商平台最优服务契约设计[J]. 中国管理科学，2022(5)：248-262.

[4] 黄海洋，何佳讯，朱良杰. 基于价值观的全球品牌定位取向及影响效应：一个整合性理论框架[J]. 现代财经(天津财经大学学报)，2019(12)：67-80.

[5] 孙晓东，徐美华. 邮轮属性评价与品牌定位：基于专业型游客的感知研究[J]. 地理科学，2020(10)：1688-1697.

[6] 俎文红. 基于产品整体概念视角下物流企业业务创新[J]. 物流技术，2014(15)：25-27.

[7] 宗计川. 刻板印象下的比较陷阱：产品捆绑策略实验研究[J]. 南开管理评论，2018(2)：210-218.

[8] 李四杰，尚优，贾东峰. 竞争－竞争市场结构下的互补产品捆绑策略[J]. 系统工程学报，2020(6)：748-759.

第10章

精准传播

10.1 数字传播

10.1.1 数字传播原理

数字传播是指以计算机、手机等移动设备为主体，通过互联网的多种渠道来捕捉、记录、存储、编辑、传输数字化的文字、图形、图像、音频、视频等各类信息的传播活动（方兴东，严峰，钟祥铭，2020）。数字传播是为了满足现代社会发展需求而产生的新型传播方式，它改进了传统媒体纯粹的大众化传播这一属性，在大众化传播的基础之上还能进行精准传播，更加适应受众需求的多样化和受众市场的细分化。

1. 数字传播内涵

1）传播媒体数字化

传播媒体是指传播信息的载体，即在信息传播过程中从信息发送者到信息接收者之间携带、传递信息的一切工具（图 10-1）。从某种层面上来说，数字化媒体以数字化的音频、图像、文字和视频等方式进行传播，与传统的口述、现场表演和纸质图书等内容呈现形式有显著不同（舒咏平，2007）。从某种意义上来说，数字化媒体是决定数字传播效果的关键所在。

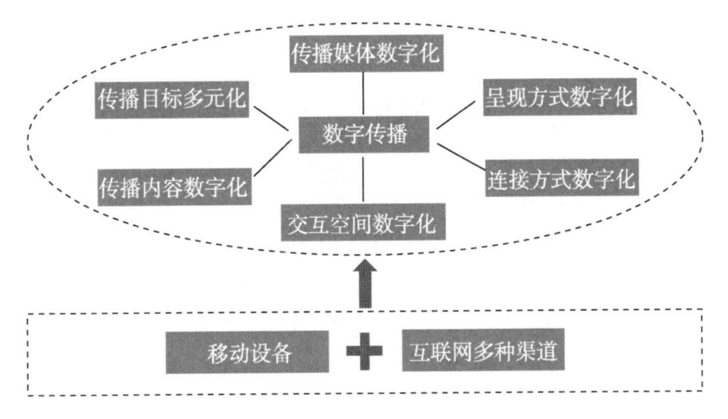

图 10-1　数字传播概念图

2）呈现方式数字化

数字传播依靠手机、计算机等移动设备的现实屏幕对信息进行展示，形式各样的屏幕将成为数字传播的主要工具，这与传统传播的呈现方式有着极大区别。

3）连接方式数字化

数字传播通过互联网的多种渠道与信息接收者之间进行连接，如小红书、微博、微信公众号、抖音等多种社交媒体。这种数字化的连接方式，能够跨越时间和空间的限制，保证传播的快速与精准，更好地满足大范围的传播需求。

4）交互空间数字化

数字传播在数字空间中展开。信息接收者通过各种移动设备在数字空间与信息发送者进行交流。例如，在微信、抖音、微博等社交平台上人们通过点赞、评论、转发等行为进行互动。人们在数字空间可以获得全新的交互体验，大大拓展了传统传播的交互空间边界。

5）传播内容数字化

在数字传播的背景下，传播的内容也是数字化的，即音频、图像、文字、视频等信息都是以数据的形式存在。人们现在每天都能获得到海量的数据，传播内容的创新性与影响性是决定能否取得出色传播效果的关键所在。

6）传播目标多元化

首先，数字传播克服了传统传播方式的时空局限性，它能做到多维以及多场景的展示。其次，传播过程中的资源损耗大大下降，因为它能直接与目标对象接触（陈刚等，2016）。最后，数字传播能大大提升传播的精准度与匹配度，保证传播的有效性。

2. 数字传播特点

1）传播范围显著扩大

在现在人手一部智能手机的时代，数字传播的范围显著扩大。数字传播突破了传统的地域限制，传播范围拓展到全国乃至全球领域。传统传播的空间局限性不再是数字传播的缺点，限制数字传播的只有网络的边界。毫无疑问，传播范围的扩大将使得传播成效显著提高。

2）传播时间不再受到限制

传统传播一直受到时间与空间的限制，即使是电视、广播等传播媒介受众并不能随时随地获得想要的信息。但数字媒体能打破时间的限制，人们可以根据自己的需要在任意时间段获得信息。即使是网络直播，也有直播回放，这使得数字传播彻底摆脱了对时间的依赖。

3）传播的交互方式发生新变化

在传统传播条件下，信息发送者与信息接收者之间无法建立有效的交互。特别是纸质媒体和广电媒体，通常是信息发送者的单方面信息传递。但在数字传播条件下，受众可以利用移动设备、信息技术实现有效精准的交互，还能突破“一对一”“一对多”的限制，形成“多对多”，这种更加高效的交互方式。例如，哔哩哔哩的弹幕就是典型的“多对多”交互方式。

4）传播者多样化

在传统传播条件下，一些知名媒体可能因为拥有独特的资源、渠道或能力，从而有着非同寻常的影响力，存在传媒大亨垄断市场的情况，传播者相对较少。但在数字传播条件下，传播成本近乎零，所有人都可以在网络上发布信息，传播者数量大大增加（孙玮, 2020)。

5) 受众个性化

传统传播将受众看作是相似的个体，在相同的时间、地点，收到相同的信息。但数字传播注意到了受众的个性化，利用多样化的受众数据深入分析受众的浏览偏好、搜索习惯、活跃时间、常住地等信息，从而进行精准的传播，提高传播的有效性。

10.1.2 数字传播方法

1. Web 网站传播

Web 即 world wide web 的缩写，是全球互联网的总称。人们可以利用 Web 页面发布各种信息，提供各种服务，与全球范围内的受众进行动态交互。Web 网站传播不同于传统媒体的单向信息传播，它基于超文本与 http 创造了一种全新的媒体传播形式。事实上，网络媒体中的许多传播形式都可以嵌入 Web 页面。

1) 传播主体

Web 网站传播的主体具有多样化的特点，可以是来自任何行业的组织或个人。随着 Web 的发展，其传播主体主要有媒体、政府机构、组织、个人。

2) 传播受众

Web 网站的传播主体具有不确定性的特点。与社区传播，如朋友圈、论坛等相比，Web 网站传播的开放性更强，因此其用户不确定性更强。即使现在可以利用多种算法来精准锁定用户，但相比于其他的传播形式，Web 网站传播的对象依旧不是明确清晰的。但这也给企业的销售、宣传带来了更大的盈利空间。

2. 网络社区传播

网络社区又称虚拟社区，是指将具有相同兴趣爱好或一定认识程度的访问者聚集在同一个网络空间之中，彼此之间分享某种程度的认识与信息，如论坛、贴吧、讨论组、QQ 空间、朋友圈等。

在网络社区中，成员之间的亲密性较高，形成了自己社区一套独特的规范准则。社区成员会自觉遵守这些不成文的规定，以保证自己被其他成员接受。由于每个社区都有最独特的语言风格，成员之间通过分享价值逐渐形成特定的社区身份，从而在社区中得到自我认同。在社区里，成员之间也更容易相互信赖，认为对方分享的信息可信度较高。因此，现在许多品牌都利用网络社区进行广告宣传，扩大自己品牌影响力。

3. 搜索引擎传播

在互联网时代，人们每天面对着海量的信息，但对于大部分用户来说，他们还是更关心自己所期望的、感兴趣的特定信息。搜索引擎就能很好地帮用户锁定他们所需要的精准信息，它真正做到了以用户为中心、以用户为主导，让信息受众在传播过程中有了更强的控制力。但搜索引擎传播也具有一定的缺点，主要包括以下几方面。

1) 搜索结果的顺序并不代表质量高低

搜索引擎本身并不能生成任何信息结果，它只是将带有某一搜索关键词的信息从整个网络的海量信息中提取出来，呈现在用户面前。搜索结果的排序仅仅是按照信息浏览频率或关键词出现频率进行排序，并不代表质量的优劣排序。

2）搜索引擎不能保证结果真实性

搜索引擎虽然可以为用户提取关键信息，但它无法对信息的真伪进行辨别，这也是网上许多假新闻、谣言传播的主要原因之一。因此，需要用户自己具有一定的知识与判断能力来辨别信息真伪。

3）提供的内容不一定完全与用户需求吻合

搜索引擎只能按照用户所提供的关键词进行大范围的搜索，因此它不能保证用户所需要的信息刚好就呈现在结果页面的最顶端，也不能保证该信息就能准确满足用户需求。

4）社交媒体传播

社交媒体是用户用来分享观点、事件、经验和意见的平台，现阶段流行的社交媒体主要有：微信、QQ、微博、小红书、抖音、豆瓣、Instagram 和 Facebook 等。社交媒体在互联网中蓬勃发展，带来了不容小觑的影响力。例如，许多传统制造企业都开始进军抖音，利用网络直播销售自己的产品。社交媒体主要有以下作用。

（1）人际传播。社交媒体下的人际传播主要依靠于移动互联网，它的出现改变了人与人之间的交流方式。过去，人们的社交范围常常受到时间与空间的限制。而现在，人们通过社交软件就能随时与远在千里外的人进行交流，从而扩展自己的朋友圈。同时，社交媒体中的交流形式多种多样，不仅可以通过文字交流，也能通过语音、视频电话、图片、文件等进行交流。

（2）公众传播。社交媒体的进入门槛较低，用户只需要通过简单的注册就能进入平台，社交媒体也就因此拥有了大批的用户。同时，社交媒体的多元传播方式使得用户的分享欲望高涨，并且能够进行实时传播，用户黏性较高。最后，社交媒体的传播可以是“一对一”“一对多”甚至是“多对多”的，这就使得社交媒体形成了一个大型的互动传播网络。

（3）表达言论。社交媒体的出现改变了传统媒体受众的倾听者角色。在社交媒体上，用户不再是单方面地被动接收信息，而是具有了一定的主导权，可以自由地在平台上发表言论与看法。这让普通公众的表达权、监督权都大大提升。

10.1.3 整合营销传播

1. 整合营销传播概念

整合营销传播（integrated marketing communication）是指将与营销有关的一切活动与要素进行系统化的结合，使得各活动之间相互配合，产生 1 + 1 > 2 的协同效果。整合营销将广告、促销、人员推销、包装、客户服务、公关、新闻媒体等所有传播活动都纳入营销活动之中，保证消费者收到的传播信息是统一的、明确的、连贯的，用最低的成本做到传播影响力的最大化。在数字时代，整合营销的本质是通过数字营销手段用同一个声音在不同地方发声。

2. 数字整合营销传播特点

1）全面考察用户

数字整合营销中，消费者始终处于核心地位，它不是从单一的角度观察用户，而是借助海量用户数据全面精准地提取用户的个性特征与购物偏好。一位消费者并不是在某一时间点购买品牌产品（如衬衫）的顾客，他也是未来很可能继续在本品牌购买其他服装来搭配衬衫的潜在用户。因此，多角度地观察消费者能为企业创造更多的销售机会。相比于传统营销，数字整合营销不仅能从当前事件分析用户，更能综合地考虑到用户的需求与价值，真正做到“量体裁衣”，对消费者需求做出最优化的反应。

2）受众碎片化

在大众传播时代，传统媒体将受众看作是相似的个体，提供的是能够满足普遍需求的同质化信息，用户只能被动地接收各个媒体的信息。但随着网络媒体的发展，信息受众的地位逐渐提高，社会阶层也不断分化。不同阶层的用户有着不同的物质与精神需求，用单一、宽泛的媒体覆盖所有用户的效力被大大削弱。数字整合营销传播能精准把握细分化的受众群体，按照细分的受众市场提供定制化的服务，用最小的传播代价获得最大的传播效果。

3）交互性强

传统媒体单方向地向用户传达营销信息，对于消费者的反馈却知之甚少。数字整合营销中与用户的互动参与，是其保证营销效力的重要途径。用户只要能够上网，那么他不仅能够随时获取新的品牌信息，还能向品牌表达自己的意见与看法。在与品牌互动过程中，用户能感受到品牌的诚意，形成良好的品牌体验，从而使营销效力大大提高。

10.1.4 数字传播工具

随着数字经济的迅速发展，数字传播工具在数字营销中的重要性不断提高，营销人员也越来越重视用户流量。营销人员正在根据外部环境的变化不断地调整营销策略，确保各个传播工具之间的良好配合，争夺用户的注意力。菲利普·科特勒在其《营销过程》一书中，提出了数字传播的三种工具：付费媒体、自有媒体和赢得媒体。

1. 付费媒体

付费媒体是指营销人员需要付费才能使用的媒体渠道，如冠名赞助影视或综艺、抖音投放、淘宝直通车、软件首页展示等。付费媒体能够触达的用户面相对更广，但该群体对企业的熟悉度并不是很高。因此，付费媒体起到的是扩大品牌知名度、收集有价值的用户信息的作用，它具有及时性、规模性、可控性的优点。

2. 自有媒体

自有媒体是指企业自己拥有的媒体，不需要付费就能多次触达用户，如企业自己的公众号、小程序，以及企业在微博、抖音、小红书、知乎等平台的官方账号。自有媒体能够与现存的或潜在的消费者建立一定的亲密关系，有助于后期创造赢得媒体。

3. 赢得媒体

赢得媒体不需要营销者直接付费或控制，是因为消费者对品牌感兴趣或信赖、喜爱品牌而在社交媒体上主动宣传品牌的一种形式。它的重点在于让消费者成为渠道，让消费者成为媒体，如“病毒式营销”、朋友圈宣传、口碑等。赢得媒体通常是付费媒体与自有媒体的良好响应结果。

总的来说，付费媒体、自有媒体、赢得媒体各有独特的优缺点，且需要注意的是，三者之间并不是相互独立的，而是存在着一定的重叠。品牌与广告商必须认识到这一点，才能统筹整合多种营销渠道，规划各个渠道的营销内容，合理分配资源。

10.2 产品传播

10.2.1 社群意见领袖

随着互联网的快速发展，流量红利逐渐消失，许多企业也将重点从公域流量移到了私域流量。公域流量是公共平台上的流量，如淘宝、抖音等；私域流量是企业自己的流量，如品牌官网、公众号、平台官方账号等。与私域流量紧密联系的是企业的社群，它指的是有共同价值观、爱好、认知的用户聚集在一起互动、交流、相互感染的群体。优质的社群运营能够为企业实现精准获客与裂变引流，而良好的社群运营离不开社群意见领袖。

1. 社群意见领袖概念

意见领袖的概念最早由美国传播学家拉扎斯菲尔德（Lazarsfeld）在其《人民的选择》一书中提及。他指出，意见领袖活跃于人际传播网络中，经常为他人提供有价值、有意义的信息，并能够无形地影响他人的想法、态度。意见领袖在大众传播中起到信息中介与过滤的作用，公众会更加愿意相信由他们散布的信息（图 10-2）。

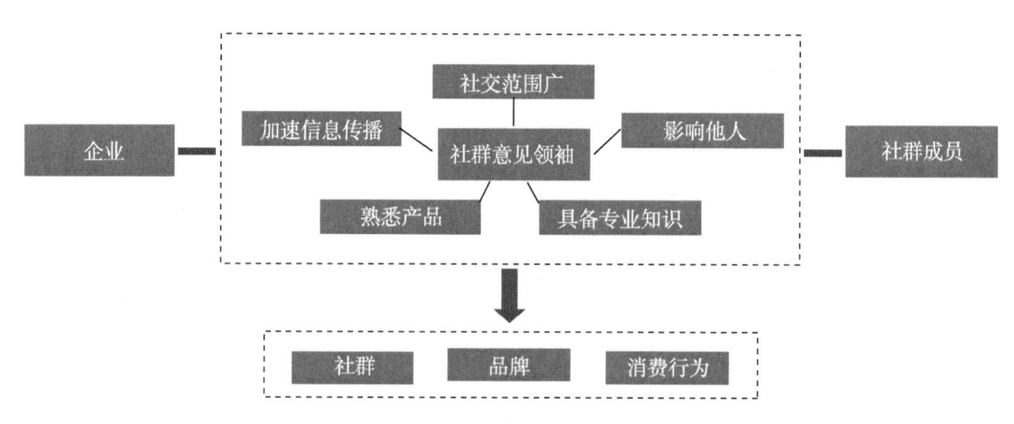

图 10-2 社群意见领袖概念图

社群意见领袖是社群运营的重要角色，具有如下特点。

①社交范围广，拥有较多的信息渠道。

②能够加速信息的传播，在企业与一般用户之间起中介作用。

③能够在一定程度上影响社群中其他消费者的判断与态度。

④对企业的运营和产品更为熟悉。

⑤具有一定的专业知识。

简而言之，社群意见领袖的人际关系更广、获得信息的渠道更多，也更专业与具有说服力。社群意见领袖在社群运营中发挥着极大的作用，主要集中在如下三方面。

①对社群的影响。社群意见领袖是“信息的加工者”“信息的扩散者”“舆论的引导者”及“社群关系的维系者”。他能够帮助企业传递消息，从而增强信息的可信度。同时，在社群中，其积极的言论以及有效的建议能帮助其他消费者解决问题，从而引导社群的舆论，维系社群的良好关系。

②对消费行为的影响。社群意见领袖在社群中发布的信息与看法具有很强的影响力，是信息传播的重要节点，在无形之中会影响其他消费者的行为决策与态度（金立印，2007）。当意见领袖对产品进行表扬、宣传产品的优势时，其他消费者就会产生消费的欲望；但当意见领袖对产品提出批评或意见时，即使其他消费者未察觉到他所说的产品缺点，也会不自觉地认为产品确实不好用，降低购买欲望。

③对品牌的影响。社群意见领袖为了维护自身的专业性与威望，常常是游离于企业之外，保持一个相对独立的形象。他们既拥护品牌，但也对品牌进行严格的监督，也就意味着他们所传播的信息不一定都是正面的、积极的，也有可能传播消极的负面信息。但这其实有助于品牌根据用户反馈及时调整策略，树立良好的形象，提高消费者对品牌的信任度。

2. 社群意见领袖类型

社群意见领袖有两种划分方式，一种是按照形成机制划分，一种是按照影响力划分。

社群意见领袖按照形成机制一般可以分为三种类型：一是企业主导型意见领袖，二是内部发掘型意见领袖，三是外部引进型意见领袖。

①企业主导型意见领袖，是企业内部官方指定培养的意见领袖，通常是某个社群的群主。

②内部发掘型意见领袖是社群中由于活跃度高且专业性强而逐渐成长起来的社群核心成员。

③外部引进型意见领袖是企业为了提升社群活跃度而从外部聘请的第三方合作者。

按照影响力的不同，社群意见领袖又可以分为单一型意见领袖与综合型意见领袖。

①单一型意见领袖仅熟悉或擅长某一领域内的专业知识，因此仅能影响该领域内的消费者，该领域外的范畴会被其他人影响。

②综合型意见领袖熟悉多个领域内的知识，在多领域都发挥着稳定且持久的影响力。

3. 服务社群意见领袖

社群意见领袖极具影响力与传播力，对维护社群关系质量与忠诚度都起到重要作用。通常情况下，社群意见领袖的想法能代表社群成员的总体诉求（高俊波等，2007）。因此，服务好一个社群意见领袖可以影响到众多的社群成员，用低成本的投入创造高价值的回报。服务社群意见领袖主要分为如下几步。

1）确定谁是社群的意见领袖

一般来说，各个行业中的顶尖人物就是关键的意见领袖，如果让他们加入社群，必然可以大大提高社群的活跃度，同时能吸引更多专业人才的加入，不断扩大社群的影响力。所以，对于企业来说，应该尽可能地去拉拢这些精英，说服他们加入。但对于中小企业来说，说服行业顶尖人物加入社群并不是一件容易的事，因此，也可以转换思路，由社群内部发掘培养意见领袖。内部发掘的意见领袖往往对社群的忠诚度更高，与其他成员的亲密性也更强，且更愿意服务社群其他成员。他们能够积极主动地活跃社群气氛，从而带动更多的内部意见领袖。

2）挖掘社群意见领袖的需求点，找到需求点与社群价值的结合点

在明确了意见领袖是谁之后，就需要深入分析意见领袖的需求与特征。企业需要确定如下问题：意见领袖的关键需求是什么？与普通成员的需求有什么区别？他们为什么要加入社群？社群能够为他们提供什么样的好处？如何能够让他们一直保持高活跃度，长久地留在社群里？例如，有的社群有着丰富的行业资源，意见领袖在社群里是为了拓展自身的人脉关系，与其他精英共享知识、资源，扩大自身影响力。这也是很多行业社群得以发展起来的理由。在充分了解意见领袖的需求与特征后，企业就能根据他们的痛点向他们展开有针对性的运营推广。只有服务好意见领袖，社群的运营才能够成功。

3）与社群意见领袖建立友好关系

社群就是情感关系的总和，一定要与意见领袖建立很好的伙伴关系或者合作关系。这样的话，社群意见领袖即使对产品或者品牌有些许的不满也不会在社群内直接发布负面信息，而是会先与运营人员进行讨论，相互协商。

如果意见领袖想要在社群中安排活动，只要该活动不会消极地影响社群发展，运营人员就该最大限度地给予支持。同时，社群运营人员要经常性地与意见领袖交流想法与意见，甚至可以提前告知意见领袖产品的开发或营销策略。一方面，这可以让意见领袖感受到自己的重要性，有强烈的参与感；另一方面，意见领袖可以提出建设性的意见，帮助企业完善策划。只有这样，才可以保证意见领袖对社群的高忠诚度，不会轻易地退出社群或者与企业运营产生利益或其他冲突。

4）鼓励意见领袖深度参与社群运营

能够成为社群意见领袖的成员，本身必然也具有相当的实力与专业性，他们也渴望能够在社群中发挥更大的价值，满足他们自我实现的需求。因此，在建立起友好关系之后，应该鼓励他们多参与社群的运营活动。意见领袖的想法在很大程度上反映了社群全体成员的想法，与他们共同打磨产品与策划可以创造出超出预期许多的价值。

5）建立意见领袖圈子

社群如果单靠一两个意见领袖，很难有较大的传播效果。并且，如果意见领袖之间的观点相互冲突，可能会使得社群的亲密关系迅速瓦解，严重的甚至将导致社群的解散。因此，建立意见领袖圈子是非常必要的。一方面，在圈子内企业能给予意见领袖更多的专属待遇，让他们感受到企业对他们的重视。同时，其他成员在了解到意见领袖的优待之后，会更加活跃，向他们靠拢。另一方面，意见领袖圈子能为圈子内的人提供更大的情绪价值与更强的关系连接，使得他们内部可以相互交流，形成相对统一的意见，从而产生更大的影响力。

总的来说，由于社群意见领袖自身的极大价值，企业应与其建立良好的合作关系，

利用社群意见领袖激发其他消费者的消费信心和兴趣，同时打造亲密关系，提高社群成员的忠诚度，让社群的口碑逐渐发酵壮大，在保持现有用户群体的同时开拓了新的消费群体。

10.2.2 互联网个性化推荐

先来回想几个日常生活中经常遇到的场景：打开淘宝，发现首页推送的正是最近想要购买的服装；打开抖音，刷到的第一条视频就能很好地吸引我们的兴趣；打开网易云音乐，自动推送的歌曲刚好每首都符合自己的品位。这些看似平常的小事都是互联网个性化推荐带来的结果。在互联网时代，产品的传播离不开个性化推荐，它是企业营销活动的必备工作内容。随着统计数据的逐渐发展，个性化推荐已经能够实现“千人千面”，为消费者提供最适合他们的服务内容，扩大商品传播的影响力与转化率。

1. 个性化推荐概述

个性化推荐是在海量互联网消费者数据基础之上发展出来的智能服务系统，它能够根据每个用户在互联网留下的微小印记分析该用户的偏好与个性特征，从而与推荐内容进行匹配（姚曦等，2017），做到让每个消费者都能较为满意。

在数字时代，每个电商企业都离不开个性化推荐，其原因主要体现在以下几方面。

1）外部环境

现在市场上的商品各式各样，基本上所有用户的需求都能被很好地满足。但相应地，由于产品和需求的细分，二者之间的匹配难度也大幅上升。流量红利的逐渐消失迫使企业不得不将目光从增量需求移向挖掘留存需求，服务好当前的消费群体是企业运营的重中之重。

2）内部能力

如果企业不紧随时代脚步，依旧采用传统的营销方法，企业的有限资源与能力就决定了他们无法兼顾所有需求的用户。因此，往往这类企业用户的转化率较低，企业的ROI也较低。但如果采用个性化推荐方法，就能够很好地解决信息过载的问题，从而合理地分配自己的资源，用最小的成本实现最大的收益。

3）用户角度

对于用户来说，现在的生活是快节奏的时代，他们已经没有过多的时间与精力在大范围内搜索自己想要的内容。个性化推荐能大大提高他们的搜索效率，减少产品选择的压力，缩短下单时间，提升用户体验。因此，即使个性化推荐存在侵犯隐私的争议，用户也更愿意收到符合自己个性与需求的推送。

2. 个性化推荐优势

个性化推荐在各个行业中都有着广泛应用，其重要性主要表现在以下两个层面。

1）用户层面

（1）提高用户体验。个性化推荐根据用户的历史行为、偏好、特征推送信息，能很好地与用户相匹配，提高用户满意度与使用体验。

（2）增加用户黏性与忠诚度。用户体验到良好的购物体验后，对商家或品牌的评价就会大大提升，从而更加依赖该商家，增加用户的黏性与忠诚度。

（3）提高用户参与度与交互性。个性化推荐展示的是消费者感兴趣的内容，用户对于兴趣点总会有更强烈的讨论与分享欲，因此，个性化推荐可以提高用户的参与度与交互性。

（4）挖掘用户新需求。个性化推荐不仅仅满足用户现在的需求，还能根据用户的历史行为预测未来需求。通过向消费者展示新内容，更加精确地把握用户的新需求。

2）企业层面

（1）提高销售额和转化率。相比于传统营销，个性化推荐的产品与用户需求的良好匹配能极大地提高消费者的购买意愿，从而提升产品销售额和用户转化率。

（2）降低营销成本。个性化推荐不需要向全市场范围内的消费者宣传同样的广告，相反地，它能够有的放矢地把握住重点用户，提供更符合消费者需求的产品或服务，减少无效或效果差的广告投放，降低运营成本。

（3）优化产品和服务。个性化推荐可以根据用户的行为分析未来流行趋势，从而帮助企业把握未来发展方向，优化产品和服务。

（4）实现数字化转型。将营销策略与数字化方法相结合，为消费者提供智能化的服务，可以很好地提高企业的竞争力，实现由传统企业向数字化企业的转型。

3. 个性化推荐策略制定

如何制定个性化推荐的策略？简单来说，其实就包含确定商品、排序和过滤三方面。做好这三方面的内容，大体上即可满足用户多样化、动态变化的需求。在前面的章节中，我们详细地介绍了消费者画像，消费者画像就是个性化推荐的基础，可以借用它来明确用户的近期行为与需求。

1）确定商品

（1）准确的需求。企业能够根据用户近期行为明确分析出用户当前需要的产品，但往往会发现即使用户浏览过大量该类产品，其下单率也较低。这就说明推荐的产品属性中有部分不符合消费者当前需要，如价格过高、距离过远、款式老旧等问题。但同样地，产品必然存在某些属性符合消费者需求才能够被推送。因此，企业需要根据已推送的产品反馈回来的数据，进一步深入分析消费者需求，挖掘更多的相似属性，才能最大概率地促成用户下单。

（2）潜在的需求。对于需求不明确的用户，如新注册用户，企业又要如何确定他们的消费需求？这里有一个普遍的方法，即“基准策略”，指的是先向用户推送大量多维度、多属性的内容，总有某一维度能满足用户的需求。之后，再根据用户的浏览时间、互动次数、下单行为等，不断积累用户数据，优化算法和模型，更细致地分析其需求，从而提升个性化推荐的准确率。这种方法其实类似于“猜”，但它是一种成本最低且速度最快的可行策略。

2）排序

当我们在淘宝上搜索产品时，能够看到商品是有序排列的，并且，即使是相同商品，但若在不同时间段搜索往往也会展示不同的商品排序。例如，你在淘宝上搜索“运动鞋”

并随机浏览了几个商品，当你过段时间再次搜索“运动鞋”时，与你之前浏览过的相似运动鞋的排序就会更加靠前。原则上，商品的排序会根据企业的目标来制定。例如，如果商家刚推出某款新品，想要它更快地进入公众视野，那在销售平台上它的排序就肯定更加靠前。但由于个性化推荐所产生的用户细分，企业也可能根据一些特殊情况调整自己的排序规则。只要能实现销售目标，适当的调整并没有什么问题。举个简单的例子，当你想买一件运动服并在淘宝首页上进行搜索时，突然想起自己过去购买过的某运动品牌也有质量好的运动服，转而去浏览该品牌的商品。那么，虽然该品牌在近期想要重点营销的是新品运动鞋，但它在这时候向你展示的排序第一的店铺商品也肯定是运动服。因此，商品的排序不仅要关注企业当前的目标，还要注意满足消费者特殊的需求。

3）过滤

过滤的规则相对简单，主要有以下两方面。

（1）业务规则。用户在某天已经下单过的商品，原则上是不用再进行推送了，因为用户的购买概率已经大大降低。例如，当你在京东上购买了一台手机后，那至少半年内，你对手机都处于低消费欲望的状态，这时候就应该减少甚至屏蔽对手机的商品推送，转而可以推荐手机壳、钢化膜、耳机等产品。

（2）常识规则。消费者画像可以帮助企业分析出用户的信仰、特征、偏好等。例如：用户点击过多次的“不喜欢”“不感兴趣”的相关内容也不该再进行无效推送。

总的来说，个性化推荐作为电商与互联网发展的产物，能帮助用户从海量信息中提取到自己感兴趣的内容。对于企业来说，个性化推荐也能让自己的商品或信息脱颖而出。在数智时代，个性化推荐是实现用户与企业双赢的不可或缺的有力工具。

10.2.3 新媒体平台

互联网时代下，传统媒体的优势正在逐渐减退，取而代之的是消费者更加关注的新媒体。年轻消费者在获取信息进行购物决策时，更倾向于选择新媒体。因此，现在的企业在投放广告时，也会将新媒体平台纳入考虑范围，从而实现更好的产品传播效果（姚曦，韩文静，2015）。

新媒体是继报纸、广播、电视等传统媒体之后，新兴的依托于互联网手段发展起来的媒体形态，如抖音、小红书、微信、微博等。新媒体运营就是借助这些新媒体平台进行产品宣传、推送、销售，积累一定的粉丝形成粉丝经济，从而提高企业的知名度与用户的参与度。

要想运营好新媒体，首先需要对各类型的新媒体平台有充分的了解。新媒体平台大概可以分为两大类：图文类与视频类。

1. 图文类新媒体平台

图文类新媒体平台主要有以下几种。

1）百家号

百家号是百度打造自媒体顶流平台之一。创作者可以在平台上轻松实现创作、发布及变现。在百家号上发布的内容，可以通过百度信息流、百度搜索等渠道呈现给用户。

2）头条号

头条号是由今日头条开发的内容创作与分发平台。它能够帮助企业、个人、机构组织或政府实现内容的精准推送，从而获得更多的知名度。

3）企鹅号

企鹅号是由腾讯开发的内容创作运营平台。创作者发布的内容可以通过微信、QQ、腾讯新闻、QQ浏览器等腾讯旗下平台进行推送。

4）微信公众号

微信公众号是个人、机构或企业在微信公众平台上申请的创作账号。创作者可以在账号上发布任意领域的推文，形成了一种特殊的线上线下微信互动营销方式。

5）小红书

小红书是当下十分流行的新媒体平台，用户可以在社区内发布文字、图片或视频笔记等，向其他用户推荐产品或分享生活。目前，小红书所发布的内容十分广泛，包括美妆、美食、烹饪、穿搭、生活、工作、学习、电子设备等多领域内容。

6）知乎

知乎是高质量的问答社区，其中聚集了许多优质的创作者。在知乎内，用户相互分享着自己的知识、经验，具有较强的专业性。

2. 视频类新媒体平台

视频类新媒体平台主要有以下几种。

1）哔哩哔哩

哔哩哔哩是一个大型视频弹幕网站，一开始视频内容局限于二次元动漫，现在已经逐渐拓展到各个领域，如美食、美妆、测评、游戏、影视、学习等。

2）快手

快手是创作者用于记录生活的平台，重点就在于呈现生活化、接地气的视频内容。

3）抖音

抖音是由字节跳动开发的音乐创意短视频社交软件，其无疑是时下最流行的视频App。它启动于一、二线城市，平台内容范围广泛，涉及各个兴趣圈层。

总的来说，新媒体运营是时下十分流行的运营手段，各个新媒体平台都有自己的优缺点。企业需要针对自身产品特点和目标消费群体进行深入分析，确定与之最匹配的平台后，通过策划产品传播的相关内容，向用户广泛或精准地推送产品信息，提高自身的知名度与用户的参与度，从而充分利用粉丝经济，为自己创造高收益。

10.2.4 传播效果分析

企业在进行产品传播之后，一定要进行传播效果分析，这样才能确定本次传播活动的优点与缺点，方便后续策划的改进。对产品传播效果的分析，一共可以分为五个层次，分别为传播度、注目度、友好度、互动度与影响度。

1. 传播度

传播度指的是信息传播扩散的范围，是传播效果评价的基础指标。只有信息覆盖的范围足够大，才能实现较多的用户转化。传播度主要由企业在各个媒体平台上的浏览量、点击数量、转发量、下载量、搜索量来衡量，数量越大说明传播效果越好。

但是，企业不一定需要过分追求传播范围。传播范围应该根据营销目标、目标消费人群、预算、传播时间等因素来决定。例如，如果某品牌新研发的产品针对的就是已购买过本品牌产品的高端消费人群，那么只需要对这些人进行产品传播即可，不需要将资源浪费在无效的传播目标上。

2. 注目度

注目度指的是触达受众对信息的关注程度。许多产品的传播是依靠社交软件首页推送广告链接来实现的，但用户往往只是匆匆一瞥，甚至不会点击该链接，没有更大的好奇心来了解产品信息。无疑，这样的传播效果是较差的。只有当传播的内容与形式可以引起消费者的注意与兴趣，引导他们进一步去了解商品时，才能算一个好的传播活动。注目度通常由“浏览时间”“重复点击次数”“浏览深度（下拉屏幕数）”等因素来衡量。

3. 友好度

友好度指的是受众的情感倾向，如用户对传播活动的态度、满意度等。友好度与传播媒介、传播方式并没有太大关系，它主要受到传播内容的影响。当传播的内容真实且富有感染力，能让受众体会到策划者的诚意时，受众对该传播的友好度就更高，引起的共鸣也更强烈，也就更愿意接受信息并主动进行二次传播。衡量传播友好度的因素通常包括“用户满意度”“积极评论数与总评论数之比”“正面与负面评论比”等。

4. 互动度

互动度指的是受众参与传播活动的程度。互动度能有效地评价产品传播的效果，互动度越高，该传播活动就越能提高用户的黏性与二次传播概率。受众与企业之间的互动能帮助企业充分了解用户想法与需求，及时调整传播内容与形式，使其传播效果大大提高。互动度的衡量因素主要包括“点赞”“评论”“收藏”“转发”“打赏”“分享”等。

5. 影响度

影响度主要包含两个维度：一是传播媒体的影响度，二是传播活动的影响度。传播媒体的影响度包含对该媒体“粉丝数量”“账号活跃程度”“推荐成功率”“传播内容持续时间”“内容呈现位置”等因素的测量。传播活动的影响度指的是该活动对于用户行为的影响程度，这也是产品传播效果最重要的分析维度，是传播投资的最终价值体现。传播活动影响度的衡量因素主要包括“商品交易总额”“下单数量”“平均下单时间”等。

通过上面的介绍我们可以知道，某个传播媒体的触达人数绝不等于实际影响人数。只有全面、真实地分析传播效果才能帮助企业找出自身传播方法的不足，进而提高传播效果。

10.3 品牌传播

10.3.1 差异化品牌设计

1. 品牌差异化概述

品牌差异化是指品牌尽力做到在大部分顾客所重视的方面能够与其他竞争对手区

别开来，形成自己独特的品牌卖点与市场位置。它能够将产品的突出优势或品牌的独特个性转化为品牌的核心竞争优势，满足消费者的个性需求。

大部分成功的品牌都有自己的差异化特性，该特性与目标消费群体的追求紧密相连，并在确定后基本不会改变。稳定、一致的品牌形象让消费者对品牌留下深刻印象，在他们心中占据有利的位置。例如，百事可乐就利用“年轻化”这一品牌形象成功进入可乐市场。

2. 品牌差异化策略

品牌差异化的策略主要包括产品差异化、服务差异化和品牌形象差异化。

1）产品差异化

产品差异化是最广泛应用的一种差异化策略，它又可以进一步细分为垂直差异化和水平差异化。垂直差异化是指品牌生产出比其他竞争对手更好的同类产品，在产品的性能、特征、耐用性、设计等方面进行升级；水平差异化是指品牌生产出完全不同于现有市场已有产品的新商品。在实际经营过程中，企业往往是同时采用水平差异化与垂直差异化两种策略，两种策略的交替使用大大提高了品牌成功的概率。例如，本田汽车在刚开始进入美国市场时，一味追寻市场领导者的步伐，生产大型摩托车，努力改进产品的各方面性能，却发现这些摩托车的销量不是很好。后来本田汽车及时调整策略，生产不同于其他品牌的小型但省油的摩托车，最终使得产品销量大幅上涨，本田汽车也成功进入美国市场。

但是，很多企业在实行产品差异化的策略时，很可能会陷入两个致命误区：一是概念上的差异化，二是盲目追求差异化。概念上的差异化指的是品牌急于区别于对手，不断推出产品新的独特之处，但实际产品并没有任何改进。例如，近年来家电市场上到处充斥着“数智化”“智能化”“绿色化”“人性化”“健康化”“高端化”等多种产品概念，但实际产品与宣传点大相径庭。这种概念上的差异化可能会因为信息不对称使得品牌在短时间内崛起，只要品牌有足够的资金做推广营销就能在市场上获利。但从长远来看，如果品牌只满足于概念上的差异化，消费者将降低对品牌的信任度，品牌自身也将逐渐失去研发和创新的能力。

许多品牌不论外部市场环境与自身实力如何，只是觉得应该有差异点，就不断投入成本到产品研发与工艺制造上。但研发本身存在较大的风险，企业如果没有足够的资金与人才支撑，研发就很可能会在中途失败，导致所有的投入都白白浪费。并且，研发的成本较高，会使得产品的定价相应地提高，可能引起消费者的不满情绪。

2）服务差异化

服务差异化是指品牌根据市场与目标消费群体特点，在服务内容、服务质量、服务渠道、服务形象等方面都区别于对手并突出自己的优势，从而战胜竞争对手的策略。例如，海底捞就是依靠服务差异化的策略成功在竞争激烈的火锅行业成为领军品牌，它从顾客候餐等待到就餐完毕离开，都提供了注重细节、关怀备至的服务。

服务差异化可以通过以下几个方面实现。

首先，顾客定制。品牌可以将标准产品或服务进行顾客专门定制。例如，许多奢侈服装品牌都会为高级顾客量身打造最适合他们的服装以区别于普通品牌。

其次，员工培训。服务主要是由品牌的员工提供的，因此，定时向员工提供全面细致的服务培训是实现服务差异化必不可少的一步。

最后，质量管理。服务的产品与内容容易被其他品牌模仿，但高水准的服务质量不是那么容易就能学到的。因此，品牌要对服务质量进行严格的管理。

3）品牌形象差异化

品牌形象差异化是三种类型差异化中的重点。品牌形象包括两方面的内容，品牌形象差异化也可以从这两个方面出发。一是品牌视觉，如包装元素、logo等。旺旺公司就通过“旺仔”这个鲜艳的红色与标志性的大眼睛大耳朵小人图案营造出友好、亲切、幸福的品牌形象，时至今日，旺仔小人形象本身就已经带有巨大流量。二是社会形象，即品牌在公众心中所形成的印象。例如，华为就成功在消费者心中塑造起爱国、有担当、负责任的品牌形象。

品牌形象差异化的重要性随着市场竞争的激烈愈加突出。一方面，产品差异化与服务差异化都要求品牌自身有着良好的经济基础与人才实力，只有这样才能抵挡住创新和成本上涨带来的风险。这也使得大多数品牌对提高产品性能或研发新产品望而却步，久而久之，市场上产品同质化的现象会越来越严重。并且，随着互联网与现代科技的飞速发展，产品之间的差异正逐渐缩小，同质化是必然的结果。而品牌形象差异化不需要企业投入过多的成本，且比依赖于科技进步的产品差异化更具独特性，因此，在价格竞争以及产品同质化之后，它慢慢成为现代品牌所青睐的竞争策略。

另一方面，市场上不可避免地存在信息不对称的情况，而品牌形象差异化能最大限度地减少消费者对信息的缺失，从而赢得消费者的信赖。例如，农夫山泉矿泉水就通过包装上醒目的红色块、简约的山水图案以及知名广告词“我们不生产水，我们只是大自然的搬运工”，成功地让消费者一提到它就联想起其不同于其他矿泉水的特性，如天然、品质优良等。

品牌形象差异化无疑能够给企业带来更大的利润空间，但也存在一定的风险，一不小心可能会陷入广告营销投入过多、包装与形象不符、价格摇摆不定、产品收效甚微的失败境地。例如，恒大冰泉在一开始进入市场时就进行了大规模广告宣传，并邀请了不少当红明星与运动员代言，确定自己的市场定位为中高端市场，将价格定得很高。但是，产品的包装与其品牌形象相差甚远，简陋的包装带来了极差的消费体验。并且，在后期产品销售情况不佳时，其试图通过降价来扭转形势，反而加剧了消费者的不满情绪。最终，恒大冰泉投入了60亿元进行营销却以40亿元的亏损溃败离场。由此可以看出，品牌形象差异化策略要想取得成功，重点在于差异化内容是否能与自身实力、外部环境相协调，否则即使是大品牌最终也会被市场遗憾淘汰。

总而言之，在当前竞争激烈的市场上，品牌只有依靠差异化的策略才能实现品牌的成功运营。企业要在全面细致地考虑内外部因素的基础上，确定最适合自身的差异化策略。这样可以丰富品牌的内涵、明确品牌的定位，并建立起良好的品牌形象，赢得更多消费者的青睐。

10.3.2 品牌社群策略

1. 品牌社群概述

随着营销环境的变化，以情感交流、体验为主的营销模式逐渐兴起，品牌也将目光转移到了对自身消费群体的有效构建上，品牌社群应运而生。品牌社群是指使用同一品牌的消费者以情感利益为纽带而建立起的社群，其对消费者与品牌都起到重要的影响作用（周志民，2005）。

1. 品牌社群对消费者的影响

1）满足社交需求

在品牌社群内，联系起社员的是相同的品牌与爱好，他们彼此之间有着潜在的默契。这一群“志同道合”的消费者可以在社群内就自己对品牌的了解甚至是日常生活随意发表想法，他们之间的相互交流大大增进了情感，在很大程度上满足了成员的社交需求，进而提升群体归属感，感受到“家”的氛围。

2）满足消费需求

品牌社群能够有效地满足消费者的现实需求。当前，消费者不再满足于线下门店、官网、购物平台等购物渠道，他们期望有着更多样化、更适合他们的消费途径。品牌社群能真正做到为每位消费者考虑。在日常的交流探讨中，能充分了解消费者的需求，按需设计新的产品（周志民，2005）；同时，品牌社群通常也会对成员进行分类，制定不同的服务计划。

3）促进合理消费

社员在购买品牌产品前通常会在社群内与其他成员进行深入交流，明确产品的优缺点后再与自身的消费需求进行比较，从而使得消费决策更加合理、理性。

2. 品牌社群对品牌的影响

1）促进市场细分

线上、线下多渠道的销售方式扩大了品牌信息收集的范围，也加剧了品牌收集完整消费者信息的难度。品牌社群通过交流互动使得其成为信息聚集的场所，能够很好地帮助品牌明确消费者需求。同时，在进入社群前，用户通常需要填写个人信息，如年龄、性别、工作、居住地等。通过需求与个人信息的结合，品牌能更深入地挖掘消费者个人偏好与消费习惯，从而促进市场的细分。

2）促进创新

品牌社群成员之间的互动、对产品的交流以及对品牌策略的意见对品牌的创新具有十分重要的意义。成员之间有着较强的参与感、交互性以及对市场的敏感性，企业能够在与他们的交流中找出自身产品或服务的不足或者未来需求点，从而进行相应的改进或创新，提升企业的竞争实力。

3）培养忠诚度，提高品牌知名度

品牌社群运营得好的话，成员之间的情感联系就更强，对社群也更加依赖，轻易不愿退出社群。这种对社群的忠诚会延伸到对品牌的忠诚，从而提高品牌的竞争优势（刘新，2012）。此外，高忠诚度的社员会主动积极地对品牌进行宣传，不仅会在社群内进行推荐，还会向外渗透到自己的各种社交平台上，从而大大提高了品牌的知名度。

2. 品牌社群运营策略

1）明确社群定位，优化内容

在品牌社群未成立之时，社群管理人员就要确定好社群的目标和服务人群。社群目标主要包括提升产品知名度、促进产品销售、培养消费者忠诚度等，每个运营阶段都会有不同的目标，但必须明确一个最终极的目标才能令整个社群的运营更有方向。同时，要确定好目标服务人群，即社群成员应该具备哪些特质或行为。服务人群尽量细分，不能为了追求成员数量而盲目吸纳新成员。长久来看，明确好社群定位使得成员之间能树立起统一的价值理念，有利于品牌形成自己的社群文化，不仅能提高社群内部成员的团结度与自信心，还能吸引更多的外部用户加入社群。

在与成员日常交流之中，管理人员逐步探寻社群成员的需求，并调整发布的内容，做到与成员的需求相匹配。同时，社群的内容也应该与社群的价值观、文化以及成员的共同愿景相吻合。内容的不断优化有助于社群自身的建设与发展，在培养忠实成员的同时强化自己的价值观与文化。

2）设定社群门槛，制定规则

社群门槛指的是对进入社群新成员所设定的最低要求和标准，方便管理人员对用户进行筛选。对于社群来说，成员的质量比数量更为重要。依靠高质量的成员，社群能够创作出更优质的内容进而扩大自身影响力。如果成员质量良莠不齐，社群就难以形成一致的价值观、愿景和友好的社群氛围，这必然会带来管理上的困难，阻碍社群今后发展。因此，社群管理人员应该根据社群的定位，制定出严格但合理的社群门槛，为社群的长远发展打下坚实基础。

在社群成员相对稳定之后，需要对群内成员的发言和行为做出一定的限制，制定社群规则，要求社群成员只能在规则范围内行动。例如，许多社群都规定成员不能发布无关品牌的广告以及辱骂成员。社群规则的制定能有效避免因为成员之间的争吵而影响社群整体发展的情况，特别是在社群成立之初，成员还互相不熟悉的阶段。

社群规则的制定应该遵循明确、合理、严格的原则。明确是指规则的描述要逻辑清晰、观点突出。合理是指群规则要在成员的可接受范围内，不能过于严苛而限制了成员的发言。严格是指对违反规定成员的处罚要严格，不能含糊过去，避免大家对群规的漠视。只有满足以上原则的社群规则才能获得成员们的认可，确保社群的长久有序发展。

3）加强社群互动与监督管理

品牌社群运营中最重要的一点就是社群互动，不仅能够提高成员的活跃性，还能提升销售业绩。社群管理人员为了加强社群的互动，通常会设定激励型规则与仪式型活动，调动成员积极性，培养成员的行为习惯。例如：可以规定在群内发表有效言论次数达 50 次的成员能够升级为高级会员；并且可以要求成员每天在群内打卡签到，在提升活跃度的同时培养用户习惯，强化其与社群的联系。

需要注意的是，在群内一切的互动行为都不能脱离社群的目标。只有根据社群共同愿景设计的良性互动才能促进社群的发展。因此，社群管理人员需要对群内的分享进行监督管理，避免因过度偏离目标而降低沟通效率，逐渐使社群沦为普通的交友群，最终被市场淘汰。

4）建立用户体系，实行区别服务

用户体系指的是社群运营人员为实现精细化运营而制定的社群成员分级模型，这是一种反馈性的管理策略，包括用户的成长激励、差异服务、奖惩措施等。具体来说，对于那些遵守规定且表现突出的成员，管理人员会对他们进行精神或物质上的奖励。例如，提升他们为高级会员或分发产品优惠券等。而对于那些违反规定且表现恶劣的成员，管理人员会对他们进行严厉的警告与处罚。对于那些表现一般的成员，则无法有更进一步的机会。

建立用户体系能够激发成员的积极性，促使他们不断发言，踊跃参与社群内活动，保持自己的良好状态。同时，用户体系也能帮助运营人员进一步细分成员，实施差别化的服务，提升成员的满意度与忠诚度。

10.3.3 品牌精准触达

对于品牌来说，广泛的消费群体是其盈利的基础，但由于资源和能力的限制，品牌常常无法展开大规模的传播活动，让所有潜在消费群体都接收到品牌的信息。并且，现在的消费者需求变得多样化、个性化与碎片化，品牌的特性与某些消费群体可能并不相融，盲目地追求传播范围不仅浪费企业的时间与资源，还可能引起消费者的厌烦情绪。因此，品牌必须要实行精准触达策略，找到用户、理解用户，进而才是触达用户。品牌精准触达主要分为市场细分、明确目标用户、了解用户和触达用户四个步骤。

1. 市场细分

市场细分就是指品牌按照自身的特性设定一定的标准，将市场上的消费者划分为若干个消费群体，这是实现品牌精准触达的第一步。这样的市场细分能够帮助品牌集中资源接触最核心、最有可能带来最高收益的目标消费者，从而有效地实施触达计划。一方面，市场细分可以让品牌发现不同消费者的独特需求以及他们需求被满足的程度，有利于品牌更好地把握未来市场方向，寻求新的市场机会，规避风险；另一方面，市场细分也能帮助品牌了解竞争对手的实力与市场占有率，探寻未被占领的细分市场，选择与自己竞争优势最一致的目标市场以便品牌在市场上站稳脚跟。

2. 明确目标用户

在分析完细分市场后，品牌下一步就要在选择的细分市场内寻找目标客户，明确目标客户是精准品牌触达实现的基础。首先，品牌需要确定目标用户的具体标准与条件，然后对用户进行甄别与筛选。只有符合标准的用户才能被纳入准用户的名单，作为品牌传播的触达对象，一旦发现该用户的某项条件不符合标准，应该立即排除，不可浪费过多精力。

3. 了解用户

要想了解用户，实现传播的精准触达，离不开消费者画像的构建。在 8.1 中，我们详细全面地介绍了消费者画像的内涵与应用。品牌可以对海量的用户数据进行收集与分析，进而提炼出的消费者信息标签，从而对消费者有更全面的了解。区别于明确目标用户的浅层特质，了解用户这一步更加关注用户的需求、行为习惯、兴趣爱好、消费偏好等深层特性，从而获取最精准的目标用户。

4. 触达用户

在获取了精准的目标用户之后，品牌要做的就剩最后一步——触达用户。触达用户同样需要根据消费者画像，确定用户日常最关注、最有可能接触到的传播渠道，要做到品牌传播渠道与目标用户特点的精准匹配，这样能够大幅降低传播成本，提升触达转化率。例如，对于基本不看短信通知的用户来说，通过短信向其传播品牌信息就是非常错误的选择。

10.4　精准唤醒和召回

互联网的流量价格越来越贵，竞争的激烈导致获取一个新用户的成本逐渐上涨。许多企业在努力获取新用户的同时，也关注沉默或已流失的用户。对于近期不活跃但还没有彻底离开的沉默用户，企业会采用唤醒的方法；对于已经彻底离开，完全不再使用本企业产品的用户，企业会采用召回的手段。一般来说，产品进入市场越久，沉默与流失的用户群体就越庞大，虽然唤醒和召回是一件相当有难度的事情，但若能制定出良好的策略，精准触达用户，将会为企业带来巨大的收益。本节将具体介绍如何唤醒和召回用户。

10.4.1　分析用户流失原因

分析用户流失原因是成功唤醒和召回用户的第一步，只有在明确自身缺点之后，才能有针对性地进行改正。企业可以根据数据反馈、市场分析、用户意见、知识经验等找出用户流失原因。一般来说，用户流失的原因主要包括以下几类。

1. 自然流失

所有产品都有生命周期，企业只能尽力延长产品的成熟期，却不可避免地依旧会进入衰退期。在衰退期，用户大量流失，且基本无法挽回。例如，柯达品牌的胶卷曾经风靡一时，但由于科技的进步与消费者需求的变化，即使产品再好用户也会逐渐流失，这是不可逆的进程。

2. 品质问题

产品或服务是企业提供给消费者的最基本的价值，也是消费者对产品的最低要求。如果产品的品质出现问题，即使是小瑕疵也会严重影响消费者的体验感和满意度。导致产品出现问题的原因有很多，如设备故障、原材料质量下降、生产流程出错、员工技能不佳等。品质是维护老顾客的黏合剂，也是获取新顾客的强力胶，一旦出现较大质量问题将导致消费者的大量流失，给企业造成毁灭性的打击。

3. 价格问题

价格是企业常用的促销工具，但也是最复杂的经营要素之一。不恰当的价格调整不仅可能引起产品竞争市场动荡，还容易对消费者利益造成损害，引起消费者的不满情绪。一方面，企业过度涨价会迫使消费者不得不寻求别的替代产品，流失掉大量用户；另一方面，过度降价会引起最近购买过的消费者的强烈不满，甚至与企业产生冲突，损失一部分忠诚的老顾客。例如，特斯拉汽车的大幅降价就引起老顾客的强烈不满，特别是降价前不久刚购买的消费者，他们希望品牌方能给予一定的差价补偿，而特斯拉不愿意让步，进而引起了双方之间的激烈冲突。

4. 便利问题

美国学者罗伯特·劳特朋（Robert Lauterborn）提出了经典的 4Cs 营销理论，4Cs 分别指的是顾客（customer）、成本（cost）、便利（convenience）和沟通（communication）。由此可以看出，便利性在市场营销组合中的重要地位。消费者在购买产品时，不仅仅需要支付金钱，还要付出时间与精力的成本，因此如果企业无法提供便捷的服务，如送货上门、快速配送、在线服务、移动端支付等，将影响消费者的购物体验，从而导致用户的流失。

5. 不公平待遇

消费者受到不公平待遇后，会对企业产生不信任感和不满意的情绪，从而导致用户的忠诚度降低。受到不公平待遇的消费者很可能会在社交媒体上发表不满的言论，或向亲朋好友反馈相关经历，从而对企业形象造成负面影响。同时，消费者也会开始寻找其他品牌或产品，这将使企业面临用户流失的风险。

6. 服务失误

服务失误可能会导致用户对企业产生不满意，如产品质量、服务态度等方面出现问题。这些不满意的因素可能会降低用户对企业的满意度，使用户对企业产生负面印象，从而减少其对企业的信任和忠诚度。并且，服务失误也会影响用户的消费体验。例如，无法及时解决用户的问题会影响产品或服务的使用效果等。这些因素会降低用户的使用体验感，使用户对企业的产品或服务失去兴趣，从而导致用户流失。

7. 竞争激烈

竞争激烈会使得市场上的产品和服务更加丰富，消费者的选择范围也会随之扩大。当消费者面对更多的选择时，可能会更加挑剔和苛刻，对产品和服务的质量和性价比要求更高。如果企业不能满足消费者的需求，他们就有可能选择其他竞争对手的产品或服务，从而导致用户流失。

10.4.2 制定召回策略

随着市场竞争的加剧，用户流失成为企业最担忧的问题之一。然而，用户流失并不是不可避免的，通过制定有效的用户召回策略，企业可以提高用户留存率，提升品牌价值。在了解用户流失的原因之后，就应该制定召回策略。

1. 情感召回

情感策略是企业召回流失用户的一种有效手段。通过情感策略，企业可以增加用户对品牌的认同感和归属感，从而提高用户回流的成功率。

2. 奖励召回

奖励策略是企业召回流失用户的一种常见手段。通过奖励策略，企业可以刺激用户回流，并提高用户的忠诚度和满意度。

情感策略和奖励策略都是企业召回流失用户的重要手段。通过重视情感联结、提供个性化服务、增加用户参与度、提供优惠券和礼品、提供积分兑换、提供会员权益、提供免费试用等方式，企业可以刺激用户回流，提高用户忠诚度和满意度。但是企业需要注意，策略的设置应该具有合理性和可行性，避免过度消耗资源和影响企业盈利能力。

10.4.3 设计触达策略

企业如何精准触达流失用户是提高用户回流率和维护用户忠诚度的重要手段之一。精准触达需要从用户数据分析、触达渠道选择等方面进行考虑。

1. 基于用户数据分析进行精准触达

企业可以通过用户数据分析，了解用户的消费行为、购买偏好、兴趣爱好等信息，以精准触达流失用户。基于用户数据分析的精准触达策略需要注意以下几点。

1）合理利用数据挖掘技术

企业可以通过数据挖掘技术，对用户数据进行分析和挖掘。例如，可以构建消费者画像模型，发现用户的需求和痛点，用与之相匹配的策略以精准触达流失用户。例如，某视频 App 发现 A 用户的消费者画像显示他最近 30 天的活跃次数为 1 次，说明用户正处于流失边缘。通过进一步分析发现，他对运动类视频很感兴趣，且浏览时间多为晚上，那就可以考虑在夜晚通过 App 消息推送运动视频来召回该流失用户。

2）分类和细分用户

根据用户的不同特征和行为，将用户进行分类和细分，针对不同的用户群体制定不同的触达策略。例如，对于长期未消费的用户，企业可以通过短信、邮件等方式进行回访，了解其未消费的原因，然后选择合适的触达策略。对于有明显消费偏好的用户，可以通过推送相似产品信息引起消费兴趣来实现精准触达。

3）实时监测用户行为

企业需要实时监测用户的行为，发现变化后要及时调整触达策略，保证触达的有效性。例如，对于一些频繁购买的用户，如果出现不再购买的情况，企业可以及时通过电话、短信等方式进行回访，以了解用户的需求变化。

2. 基于多渠道触达进行精准触达

企业可以通过多种渠道进行触达，以提高精准触达的效果。多渠道触达策略需要注意以下几点。

1）综合运用不同的触达渠道

企业可以综合运用邮件、短信、电话、微信、App 等多种触达渠道，以覆盖不同的用户群体和不同的使用场景。

2）确定主要触达渠道

根据用户的使用习惯和喜好，确定主要的触达渠道，以提高触达效果。例如：对于年轻人群体，微信、App 等移动端渠道可能更为适合；而对于中老年人群体，电话、邮件等传统渠道可能更为合适。

3）考虑多渠道整合

企业可以考虑将多种渠道进行整合，以增强触达效果。例如，通过短信提醒用户查看邮件，或者通过微信推送信息引导用户进入 App 进行交互等。

10.5 案 例

网易云音乐是中国最大的在线音乐平台之一，成立于 2013 年。它是一款提供音乐播放、音乐推荐、音乐社交等服务的应用程序，可以通过网页版、手机应用程序以及电视端应用程序使用。网易云音乐的用户群体非常庞大，截至 2021 年年底，注册用户已经超过 8 亿人次。网易云音乐在中国音乐 App 市场的成功，离不开企业精准的传播策略。

网易云音乐先对音乐 App 的市场进行了深入分析，找出可能成功的细分市场。它发现，现有音乐 App 主要针对普通大众，收集的歌曲也是大众化的流行音乐，而小众的音乐在当前的音乐 App 中几乎找不到。因此，网易云音乐就决定先以小众音乐为主，吸引特定的小众群体，在小范围内形成好口碑后再将知名度扩散到其他消费群体中。逐渐地，网易云音乐在年轻一代音乐用户的口碑越来越好，拥有的用户群体也越来越庞大，且大都是来自一、二线城市的 90 后。网易云音乐清楚地知道自己的消费群体特征，明白年轻一代个性化、彰显独特性的需求，针对他们的需求与痛点，网易云音乐制定了一系列运营策略，如定制歌单、个性化推荐音乐、音乐社交、年度歌单等。

网易云音乐在充分了解自己的用户群体特征后，依托于大数据，更加深入地分析每一位用户的音乐偏好、个性特征、需求，为每个用户都量身定制多种音乐活动和服务，达到精细化运营的目的。借助这种精准运营策略，网易云音乐成功成为中国音乐 App 市场的佼佼者。

10.6 本章小结及习题

10.6.1 本章小结

（1）数字传播是传播媒体的数字化、呈现方式的数字化、连接方式的数字化、交互空间的数字化、传播内容的数字化与传播目标的多元化。

（2）数字传播具有传播范围显著扩大、传播时间不受限制、交互方式多元化、传播者多样化以及受众个性化特点。

（3）数字传播方法包括 Web 网站传播、网络社区传播、搜索引擎传播和媒体传播等方法。

（4）整合营销传播包含营销方式整合、消息整合、媒体整合与目的整合。

（5）可以利用付费媒体、自有媒体和赢得媒体这三种数字传播工具实现产品与品牌的有效传播。

（6）社群意见领袖作为企业和普通社员信息传达的中介，对品牌、社群以及他人的消费行为都有重要影响。

（7）个性化推荐是在海量互联网消费者数据基础之上发展出来的智能服务系统。

（8）传播效果分析围绕传播度、注目度、友好度、互动度与影响度展开。

（9）品牌社群能给消费者与品牌双方都带来极大的益处。

（10）通过市场细分、明确目标用户、了解用户和触达用户能够实现精准触达用户。

（11）成功唤醒与召回流失用户需要先分析用户流失原因，进而有针对性地采用情感策略或奖励策略来召回用户。

（12）精准触达策略的设计离不开用户数据与多种触达渠道。

10.6.2 习题

（1）数字传播的内涵包括哪几个方面？请详细地描述它们。

（2）数字传播有哪些方法？每种方法各有什么特点？

（3）什么是整合营销？数字整合营销相比于传统整合营销有什么优势？

（4）在产品传播过程中，社群意见领袖为什么重要？

（5）传播效果通常从哪几个方面进行分析？

（6）如何制定个性化推荐策略？

（7）请详细讲述召回流失用户的步骤。

[1] 舒咏平. 数字传播环境下广告观念的变革[J]. 新闻大学，2007(1)：98-101.

[2] 陈刚，潘洪亮. 重新定义广告：数字传播时代的广告定义研究[J]. 新闻与写作，2016(4)：24-29.

[3] 孙玮. 论感知的媒介：兼析媒介融合及新冠疫情期间的大众数字传播实践[J]. 新闻记者，2020(10)：3-14.

[4] 柳旭东. 意见领袖在社群媒体传播中的维度[J]. 新闻与传播研究，2011(6)：75-80，111.

[5] 金立印. 虚拟品牌社群的价值维度对成员社群意识、忠诚度及行为倾向的影响[J]. 管理科学，2007(2)：36-45.

[6] 周志民. 品牌社群形成机理模型初探[J]. 商业经济与管理，2005(11)：74-79.

[7] 周志民. 基于品牌社群的消费价值研究[J]. 中国工业经济，2005(2)：103-109.

[8] 刘新，杨伟文. 虚拟品牌社群认同对品牌忠诚的影响[J]. 管理评论，2012(8)：96-106.

第 11 章

重视客户管理

11.1　数字时代客户关系

随着市场竞争的日益激烈，企业意识到维护和发展客户关系的重要性。客户是企业的重要资源，他们的忠诚度和满意度直接影响企业的业绩和长期发展。客户关系管理应运而生，成为一种重要的商业战略和管理方法，旨在建立、维护和增强企业与客户之间的互动关系。通过客户关系管理，企业可以更好地了解客户需求和期望，提供个性化的产品或服务，提高客户忠诚度和满意度，从而实现企业的增长和盈利（图 11-1）。

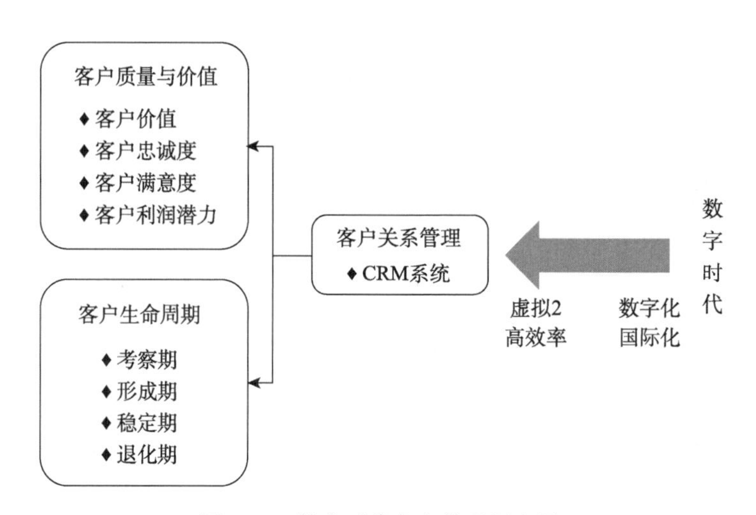

图 11-1　数字时代客户关系概念图

11.1.1　客户的质量与价值

1. 客户质量的内涵

客户质量主要包括客户的价值、忠诚度、满意度和利润潜力四个方面。客户质量是客户关系管理的重要指标，影响着企业的业绩和利润。

1）客户的价值

客户的价值是指客户对企业贡献的经济效益，包括购买力、消费频率、订单规模、跨销售和口碑传播等。客户的价值越高，企业就越有可能获得更多的利润和回报。因此，企业应该致力于吸引和留住高价值客户，同时增强客户的忠诚度和满意度。

2）客户的忠诚度

客户的忠诚度是指客户对企业的忠诚程度，通常包括客户的重复购买、推荐、升级和续订等。高忠诚度客户对企业非常重要，因为他们可以帮助企业减少营销成本、提高销售额和保持品牌形象。企业应该定期跟进和联系客户，提供优质的服务和体验，加强沟通和互动，以提高客户的忠诚度和黏性。

3）客户的满意度

客户的满意度是指客户对产品或服务的满意程度，包括产品品质、交付时间、服务质量、售后服务等方面。企业应该通过调查问卷、反馈机制、客户服务等方式收集客户的反馈和意见，及时改进和优化产品或服务，提高客户的满意度和口碑。

4）客户的利润潜力

客户的利润潜力是指客户未来为企业带来的收益和利润，包括潜在的交易机会、升级和跨销售机会等。企业应该通过客户分析和预测，识别和开发高利润潜力客户，以实现业务增长和利润最大化。

2. 评估客户价值的主要步骤

1）确定客户生命周期

客户生命周期是指客户在企业中的整个关系期间经历的不同阶段，包括客户获取、保留、发展和流失。企业需要识别出每个阶段的时间和成本，并了解每个阶段的转化率。

2）收集数据

企业需要收集客户的各种数据，包括交易历史、购买频率、订单大小、折扣和优惠等。此外，企业需要收集客户的个人信息，如年龄、性别、地理位置、职业等，以更好地理解他们的需求和行为。

3）计算客户价值

通过对客户数据的分析和处理，企业可以计算出每个客户在其生命周期内的价值。这可以通过一些公式来计算，例如：

平均订单价值 = 总收入 / 订单数量

购买频率 = 订单数量 / 不同的订单次数

客户生命周期 = 1 / 流失率

客户终生价值 = 平均订单价值 × 购买频率 × 客户生命周期 × 利润率

4）分析客户行为

企业需要分析客户的行为，以了解他们对产品或服务的偏好和需求。这可以通过研究客户的购买历史、订购方式、付款方式、使用频率等来实现。

5）预测未来收益

通过对客户数据和行为的分析，企业可以预测客户未来的购买行为，并计算出未来可能产生的收益。这可以通过使用预测模型和算法来实现，如回归分析、决策树和神经网络等。

6）优化营销策略

根据客户价值和预测收益，企业可以制定更有效的营销策略，以最大限度地提高客户的价值。例如，企业可以采取不同的营销策略，如促销、交叉销售和向上销售等，以吸引更多的客户，并增加他们的购买频率和订单价值。

7）监测和调整

企业需要定期监测客户价值和营销活动的效果，并根据监测结果调整营销策略。这可以帮助企业更好地了解客户的需求和行为，并及时采取行动来提高客户的满意度和价值。

11.1.2 客户生命周期

1. 客户生命周期的内涵

客户生命周期是指一个客户与企业建立联系、购买产品或服务、使用产品或服务、再次购买以及最终与企业断开联系的整个过程。这个过程可以被分为多个阶段，每个阶段都有不同的特征并需要不同的策略来维护、促进客户关系发展和提升客户价值。

首先，客户生命周期理论可以帮助企业了解客户在不同阶段的需求和行为，进一步制定不同的策略和计划来管理客户关系，包括营销、销售、客户服务等方面。其次，客户生命周期理论可以帮助企业识别客户流失的原因和阶段，并采取相应的措施来减少客户流失，优化客户关系管理，从而能够为客户提供更好的产品或服务，提高客户满意度和忠诚度，增加客户留存率和再次购买率，提高企业的业绩和盈利能力，最终最大化客户价值。

客户生命周期的阶段划分有许多理论研究，本书参考将客户生命周期阶段划分为考察期、形成期、稳定期、退化期的观点，如图 11-2 所示。

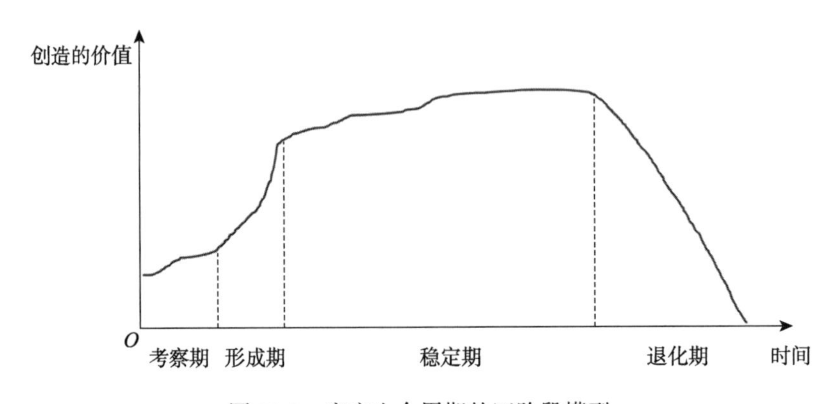

图 11-2　客户生命周期的四阶段模型

1）考察期

考察期是指客户对企业进行初步的了解和评估的阶段，客户与企业之间的关系还不是非常紧密。在这个阶段，客户可能会做一些咨询、询价、比较、测试等工作，以了解企业的产品、服务、价格、质量、信誉等方面的信息，以便作出最终决策。

这一阶段的客户通常具有以下特点和表现：对企业还不是很了解，对产品或服务的需求还没有明确的定位；比较关注价格、质量、信誉等因素，希望得到满意的答复；对企业的忠诚度还不是很高，可能会考虑其他竞争对手的产品或服务。

2）形成期

形成期是指客户与企业开始建立关系、互动和交流的阶段。在这个阶段，客户可能已经购买了企业的产品或服务，开始成为企业的客户，客户对企业的印象和评价逐渐形成，开始逐渐转化为忠诚客户。

这一阶段的客户通常具有以下特点和表现：对企业的产品或服务已经有了初步的体验，开始形成对企业的信任和认同；开始逐渐接受企业的品牌形象和文化，对企业的价值观念有了一定的了解；对企业的反馈和回复开始期望得到更加及时、个性化的服务；对于其他竞争对手的产品或服务开始逐渐失去兴趣，并逐渐向企业倾斜。

3）稳定期

稳定期是指客户与企业之间建立稳定关系、长期合作、互相支持和发展的阶段。在这个阶段，客户已经形成了忠诚度，对企业的产品或服务有了高度的认可和依赖。

这一阶段的客户通常具有以下特点和表现：对企业的产品或服务的品质、价格、服务等方面有较高的期望和要求；对企业的文化、品牌形象、社会责任等方面开始产生共鸣；对企业的反馈和回复要求更加及时、专业、个性化；对企业的推荐和口碑传播起到了重要的作用，成为企业的品牌推广者和忠实的支持者。

4）退化期

退化期是指客户与企业之间的关系开始出现问题、失去联系、流失的阶段。在这个阶段，客户对企业的信任和认可度开始下降，客户对企业的产品或服务出现了不满和抱怨，甚至可能考虑转向其他竞争对手。

这一阶段的客户通常具有以下特点和表现：对企业的产品或服务的品质、价格、服务等方面有了质的变化，无法满足客户的需求；对企业的文化、品牌形象、社会责任等方面产生疏离和失望；对企业的反馈和回复不再满意，可能开始有负面评价和口碑传播；对其他竞争对手的产品或服务开始重新产生兴趣和考虑。

2. 客户生命周期各阶段的管理

针对客户生命周期的不同阶段，企业应该采取相应的管理方式，以满足客户的需求和期望，提高客户满意度和忠诚度。

1）考察期

考察期指客户刚开始接触企业时的阶段，此时客户对企业的了解很少，企业的目标是通过建立信任和良好的沟通来引导客户向下一个阶段转化。有以下几个重点需要注意。

（1）着重建立信任。在客户接触企业的初期，企业需要建立信任关系。企业可以通过引导客户了解企业的品牌、产品、服务等信息，让客户感受到企业的专业性和信誉度，以及企业对客户的关注和关怀。

（2）提供个性化服务。在这个阶段，企业应该根据客户的需求提供定制化的服务，以最大限度地满足客户的需求和期望。企业可以通过提供高品质、个性化的服务来吸引和留住客户。

（3）主动沟通。企业应该在考察期积极主动地与客户保持沟通，及时回复客户提出的问题和建议。这不仅可以与客户建立信任关系，还可以让客户感受到企业对客户的重视和关心。

2）形成期

形成期是指客户已经决定与企业建立长期关系，并开始使用企业的产品或服务的阶段。企业需要通过不断地提高产品质量和服务水平来满足客户的需求，稳定客户关系。有以下几个重点需要注意。

（1）提供高品质的产品和服务。在形成期，客户已经对企业的产品或服务产生了一定的信任和依赖。因此，企业应该不断地提高产品和服务的质量，以满足客户的需求和期望，稳定客户关系。

（2）管理好客户关系。企业应该关注客户的反馈和建议，并及时进行回应和解决。同时，企业可以通过客户调查和数据分析等手段了解客户需求和满意度，针对客户需求进行相应的改进和优化。

（3）建立良好的客户关系。企业应该通过建立良好的客户关系来稳定客户关系。企业可以通过定期的关怀、礼品赠送、活动邀请等方式来维护客户关系，提高客户忠诚度。

3）稳定期

稳定期是指客户已经对企业的产品或服务形成了依赖和忠诚度的阶段。企业需要不断地提高产品和服务的质量，同时积极探索新的业务领域，为客户提供更多的价值和选择。有以下几个重点需要注意。

（1）持续提升产品和服务的质量。在稳定期，企业应该持续地提升产品和服务的质量，以满足客户日益增长的需求和期望。企业可以通过引入新技术、不断优化流程、提高员工素质等方式来提高产品和服务的质量。

（2）拓展业务领域。企业应该积极探索新的业务领域，为客户提供更多的价值和选择。企业可以通过开发新产品、推出新服务、拓展新市场等方式来满足客户多样化的需求。

（3）加强品牌营销和宣传。在稳定期，企业应该加强品牌营销和宣传，提高品牌知名度和影响力。可以通过广告投放、赞助活动、社交媒体营销等方式来扩大品牌影响力，吸引更多的潜在客户。

4）退化期

退化期是指客户已经开始流失的阶段。企业需要采取措施来挽留客户，并寻找新的客户来填补流失的客户。有以下几个重点需要注意。

（1）寻找客户流失原因。企业应该分析客户流失原因，并及时采取措施解决问题。企业可以通过客户调查、数据分析等手段了解客户不满意的原因，针对问题进行改进和优化。

（2）重新建立信任。在客户开始流失的阶段，企业需要重新建立信任关系，重新让客户感受到企业的专业性和信誉度。企业可以通过回访客户、提供优惠活动、解决客户问题等方式来重新建立信任关系。

（3）开发新的客户。企业应该积极寻找新的客户来填补流失的客户，通过开展市场推广、引进新产品、拓展新业务领域等方式来吸引潜在客户。同时，企业需要在维护现有客户的同时，积极开发新的客户资源。

11.1.3 客户关系管理

1. 数字化时代下客户关系管理的特点

区别于传统的企业沟通模式，客户关系管理在数字化时代呈现出新特点。具体而言，客户关系管理有以下四个特点。

1）客户关系管理呈现虚拟化

大数据时代，企业利用互联网等数据工具进行客户管理呈现出虚拟化的特点。基于互联网在处理信息时具有其他手段无法达到的量级，能够在短时间内对庞大的数据进行精准化处理。在客户关系管理中，利用数据处理技术和软件，能够将距离偏远的客户群融合到互联网上开展调研活动，包含售后服务体验、产品或服务体验等系列调查。通过这个过程，能够推进客户对企业、产品或服务的认知，增进客户参与度并提升客户黏性。因此，在这个过程中企业与客户利用互联网进行客户关系管理的过程，充分体现出虚拟化的特征，它最大的优势便是能够解决企业跨区域、长距离与客户进行有效沟通，解决委托代理问题，最大限度降低沟通成本，提升企业客户关系效果。

2）客户关系管理交易成本降低

通过将客户关系体系以数字化形式进行处理，相关事宜就能够以数字化方式解决和落实。互联网使用费用要比传统的管理体系费用支出低很多，采用数字化客户管理体系能够符合企业降本增效的要求，对于企业营造利益价值、增加收入有着积极推进作用。

3）客户关系管理国际化

同虚拟化特点类似，借助数据化客户管理能够实现全球性的客户沟通，使得企业与客户的沟通变为国际化特点。在这个网络下，信息的传递与交换是全球性的，突破地域束缚，实现客户关系管理国际化。

4）客户关系管理效率提升

企业对客户管理需要对大量客户相关信息进行处理，而大数据处理手段和技术能够方便快捷地对相关的信息进行处理，并获取、提炼有价值的信息，最大限度提升客户管理效率，提升企业决策科学性。

2. 客户关系管理系统

客户关系管理系统是一种企业管理工具，旨在帮助企业有效管理与客户之间的互动和交流，以增强客户满意度、促进销售增长、提高客户忠诚度。客户关系管理系统具有综合性、集成性、智能化、高技术等特点。

客户关系管理系统模型是一个囊括目标客户、过程、任务功能之间互动联系的框架（图 11-3）。营销、销售和客户服务业务流程的信息化处理是客户关系管理系统的关键过程。为了拟定营销战略和计划，企业首先要在营销活动过程中细分客户、市场，以选择目标客户群体。其次，销售部门需要及时找到潜在客户，开展沟通与有效信息搜集并进行推销，从而创建订单，达成销售任务。最后，客户服务部门需要更深入地关怀购买本公司产品或服务的客户。此外，在整个客户关系管理过程中，产品开发与质量管理是非常重要的环节，也获得了客户关系管理系统充分的重视。

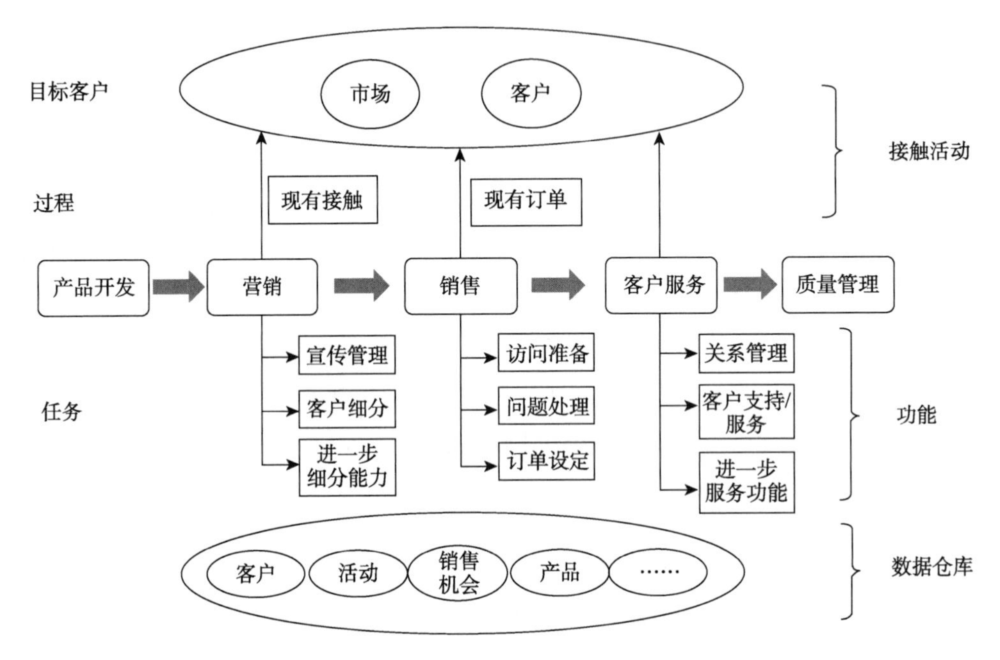

图 11-3　客户关系管理系统的基础模型

客户关系管理系统的功能模块主要有以下几个。

1）客户管理模块

该模块包括客户信息的录入、存储、维护和查询。客户信息可以包括个人信息、公司信息、购买历史、服务记录等。例如，一家电商企业可以在客户关系管理系统中记录客户的姓名、联系方式、购买历史、偏好等信息，以便更好地了解客户需求、制定销售策略和提高客户满意度。

2）营销管理模块

该模块包括市场调研、市场营销策略制定、营销活动管理等功能。企业可以在客户关系管理系统中进行客户分析，了解客户需求和购买行为，制定相应的市场营销策略，并在系统中管理营销活动，以提高客户满意度和忠诚度。

3）销售管理模块

该模块包括销售机会管理、销售渠道管理、销售订单管理、销售预测、销售过程跟踪等功能。销售人员可以在客户关系管理系统中记录与客户沟通的情况、客户需求等信息，并在系统中跟踪销售过程，以便于及时发现问题并采取措施解决。

4）服务管理模块

该模块包括客户服务请求管理、服务工单管理、客户投诉管理、售后服务的管理、跟踪、反馈等功能。企业可以在客户关系管理系统中记录客户的服务请求、服务过程和服务结果、客户的投诉和处理结果以及跟踪售后服务的进展和结果，并记录客户的反馈，从而提高客户服务质量和满意度。

5）数据分析模块

该模块包括数据统计、数据分析、报表生成等功能。企业可以在客户关系管理系统中统计客户的购买次数、购买金额、购买产品等信息，进行数据分析并生成报表，以便于制定相应的营销策略和销售计划。

6）协作管理模块

该模块包括团队协作、任务分配、沟通交流等功能。企业可以在客户关系管理系统中对团队成员进行任务分配、沟通交流，并记录任务的完成情况，以提高团队协作效率和工作效率。

11.2　线上社群运营

11.2.1　服务号运营

1. 服务号与订阅号的区别

微信公众号的类型分为三种，分别是企业号、服务号、订阅号（图 11-4）。服务号旨在向企业或组织提供强有力的客户管理帮助与业务服务，以服务类交互为导向。

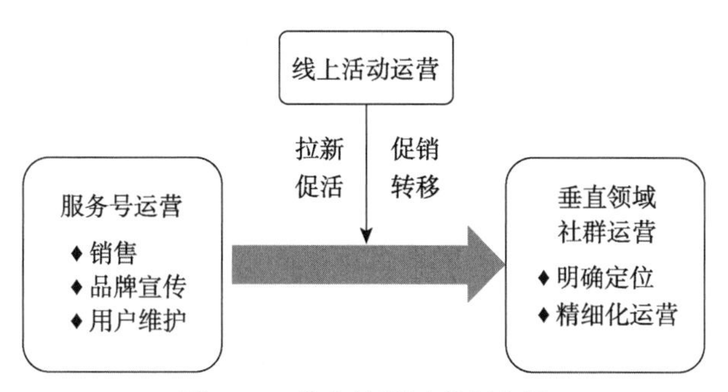

图 11-4　线上社群运营概念图

微信服务号与订阅号的区别如表 11-1 所示。对比两种类型公众号的特点，订阅号的优势在于信息的传递和互动。一方面，每天一条的信息发布量满足了运营者的需要；另一方面，订阅号发送的信息和资讯会显示在用户的订阅号文件夹中，便于与用户互动。这类账号比较适用于媒体机构、政府机构等，以实现消息推送、信息分享和反馈等功能，如南方周刊、中文在线等。服务号的优势在于能建立相对稳固的服务模块，为用户提供某种具体的服务。这类账号比较适用于以服务为主的企业，如餐饮、旅馆、电商平台等，如大众点评、京东商城等。

2. 服务号的运营模式

1）销售模式

猫眼电影通过微信服务号渠道日均出票数以万计，其微信服务号系统为用户提供了

表 11-1 微信服务号与订阅号的区别

账号类型	普通订阅号	认证订阅号	服务号	认证服务号
适用人群	个人	媒体、企业、政府或其他组织（咨询发布主体）	适用于企业以及组织，简单内容展示企业，每月可群发的次数不多	需要交互功能的企业
消息推送	1 次/天	1 次/天	4 次/月	4 次/月
群发消息显示区域	订阅号文件夹	订阅号文件夹	消息列表	消息列表
微信支付	不支持	不支持	不支持	支持
高级开发	不支持	基本不支持	不支持	支持（拥有微信全部高级接口）
申请费用	免费	300 元/年	免费	300 元/年
备注		功能类似报纸杂志，提供新闻信息或娱乐趣事		具备客户管理功能，提供强大的产品功能服务，支持微信支付，构建电商体系，拥有微信全部高级接口

便捷的票务服务。用户关注“猫眼电影”微信服务号之后便可以简单地享受在线预订、在线选座、查询热映影片和待上映影片信息、评价分享等服务，不用出门就可以轻松预订电影票。像猫眼电影一样通过微信服务号吸引粉丝、销售产品，就是微信服务号的“销售模式”。

2）品牌模式

品牌模式是一种根据产品的关键资源、市场动态环境等构建的品牌管理体系。在运营中，微信服务号旨在成为连接起人与网络的沟通桥梁，将其与品牌挂钩，以成为宣传品牌的重要渠道。企业利用微信服务号做好品牌宣传需要注意以下三点。

（1）强调用户体验与互动。要想吸引到更多用户，拥有更高的访问率，就离不开一个绝妙的创意。用微信服务号做品牌推广，要注重用户体验和互动，关注考虑用户方面的需求，这样可以拉近品牌和用户之间的关系，企业提供个性化的互动，还可以增强用户的体验。

（2）做品牌特色内容。企业微信服务号的软文推送要有创意，且要加深品牌的渗入，以自身特点做服务。要认识了解用户习惯，有针对性地策划微信创意，在视觉和文案上满足用户需求，搭建起舒适的沟通平台，从用户的视角出发去设计主题，开展活动推广，并且突出宣传内容和用户之间的关联性。

（3）在推广的基础上增加品牌亲和力。企业用微信服务号推广主要是为用户进行产品或服务推广，企业和用户的沟通若想变得无障碍，往往可以通过服务号实现。企业可以在平台上添加生活服务功能，每日的推送信息还可以适当地添加轻松关怀的消息，将自身情感融入，间接性地提高品牌亲和力，创造品牌形象，提升企业的形象。

3）维护模式

随着微信服务号功能的丰富以及开放接口的增多，微信服务号客户管理系统与企业的距离越来越小，企业可以依靠服务号对后期服务领域进行开拓，构建“生态运营+用户黏性”的维护模式。

传统客户关系管理系统表现为相对静态，主要是通过整理消费者的背景资料、消费情况等信息，利用电话、短信、电子邮件等方式对客户进行追踪，同时将客户的消费记录进行归档和管理，提供售后服务等。

与传统客户关系管理模式不同的是，服务号打造了一个移动的、互动的客户关系管理新模式。认证服务号（包括认证订阅号部分功能）的客服功能，帮助企业将客服系统搬到微信上，使频繁的互动在消费者与企业间诞生，继而获取消费者的反馈，并进一步通过推广营销等措施收获更多目标消费群体的注意。

11.2.2 垂直领域社群运营

1. 社群的定义

自古便有“物以类聚，人以群分”的说法，可见，人类与自然界中的其他生物都有“集群”的天性。也正是这种天性使然，我们才组合成一个个不同的社群。而在当下的互联网时代，社群是指一群有着共同兴趣、价值观、目标或身份认同的人所构成的群体。这些人可以通过共享信息、互相交流、合作、共同学习等方式来增进彼此之间的关系，并在这个基础上形成更加稳定、紧密的群体。社群通常是在特定的平台上形成的，如社交媒体、在线论坛、微信群等，这些平台提供了一种方便、高效的沟通方式，促进了社群成员之间的联系和交流。

垂直领域社群运营就是指在某行业专业领域针对某一类具有同一属性的人群进行运营。2014 年年初，微信推出红包功能，微信群沦为发红包的战地。2014 年年末，小米社群这一成功的案例，让更多人意识到了社群经济的可行性。到了 2015 年，大量的知识社群、创业社群、商业社群、亲子社群、校友社群等细分社群纷纷涌现，这一年可以被称为“社群元年”。 社群的野蛮生长经过了一个阶段的探索，如今终于迎来了有序的社群时代。

2. 明确社群定位

对企业来说，一个优质的社群能为其带来巨大的商业价值，在“互联网+”时代，社群经济是企业非常重要的一个转型方向。但在构建社群之前，企业必须做好定位，明确社群创建的必要性，明确其在企业发展战略中所处的地位等。对于社群定位，可以按照以下七个步骤进行。

1）社群运营目标定位

当你的社群未成立之前，你不仅需要规划社群的回报，你还需要了解你的社群能给社群成员带来哪些价值。对于社群来说，聚集在一起的社群成员肯定会有一个共同的强需求，而成立社群必须提供解决这一需求的服务。社群营销的价值无非就是提升品牌的知名度、刺激产品销售、维护客户的黏性。有价值肯定也需要有回报载体、互惠互利的模式，然后进行销售转化，后期对核心用户进行维护。当然目标不局限一个，因为每个阶段会有不同的任务，但是要确定一个最核心的终极的目标。

2）社群生命周期定位

创建社群是为了一个短期目标还是为了一个长远目标是需要提前做区分的。对于短期目标群，如果这个目标实现了，这个社群的价值也就用尽了，所以这个群是必然会沉寂的。当然，如果在短期目标实现的时候把短期目标替换成长期方向也是可以的。比如，将考驾照群变为自驾游群。这样就可以短期变成长期，同样的群，同样的人，有了更多方向和话题。一般要明确社群的服务时长：一年、一个月还是一周。

3）目标人群定位

目标人群定位可以按照年龄、性别、职业、城市、收入、兴趣爱好、学历等进行。首先，人群尽量垂直细分，用户画像尽量清晰具体，千万不要为了追求社群成员数量而将就，宁缺毋滥。其次，要快速判断非目标人群，避免太多这样的人进群；最后，要分析这些人群聚集在哪些平台、哪些渠道。

4）社群类型定位

垂直领域社群具体可以分为五类：产品型、兴趣型、品牌型、组织型、工具型。不同的社群有不同的游戏规则，影响社群成功的关键性因素是定位是否准确。所以，企业社群创建者要在前期对社群进行垂直定位、确定类型、为成员画像，保证社群能够精准对标用户，以便进一步探索社群运作模式，获得商业盈利的成功。

5）内容输出定位

内容形式要明确以图文、视频还是音频为主；内容调性要根据用户属性确定；内容的整体规划要在建群前就清晰明了。谨慎尝试在一个社群运营多个主题，如果能聚焦一个主题更能深入人心，后期如果想增加社群的主题也要慎重，因为它可能弱化现有主题，所以有时需要重新创建一个社群。

6）社群服务定位

对于社群服务会因为定位不同而不同。对于教育类或者是付费社群，可以选择课程来丰富社群的内容；对于品牌的粉丝群类型的，可以选择以优惠券的方式吸引用户，也可以选择互动的方式；对于社群活动策划，可以选择轻、短、高频这几个原则来给社群输出内容。

7）变现模式定位

社群商业变现模式都是围绕产品、内容和服务进行的，社群提供极致的产品、内容和服务，将用户聚集，因共同的价值观和兴趣吸引来的用户变成社群平台最宝贵的资源，具体如下。

产品类：主要是凭借入口级产品来获取用户，从而掌控流量，最后的利润获取经由流量变现实现。

内容类：主要通过增加用户黏性，通过组织线上线下活动、授课、讲座、培训、沙龙、行业大会、论坛、峰会等各种形式变现，同时给用户带来更有价值的信息和资源。

服务类：主要通过微信公众号、微信群、朋友圈、兴趣部落、QQ 群、微信二维码、邀请码、软件等工具服务，获取用户信息，沉淀用户池，从而带来销售转化。

3. 社群的精细化运营

一般意义上的社群运营分为以下四个阶段：①吸粉阶段，获取社群成员；②互动阶段，通过交流互动提升社群活力；③联合阶段，完成用户社群化的转化；④留存阶段，最终经过长时间的沉淀留下来的人，才真正成为企业的社群成员。

对这四个阶段通常可以从四种情感维度来切入。

①仪式感。通过设置一定的称号、手势、节日、吉祥物、入群的流程等让社群的成员体验到仪式感。

②参与感。组织各种线上线下活动，如竞猜、聚会、旅游等，提升成员的参与感。

③组织感。其一是通过社群内活动的规范化、流程化来营造组织感；其二是通过对分享内容的传播打造组织感。

④归属感。人性化的管理，即能从社群成员的角度出发，去处理社群成员的关系，这是提升成员归属感的重要体现。

精细化运营的策略可以从四个方面入手。

1）引导性

社群运营的第一个问题就是门槛设置。是否设置门槛？设置什么样的门槛？这些都需要根据社群属性决定。所以，社群运营的第一要务就是区分社群属性，对社群所属类别进行划分。如果社群分享的是高价值内容，且目标受众群体已经明确，社群就可以设置门槛。但如果社群创建的目的只是价值传播，缺乏相关的引导，社群成员之间没有交流与分享，那么社群创建就失去了原有的意义。例如，某技术社群为了能实时分享有价值的内容将用户禁言，导致用户之间无法交流，该社群的价值就无法实现。因此，社群的精细化运营缺乏的不是规则而是引导。

2）可成长性

社群在不断成长，社群运营人员必须坚信这一点。无论社群是以何种平台为依据构建起来的，社群运营人员都要在平台下推动社群生态成长，也要对平台之外的社群形态进行探索，使社群免受平台影响。

3）数据性

这里的数据包含进入的新用户、流失的老用户、社群活动参与人数等。例如，将每日签到信息数据化，可以了解社群运营现存问题的成因。通过对这些数据进行分析，社群管理人员能发现获取用户数最多的渠道、文章转化率最高的平台、文案风格对数据的影响、社群活动所取得的预期效果等。另外，社群管理者可以绘制用户画像，将活跃人群在各个门类所占比重用数据表示出来，从而采取有针对性的措施予以改善。

4）精细化沉淀

在互联网迅猛发展的环境下，社群即便拥有超大的流量也必须时时改变，否则就难以实现长远发展。因此，社群在运营过程中要做好价值沉淀工作，进行垂直化、精细化沉淀，从而给用户留下深刻的印象，让用户一进入社群就能准确获取其需要的内容，形成相互契合的强价值关系链，以实现精准沉淀。

5）需求驱动

用户在存在需求的驱动下进入社群，进入社群之初其目的可能是满足基本的学习需求，但通过社群运营，这种需求不断升级，用户希望彼此尊重。社群运营仅凭弱关系链维持往往很难实现长远发展，用户个人价值的实现需要构建精准的利益链。简单来说，就是先让用户在社群运营中获得归属感，然后慢慢上升为荣誉感，为了体现更多价值的社群会打破单方面的需求关系，形成社群传播。

11.2.3 线上活动运营

1. 线上活动运营概述

1）线上活动运营的概念

线上活动运营是为了促进用户转化、提升运营指标并最终实现企业盈利，是指利用互联网手段和平台，进行的一系列运营工作。线上活动必须能够产生短期的快速拉动效果，这是活动主要的作用。而长期拉动效果应该通过运营模式发挥出来。比如，某企业的运营模式是通过微博、豆瓣获取新用户，通过等级、积分任务增强用户的活跃度，从而达到长期效果。在这个过程中，企业需要开展一些活动来实现短期拉动，以推动整体的可持续运转。互联网产品中的活动，本质上是通过互联网上特定场景或特定规则/形式，无限放大某些激励要素，最终促进用户特定行为的一种操作手段。我们首先要给予用户一个激励，然后这个激励会通过规则和形式呈现出来。也就是通过什么样的游戏规则，用户能拿到这个激励，并将其包装成一个具体的规则和形式。最后，这些激励必须指向的是我们希望用户去发生的某个特定行为。

2）线上运营活动的类型

活动类型根据产品所处生命周期阶段的不同而不同，分为拉新型、拉新—促活型、促销型、转移型。具体产品处于什么阶段应该做什么类型的活动，如图 11-5 所示。

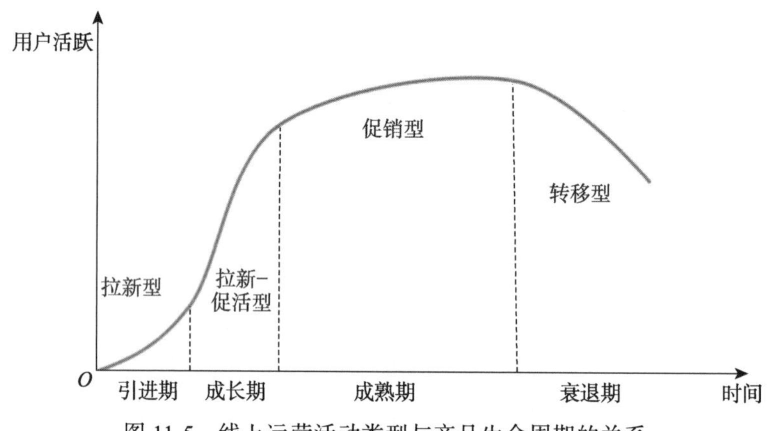

图 11-5 线上运营活动类型与产品生命周期的关系

拉新型线上活动主要在产品的引进期进行，包括关注/注册有礼、邀请有奖、分享有福利、拉新比赛等，如银行信用卡活动。主要目的在于吸引新用户、提高产品知名度。

拉新—促活型线上活动主要在产品的成长期进行，包括分享有福利、签到累积分、抽奖、小游戏、参与领红包等。主要目的在于吸引新用户，促进已有用户留存和活跃。。

促销型线上活动主要在产品的成熟期进行，包括打折、拼团、优惠券/代金券、秒杀、买就送/满就送等。主要目的在于促进用户转化，增加付费用户。

转移型线上活动主要在产品的衰退期进行，包括老用户免费/半折优惠、分享有礼、邀请有奖等。主要目的在于将用户引流到新产品。

2. 线上活动运营关键环节

一个完整的线上活动运营一般会经过策划、开发、测试、预热（宣传）、上线、监控（数据及风险）、结束（发放奖励）、复盘（效果分析总结）等环节，在这个过程中最关键的四个环节为活动时机、活动内容、风险管控和应急方案、活动运营数据。

1）活动时机

活动选择时间点最常见的就是各种节假日，如国庆节、端午节、春节等。另外，活动可以蹭社会热点事件，如电商借势奥运会举办活动。活动时间选得好会事半功倍。

2）活动内容

活动内容包括方案撰写、形式选择、流程设计规则以及奖励制定等。其中，活动形式选择需要根据目标用户、用户参与人数及参与成本而定。如果活动中用户参与人数较多且参与成本较低，可以采用抽奖的方式，如微博上常见的各种转发抽奖活动；如果参与成本较高，如需要用户下载、注册等，可以采取大部分用户都有奖励，加上阶梯奖励的方式，用户完成度越高，奖品越高。除了利益刺激外，制造稀缺、利用比拼和炫耀的心理等通常也能提高用户的参与度。

3）风险管控和应急方案

在活动的策划、开发、测试、上线以及后期运营过程中，都可能出现一些问题导致活动的不流畅甚至夭折，所以要事先预估活动运营流程中各个环节可能出现的问题及风险，并做好备选方案及解决方案，防患于未然，减少活动运营风险。

4）活动运营数据

活动运营数据指标一般包括页面浏览量、独立访客、点击率、转化率、销售额、投资回报率、人均访问时长、人均浏览深度等。应关注的数据指标根据活动类型、推广方式、推送渠道的不同而发生相对应的变化，具体需要根据活动目标而定。在线上运营过程中要实时监控活动数据，并根据用户行为数据及反馈进行调整。

3. 线上活动运营流程

线上活动运营其实是一个基于用户需求的完整的产品上线流程，主要包括活动策划、资源确认、制作开发、渠道推广、运营执行、活动总结六大环节，要求能够做好全流程的项目推进，让进度管理执行落地。

1）活动策划

活动策划是最难确定的环节，活动落地需要多个部门的人员协同合作完成，除了活动运营策划者本人，还需要销售、产品、开发、测试、客服等各方支持，而每个人的利益点和兴趣点不同，如果直接进行会议评审，很可能被直接驳回，影响计划的推进。如果在活动策划的同时提前与相关人员就关注点进行沟通并达成一致意见，那么活动内容的评审通过率会大大提高。在评审会上，可以将讨论的关键点放在多方协作内容的沟通上，有了更加充分的沟通，后续的执行效率会更高。

2）资源确认

活动效果好不好与资源投入有直接的关系，可将资源分为两类：一是成本投入，二是渠道推广。运营人员需要在活动上线前准备好相关成本预算和渠道推广相关预算，以及所投入资源能产生价值的数据预估，并经过相关领导审批确认。任何企业在活动奖品和渠道推广宣传方面的投入都是经过精心测算的。活动奖品可以是产品本身，如食品厂商自己生产的新上线的零食礼包，也可以是采购的其他产品。渠道推广宣传根据时间点不同，价格也有很大差异。运营人员需要对成本数量、投入时间、推广排期、物料设计和数据监控等进行整体规划。

3）制作开发

活动的制作开发需要跨部门协作完成。制作开发环节的沟通需要从活动定位、调性、定量、定时方面进行明确，即活动的目的是什么，要呈现什么样的效果，制作风格是什么样的，具体需要对方做哪些事情，活动需要上线的时间点等。

4）渠道推广

渠道推广分为内部渠道推广和外部渠道推广。内部渠道推广主要指通过 App 渠道、HTML5 渠道、Web 渠道、官方微信公众号渠道、电商平台自营店的内部资源位等进行内部转化。外部渠道推广主要指通过搜索引擎、微信大 V 公众号、新浪微博、短视频博主等进行资源置换或付费推广以实现外部渠道引流，要选择用户群重合度高的渠道进行合作。

5）运营执行

活动运营的执行管控是活动顺利完成的基本保障，需要在活动的每个阶段准备相应的预案并进行监控，涉及人员、资源、制度、节奏四个方面。

6）活动总结

一般活动总结分析包括：活动整体数据分析、活动投资回报率分析、各渠道数据分析、参与活动用户行为分析等。通过总结为后续活动策划和团队协作能力的提升提供经验教训。

11.3 数字营销设计

11.3.1 精准触达计划

1. 精准触达计划的内涵

人的行为不会无缘无故自发产生。人们总是要先接收到外界信息，理解消化后，才能做出对应的动作（图 11-6）。只有当消费者接收并充分理解商品、服务的相关信息后，才有后续的消费可能性。在大数据时代，所有的产品都离不开触达，所有的用户也都生活在触达中。

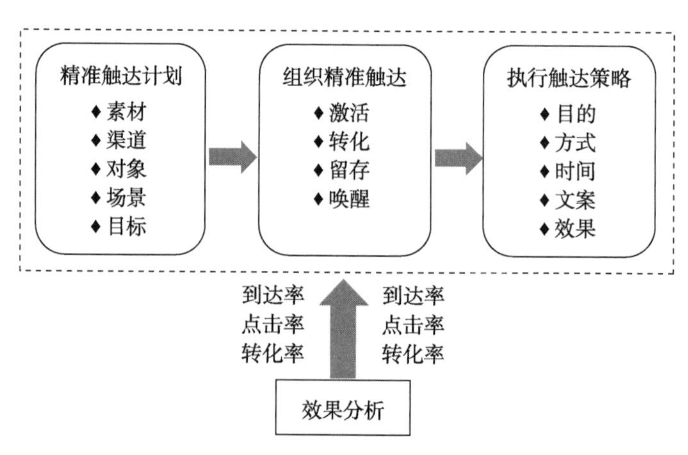

图 11-6　精准触达概念图

然而，作为产品/运营人员，当我们需要给用户发送某类消息时，就新增了一种触达。这种情况普遍存在，但它往往是零碎的、不系统的，若我们站在用户的角度去感受，会有种被强行灌输的感觉。所以，系统地了解用户触达对产品策划或运营都是非常重要。

相对于通用型的触达，精准触达的优势主要包括以下几点。

（1）更易量化数据。因为目标明确，数据埋点、取数、分析都更加明确和方便。

（2）更易制定策略。制定策略只要思考目标的特点、场景就好，减少了大量干扰信息。

（3）更好的用户体验。针对性设计触达内容，可以迎合消费者的喜好和习惯，从而提升转化的可能性。

（4）更低的触达成本。因为触达渠道精简，可以减少无效的触达支出，让企业每一分钱都花在刀刃上。

综上，精准触达已经成为现代企业的一门必修课。精准触达计划旨在向特定的目标受众传递精确的信息，以便实现最大的效果和回报，基于大数据分析和预测模型，利用先进的营销技术来识别目标受众的需求和兴趣，并确保向他们提供最相关、最有价值的信息。

2. 精准触达计划的要素

总体来说，精准触达计划的制定要考虑五个要素：素材、渠道、对象、场景、目标，从用户可直接感知的浅层逐渐深入。五要素之间的逻辑关系如图 11-7 所示。

1）素材

素材就是消费者被触达时能直接收到的内容，它包括两个部分：一是展示，就是消费者视觉所能看到的；二是承接，就是触达消息指示的下一步方向。再细化一些，展示一般包括文案、图片和图文三种，而承接包括链接和落地页这两个元素。

在准备触达素材时，运营人员容易犯如下的错误。第一，后续无法追踪数据。运营人员做的每次触达，总是有一定的目标，大多数时候，都是用打开率来衡量这次触达的效果。但很多时候运营人员忘记在链接中埋点，导致不知道究竟有多少用户打开了落地页的数据。第二，展示和落地的不一致。为了尽可能提升打开率，很多人不惜夸大其词，

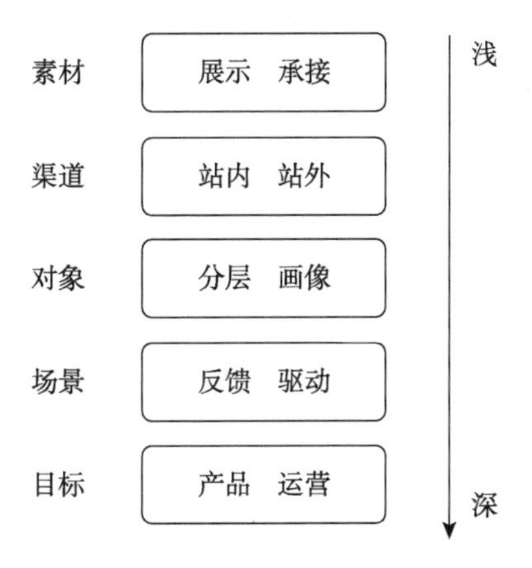

图 11-7　精准触达五要素逻辑关系图

导致展示的内容和最后的落地页内容相去甚远，用户会有一种被欺骗的感觉。这种“狼来了”的做法，会导致用户对产品的信任感急剧下降。

2）渠道

渠道是指触达的内容通过什么途径传到用户那里。对于不同产品，所要进行触达的渠道大多是固定的，主要有站内和站外两种。

站内渠道要打卡 App 之后才能看到，如我们常见的站内通知和弹窗。

站外渠道不需要打开 App 时就能收到，常见的有 App 推送，微信推送和短信推送等。

与渠道相关的指标有两个：到达率和点击率。例如，运营人员想给平台的 1000 个用户发送 App 推送，结果只有 800 个人收到了，那到达率就是 80%，这 800 个人中，只有 80 个人点击打开了，那点击率就是 10%。表 11-2 从覆盖面、到达率和点击率这三个指标对五种常用的渠道进行了整理。

表 11-2 五种渠道的覆盖率、到达率、点击率

指标	站内		站外		
	站内通知	弹窗	App 推送	微信推送	短信推送
覆盖率	等于日活跃用户数量	等于日活跃用户数量	全体用户	全体关注用户	全体注册用户
到达率	接近 100%	接近 100%	取决于多少人关闭了通知	接近 100%	取决于多少人退订
点击率	2	5	3	4	1

注：点击率数值越大，代表点击率相对来说越高。

3）对象

到了第三个要素，就要解决给哪些用户做触达。要实现这个目标，首先需要做用户区分。用户区分主要包括分层和画像两种方法，它们将用户进行分类并最终实现对象、渠道、素材的合理组合。

分层是基于标准做排名。以大众点评为例：基于活跃度相关指标划分用户生命周期，主要包括潜在用户、新用户、成长型用户、成熟型用户和衰退型用户；基于贡献值划分用户等级，目前包括从 Lv1 到 Lv8 共八个等级；基于用户的点评贡献划分会员体系，包括普通用户、灰 V、VIP 实习生、橙 V。

画像是基于属性做聚类。常见的有地域、年龄、性别、浏览偏好、消费习惯等。但这里要说明的是，用户区分是做用户运营所必须经历的一步，是一项非常独立非常关键的工作，触达只是用户区分的一个使用场景而已。

4）场景

场景是指在什么情况下做触达。例如，如果你刚刚体检完，发现自己超重了，有点脂肪肝倾向。这时候你经过一家健身房，门口发传单的会籍顾问微笑着跟你说：“游泳健身了解一下？”你很可能就跟他聊上了。相反，如果你刚刚下地铁，赶去公司上班，马上要迟到了，这时候你经过一家健身房，门口发传单的会籍顾问微笑着跟你说：“游泳健身了解一下？”你很可能就摆摆手走人了。会籍顾问没有变，传达没有变，地点没有变，话术没有变，但效果完全不一样——因为场景变了。场景的好坏是触达成功与否最重要的一环。

场景分为反馈场景和驱动场景两种。在反馈场景中，用户在产品上产生了某些动作，于是产品便有了回应。回应主要包括两类：一类是交互动作，如按钮状态的变化，或者跳转到了新页面；另一类就是触达，它是用户动作的一个闭环反馈，起到的是完善基础体验的作用。在驱动场景中，产品主动触达用户，用户产生了某些核心行为，而这些行为又反哺产品。

5）目标

目标就是你为什么要做这个触达，这是支撑起整个触达价值的核心。目标可分为产品目标、运营目标两种。

产品目标是产品体验链路的完善，所有以产品目标为导向的触达，都是反馈触达。如果用户收到触达，会增加对产品的好感度，会产生类似“谢谢提醒”“呀，我差点忘了，还好有提醒”的心理，那么触达便实现了产品目标。运营目标则要复杂得多，但不变的本质都是：如果触达成功，那么用户产生的核心行为都会对运营策略本身产生直接的价值。如果这个链路不闭环，那么整个的基于运营目标的触达就是错误的，哪怕数据再好，也应该立即停止。

11.3.2　组织精准触达

营销中用户运营的本质在于同用户进行有效的沟通。用户处于不同生命周期的阶段，相应的运营重点也不同，“在恰当的时刻，给恰当的人，用恰当的方式，推送恰当的消息”，对用户进行精准有效的触达，有利于提升各生命周期的用户价值。根据用户的生命周期和运营目标，可以分为五个阶段进行精准触达。

1. 引入期激活阶段

引入期一般是指用户完成下载注册，但并未真正使用过产品的核心价值。用户激活就是让潜在的用户及流量实现从访客到用户的转变，引导用户去使用产品核心功能。在智能运营平台，先通过用户标签和事件圈选出“萌新”用户，然后设置周期性任务，对引入期用户进行产品消息的推送，让用户更早、更容易到达核心功能点。

2. 成长期转化阶段

这个阶段，需要通过运营促使用户多次完成预期目标并产生价值，如购买、发布内容等。如何促进用户产生更多的转化动作？良好的交互和有重点的引导会让用户更容易进入产品规划好的核心路径。以促进首单购买为例，通过智能运营精准圈选出多次浏览某一类型商品的人群，发送品类优惠券并进行推送通知，以提升用户的购买意愿。

3. 成熟期留存阶段

在提高用户留存阶段，企业需要找到用户热衷于产品的关键功能，在现有的使用黏度上，让用户在产品中不断探索新的价值。比如，内容型 App 通过留存分析挖掘用户的内容类型偏好，借助智能运营的个性化推荐，持续给用户提供喜欢的内容，从而提高用户留存率。

4. 沉睡期唤醒阶段

沉睡用户的唤醒是用户运营的重要环节，首先要对沉睡用户进行识别，然后将合适的内容发送给恰当的用户，提升推送内容的打开率。可以通过 A/B 测试选择合适文案，提高打开率。

5. 流失期召回阶段

已经流失的用户需要召回，才能继续使用产品。对于长期不活跃用户，召回策略可与唤醒一致；但对于已经卸载的用户，需要进一步通过卸载趋势、卸载前事件、卸载人群洞察进行卸载分析，针对性地给予召回。

11.3.3 执行触达策略

1. 明确目的

基于目的，要明确三个问题：为什么要进行用户触达？要触达什么样的用户？要和用户沟通什么？

关于为什么进行用户触达，目标可设置成可归因的和不可归因的。可归因的即是直接目标。比如，企业在推送优惠券消息时，只需要设定一个目标优惠券是否被领取，这个就是触达的最直接的目标。不可归因的目标包括产品的商品交易总额、转化率的销售额等，它并不是这次触达的最直接目标，而是长期的核心目标。

关于触达用户的确定，常见的做法有两种。一是依赖大数据，开发用户画像。应用类精准画像的制作，第一层是智能标签的生产，可以利用规则做一些数据埋点。二是通过用户属性来建立标签。最终沉淀成用户分群，圈定目标人群。

关于要和用户沟通什么，前提是做好用户画像的分析，将内容与用户需求高度匹配。需要建立产品的用户行为标签和用户分层模型，从而使生命周期、兴趣爱好、性别、地域等不同标签的用户能够继续进行精准区分。

2. 明确方式

随着运营阵地越来越分散，如何选择渠道成了一个难题。App 推送具备成本较低、灵活度高和规模空间大的特征；短信针对未打开 App 推送开关的用户，可采用灵活度高、成本适中、规模空间大的短信做承接；微信触达则成本免费，但受限于微信生态的把控，因此需要严格保障用户体验。在采取组合方式进行信息传递时，不同方式之间可能需要进行去重处理。

当我们需要实施运营计划时，除需要考虑本次触达需要哪些通道以外，还需要思考最优触达渠道的顺序。为了节省成本，可以先选择 App 推送，如果用户没有点击或者收到，可以再选择几分钟内发送短信，这样既节省了成本，也可以保证消息必达。

3. 推送时间

用户触达需要把握用户使用产品的习惯以及常规用户群体的生活习惯。例如，当你的推送群体以上班族为主时，午饭或晚饭前无疑是一个最好的时间段，因为此时的人们普遍会产生“饭前摸鱼”的想法或行为，注意力相对不会集中在工作上，甚至有的人干脆就已经在用手机刷微博、翻朋友圈了，而这正是触达用户的最佳时机。因此，要根据用户的实际场景和推送的内容选择最佳推送时间。

推送的类型可以分为：即时推送、定点推送、反馈推送。即时推送讲究的是快、准、狠，如爆炸信息、地震暴雨、实时状态等，这些都是时效第一；定点推送都是根据用户的生活习惯去做定点，如周期性的反馈、定时的一些活动提醒，一般每天不宜超过三次；反馈推送是完成了某类动作的服务通知，如用户下单的提醒、消费提醒等。

4. 触达文案

对用户而言，看到信息的第一眼就决定了他会不会向其投入本已稀缺的注意力。推送的文案就是钓鱼的鱼钩，钩子不好再多的鱼钩抛下去也就打个水花，文案会在很大程度上影响打开率和转化率，甚至达到几倍到十几倍，这个因素影响非常大，建议触达前采取 A/B 测试进行验证。

由于信息载体的限制，运营人员往往没办法放置大量的内容到上面，因此要利用最少的文案，制造吸睛点并讲清行动点，在给用户建立兴趣的同时，也要明确用户的操作。主标题往往是用户第一眼看到的，也是最关键的内容，因此运营人员要利用这一部分内容，先吸引住用户眼球，之后通过利益点和奖品来引起用户兴趣。而用户对副标题的关注度普遍会低一些，只有在主标题引起用户兴趣后，用户才可能会看一下副标题，所以副标题我们只需要放置相应的行动点，如告诉用户“点击就可领”等明确的行动文案，以达成令用户点击的目的。

11.3.4　效果分析

若不能有效地衡量营销成效，就不能有效地去提升。在精准触达计划执行结束之后，需要及时地对触达效果进行有效分析。以下是触达效果分析的几个关键指标。

1. 到达率

到达率 =（用户接收 / 推送数量）× 100%

到达率是进行触达效果评估的基础指标，清楚这次营销的到达率情况后，作为基数再去看其他的指标。到达率高并不一定有高点击率与高转化率，但到达率低说明用户触达在计划开始便遭遇了失败。

导致到达率低的主要原因有：①技术通道问题，即从自身网关传输到服务商之间有流失；②用户主动关闭了 App 通知权限；③用户退订了短信；④厂商通道障碍，厂商进行了信息限制与拦截；⑤用户卸载了 App；⑥用户安装了 App，但是从未打开过。信息的成功到达是用户精准触达的基础与前提，明晰到达率低的原因并有效解决对开展精准触达计划十分重要。

2. 点击率

点击率 =（点击人数 / 用户接收数）× 100%

点击率可以反映此次触达的吸引力、受欢迎程度和用户转化率的潜力。在到达数据准确的基础上，点击率是重要的过程指标，也是反映用户精准触达最直接、最有说服力的量化指标。一旦用户点击打开了传递的信息，一定程度上就说明他已经对信息内容产生了兴趣。点击率低可以具体看是哪一组的点击率低，对比用户类型、发送时间和内容分析原因并进行相对应的有效调整。

3. 转化率

转化率 =（目标行为人数 / 用户点击数）× 100%

转化率是指广告或营销信息被传递给目标客户后，目标客户进一步采取了对于广告内容期望实现的行动的比例。这个行动可以是任何的企业预期行为，如提交表单、完成购买、订阅电子邮件、参加活动等，反映用户在广告影响下的实质响应程度。转化率是重要的结果指标，直接影响这次触达的产出情况。

4. 投资回报率

投资回报率 =（新增收入 / 投入费用）× 100%

投资回报率是指营销活动投入产生的收入增量。投资回报率可以衡量这次营销值不值得，但并不决定着这次营销效果的好坏，只要过了盈亏平衡点，投入得越多，活动成效越好，也就说明用户精准触达越成功。

5. 用户留存率

用户留存率 =（新增用户中登录用户数 / 新增用户数）× 100%

用户留存率是用户在某一段时间内使用某个 App 或者产品的行为，反映了产品的用户体验和用户黏性，也是用户精准触达效果评估指标。它直接反映了广告或营销活动是否能够吸引用户、促进用户留存。如果触达策略只为快速创造收益而没有经过审慎思考，忽视了用户特性、推送时机、场景、内容等要素，则很可能会引起用户反感。这会对产品产生负面影响，增加用户流失的可能性，进而导致用户留存率下降，触达转化失败。

6. 用户召回率

用户召回率 =（重新使用该产品或服务的用户数 /
上一周期使用该产品或服务的用户数）× 100%

用户召回率是指之前曾使用过产品或服务的用户重新再次使用该产品或服务的比例，也是一个反映用户黏性和产品忠诚度的指标。当精准触达引起用户的注意并获得用户的流量时，用户召回率能够反映出这次触达的效果和用户的产品忠诚度。如果这次的营销信息能够成功通过各种渠道再次有效吸引原本流失的用户，就证明一次有效的精准触达过程。

11.4 案　　例

一条瑜伽裤打天下，Lululemon 的社群运营

露露乐蒙（Lululemon）被认为是继耐克（Nike）、阿迪达斯（adidas）后，最为成功的运动服装品牌。而其独特的社群营销模式被认为是赢得消费者的关键因素之一。为

什么 Lululemon 的社群能“黏”住消费者？因为 Lululemon 并不是把社群作为“吸引用户，争夺用户，消费用户”的所谓私域“流量”去运营。而是通过社群“聚集一群人，做一件事”，是一种“有理念、有使命、有行动”的运营方式。

Lululemon 品牌创始人奇普·威尔逊（Chip Wilson）注意到，由于瑜伽运动的专业性，大部分爱好者均会选择在瑜伽中心和健身房展开活动，这很容易形成了一个个线下交流空间和线上的小众圈层。这个新兴的新中产高知独立女性群体，Wilson 称之为“super girls”。面对这样一个有统一需求的小圈层内，都是时尚的、精致的、有消费欲望和能力的“super girls”，未来可想而知。Lululemon 恰恰找准了细分市场——女性瑜伽运动人群，以此为发展突破点，迅速崛起。

Lululemon 邀请全球各处的关键意见领袖（Key opinion leader，KOL）成为门店大使，对潜在消费者开展精准定位。门店大使除了吸引潜在消费者，将产品信息反馈，还提供建议给 Lululemon 去设计门店、打造社区，并且线上、线下门店的活动都积极参加。根据官方数据显示，目前 Lululemon 全球“门店大使”大约有 15 万人。与此同时，Lululemon 在全球瑜伽领域的顶级大师队伍里签约了“全球瑜伽大使”，在国际级的明星运动员里签约“精英大使”，三者共同构成 Lululemon 的“品牌大使”队伍。凭借社群营销，由粉丝、瑜伽教练担当的关键意见领袖在社交活动中，潜移默化地输出品牌价值观，扩大影响力，同时增强用户黏性。

“时尚只是诠释精神力量的一种方式。”Lululemon 创始人 Chip Wilson 曾这么说过。伟大品牌们的终极梦想，无非是成为一种生活方式，耐克如此，苹果如此，特斯拉亦如此。如此之下，Lululemon 也在传达一种积极、阳光的状态和热爱生活的生活方式，这被称为“sweat life”（热汗生活），并以此贯穿于长期的社群和品牌建设中。从热汗运动、热汗社群、热汗派对、热汗赛事、热汗时刻、热汗社区……到热汗精神、热汗生活方式、热汗哲学，牢牢将“热汗生活”和品牌心智绑定在了一起，构架出了“热汗生活宇宙”。

这样的理念和行动，让很多人不知不觉在“热汗”中成长，在前行中改变，在连接中激发自我，最终成为超级用户们自己信仰的人生哲学。

11.5　本章小结及习题

11.5.1　本章小结

（1）数字化时代下客户关系管理的特征：①客户关系管理呈现虚拟化；②客户关系管理交易成本降低；③客户关系管理国际化；④客户关系管理效率提升。

（2）客户关系管理系统是一种企业管理工具，旨在帮助企业有效管理与客户之间的互动和交流，以增强客户满意度、促进销售增长、提高客户忠诚度。客户关系管理系统具有综合性、集成性、智能化、高技术的等特点。

（3）客户生命周期可以分为不同的阶段，不同阶段的客户有不同的消费行为表现，企业需要根据客户生命周期的不同阶段进行针对性的应对。

（4）客户质量主要包含客户的价值、忠诚度、满意度和利润潜力四个方面。客户质量是客户关系管理的重要指标，影响企业的业绩和利润。

（5）评估客户价值的主要步骤：①确定客户生命周期；②收集数据；③计算客户价值；④分析客户行为；⑤预测未来收益；⑥优化营销策略；⑦监测和调整。

（6）微信服务号的运营模式可以分为销售模式、品牌模式、维护模式。

（7）线上社群的精细化运营可以通过引导性、可成长性、数据性、精细化沉淀、需求驱动五个方面进行考虑。

（8）线上活动运营的流程：①活动策划；②资源确认；③制作开发；④渠道推广；⑤运营执行；⑥活动总结。

（9）精准触达计划的制定要考虑五个要素：素材、渠道、对象、场景、目标，从用户可直接感知的浅层逐渐深入。

（10）可以根据用户的生命周期和运营目标，分为引入期激活、成长期转化、成熟期留存、沉睡期唤醒、流失期召回五个阶段进行精准触达。

（11）精准触达的效果可以通过、到达率、点击率、转化率、投资回报率、用户留存率、用户召回率等指标进行评估。

11.5.2 习题

（1）什么是客户关系管理？

（2）客户生命周期管理与价值管理过程中要注意什么？

（3）请具体说明企业微信服务号的运营模式。

（4）如何打造一个高质量的社群？

（5）请策划一个电商线上活动流程。

（6）如何实现用户的精准触达？怎样评估触达效果？

[1] CHOU S F, HORNG J S, LIU C H S, et al. Identifying the critical factors of customer behavior: an integration perspective of marketing strategy and components of attitudes[J]. Journal of retailing and consumer services, 2020, 55: 102-113.

[2] FORNELL C, WERNERFELT B. Defensive marketing strategy by customer complaint management: a theoretical analysis[J]. Journal of Marketing research, 1987, 24(4): 337-346.

[3] KUMAR V, PETERSEN J A. Using a customer-level marketing strategy to enhance firm performance: a review of theoretical and empirical evidence[J]. Journal of the Academy of Marketing Science, 2005, 33(4): 504-519.

[4] RUST R T, LEMON K N, ZEITHAML V A. Return on marketing: using customer equity to focus marketing strategy[J]. Journal of marketing, 2004, 68(1): 109-127.

[5] 陈广宇. 客户关系管理在企业市场营销中的作用[J]. 中国商贸，2011(3)：19-20.

[6] 劳陈峰，宋一晓. 房地产企业的品牌社群营销思路与策略研究[J]. 市场研究，2012(11)：40-42.

[7] 马宝龙，王高，李金林，等. 关系营销范式下营销努力对客户行为的影响研究[J]. 南开管理评论，2009(3)：152-160.

[8] 周志民. 品牌社群形成机理模型初探[J]. 商业经济与管理，2005(11)：74-79.

自学自测　扫描此码

第 12 章

消费者评价

12.1 网络舆情监控

12.1.1 消费者情绪管理

消费者情绪是指消费者对于客观事物能否满足其需要而产生的一种短期体验，它包括主观感受、生理反应和认知反应。互联网大数据时代下，网上信息流通速度更快，覆盖范围更广，任何一种网络舆情都能激发消费者兴趣并引发广泛而热烈的讨论。比如，2022 年 2 月 13 日，四名警察在重庆磁器口星巴克店外面的就餐区吃盒饭时，星巴克的店员让这四名警察换到别的地方，因为担心会对星巴克门店的品牌形象造成影响。事发后，有关“重庆星巴克赶走警察”的信息大约十余万条，消费者对于星巴克品牌表示了强烈抗议与消极情绪。1994 年克洛尔（Clore）提出情绪信息等价说，他认为情绪同样是一种信息，消费者浏览时往往会关注其他消费者的情绪信息，并把它纳入决策判断的过程之中（图 12-1），从而改变他们对商品的认知与评价，继而改变消费行为（Clore，1994）。

情绪管理是以情绪情景、情绪类型和情绪强度为中心进行管理。通过网络舆情对消费者情绪进行管理，改善消费者对于品牌及产品的评价可增加其购买行为（Agag et al.，2020）。

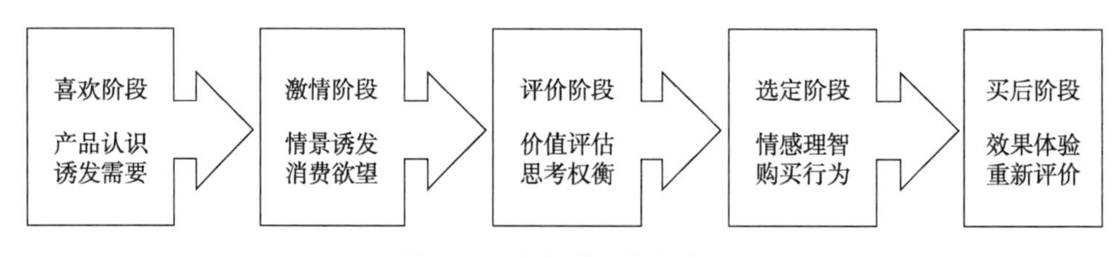

图 12-1 消费者的情感过程

1. 情绪情景

开展数字营销时，消费者当下的情绪状态等往往是多种多样的，有些消费者也许只会无意中看到他人的点评或者好物分享，就对这件物品感兴趣并试着购买了。作为营销者，可以通过观察消费者情绪变化曲线对消费者情绪变化做出敏锐分析，并对其发展趋势做出准确预判。通过接纳消费者当下的心情，缩短和消费者之间的心理距离并提高好感度，构建情感联结与情绪联系，促进消费者购买行为的发生。

事实上，数字化时代科技越来越发达，人与人之间的节奏变得越来越快。物质需求得到满足的同时，消费者更多寻求精神上的满足。在营销投放中，要注重消费者体验感，要学会潜移默化地把品牌产品理念、风格融入消费者意识，赋能产品。在体验性商品的营销过程中，企业可以创造出更加灵活、生动的产品形象，让消费者产生幻想情绪从而跳过属性分析过程，直接消费（王燕，2010）。

2. 情绪类型

一般情况下，我们往往把消费者评价划分为正向评价和负面评价。在线购物平台上，正面评论比负面评论多很多是普遍现象，但是负面评论的情绪比正面评论更容易为消费者所感知。前景理论为这一状况提供了一种可能的解释，即人们比收益更敏感地感受到损失，从而使消费者在实际购买中受到负面评论的冲击（Tversky & Kahneman，1992）。负面评论强度越大、数量越多，表明评价者在感知商品某一方面存在缺陷时更加一致。因此，负面评论的可信度和说服度也就越大。

值得注意的是，如果一条评论中既包含负面意见又包含正面意见，但是整体情感倾向偏向某一方，这一类型的评论一般表达更加客观、更易使消费者信服（Chen，2020）。

此外，不同消费者的情绪反应上会有个体差异。个体在成长过程中情绪调节能力普遍有不同程度的改变，青少年阶段负性情绪更容易显露，成年以后情绪普遍更加平稳和可控。另外，不同性别的消费者侧重点有所不同，男性消费者往往比较注重自我，更关注产品的整体性，女性消费者往往比较社会化和注重产品细节。从个性上看，具有不同性格特征的消费者还会有发生不同程度的情感变化，营销者应当在对产品主流消费群体进行定位的前提下，进一步挖掘并理解其情绪特点，根据不同特点的消费者，制定不同的情绪管理方案以促进和消费者的良性情感互动。

3. 情绪强度

消费者极易受到情绪化的评论信息影响而产生某种程度的心理共鸣，因而对于商品各个方面表现出来的优劣也就比较敏感。比如，在 2022 年央视“3・15”晚会上，湖南岳阳插旗菜业等 5 家蔬菜加工企业脚踏酸菜、乱丢烟头的恶心行为被暴露在镜头之下。一时间，“土坑酸菜”条目登上了社交媒体的热搜，众多网友在传播这一信息的同时对涉案商家忽视食品生产安全标准、无视食品卫生安全的无良表现非常气愤。

情绪强度对消费者的产品感知具有重要影响。例如，在“这款蓝牙耳机的功耗太快了!!!”与“这款蓝牙耳机的功耗太快了。”这两句评论中，符号所显示出的情绪强度有非常显著的不同。这种高情绪强度会更快引起消费者关注并影响其感知而引发焦虑。所以，消费者看了负面评论后，出于自我保护的考虑，也许会不经意间高估了该商品的风险性而减少购买行为。

12.1.2　网络情绪识别

对营销人员而言，如何对用户反馈做出正确而有效的应对是至关重要的。通过网络情绪识别，营销人员更能了解消费者需求，以回馈生产部门产品的进步与提升，增加用户满意度。

情绪的影响普遍存在于人们日常的工作与生活之中。在进行产品开发时，若能够准确而迅速地确定用户情绪状态和理解用户体验，将有助于我们完善产品功能并设计出更加符合用户要求的商品。情绪的分析与识别是神经科学、心理学、认知科学、计算机科学和人工智能等领域的一项重要的交叉学科研究课题。情绪识别研究的内容较多，主要包括表情、声音、生理变化及文本等方面，对上述内容进行识别与研究来观察使用者的情绪状态，在数字营销和精准投放等多个领域发挥了重要的作用。以品牌监控为例，在线用户情感分析可以得到消费者满意度可测量的统计数据，从而帮助企业理解消费者对于品牌的认知和思考；在进行市场研究时，可通过对竞争对手产品评论的调研和分析，吸取精华，摒弃糟粕；在为消费者提供服务时，可以通过识别消费者情感，并根据消费者情感的强弱与需求进行有针对性的安排，从而使交流更有效率。

网络情绪识别是对互联网上的情绪传播进行识别。首先要关注语境特殊性。不同语境中完全相同的话语可能表意迥异，识别使用者情感时应根据当时语境特点有的放矢地加以分析调整。

其次要关注数据类别的偏向。用户在获得中等购物体验时通常没有这么强的评价和倾诉愿望，只在体验很满意或者非常差时，才会进行评价或与客服取得联系以寻求解决问题，特别是当产品与期望不符的时候，用户更会表现出非常强烈的情绪。

12.1.3 网络舆情

网络舆情是指以网络为媒介，以事件为中心，借助网络传播带有一定倾向性信息的舆论，它是绝大多数网民感情、态度看法、观点的表达、扩散与互动及后续影响的汇集。对企业而言，每一项数字营销活动既是企业实力的体现，也是提升产品知名度和企业形象的重要环节。但是随着互联网科技的发展和各类社交媒体软件的涌现，越来越多的人开始参与到话题的探讨中来。就内容而言，主要包括新闻观点、评论和报道等；就表现形式而言，主要有文字、图片和视频三种。网络舆情呈现出隐蔽性、突发性、广泛性、复杂性、交互性、放大性和情绪化的特征。

近年来，由互联网言论所形成的网络舆情已经逐步演变成社会上各种舆情不可忽视的重要组成部分。网络舆情传播演变速度快，如果对负面舆情不及时采取应对措施，其社会后果就很难得到控制。数字经济时代可能存在多种类型的舆情风险，主要表现为竞争对手的恶意舆论攻击、行业巨头的负面评论、网络水军的造谣生事、无良媒体断章取义式的报道、平台自身服务问题带来的投诉和风险等。

这些突发情况很难避免，而且都可能导致突发性舆情危机事件的发生，从而影响到企业的相关活动正常进行并导致利益损失。由此看来，在营销推广活动过程中对网络舆情进行监控，保持企业良好形象以减少损失十分必要。为了实现全网覆盖式监控，企业舆情监控和管理需要由专门的舆情监测系统来实现，并借助全文搜索和监测热搜等功能来完成舆情监测工作，基于用户预警情况确定舆情信息，对舆情进行预警，再通过全网事件分析、传播分析和评论分析等综合舆情分析，最终实现舆情分析报告的自动快速生成，对舆情应对具有一定的借鉴意义。网络舆情监测的方法通常包括以下几种。

1）以关键词为基础展开针对性监测

通过关键词的设置来对部分涉及企业的关键词进行甄别和总结，采用不同搜索引擎进行检索，针对各个媒体、网站以及平台等实时监控，帮助企业充分及时地了解用户在线反馈信息。同时，为决策者及时调整营销投放战略提供借鉴，有针对性地开发企业品牌和积极宣传的信息内容。

2）确定重点监测对象，进行定向监测

借助大数据网络舆情监测平台，定向监测行业大 V 和权威媒体，更有针对性地制定舆情应对的处理方案。

3）设置具体时段，开展精准监测

不论是何种活动，都会有对应的时间设定。为此，可以借助大数据网络舆情监测平台的按时段监测功能，对事件发生之前，发生期间和发生之后的营销情况、口碑变化和用户的交互进行实时监控。

4）基于营销推广目标的实时监控

不同企业销售的产品的生命周期、营销战略阶段有所不同，其营销目标也存在差异。企业应该借助于一些全天候自动实时舆情监控系统，监控、分析企业目标信息，对企业目标信息进行分析和数据挖掘。

5）开展文本情感分析

文本情感分析就是对具有情感色彩的主观性文本加以分析、加工、归纳和推理的过程。作为自然语言处理技术中新兴的研究主题，文本情感分析具有重要的研究价值与应用价值。

12.1.4　网络舆情管理策略

互联网时代，特别是社交网络平台中，新技术蓬勃崛起推动了各种便捷服务的出现。然而，在线用户的不满情绪往往会第一时间通过网络发布，这使他们的评价行为变成了看得见摸得着的文字证据。积极或消极的信息很容易在网络平台上不断扩散，并逐渐演变成公共热点事件。在新媒体环境中消费者情绪的“泛滥”的情况下，企业必须从小抓起，才能塑造正面积极的公众形象，避免造成损失。

1. 舆情监测与管理

企业可以结合舆情现状制定出相应舆情管理策略。通过全面监测，做到监控、分析、处理三位一体，通过对关键词的监测，从网络中获取舆论信息等，第一时间精准有效地指导回复，杜绝和减少负面信息。此外，针对具体产品，监测核心媒体并分析其负面评价的比例。同时，可以通过用户关注核心词和话题及其变化来判断舆情的状况，在这个过程中，需要对其趋势、分布和内容等方面进行详细分析。

2. 注重客户的价值与需求

首先，营销者应以用户为中心，打造更多客户感知价值并从本质上获得消费者的信赖。其次，营销者应注重对自身情绪的关照，有意识地塑造积极的形象，并将良性品牌形象传达给客户。最后，营销者要注意关注消费者内心的需求。社会发展到一定阶段，他们对于浅层次的物质需求已经逐步得到了满足，这时就要求营销者关注消费者的深层次的内心需求。

3. 健全舆情管理机制

企业要建立健全合理的责任机制和反应迅速的舆情应对系统，推动各方面工作职责有效履行，对网络舆情进行及时、准确的采集和把握。收到重要舆情信息时，要在有价值的 24 小时之内及时做出积极反应，对具体情况做进一步调查研究。此外，及时对用户提问进行答复，对提问进行说明，并动态追踪事态发展，以免造成舆论普遍关注。

12.2 消费者隐私保护

12.2.1 数据欺骗

数据欺骗，即一个数据结果会有意无意地向它的受众传达与事实相悖的信息。数据欺骗主要包括窥探、抄袭、操纵以及伪造数据四个方面，大致可以分为数值欺骗、论证欺骗和感官欺骗三类。

1. 数值欺骗

数值欺骗指显示的数值和事实不相符合。在一段话中，统计口径若有所调整或改变，但未加以解释，可能给观看者带来困惑。例如：王叔全家去年花费了 24750 元用于伙食，而今年花费了 30768 元，难道就意味着王叔全家今年伙食都有很大改善吗？其实未必。如果王叔家去年多出个孩子，平均下来，大家用来吃饭的经费倒减少了。

在数据欺骗情况下，样本还会存在代表性不充分的情况，若使用抽样进行筛选，选用的样本不合适或者数据量不充分，会导致对总体的代表性不够，则极有可能给研究结果带来较大误差。样本量和代表性是决定数据结果是否可靠的先决条件。例如，通过对上海 1 万名 60 周岁以上老人的调查，发现中国 85%的 60 周岁以上老年人都会灵活使用智能手机，这一结论是否可靠？实际上是欠妥的，上海的经济发展比较迅速，文化发展水平比较高，以上海市采样来代表全国样本，可能产生一些误差。

2. 论证欺骗

论证欺骗指结论推导的过程不精确，得出的结论是不可靠的。

第一，不能凭借偶然事件得出一般性的结论。由于数据表面上反映出来的并不一定就是百分之百可信的结论，所以仍需从各方面做进一步分析。例如，让一名小学生选两个高等数学的选择题，若全都选对了，并不能说明小学生精通数学。

第二，需要通盘考虑多方面因素。一个数据的发生往往同时包含内部的因素和外部的因素，如果仅仅考虑数据本身，而忽视了误差，则有可能导致错误结论。例如，这个酒店换了一名管理人员之后，客户量是上个月的两倍，是否表明管理人员强于以前？其实不一定。可能这个月酒店周围举办了大型会议，带来了大量客源。

第三，论证发生在将不具可比性的事物进行对比时。如果事情本身没有可比性，这时误用对比，很容易导致误判。例如，据卫健委《2019 年全国法定传染病疫情概况》

统计，2019 年肺结核导致的死亡人数为 2990 人；狂犬病导致的死亡人数为 276 人。是否表明“肺结核”这种传染病比“狂犬病”更为严重？该报告内仅显示因感染该疾病而死亡的人数，但并未显示出感染两种疾病的人数各占多大比例，因此这两项数据之间缺乏可比性。

第四，相关并不等同于因果，尤其当我们需要利用数据来预测走势和解决问题的时候，仅用某一事物的状态来猜测、判断其他事物，混淆相关与因果就可能会导致错误的判断。例如，冰激凌的销量和溺亡的人数之间呈正相关的关系，是否可解释为冰激凌销量增加而造成溺亡人数增加？根据我们的常识也可以发现，是高温同时造成了冰激凌销量增加和溺亡人数增加。

第五，数据的偏向性。有时候调查者为了获得所需资料，会故意问一些具有偏向性的问题，也有些时候是设置问题的人并没有站在被访者的角度去考虑与设计提问，这会形成正面诱导和社会期许，结果拿到的数据可能是无效的。例如，某个游戏品牌打算推出新风格的产品，但因为觉得不确定性较大，故进行研发前的调查，它们问道，“我们将发布一个款式更结合当前生活场景的新产品，你会喜欢吗？”结果显示喜欢的比例高达 85%，品牌商看到结果就立即投入精力进行研发和推广，结果新品上市后却反响平平，其主要原因是问题有明显正面诱导词。

3. 感官欺骗

感官欺骗，即数据的表现形式对数据的受众产生某种误导。首先，最为常见的就是“评价性叙述的误导”。数据报告采用了与“快速增长”和“更高级/低级”等评价性描述相似的描述方式，因为不同的受众对定性表述的感知可能会有不同的认知，故这种做法很容易使数据本身的含义被受众误解。例如，在广告宣传中，我们经常会听到“某某产品的销量遥遥领先”，但受众不知道比较的标准和对应的竞争产品是什么，以及领先的程度有多少，但“遥遥领先”一词给人的感觉，依然会更容易被受众感知与记住。其次，“数据可视化误导”。在可视化数据呈现过程中，有时候呈现者出于个人目的而对坐标轴进行操控，使得所传达的信息和原数据不符，进而误导受众。常用的坐标轴操纵手段包括隐藏坐标轴、截取刻度、伸缩刻度。隐藏坐标轴就是没有显示坐标轴的数值是多少；截取刻度就是只选取对自己有利的一部分刻度进行展示；伸缩刻度就是横坐标和纵坐标每一刻度所对应的长度可能相差很多，让受众产生错觉。最后，“重新定级”。例如，特朗普在大选之前对自己进行民意调查时发现，30～39 岁的选民对自己的支持率非常低，因此他将相邻的支持率较高的年龄层和这个年龄层合并起来，结果看起来就好看多了。

12.2.2 隐私保护

消费者隐私是指消费者的信息在被收集、传播和处理的过程中受到的非法使用。显然，消费者个人信息的隐私权需要被保护，但缺乏必要的消费者信息也会导致企业无法向用户提供创新产品或个性化服务，降低服务质量（左金水，2016）。

当今时代，互联网交易早已成为流通与消费的主流方式，然而与网络交易模式的快速迭代和交易规模急剧扩张相比，网络交易方面的规范和治理显得相对落后。例如，曾经曝光的海底捞在会员系统基于客户体貌特征和个性需求等，私下给顾客贴标签，有些客户甚至被贴上“喜欢通过 App 进行抱怨”标签，侵害了顾客的隐私与权益。据有关资料统计，2020 年度全国消协组织接受投诉量位居前 10 位的业务中，经营性互联网业务位居首位；《中国网民权益保护调查报告 2020》也显示，2020 年个人信息泄露、垃圾信息、诈骗信息等原因造成网民整体损失约 805 亿元。这些都说明消费者权益保护已经成为网络交易领域的一大难题。消费者个人信息受到侵犯的主要场景有哪些呢？

1. 手机 App 过度索权

手机 App 会存在过度索取消费者个人信息的现象。首先，超范围采集用户的个人信息。例如，有一些 App 会显示如果不同意其获得调取非必要信息的权限，就不能正常使用的。在此情况下，我们只能迫于无奈让个人信息被采集。其次，超范围使用采集到的个人信息。例如，有的 App 虽然通过正常范围收集个人信息，但是却在个人信息未脱敏的状态下超出合理范围对其进行使用，这严重侵害了用户隐私权。最后，搜集信息之前用户并没有被清晰地告知。例如，有的 App 在收集个人信息之前并没有明确告知用户，导致其隐私被泄露。

2. 非法推送商业信息

一些商家为达到精准营销目的，在未经消费者同意的情况下，收集、分析并利用消费者的购买记录等个人信息，将相关商业广告推送给消费者。尽管有部分提示可通过回复短信的方式退订，但是基本上没有什么效果。

3. 违法泄露个人信息

一些商家为了追求利益，存在非法泄露或买卖消费者个人信息的行为，严重侵犯了消费者个人信息权益。

4. 大数据杀熟

所谓“杀熟”，通常指商家或个人利用熟人对自己的信赖，以提供质次价高的商品等手段来赚取熟人钱财的行为。大数据杀熟是指商家通过大数据来采集、检索、分析和挖掘顾客个人消费偏好数据，同时向顾客提供同一服务或物品，并向消费者实行不同的销售价格或者收费标准。这种售价根本不体现成本价格，而且经常向老客户收取较高的价格，让老客户非常不满（从宇乾，2020）。

12.2.3 法律救济

消费者隐私权除保护消费者人格尊严和民族风俗习惯受到尊重的权利外，还包括了对消费者个人信息，其中包括消费者的姓名、性别、年龄、职业、联系方式、健康状况、家庭状况和财产状况、消费记录等与消费者个人及其家庭密切相关信息的保护。

网络隐私权的保护范围较窄，主要针对与个体自我形象相关的数据领域中的隐私权利。消费者网络隐私权受到侵害的主要表现为：对消费者个人信息的随意搜集、随意散布和非法转移，这类行为迫切需要法律进行规制。

12.3　案　　例

2022 年 2 月 13 日，一位互联网用户透露重庆磁器口星巴克的店员发现四名警察正坐在店外客区就餐吃盒饭，便要求他们换到别处吃，并称警方在这里吃盒饭将影响整个门店的品牌形象。此事在网络上引发了网友们的热议。根据识微商情舆情监控分析系统显示，过去 3 个月中，星巴克因过期食材、赶人事件，网络舆情热度在事件发生期间达到了飙升的程度。2022 年 2 月 13 日 14 时至 15 日 14 时，全网有关“重庆星巴克驱赶民警”信息达到了约 14 万条。全网对于“重庆星巴克驱赶民警”事件主要表现为负面情绪，比例为 47%。

海底捞被曝在会员系统中私下给顾客贴标签，包括体貌特征（如长头发、圆脸型、25 岁左右）、个性需求（如不要特色蘸料、喝啤酒加冰）等，还有顾客被贴上了“喜欢通过 App 进行投诉”的标签。识微商情舆情监测分析系统研究发现，2022 年 2 月 23 日 16 时至 24 日 16 时，关于“海底捞给顾客打标签”话题的网络信息量达到 3.1 万以上。根据平台热度的分布情况看，事件主要是在社交平台受到讨论和关注，所占比例为 91%；资讯平台次之，App 与网站端总和为 7.7%。在情绪比例上，网民在事件中的情绪表达比例主要为 54%的负面情绪，中立情绪与正面情绪分别为 23%。

2022 年 3 月 1 日，有多名网友爆料称好丽友的价格与配料双标，只在中俄提价；且好丽友在外国生产时使用可可粉，在中国生产销售则使用代可可脂配料，引发争议。识微商情舆情监测分析系统分析显示，2022 年 3 月 1 日 8 时至 13 时，全网有关“好丽友涨价”的信息约有 18.8 万条。爆料前一星期，好丽友在网上正面情绪比例为 85%，而爆料后回应前之间的时间段降至 19%；负面情绪由 5%增加至 21%；中立情绪由 19%增加到 54%，很大程度上是因为网友的大量转发（转发占总信息量 55%）。

2022 年 3 月 22 日，为职场人士及大学生进行职业技能培训的万门大学被曝跑路。识微商情舆情监测分析系统发现，3 月 22 日 8 时，关于“万门大学跑路”的网络信息开始逐步增加，舆情已初步形成。2022 年 3 月 22 日 6 时至 21 日 16 时，关于“万门大学跑路”这一话题的网络信息量超过了 8 千条。从平台热度来看，社交平台已经成为舆情的主要阵地，占比 72.8%；从情绪占比来看，网友对事件的情绪表达中负面情感占据了 46%。

12.4　本章小结及习题

12.4.1　本章小结

（1）情绪管理以情绪情景、情绪类型和情绪强度为核心。

（2）网络情绪识别需关注语境特殊性，数据类别偏向和情绪诱发方法差异。

（3）常用的情绪识别方法分为基于非生理信号的识别和基于生理信号的识别两类。

（4）网络舆情监测的方法通常包含根据关键词展开针对性监测、确定重点监测对象进行定向监测、设置具体时段进行精准监测、根据营销推广目标实时监控、开展文本情感分析。

（5）营销者网络舆情管理的注意点有：①营销者要提高文化素养；②营销者要注意观察自己的情绪；③营销者需注意重视消费者的心灵需求。

（6）数据欺骗大致可分为数值欺骗、论证欺骗和感官欺骗 3 种。

（7）侵害消费者个人信息的场景主要包括手机 App 过度索权、非法推送商业信息、违法泄露个人信息以及大数据杀熟。

12.4.2 习题

（1）请阐述什么是消费者情绪。

（2）你认为消费者隐私保护重要吗？请说明原因。

（3）如何识别各个类别的数值欺骗？请举例说明。

（4）网络舆情的监测方法有哪些？

[1] AGAG G, EID R. Which consumer feedback metrics are the most valuable in driving consumer expenditure in the tourism industries? A View from macroeconomic perspective[J]. Tourism Management, 2020, 80(3):104-109.

[2] CHEN M Y, TENG C I, CHIOU K W. The helpfulness of online reviews[J]. Online Information Review, 2020, 44(1): 90-113.

[3] CLORE G, SCHWARZ N, CONWAY M. Affective causes and consequences of social information processing[J]. Handbook of Social Cognition, 1994, 1(2): 323-417.

[4] KORFIATIS N, GARCÍA-BARRIOCANAL E, Sánchez–Alonso S. Evaluating content quality and helpfulness of online product reviews: The interplay of review helpfulness vs. review content[J]. Electronic Commerce Research and Applications, 2012, 11(3): 205-217.

[5] TVERSKY A, KAHNEMAN D. Advances in prospect theory: cumulative representation of uncertainty[J]. Journal of Risk and Uncertainty, 1992, 5(4): 297-323.

[6] WHITE, CHRISTOPHER J. The impact of emotions on service quality, satisfaction, and positive word-of-mouth intentions over time[J]. Journal of Marketing Management, 2010, 26(5, 6): 381-394.

[7] 从宇乾. 论大数据时代消费者权益法律保护的完善[J]. 福建茶叶，2020，42(4)：31-32.

[8] 冯小亮，黄敏学，张音. 矛盾消费者的态度更容易受外界影响吗：不同态度成分的变化差异性研究[J]. 南开管理评论，2013(1)：92-101.

[9] 王家辉，夏志杰，阮文翠. 在线评论情感对消费者感知风险的影响研究[J]. 科学与管理，2019，39(5)：60-66.

[10] 肖玉琴. 基于扎根理论的网络行为广告作用机制研究[J]. 广告大观(理论版)，2020(2)：37-44.

[11] 张俊英，韩佳凝. 网络交易消费者权益保护机制构建及优化路径[J]. 消费经济，2021，37(4)：45-52.

[12] 张余维. 金融理财产品营销中消费者隐私保护问题与对策探析[J]. 商业时代 2014(9)：73-74.

[13] 李颖灏，左金水. 消费者隐私保护的经济分析与监管思考[J]. 消费经济，2016，32(3)：89-96.

自学自测

扫描此码

教师服务

感谢您选用清华大学出版社的教材！为了更好地服务教学，我们为授课教师提供本书的教学辅助资源，以及本学科重点教材信息。请您扫码获取。

教辅获取

本书教辅资源，授课教师扫码获取

样书赠送

市场营销类重点教材，教师扫码获取样书

清华大学出版社

E-mail: tupfuwu@163.com
电话：010-83470332 / 83470142
地址：北京市海淀区双清路学研大厦 B 座 509

网址：https://www.tup.com.cn/
传真：8610-83470107
邮编：100084